中国证券职业操盘实训教材

操盘学

经典做盘定式

修订版

中册

伍朝辉／著

SPM
南方出版传媒
广东经济出版社
·广州·

图书在版编目（CIP）数据

操盘学. 中册，经典做盘定式 / 伍朝辉著. —广州：广东经济出版社，2019.1
ISBN 978-7-5454-6347-7

Ⅰ. ①操…　Ⅱ. ①伍…　Ⅲ. ①股票交易－基本知识　Ⅳ. ①F830 91

中国版本图书馆CIP数据核字（2018）第162248号

责任编辑：罗振文　赖芳琨　周伊凌
责任技编：陆俊帆

操盘学：经典做盘定式（中册）
CAOPANXUE：JINGDIAN ZUOPAN DINGSHI（ZHONGCE）
伍朝辉　著

出版人	李　鹏
出　版 发　行	广东经济出版社（广州市环市东路水荫路11号11~12楼）
经　销	全国新华书店
印　刷	广东鹏腾宇文化创新有限公司 （广东省珠海市高新区唐家湾镇科技九路88号10栋）
开　本	787毫米×1092毫米　1/16
印　张	18 1插页
字　数	332千字
版　次	2019年1月第1版
印　次	2019年1月第1次
书　号	ISBN 978-7-5454-6347-7
定　价	88.00元

图书营销中心地址：广州市环市东路水荫路11号11楼
电话：（020）87393830　邮政编码：510075
如发现印装质量问题，影响阅读，请与本社联系
广东经济出版社常年法律顾问：胡志海律师

序言

PREFACE

明师之恩，诚为过于天地，重于父母多矣。每个生命的绽放必有贵人指点、恩人帮扶、亲人支持，在我的生命里就有这样一个人，他造就了我今天的自信、坚定和在证券投资上获得的一切光环，他就是我的恩师伍朝辉先生。早在2000年，我就开始参与证券交易，更严格地说是炒股。历经6年的盈亏浮沉之后，我在朋友的引荐下结识了恩师，从此才真正建立起了和证券市场的连接，实现了从一名散户向职业操盘手的成功转型。

对于一直从事传统行业的我来说，向资本市场的转型可谓举步维艰，我必须要不断地学习和更新自己的知识系统，毕竟每个人自己的认知界限就是他发展的瓶颈。在跟随恩师学习职业操盘的8年时间里，他根据我的状态为我做了全面规划，从心理学到营销学，从财务管理到企业运营，从资本运作到项目统筹……虽然每一次都是全新的挑战，但是每一次我都要求自己做到卓越，因为最好的感恩在于不辜负。8年的时间，铸造了一个崭新的自我。如今，我和我们江氏操盘团队的受众也已经达到了数百万人，尽管过程艰辛，但是有一个信念在支撑着我：对恩师再造之恩的传承。

传承是一种继承、一种自信、一种认同，它承载着一种责任、延续着一种情怀、彰显着一种精神！因为传承，才得以让前人宝贵的知识不被蒙尘，才能让前人的知识起到前人栽树、后人乘凉的作用。十几年来，我见证了恩师身边走出一位又一位优秀的操盘手，他们有的成为私募大佬，有的成为游资高手，不仅在财富上发生了数量级的变化，最重要的是人生变得富足、生命得以绽放。而《操盘学》这套书就是每一位职业操盘手生涯的开始。

2009年《操盘学》刚出版的时候我非常不理解：恩师不辞辛苦地编撰书稿，将他多年来积累下来的“财富再造”的经验一个字一个字地表达出来，得到的稿酬还不足我们一个项目的零头。直到我开始为人师才有所感悟：证券市场中，得道者寡，失道者众，唯有渡人者才是真正地渡己。

非常荣幸能够提前阅览《操盘学》修订版的书稿，并应出版社的邀请讲述我和恩师的故事，以及这本书对我的帮助。修订版在原版的基础上做了很大的改变，更系统、宏观地介绍了整个操盘系统的构建，最重要的是在细节上做了更深度的解析。《操盘学》的焦点就是“资金”，不只是在于捕捉市场资金的异动，同时也强调了要根据自己资金量大小制订不同的操盘策略。修订后的《操盘学》带入了点、线、面的思维，从大盘环境的变化到仓位的管理都进行了深入的剖析。对操盘手来说，最精彩的就是盘口，这是看懂博弈、识别人性的一面镜子。

我和我们江氏操盘团队在恩师的指点之下逐渐成熟，我们愿意同恩师一起担当起投资者教育行业的传道、授业、解惑之责，为社会培养更多的理性交易者和更多的职业操盘手。无论是《操盘学》还是我们江氏操盘的体系课程，均容纳了美国金融中心华尔街、中国上海金融区陆家嘴历经多年的实战操作方法，在上百位实盘大师交易经验的基础上总结了系列针对A股市场的实战课程，而《操盘学》就是我们江氏操盘体系中资金运作的核心和灵魂。

从2015年至今，在中美贸易战等国际因素导致的动荡不安的外部环境下，在实体经济持续低迷的走势下，A股市场适合普通投资者的交易机会少之又少，而且因为缺少学习和对证券市场的认识不足，不懂得如何把握交易机会、什么时候该空仓等待，以致一批又一批的投资者蒙受了大额损失。所以我决定，在2019年分享43场证券投资课程，总时长超过130天，我希望和更多投资者分享投资理念，希望能够像当年恩师对我的启示一样启示众人。读者可以通过我的微信“投教第一人江海”获取开课信息。《操盘学》就是走进我们整个操盘体系的第一扇大门。

江海

2018年11月2日

（江海，江氏操盘创始人，中国投资者教育联盟发起人，中国投教第一人，中国职业操盘手培训导师，中和应泰联合创始人，中国管理科学院特约研究员）

前言

FOREWORD

关于《操盘学》修订版的几点说明

广东经济出版社投资理财编辑室　罗振文

中国证券职业操盘实训教材《操盘学》自2008年1月策划、2009年1月出版以来，至今已有十年。在这十年的操盘教学、项目运作和互动答疑中，我们深深地感受到了读者对它的喜爱之情，也深切感受到了它对读者的切实帮助、解惑和启迪作用。为此我们既感到无比的欣慰，也常常感到惴惴不安。为什么这么说呢？令人欣慰的是，这部教材能够给读者带来实实在在的帮助，启迪智慧，创造财富。令人不安的是，它还有不少瑕疵，也有些地方和时代发展的步伐产生了距离。这些地方需要继续修正和补强，以满足读者的需求。基于这样的因由，我们在这部教材出版十周年之际，进行了一次规模比较大的修订。这次修订，主要有以下改动：

（1）对原书的结构做了比较大的调整。比如上册，将原书的副标题“基础盘口语言训练”改为“主力行为揭秘”。因为这样修改能更贴切地反映上册内容的实质。上册中涉及的开盘方式、收盘技术、盘口走势经典特征，等等，都是实实在在的主力行为。因而，这一改动，能更准确地概括上册的核心内容。同时也是给读者更为明确的指向，让他们更加准确地认识到这本书的真正价值。又比如中册，将原来的“实战技术交易系统训练”改为“经典做盘定式”。这样改是为了更加切合职业操盘手实战训练的需要。同时我们对中册的内容做了大幅度的调整，删除了原书第二章、第四章，并对原书的第一章和第三章做了大修改。新增了建仓定式、拉升定式、出货定式和成本决策体系等内容。这些内容对职业操盘手来说，是须知须会的核心技能训练要旨，对于广大投资者来说则是不可或缺的应知应会。再比如下册，也做了较大幅度的修改，将原书的“实战盈利管理训练”改为“项目运作方略”。为什么要这样修改呢？因为，对于操盘手来说，项目运作是他们的终极诉求，这样修改正是满足这一诉求的反映。在具体内容上，我们做了大幅度的删减和增补。删除了均线交易系统的相关论述，增加了跨周期套利的技术训练内容，以满足操盘手项目运作的实际需要。

（2）新增的内容比较多，主要体现在以下方面。一是实用性很强的公式，比如空间位置高低识别的公式、主力成本估算的公式、跨周期套利的公式等。还有给出源码，方便读者自行编程。二是实用性很强的内容，比如前收盘价对今开盘价的直接影响、主力机构成本线对短线套利的应用法则、跨周期套利的核心窍门等。所有这些新增的内容，都是本着满足职业操盘手实战训练需要而精心设计的。相信对广大读者大有裨益。

（3）更换了原书所有的图谱，新增了最新的实战图例。

（4）收录了伍朝辉总裁关于操盘学的核心论述，以供读者学习、研究、参考。

（5）还作了其他一些细节性的技术修改和一些文字上的订正。

总之，多年来我们在操盘实训教学中发现大多数受训的投资者缺少系统化的、能够与时俱进的学习资料，因此，特地将《操盘学》第一版加以修订改版，编辑成为修订版，供培训学习使用。与修订版对应的配套教材，一是《操盘学》图解版，二是《操盘学》案例版，三是《操盘学》习题集。这三种配套教材，都属于职业操盘手和金融交易员基础训练班的指定教材，特此说明。凡是有志于参加学习培训的投资者，可申请加入腾讯QQ群了解详情，号码是167599369。欢迎大家关注我们的微信公众号：fulicaopan!

2018年7月18日

目 录
CONTENTS

第一章 量能做盘定式精要

第二章 建仓定式核心套路

第三章 拉升定式核心套路

第四章 出货定式核心套路

第五章　大阳K线操作法精要

第六章 成本决策体系精要

附 录

第一章

量能做盘定式精要

本章学习重点内容

一、认识放大量，理解相关公式

二、掌握单日放大量的基本特征

三、掌握多日放大量的基本特征

四、掌握放大量的做盘力度特征

五、学习放大量的买进技术法则

六、学习放大量的卖出技术法则

第一节

SECTION 1

量能做盘概述

量能是股价上涨的基础，也是股价升跌的内涵。量的大小、高低、厚薄以及出现的时机，均有不同的市场意义。股票在一个循环周期中的低位放量，是外部资金进场吸筹的突出表现。而在拉升周期的初、中期放量，是主力滚动操作吸引跟风盘参与加大换手的结果。在顶部盘头阶段放量，则是主力大量出货形成积极换手状态，同时预示股价即将进入下跌周期。而在股价下跌周期中，股价放量杀跌，往往是主力出货与市场散户纷纷斩仓的结果。总而言之，量能是主力机构做盘的核心工具。

一、经典成交量的核心内涵

在股市交易过程中，成交量是反映市场冷暖的晴雨表，也是股价涨跌力度的内在根本。自从股市诞生以来，全球各国的投资大师们均对成交量进行了大量深入的研究。本章着重对成交量最关键的环节即放量这一技术特征进行系统化、专业化、精细化讲解，并将其作为实战操盘最重要的交易系统之一。

那么，什么是放量呢？

先看一下通达信软件里关于成交量的描述。

再看经典成交量，其公式源码如下：

```
成交量：VOL,VOLSTICK;
二倍量：STICKLINE(V>=2*REF(V,1),V/2,V/2,3.9,0),COLORMAGENTA;
三倍量：STICKLINE(V>=3*REF(V,1),V/3,V/3,3.9,0),COLORBLACK;

单日量比：V/REF(V,1),COLORRED,NODRAW;
两日量比：V/REF(V,2),COLORBLACK,NODRAW;
三日量比：V/REF(V,3),COLORBLUE,NODRAW;
四日量比：V/REF(V,4),COLORRED,NODRAW;
```

五日量比：V/(REF(MA(V,5),1)/240*FROMOPEN),COLORBROWN,NODRAW;

五日换：SUM(100*V/CAPITAL,5),NODRAW,COLORBLUE;

十日换：SUM(100*V/CAPITAL,10),NODRAW,COLORRED;

百日换：SUM(100*V/CAPITAL,100),NODRAW,COLORBLACK;

流通盘［亿］：CAPITAL/1000000,NODRAW,COLORRED;

内外比：DYNAINFO(51),COLORBLUE,NODRAW;

在这里可以看到，所谓放量，也就是当前成交量比前边的成交量放大了。比如一倍量、二倍量、三倍量……诸如此类，不一而足。总之，就是成交量明显增加了。观察量能的变化，可以看成交量柱，也可以看量比的数值变化，如图001所示。

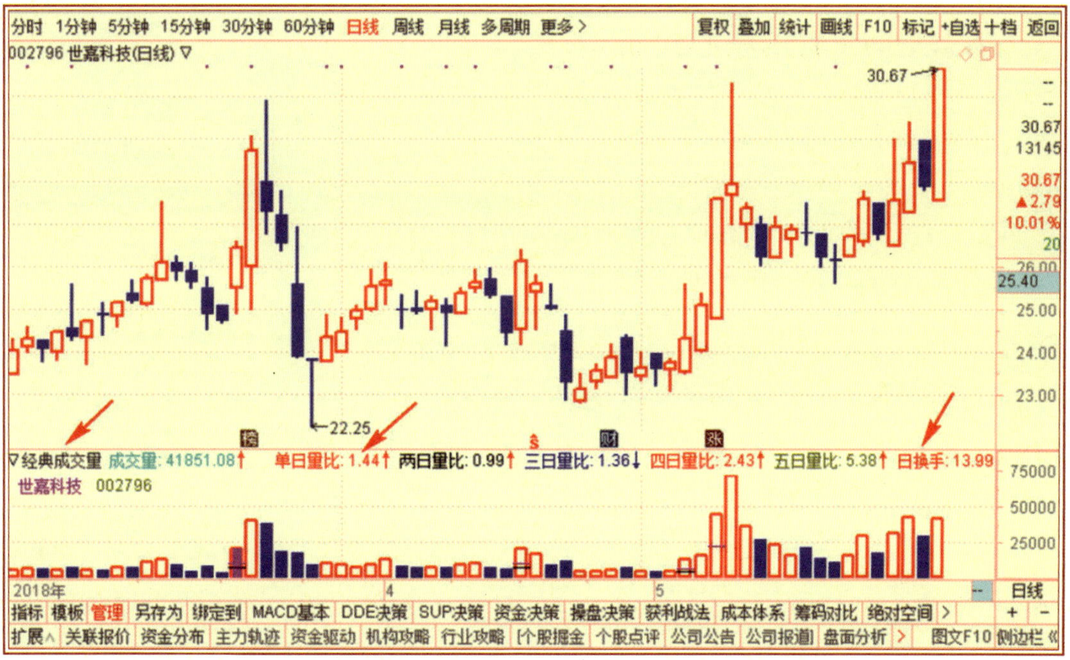

图001 通达信经典成交量

二、放大量的基本标准

放大量分为单日放大量和多日放大量两大技术特征。放大量的基本标准是特别针对单日放大量而设立的一个技术参照系数，临盘通过这些标准化的参照系数来判断单日放大量发生的有效性。单日放大量的技术标准体系如下。

（1）盘中量峰。盘中出现攻击型量峰，并呈现明显的波形结构。

（2）当天换手。当天收盘时，换手率超过5%。

特别说明：流通市值在10亿元以内，换手率必须超过5%；而流通市值在10亿元以上，换手率在3%~5%即可。

（3）当天量比。当天收盘时，量比仍然超过1倍。

（4）当天量柱。当天收盘后，日K线图表显示量柱为最近数周最大，放量明显。

笔者在查阅国内外许多关于成交量技术的书籍及资料时发现，很少有作者认真关注产生大成交量的内在本质及其内部结构状态。单纯观察日K线图表的量柱及换手率显然属于片面性分析行为，不能辨别放大量的强弱本质，容易掉入主力布置的陷阱。而通过盘中量峰则能弥补这一不足。读者在学习时，应深刻理解认识这一技术特征的重要性。

三、动态空间位置的核心内涵

在《操盘学：主力行为揭秘（上册）》一书里，我们学习了绝对空间位置的划分方法。那是用历史最高点和历史最低点来定义的。也就是说，那是静态的空间位置。这一方法适合于盘后分析研究。但是，对于职业操盘手来说，临盘实战的时候，需要使用更加灵活的分析方法来判断价格空间位置的动态变化。根据实战的需要，我们引入动态空间位置的设计理念和方法。

所谓动态空间位置，是说空间位置的高低是动态变化的。观察动态空间位置的方法有很多种，结合中国股市的实际情况，我们选择了市场成本分析法作为观察的工具。

相关的公式源码设计如下：

```
观察基准线：DMA(AMOUNT/(100*VOL),VOL/CAPITAL),COLORMAGENTA,
LINETHICK2;

拉升10%：观察基准线*1.10,DOTLINE;
拉升20%：拉升10%*1.10,DOTLINE;
拉升30%：拉升20%*1.10,DOTLINE;
拉升40%：拉升30%*1.10,DOTLINE;
拉升50%：拉升40%*1.10,DOTLINE;
拉升60%：拉升50%*1.10,DOTLINE;
```

拉升70%：拉升60%*1.10,DOTLINE;

拉升80%：拉升70%*1.10,DOTLINE;

拉升90%：拉升80%*1.10,DOTLINE;

回踩10%：观察基准线*0.90,DOTLINE;

回踩20%：回踩10%*0.90,DOTLINE;

回踩30%：回踩20%*0.90,DOTLINE;

回踩40%：回踩30%*0.90,DOTLINE;

回踩50%：回踩40%*0.90,DOTLINE;

回踩60%：回踩50%*0.90,DOTLINE;

回踩70%：回踩60%*0.90,DOTLINE;

回踩80%：回踩70%*0.90,DOTLINE;

回踩90%：回踩80%*0.90,DOTLINE;

再把《操盘学：主力行为揭秘（上册）》一书中提到的“绝对空间位置”的内容加进去，组成一个完整的公式源码：

高点：REFDATE(CONST(REF(HHV(H,0),0)),DATE),DOTLINE;

低点：REFDATE(CONST(REF(LLV(L,0),0)),DATE),DOTLINE;

GD：=CONST(FINDHIGH(H,0,高点*10,1));

DD：=CONST(FINDLOW(L,0,低点*10,1));

GT：=CONST(BARSLAST(GD=H))+1;

DT：=CONST(BARSLAST(DD=L))+1;

SH：=CONST(IF(GT=1,H,REF(H,GT−1)));

SL：=CONST(IF(DT=1,L,REF(L,DT−1)));

CC：=IF(DT>GT,DT,GT);

CD：=INTPART(CC−(DT+GT)/2);

CG：=IF(高点>CD,CD/2,高点);

上涨周期：IF(CURRBARSCOUNT<=DT,BARSLAST(DD=L),DRAWNULL),COLORBROWN,NODRAW;

上涨幅度：IF(CURRBARSCOUNT<=DT,C/SL*100−100,DRAWNULL),NODRAW,COLORRED;

上涨均价：=IF(CURRBARSCOUNT<=DT,SUM(AMOUNT,DT)/SUM(V,DT)/100,DRAWNULL),NODRAW,COLORGRAY;

上涨换手：IF(CURRBARSCOUNT<=DT,SUM(HSL.HSL,DT),DRAWNULL),COLORMAGENTA,NODRAW;

下跌周期：BARSLAST(GD=H),COLORBLACK,NODRAW;

下跌幅度：IF(CURRBARSCOUNT<=GT,C/SH*100-100,DRAWNULL),NODRAW,COLORRED;

下跌均价：=IF(CURRBARSCOUNT<=GT,SUM(AMOUNT,GT)/SUM(V,GT)/100,DRAWNULL),NODRAW,COLORGRAY;

下跌换手：IF(CURRBARSCOUNT<=GT,SUM(HSL.HSL,GT),DRAWNULL),COLORGREEN,NODRAW;

绝对涨幅：100*((HHV(H,0))-(LLV(L,0)))/(LLV(L,0)),NODRAW,COLORRED;

前收盘价：DYNAINFO(3),DOTLINE,COLORBROWN;

{竖线表示统计起点位置}

上限：=CONST(HHV(H,0));

下限：=CONST(LLV(L,0));

STICKLINE(CURRBARSCOUNT=DT,上限,下限,1,0),COLORMAGENTA;

STICKLINE(CURRBARSCOUNT=GT,上限,下限,1,0),COLORGRAY;

{画K线}

DRAWKLINE(HIGH,OPEN,LOW,CLOSE);

动态空间位置的核心内涵，是以市场的动态成本作为定位的基准，随着行情的演变，市场成本也在不断地演变，那么空间位置的高低也随之而变。观察它的变化特征，不难发现，市场成本的变化具有以下特点：

（1）观察基准线是以市场平均成本价格来定义的。

（2）观察基准线上升，表明市场筹码平均持有成本上升。

（3）观察基准线下降，表明市场筹码平均持有成本下降。

（4）当不同层次的市场成本曲线趋同时，表明成本趋同。

（5）观察基准线上升，俗称“上行”，股价所在的区间叫“上行区间”。

（6）观察基准线下降，俗称“下行”，股价所在的区间叫“下行区间”。

根据这个原理，我们就可以设计出一套成本制胜的做盘决策体系。

为了使用的方便，我们把上行的9根线和下行的9根线分别命名如下：

上行1号线，即拉升10%：观察基准线*1.10,DOTLINE;

上行2号线，即拉升20%：拉升10%*1.10,DOTLINE;

上行3号线，即拉升30%：拉升20%*1.10,DOTLINE;

上行4号线，即拉升40%：拉升30%*1.10,DOTLINE;

上行5号线，即拉升50%：拉升40%*1.10,DOTLINE;

上行6号线，即拉升60%：拉升50%*1.10,DOTLINE;

上行7号线，即拉升70%：拉升60%*1.10,DOTLINE;

上行8号线，即拉升80%：拉升70%*1.10,DOTLINE;

上行9号线，即拉升90%：拉升80%*1.10,DOTLINE;

下行1号线，即回踩10%：观察基准线*0.90,DOTLINE;

下行2号线，即回踩20%：回踩10%*0.90,DOTLINE;

下行3号线，即回踩30%：回踩20%*0.90,DOTLINE;

下行4号线，即回踩40%：回踩30%*0.90,DOTLINE;

下行5号线，即回踩50%：回踩40%*0.90,DOTLINE;

下行6号线，即回踩60%：回踩50%*0.90,DOTLINE;

下行7号线，即回踩70%：回踩60%*0.90,DOTLINE;

下行8号线，即回踩80%：回踩70%*0.90,DOTLINE;

下行9号线，即回踩90%：回踩80%*0.90,DOTLINE;

观察基准线：DMA(AMOUNT/(100*VOL),VOL/CAPITAL),COLORMAGENTA,LINETHICK2;

以上源码组成了19条指标线，便是我们所说的股林秘籍“十九移花大法”。

四、单日放大量的技术意义和市场意义

股价不会无缘无故地上涨，也不会无缘无故地下跌。任何股价的涨跌，都是资金运动的直接结果。单日放大量出现，充分反映了主力机构的操盘行为和市场内涵。综合总结其形成的内在本质，至少体现了以下四个方面的技术意义和市场意义：

（1）反映了市场主流力量的态度。如果股价上涨，说明市场主流力量在积极地、

努力地做多。如果股价下跌，则说明市场主流力量在积极地、努力地做空。

（2）表明了股价趋势发展的方向。如果股价上涨，那么未来股价趋势方向将以波段性上涨行情为主。反之，股价将以反复震荡盘跌趋势为主。

（3）单日放大量如出现在市场成本曲线上行区间的关键技术点位上，表明股价趋势将形成较好的多头行情，会进一步持续牵引股价出现上升趋势。

（4）单日放大量如出现在市场成本曲线下行区间的关键技术点位上，表明股价趋势将形成较坏的空头行情，会进一步持续牵引股价出现下跌趋势。

五、单日放大量出现时对应的空间位置

单日放大量出现的位置非常重要，在本书中，笔者引入十九移花大法交易系统作为观察动态空间位置的工具。单日放大量的买进信号主要有以下两大类型：

第一大类：上行通道。

（1）观察基准线由下行转为走平，此时股价由下方向上移动，以放大量的方式穿越观察基准线，这是非常经典的放量突破买进信号，如图002所示。

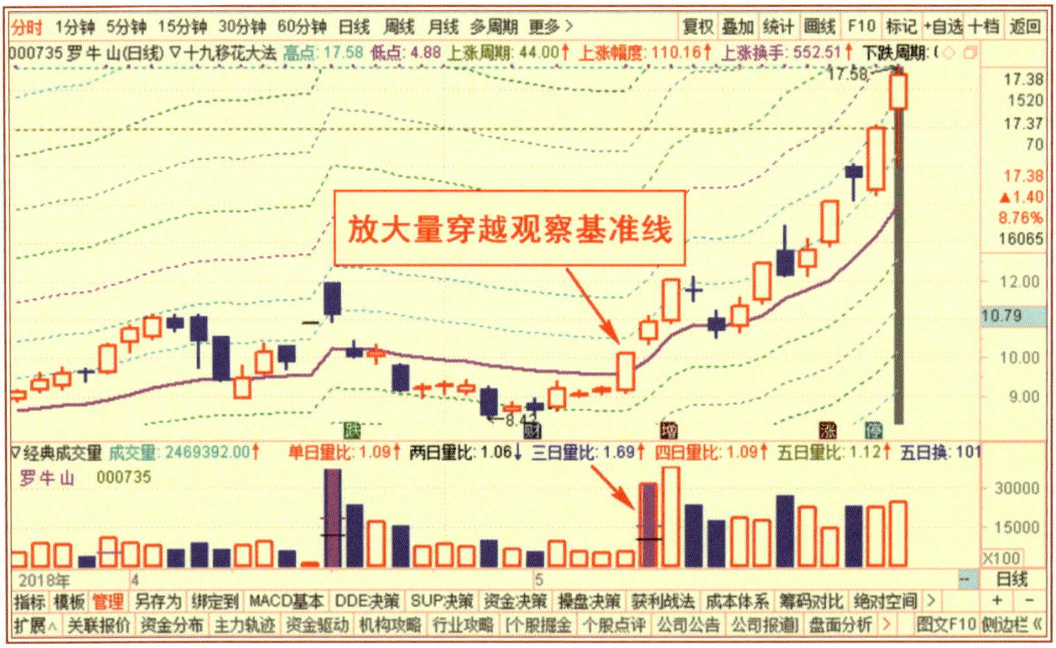

图002　放量突破买进信号

（2）观察基准线由下行转为走平，此时股价由下方向上移动，以放大量的方式穿越观察基准线后出现回落整理，属于典型的冲高回落。整理之后，再次放量上攻，这是非常经典的二次放量突破买进信号，如图003所示。

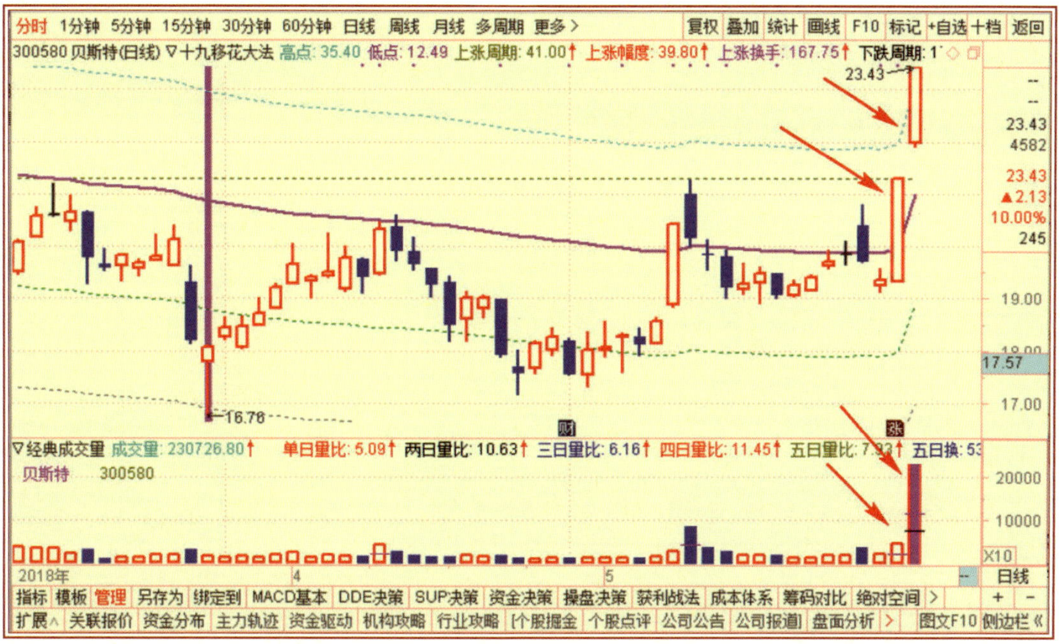

图003　二次放量突破买进信号

第二大类：下行通道。

（1）当观察基准线处于下行通道中，股价跌破下行3号线之后，出现短暂的止跌信号。此时出现放大量反弹，属于超跌反弹，可以试探性买进，如图004所示。

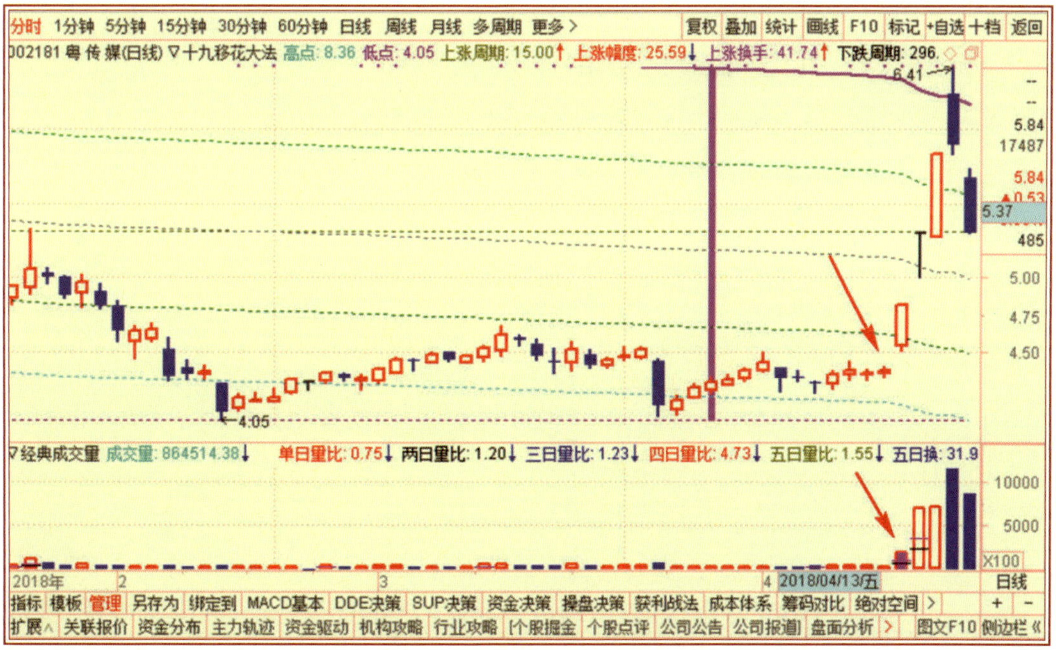

图004　超跌反弹放大量买进信号

（2）当观察基准线处于下行通道中，股价跌破下行5号线之后，如果再次放量下跌，这是典型的赶底走势，一般会出现短暂的止跌信号。此时出现放大量反弹，属于严重超跌反弹，可以试探性买进，如图005所示。

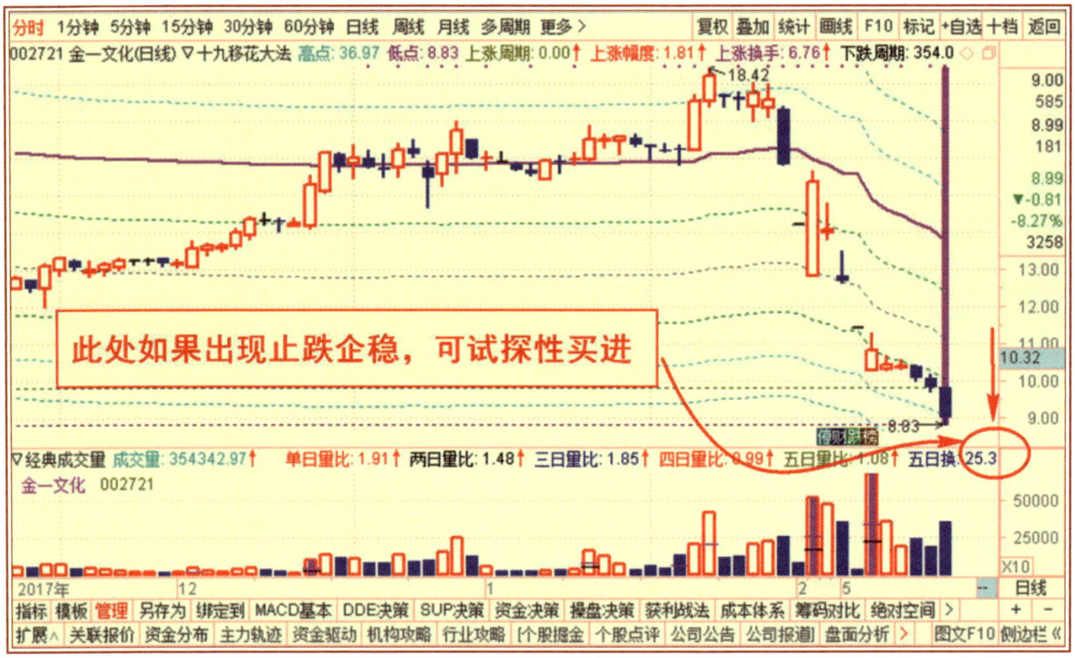

图005　严重超跌反弹放大量买进信号

六、多日放大量的技术意义和市场意义

多日放大量是主力机构主动发起的积极性买卖行为。因此，由主力机构操纵的持续性多日放大量就是最真实的市场内涵。那么，如此巨大的积极买卖行为所带来的市场意义是什么呢？我们可以通过股价所处的市场成本位置来进行分析和判断。

（1）如股价经过大跌之后，处于阶段性底部区域，股价在市场成本线下方的下行1号线附近，成交量连续出现多日放大量，换手率巨大，那么可能是主力机构在对倒出货，底部还没有到达，股价尚未站稳，还有下跌空间。

（2）如股价经过底部震荡整理之后，出现向上突破性拉升行情，尤其是股价在市场成本线低位走平之后，成交量连续出现多日放大量，若放大量属于标准的大量结构，且换手率较大，则是主力机构在积极对敲拉升，股价还会进一步上涨。

七、多日放大量出现时对应的空间位置

和单日放大量一样，多日放大量的买进信号会出现在以下两个重要的位置。一个是上行区间，也就是市场成本线走平，绝对空间位置处于低位区域。这时候出现多日放大量，是很不错的买进机会。另一个是下行区间，股价严重超跌，具有反弹的机会，出现连续的放大量，则是很不错的低吸机会。注意不要追涨，盈利预期也不要过高。

上行区间的多日放大量，需要结合市场成本线的位置来分析。

（1）如果是在市场成本线附近放大量收阳线，后市股价还有比较大的上升空间。

（2）如果是在上行1号线附近放大量收阳线，后市股价还有继续上升的空间。

（3）如果是在上行2号线附近放大量收阳线，后市股价将会加速拉升，短期赶顶。

（4）如果是在上行3号线附近放大量收阳线，后市股价即将见顶，上升空间有限。

（5）如果所有的成本线向上收拢甚至黏合，连续放大量拉升，后市股价迅速见顶。

下行区间的多日放大量，同样需要结合市场成本线的位置来分析。

（1）如果是在市场成本线附近放大量收阴线，后市股价还有比较大的下跌空间。

（2）如果是在下行1号线附近放大量收阴线，后市股价还有继续下跌的空间。

（3）如果是在下行2号线附近放大量收阴线，后市股价将会加速下跌，短期赶底。

（4）如果是在下行3号线附近放大量收阴线，后市股价即将见底，下跌空间有限。

（5）如果所有的成本线向下收拢甚至黏合，连续放大量下跌，后市股价迅速见底。

八、放大量时主力机构的做盘意图

（1）当日放大量突破市场成本线，这是主力实施短线操盘的行为，股价有效突破市场成本线后，将有可能引发短线上涨行情。很多消息股短期内快速飙升，涨幅可观。

（2）当日放大量突破上行1号线，这是主力第一波拉升的开始，股价有效突破上行1号线之后，将有可能引发中线波段或小波段上涨行情。

以此类推，当股价以放大量的方式突破上行2号线、上行3号线时，主力操盘行为均在一步步升级和变化之中，因而所引发的行情力度和延伸空间也会越来越大。牛市里当股价以放大量突破上行4号线、上行5号线时，经常会出现波段性见顶回落，需要注意规避风险。如果是熊市，则往往在以放大量突破上行3号线时出现波段性见顶，宣告行情结束。

九、放大量对广大投资者的心理影响

放大量这一技术特征出现时，股价的波动幅度出现剧烈的震荡变化，因而容易引起市场投资者的高度关注。市场投资者关注度的提高同时又加剧了内部换手率的突出变化，促使股价更快速地向一个单极的方向发生运动性逆转。

（1）如大量发生在股价向上突破市场成本线位置时，市场积极的买进气氛会激发中小投资者渴望盈利的心理，容易促动跟风性买进行为，同时加快股价的上涨速度。

（2）如大量发生在股价向下跌且处在市场成本线位置时，市场猛烈的卖出气氛会引发中小投资者的恐慌心理，更容易促动跟风性卖出行为，同时加剧股价的下跌速度。

十、放大量对股价未来运行趋势的影响

放大量表现在盘面的信息是主力机构对股价未来走向与发展趋势的态度。如当日股价上涨，那么表明主力机构在盘中积极买进，促使股价趋势向多头方向发展。如当日股价下跌，则说明主力机构在盘中积极卖出，促使股价趋势向空头方向发展。

在重要的技术性阻力区域，如股价向上突破市场成本线，当日出现放大量的技术特征，并以大阳K线报收，那么随后一段时间的股价趋势将以波段性上涨行情为主。

在重要的技术性支撑区域，如股价向下击穿市场成本线，当日出现放大量的技术特征，并以大阴K线报收，那么随后一段时间的股价趋势将以波段性下跌行情为主。

在临盘实战过程中，对出现放大量的重要技术位置必须要有清醒而明确的认识。似是而非的技术特征，是职业操盘手或职业投资者操盘的大忌。对成本决策体系而言，则要求技术信号必须更加精确，更符合盘面技术走势特征。

操盘笔记

第二节

SECTION 2

量能显示出主力做盘的力度

一、放大量的力度构成特点

向上放大量是主力集中资金强势操盘的结果，也是股价由弱转强的重要标志。在临盘实战过程中，我们可以通过一些力度的参照系数来判断放大量出现时的攻击力度，并通过这些力度参照系数形成对后市股价趋势强弱的判断依据，如图006所示。

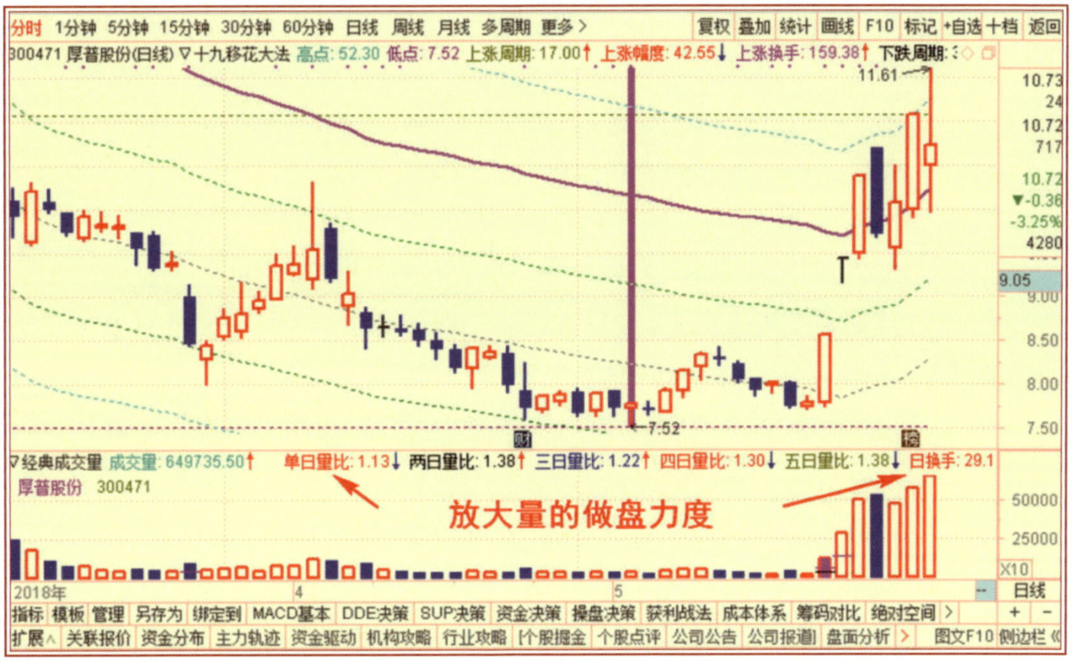

图006　放大量的做盘力度

根据多年的股市实战统计分析，笔者总结出放大量的力度由以下几个重要的参照系数组成：

（1）攻击型量峰。攻击型量峰是股票在盘中交易过程中持续性密集型大单或特大单成交的量能结构，在《操盘学：主力行为揭秘（上册）》一书中已经有过非常详尽的介绍。

（2）换手率。换手率是指股票在当天交易过程中的成交现量与总股本之间的比率。换手率越大，表示成交越活跃。

（3）量柱。量柱是指股票日K线图表中的成交量指标图。当天的成交量柱越大，表示当天的交易量越大。

（4）多笔大单成交。多笔大单成交是指股票在当天交易过程中出现持续性密集型大单或特大单成交。大单或特大单成交越活跃，说明当天盘中投入的资金量越大。

（5）攻击波。攻击波是指股票在当天盘中交易过程中的股价走势波形特征。当天攻击波流畅明显，说明当天属于积极的主动性放量攻击。

（6）大量比。大量比是指股票在当天收盘时的最终量比。量比越大，表示当天实际产生的量能越强，同时证明了当天的攻击力度较强。

二、放大量与换手率

换手率反映的是股票交易双方更新的系数。换手率大，说明同时有大量的投资者在盘中进行交易。而当天放大量产生时伴随股价上涨所形成的大换手率，说明买进一方的投资者占据上方，因而趋势发展对多方有利。所以，放大量的形成往往伴随较大的换手率。而换手率超过5%则是一个较直接的表现方式。常用的换手率指标如下：

年换手：SUM(VOL,YEAR)*100/CAPITAL,NODRAW;

月换手：SUM(VOL,MONTH)*100/CAPITAL,NODRAW;

周换手：SUM(VOL,WEEKDAY)*100/CAPITAL,NODRAW;

日换手：IF((SETCODE==0||SETCODE==1),100*VOL,VOL)/(FINANCE(7)/100),NODRAW;

五日换手：SUM(VOL,5)*100/CAPITAL,NODRAW;

十日换手：SUM(VOL,10)*100/CAPITAL,NODRAW;

百日换手：SUM(VOL,100)*100/CAPITAL,NODRAW;

多头换手：SUM(ACTINVOL,1)*100/CAPITAL,NODRAW,COLORMAGENTA;

空头换手：SUM(ACTOUTVOL,1)*100/CAPITAL,NODRAW,COLORGREEN;

三、放大量与攻击型量峰的对应关系

放大量的内部构成在即时交易中必须要形成标准的攻击型量峰。在《操盘学：主力行为揭秘（上册）》一书中，我们已经详细学习了攻击型量峰的相关知识。具体而言，有以下几点：

（1）放大量出现当日的量峰结构由攻击型量峰构成，则力度强大。

（2）放大量出现当日的量峰结构由冲击型量峰构成，则相对力度较小。

（3）放大量出现当日的量峰结构由萎缩型量峰构成，则力度微弱。

四、放大量与攻击波的对应关系

放大量在当天交易过程中的内部即时股价走势必须要形成标准的攻击波形。在《操盘学：主力行为揭秘（上册）》一书中我们已经详细学习了攻击波的相关知识。具体而言，有以下几点：

（1）放大量出现当日的攻击波形结构由攻击波构成，则力度强大。

（2）放大量出现当日的攻击波形结构由冲击波构成，则力度一般。

（3）放大量出现当日的攻击波形结构由脉冲波构成，则力度微弱。

五、放大量与巨型量柱

当天日K线图表中的成交量指标是比较直观的力度指标。因为，当天的成交量柱越大，说明当天交易过程中的成交现量越大，同时也表明成交十分活跃。若是当天的成交量柱是最近几个月以来的最大量，则表明当天放大量所体现的力度十分强劲。

相关指标如下：

```
成交量：VOL,VOLSTICK;
单日量比：V/REF(V,1),NODRAW;
两日量比：V/REF(V,2),NODRAW;
三日量比：V/REF(V,3),NODRAW;
月度量：=MA(成交量,25);
STICKLINE(V>月度量,0,VOL,0.00001,0),COLORYELLOW;
季度量：=MA(成交量,50);
STICKLINE(V>季度量,0,VOL,0.00001,0),COLORGREEN;
半年量：=MA(成交量,120);
STICKLINE(V>半年量,0,VOL,0.00001,0),COLORYELLOW;
年度量：=MA(成交量,240);
STICKLINE(V>年度量,0,VOL,0.00001,0),COLORMAGENTA;
二倍量：=V>=REF(V,1)*2;
STICKLINE(二倍量>0,0,VOL,1.5,0),COLORRED;
三倍量：=V>=REF(V,1)*3;
STICKLINE(三倍量>0,0,VOL,1.5,0),COLORBLUE;
四倍量：=V>=REF(V,1)*4;
STICKLINE(四倍量>0,0,VOL,1.5,0),COLORCYAN;
```

六、放大量与多笔大单成交

放大量在内部即时交易过程中必须要由持续性密集型大单或特大单成交现量构成。在《操盘学：主力行为揭秘（上册）》一书中，我们已经详细学习了多笔大单成交的相关知识。具体而言，有以下几点：

（1）放大量形成的当日，其在即时交易过程中如果由持续性密集型多笔大单构成，那么力度强大，如果没有，则力度比较弱。

（2）放大量形成的当日，其在即时交易过程中如果仅仅由单笔大单或数笔大单构成，那么力度一般，甚至微弱，说明主力机构并没有持续投入资金做盘。

七、放大量与大量比的相互关系

大量比是指股票在当天收盘时的最终量比。量比越大，表示当天实际产生的量能越强，同时证明当天的攻击力度较强。很多时候，股票在早盘开盘时的量比较大，但至收盘时，全天量比已经大大减少，这说明早盘股价上涨是由主力巨量对敲所致，而全天并未真正投入实力操盘。如果收盘时量比仍然较大，甚至超过3倍以上，则说明主力当天投入巨资操盘，而当天放大量所体现的攻击力度极强。关于量比，可以参照自定义公式来处理，如图007所示。

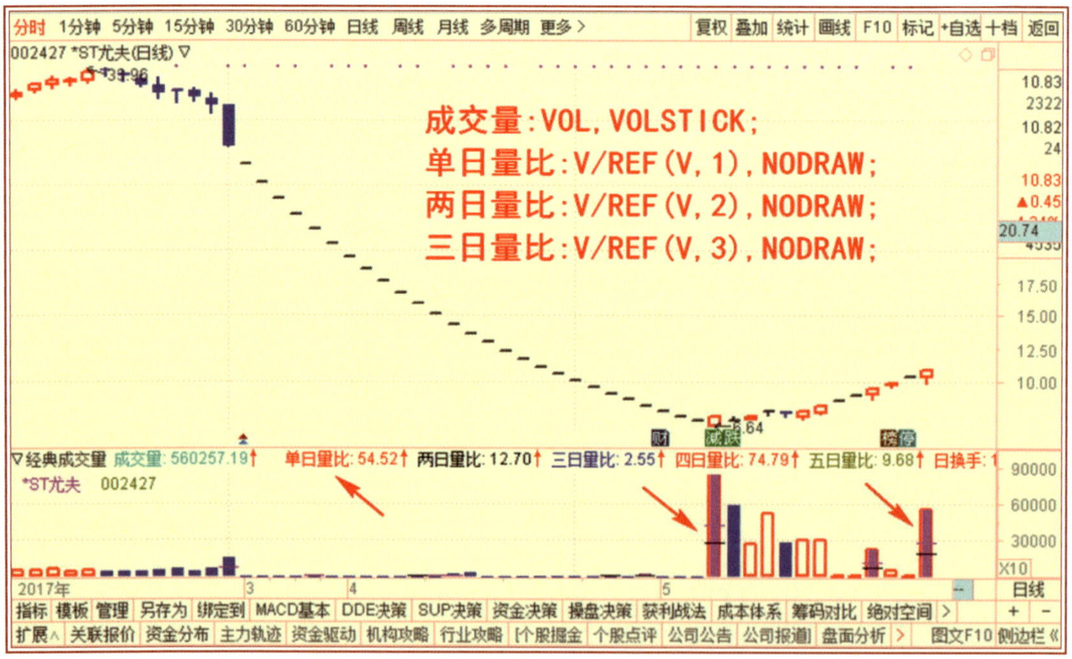

图007 量比的自定义公式

第三节
SECTION 3

放大量买进技术法则

在不同的时间段，主力做盘的目的和手法是不一样的。关于时间段的划分，目前没有统一的标准。根据做盘的需要，我们把时间段分为3个，分别是：

（1）竞价时间段。又分为开盘价的竞价时间段和收盘价的竞价时间段。

（2）上午时间段。又分为上午1段、2段、3段、4段。每段长度为30分钟。

（3）下午时间段。又分为下午1段、2段、3段、4段。1—3段时长为30分钟。4段，沪市时长为29分钟，深市时长为27分钟。

为了做盘的方便，我们把这些时间段统一约定为10个时间段。详情如下：

第一时间段：9：15—9：25，属于开盘价集合竞价时间段。

第二时间段：9：30—10：00，属于早盘连续竞价时间段。

第三时间段：10：00—10：30，属于中盘连续竞价时间段。

第四时间段：10：30—11：00，属于中盘连续竞价时间段。

第五时间段：11：00—11：30，属于上午收盘时间段。

第六时间段：13：00—13：30，属于中盘连续竞价时间段。

第七时间段：13：30—14：00，属于中盘连续竞价时间段。

第八时间段：14：00—14：30，属于中盘连续竞价时间段。

第九时间段：14：30—14：57，属于下午收盘时间段。

第十时间段：14：57—15：00，属于深市收盘价集中竞价时间段。

一、激进型买进法则

（1）第二时间段买进。

第二时间段：9：30—10：00，属于早盘连续竞价时间段。

符合第二时间段买进的技术特征如下（见图008）：

A. 当日股价在早盘第二时间段涨幅超过5%。

B. 在上涨过程中出现标准的攻击波形。

C. 即时交易出现标准的攻击型量峰。

D. 盘中大单和特大单持续性密集型成交。

E. 股价在回调时，没有击穿均价线。

F. 出现同行业或同类题材的热点板块，本身属于热点领涨品种。

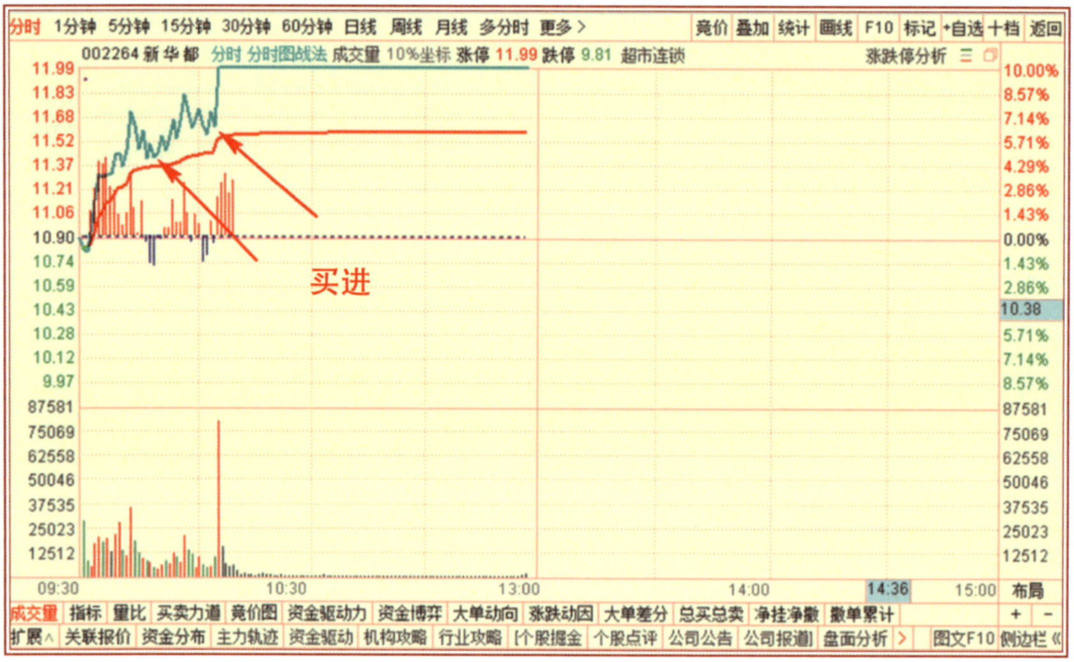

图008 第二时间段买进

第二时间段买进的技巧如下：

A. 当攻击波出现第二波回调时，可在均价线附近买进。

B. 当攻击波出现第三波回调时，可在均价线附近买进。

第二时间段买进的技术限制如下：

A. 日K线处在股价下降通道中，必须停止买进。

B. 日K线处在初次超跌反弹中，必须停止买进。

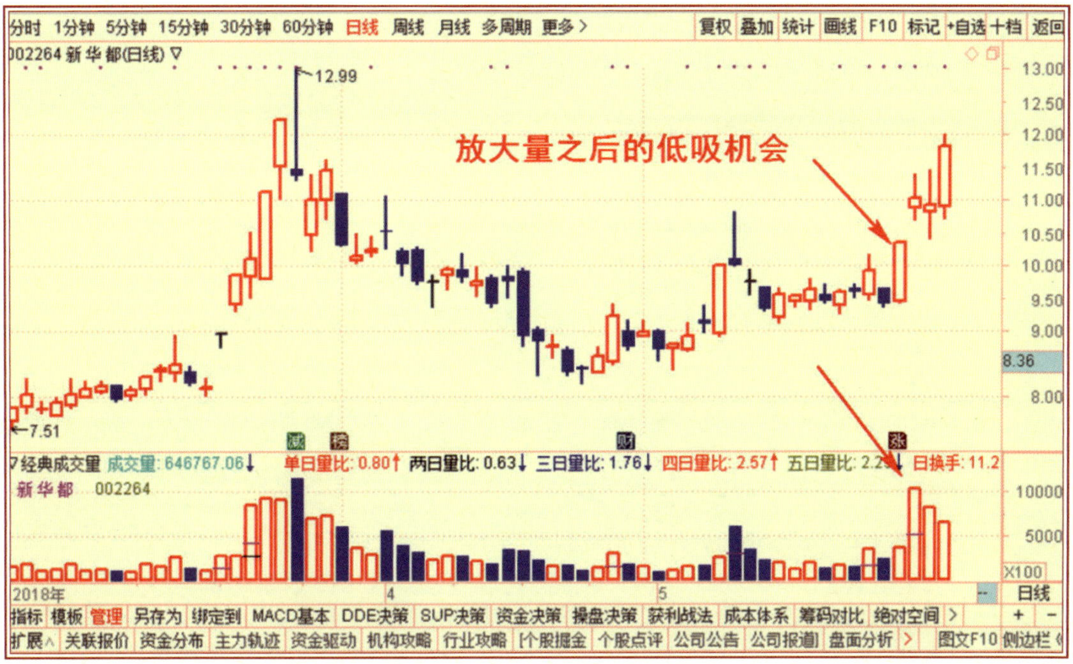

图009 放大量之后出现低吸的机会

第二时间段买进的技术注释如下：

A. 当日盘中第二时间段股价涨幅超过5%，估计当天收盘时的涨幅有可能超过5%，因而可以买进。当日买进风险不大。

B. 当日盘中股价符合买进的技术特征，说明股价上涨力度较大，结构健康，因而可以买进。当日买进风险相对较小。

C. 盘中在股价回调至均价线区域时买进，买进的价位相对较低。

D. 关于第二时间段的详细划分标准，请参考《道破涨停天机》一书中的标准设置。

（2）第四时间段买进。

第四时间段：10：30—11：00，属于中盘连续竞价时间段。

符合第四时间段买进的技术特征如下（见图010）：

A. 当日股价在盘中第四时间段之后涨幅超过5%。

B. 在上涨过程中出现标准的攻击波形。

C. 即时交易出现标准的攻击型量峰。

D. 盘中大单和特大单持续性密集型成交。

E. 股价在回调时，没有击穿均价线。

F. 出现同行业或同类题材的热点板块，本身属于热点领涨品种。

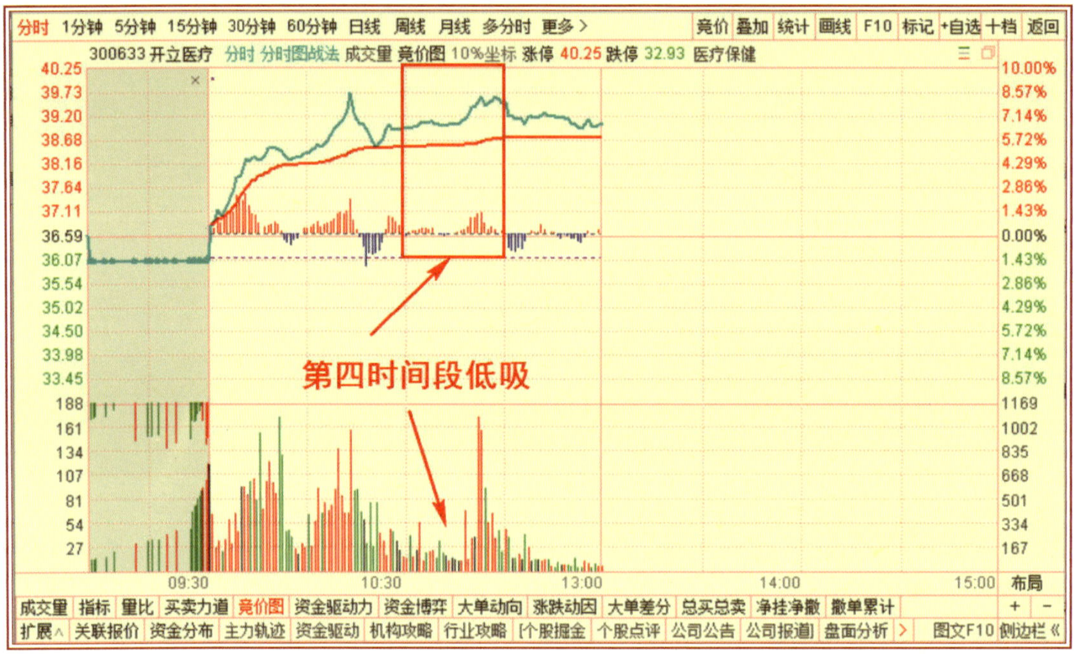

图010　第四时间段买进

第四时间段买进的技巧如下：

A. 当攻击波出现第二波回调时，可在均价线附近买进。

B. 当攻击波出现第三波回调时，可在均价线附近买进。

第四时间段买进的技术限制如下（见图011）：

A. 日K线处在股价下降通道中，必须停止买进。

B. 日K线处在初次超跌反弹中，必须停止买进。

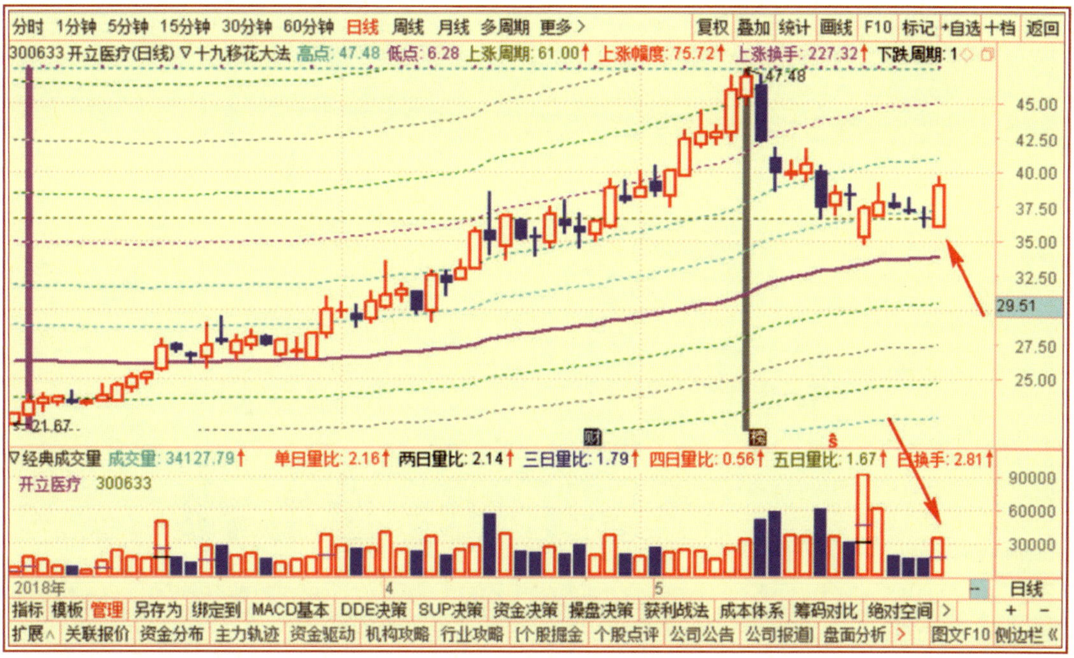

图011 第四时间段买进的技术限制

第四时间段买进的技术注释如下：

A. 当日股价在第四时间段之后涨幅超过5%，估计当天收盘时会以大于或等于5%的涨幅报收，因而可以买进。当日买进风险不大。

B. 当日股价符合买进的技术特征，说明股价上涨力度较大，结构健康，因而可以买进。当日买进持仓风险相对较小。

C. 在股价回调至均价线区域时买进，买进的价位相对较低。

D. 关于第四时间段的详细划分标准，请参考《道破涨停天机》一书中的标准设置。

二、激进法则的加码补仓与止损策略

（1）两天加码法则。

单日放大量出现之后，股价连续两天收盘于放大量出现当天的收盘价之上，说明主力操盘力度加大，可于第三天开盘时以集合竞价加码。如图012、图013所示。

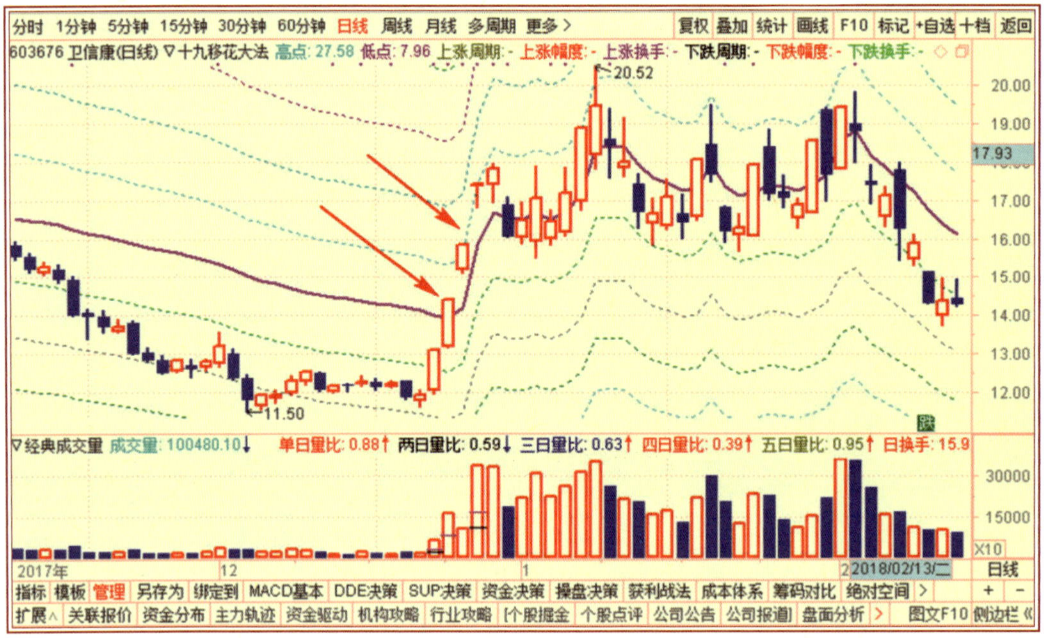

图012 两天加码法则的日线走势

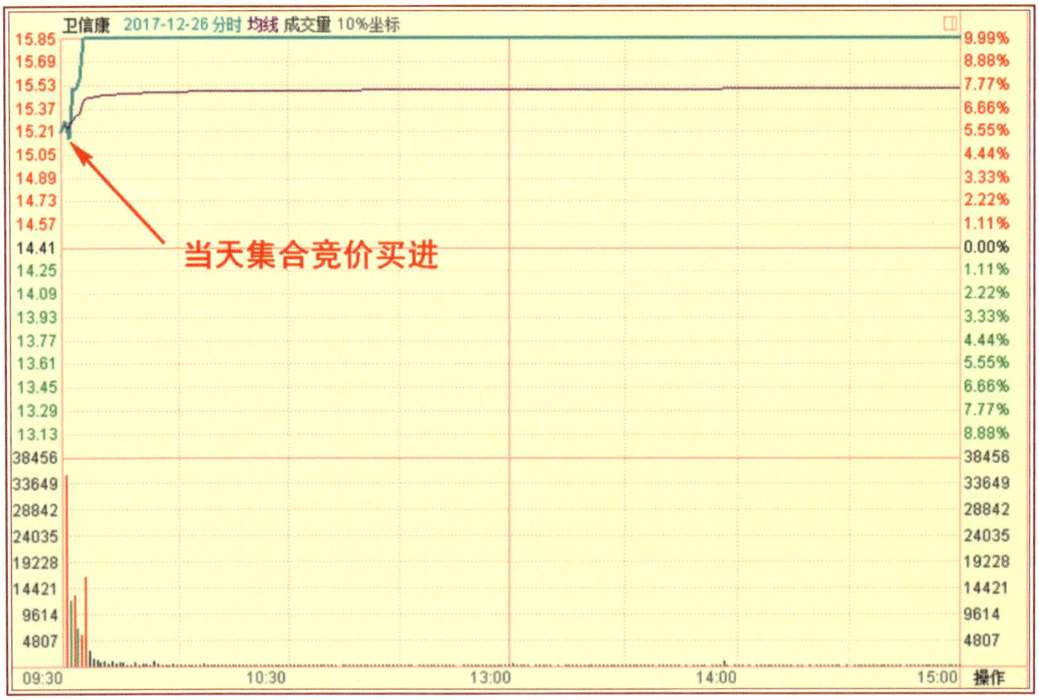

图013 两天加码法则的分时图走势

（2）持续大量加码法则。

单日放大量出现之后，股价震荡盘升，其后连续两天股票均持续放量，成交量大于或等于首日放大量，说明股性已经被充分激活，主力持续投入资金操盘。因此，可于第三天盘中任何低点实施加码。如图014、图015所示。

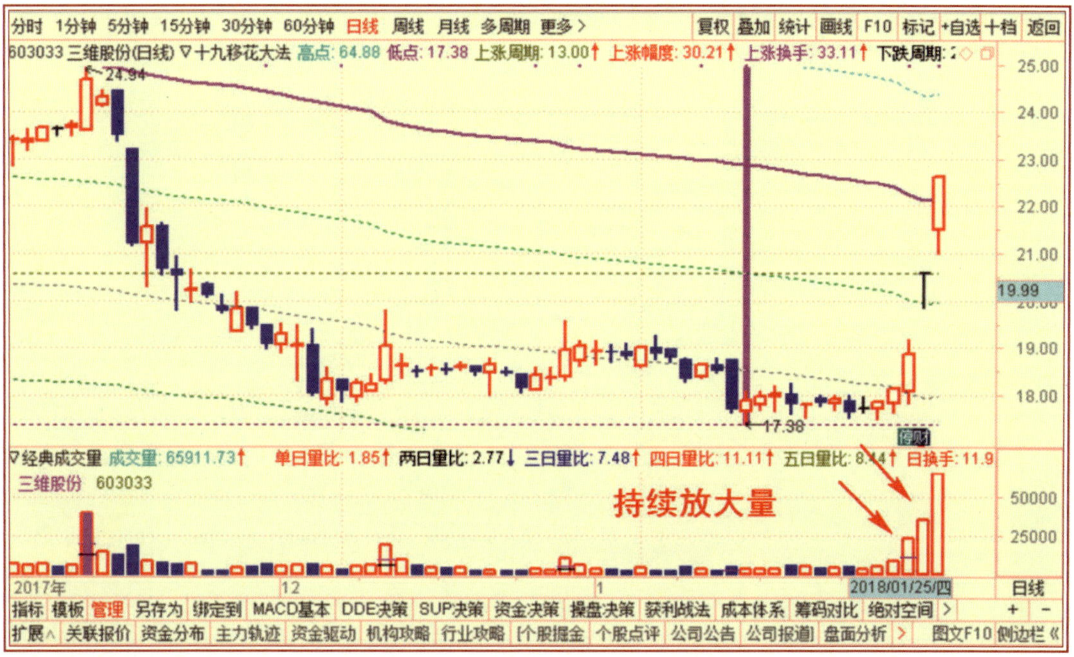

图014　持续大量加码法则的日线走势

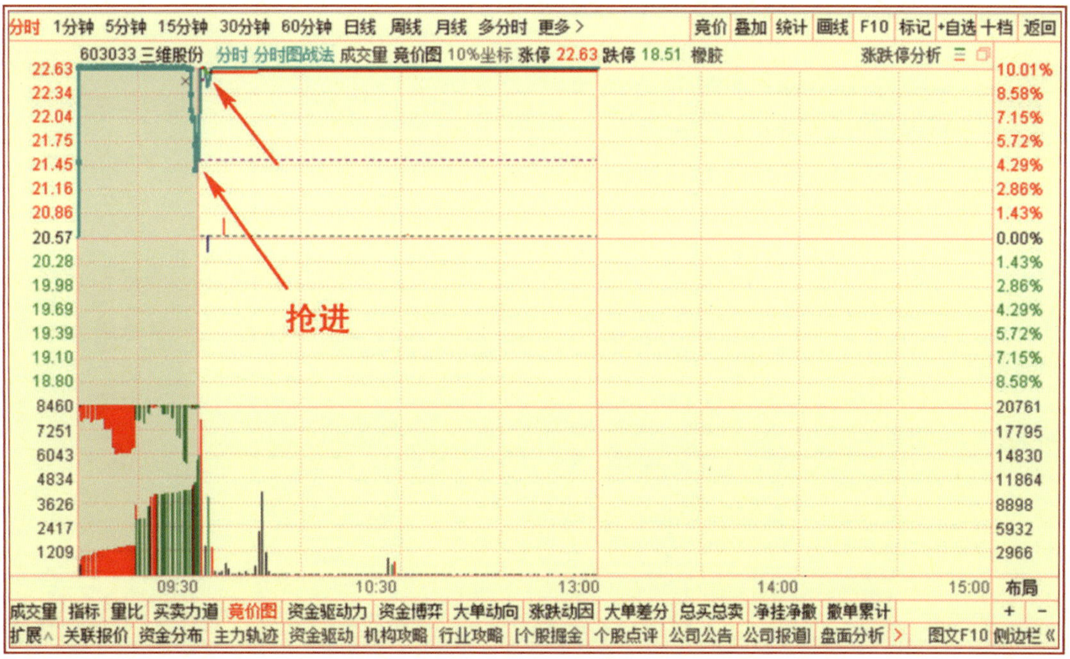

图015　持续大量加码法则的分时图走势

（3）两天止损法则。

单日放大量出现之后，如果股价次日下跌，并连续两天收盘于放大量出现当天的开盘价之下，致使放大量当日买进持仓套牢，说明主力已经放弃操盘，股价后续下跌的风险较大。因此，可于第三天开盘时以集合竞价止损卖出。如图016所示。

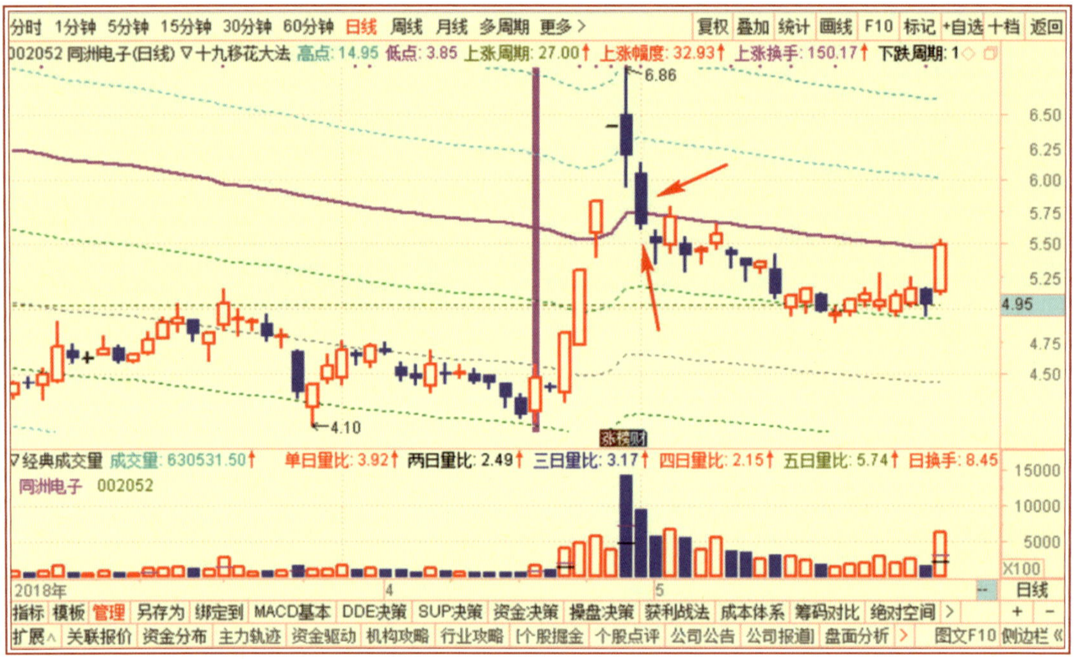

图016 两天止损法则的日线走势

三、稳健型买进法则

（1）放大量上方第三天买进法则。

单日放大量出现之后，为防止股价在次日出现变盘现象，可以等到股价走稳时再考虑买进。临盘观察到股价如连续两天收盘于首日放大量收盘价之上，则应在第三天开盘时以集合竞价买入。注意该方法仅仅适用于牛市，在猴市或者熊市时请慎用。如图017所示。

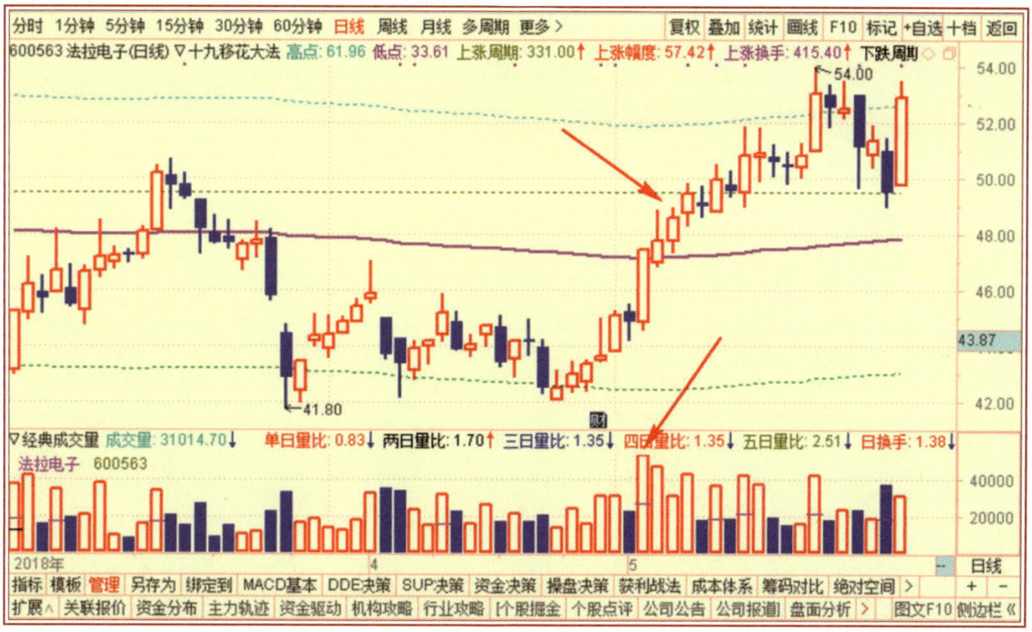

图017 放大量上方第三天买进法则示意图

（2）放大量上方回调第三天买进法则。

单日放大量出现之后，往往会持续放量并产生一轮小波段的上涨行情。但这轮上涨行情大多数情况下属于主力发动行情的初级阶段，必然会在小幅上涨三天或五天之后展开回调洗盘。因此，可在观察到股价已经形成明确上升通道的情况下，临盘于股价回调的第三天在盘中遇低点买进，这样容易把握住股价的主升段行情。如图018所示。

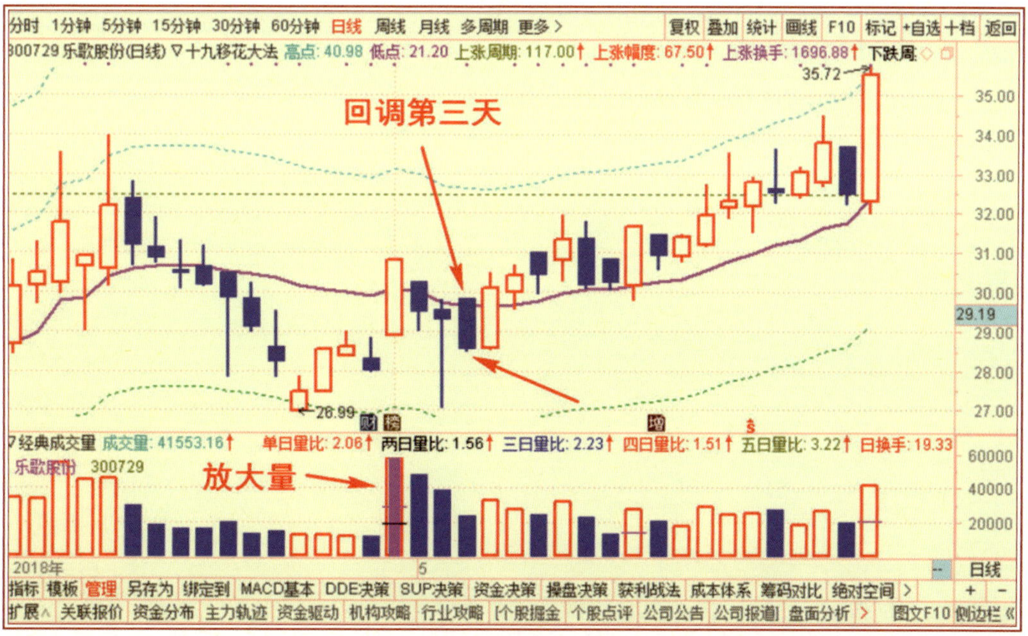

图018 放大量上方回调第三天买进法则示意图

四、稳健法则的加码补仓与止损策略

（1）阴线加码法则。

股价在向上继续攻击过程中，通常会于上涨的第四天或第五天出现回调收阴的特征。如当天成交量大幅萎缩，说明仅仅是回调洗盘，临盘可在收盘时实施加码。如图019所示。

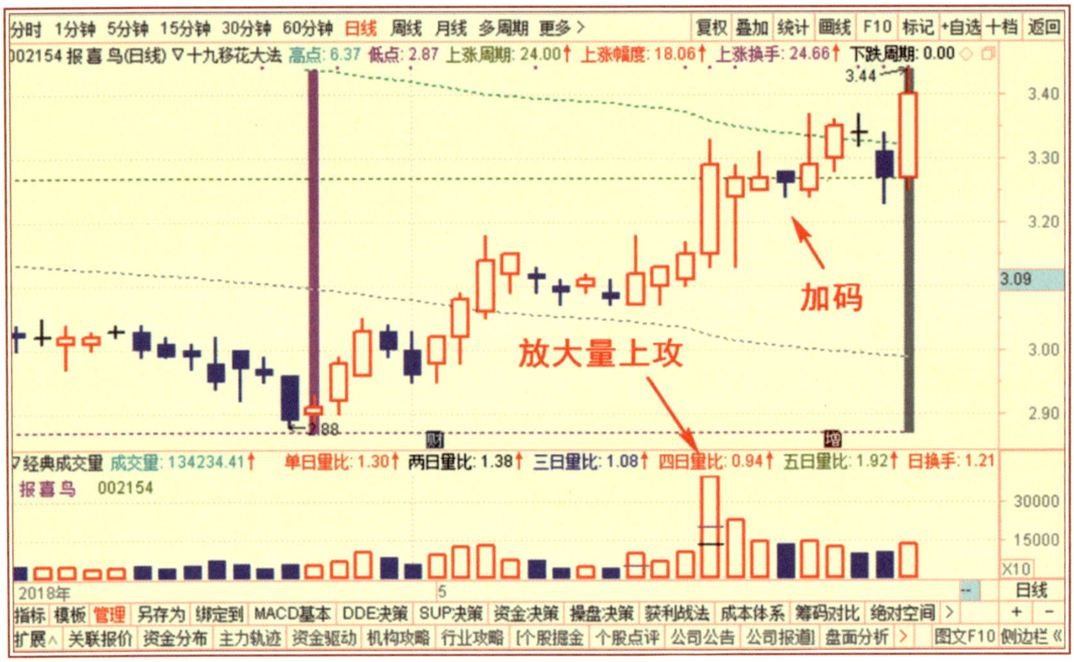

图019 阴线加码法则示意图

（2）成本线加码法则。

股价在向上继续攻击过程中，成交量会持续放大。当成交量放出上涨以来的最大量时，主力会实施较大力度的洗盘动作，可等待股价回调至成本线时实施加码。如图020所示。

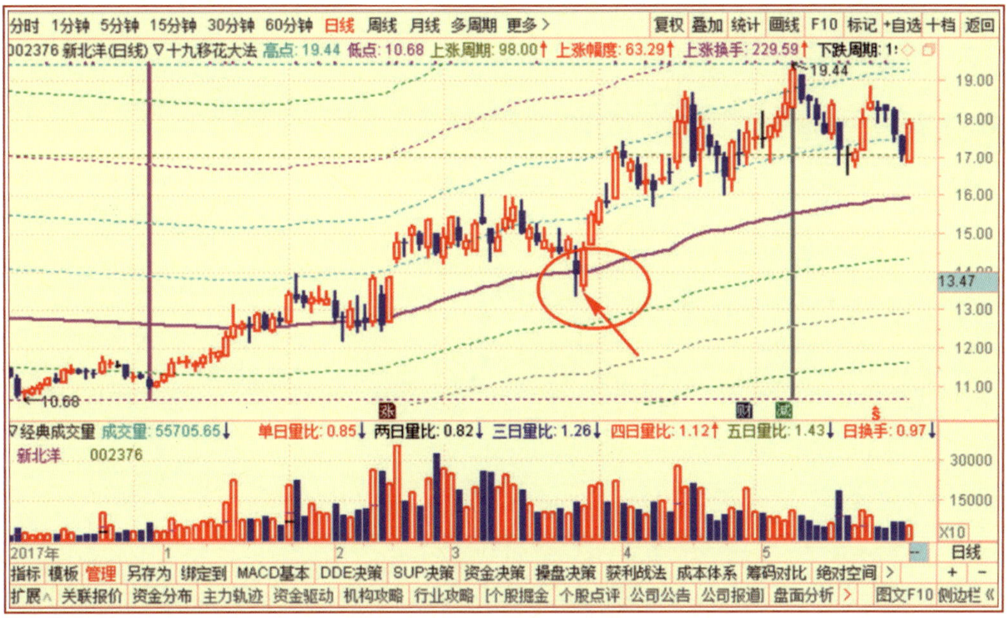

图020 成本线加码法则示意图

（3）止损法则。

A. 头部放大量止损法则。放大量出现在阶段性涨幅之后的头部，如买进之后，次日股价下跌，导致昨日持仓套牢，随后股价连续两天收盘于头部放大量当天的开盘价之下，说明主力已经在出货杀跌，后续下跌风险较大。因此，可于第三天开盘时以集合竞价止损卖出。如图021所示。

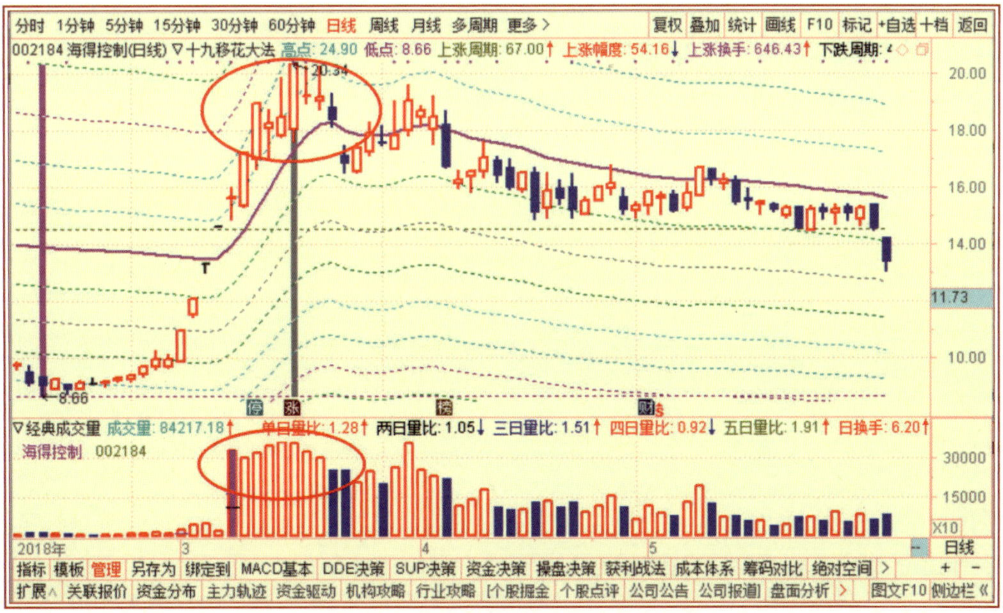

图021 头部放大量止损法则示意图

B. 成本线止损法则。在股价涨幅较小的情况下，如买进之后，次日股价下跌，导致昨日持仓套牢，随后股价以放量的方式击穿成本线并连续两天收盘在此支撑之下，说明股价还将下跌。临盘应实施止损。止损要坚决，不要犹豫。如图022所示。

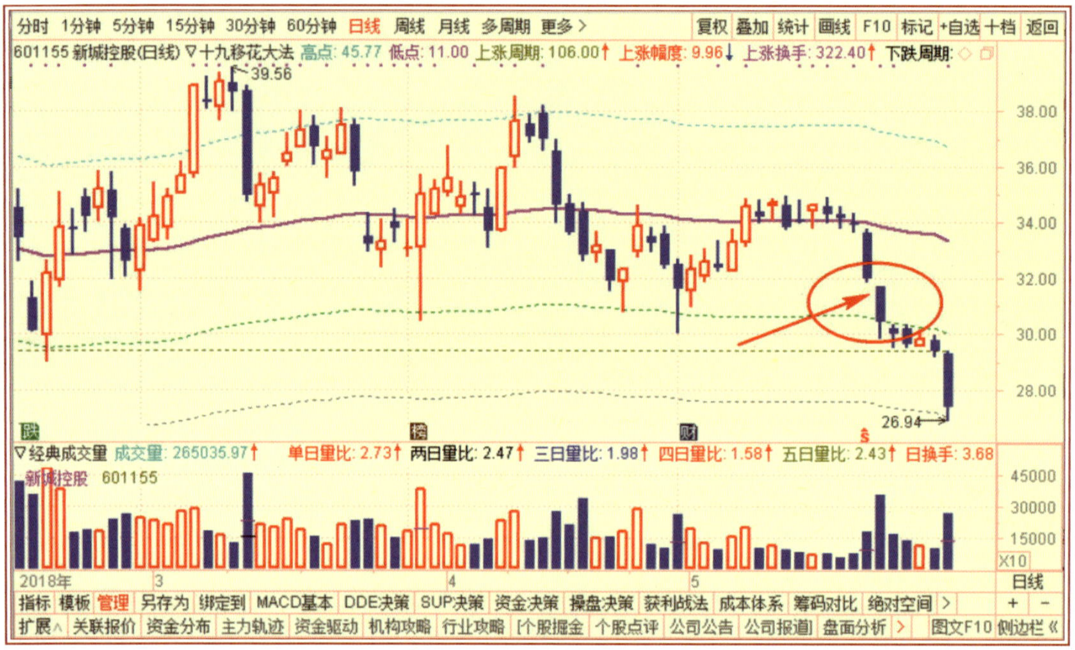

图022　成本线止损法则示意图

操盘笔记

第四节

SECTION 4

放大量卖出技术法则

一、日K线超大量卖出技巧

“超大量”一词源于巨量的说法，意思是超过以往任何单日放大量。体现在日K线图表中，就是清晰可见的一根超大型的量柱。超大量的出现，说明资金量在盘中进出发生了剧烈的变化，如果出现在低位，而股价估值相对偏高，说明主力资金有出逃的可能。如果发生在涨幅较大的高位，则表明主力机构在盘中疯狂出货。

超大量技术特征出现时，有以下两个典型的卖出技巧。

（1）底部异常超大量卖出。

股价经过一轮下跌之后，进入阶段性低位并横盘整理，此时股价虽然在低位，但仍然与上市公司的价值不符。如当日突然出现单日放大量，尤其是换手率在15%~20%，这属于异常放大量现象，说明主力资金有出逃的可能。临盘应利用股价剧烈震荡的高点及时卖出。如图023所示。

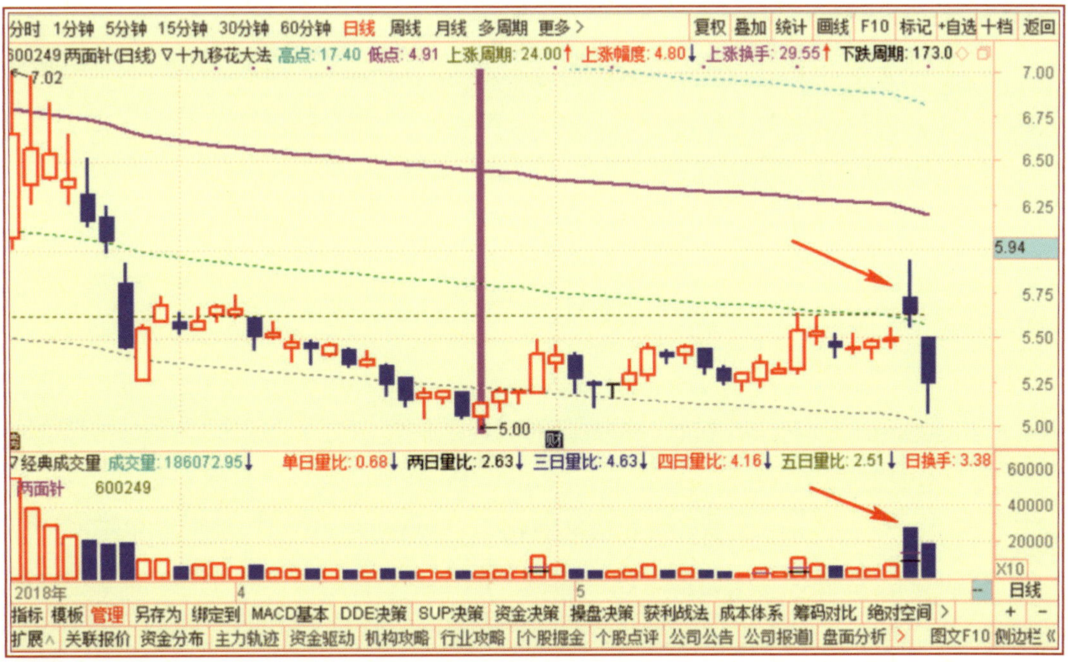

图023 底部异常超大量卖出

（2）波段高点超大量卖出。

股价经过一轮上涨之后，当涨幅超过20%时，进入小周期或大周期波段性高点。此时，股价在盘中攻击乏力，并在当日出现超大量，尤其是换手率在15%~20%，这种情况说明放量滞涨，主力在盘中利用震荡冲高走势出货。临盘应在收盘前寻高点果断卖出。如图024所示。

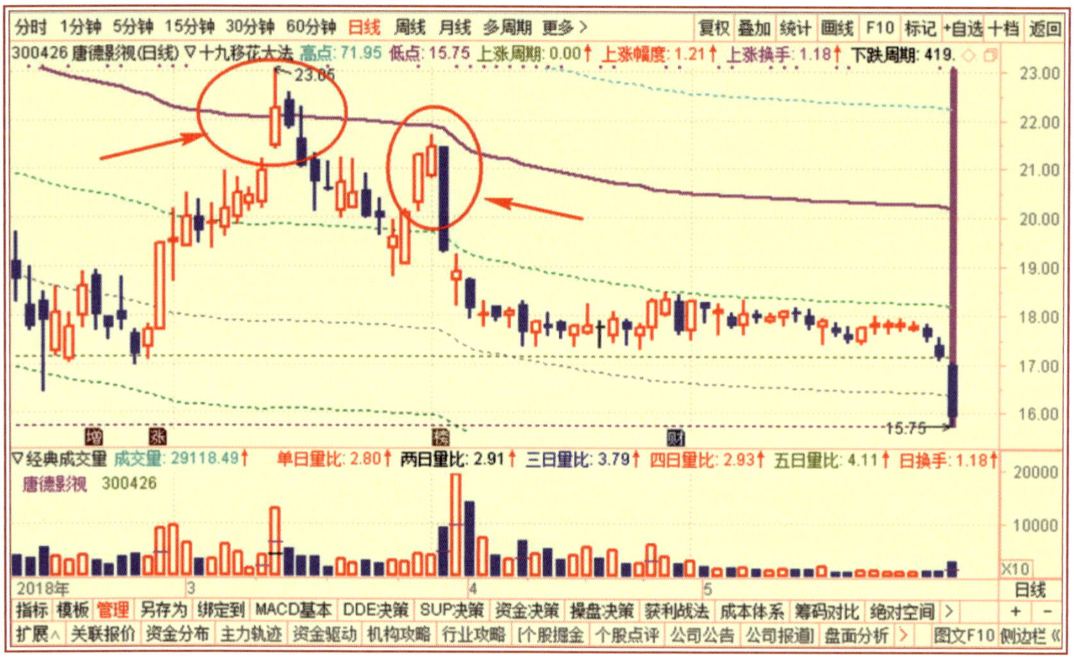

图024　波段高点超大量卖出

二、日K线背离量卖出技巧

背离量是指量与价在交易时发生不对称关系，如价升量减、价减量增等，就是典型的背离量技术特征。在临盘实战中，背离量有多种表现方式，日K线的背离量卖出技巧如下。

（1）股价创新高收带长上影线阳K线，但成交量锐减。

股价创新高，说明已经经过一轮波段涨幅，而这轮涨幅从突破操盘线时的起涨点算起至少也会超过20%，在这种情况下，股价于当天创出新高后，盘中受到卖压而出现回落。因此，当天的K线以带长上影线阳线报收。但成交量相对昨天已经出现明显减少，这说明主力已经在盘中抛货，股价即将见顶回落了。此时，应及时果断卖出。如图025所示。

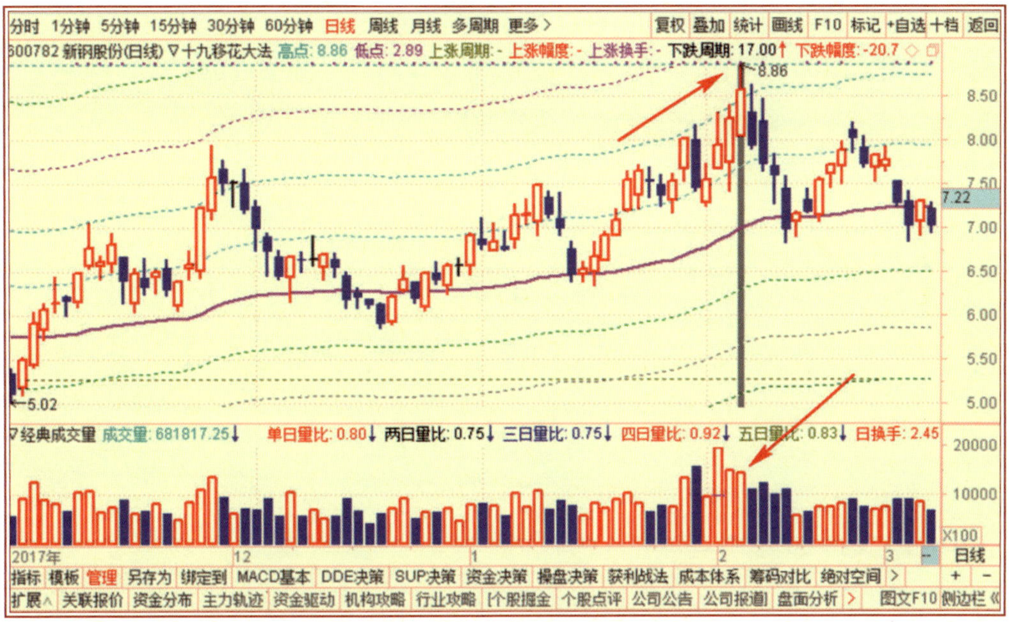

图025　日K线新高上影线阳线背离卖出法

（2）股价创新高收带长上影线阴K线，但成交量暴增。

股价创新高，说明已经经过一轮超过20%的单边波段涨幅，在这种情况下，股价于当天创出新高后，盘中受到卖压而出现回落，当天的K线以带长上影线阴线报收。但成交量相对昨天却出现明显增多，这说明主力已经在盘中疯狂抛货，股价已经见顶回落了。此时，应及时果断卖出。如图026所示。

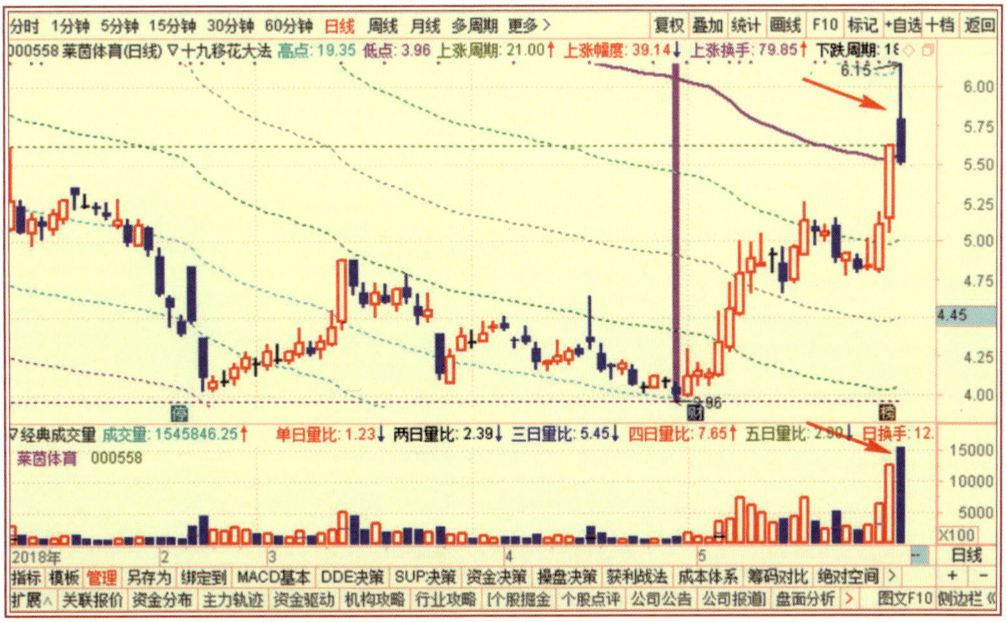

图026　日K线新高上影线阴线大量卖出法

（3）股价创新高收小十字星K线，但成交量暴增。

股价于当天创出新高后，盘中受到卖压而出现回落。由于跟风买进的投资者相对积极，盘中产生窄幅震荡整理，因此，当天的K线以带长上下影线的十字星线报收。但成交量相对昨天却出现明显放大现象，这说明主力已经在盘中反复震荡出货，股价即将见顶回落了。此时，应及时果断卖出。如图027所示。

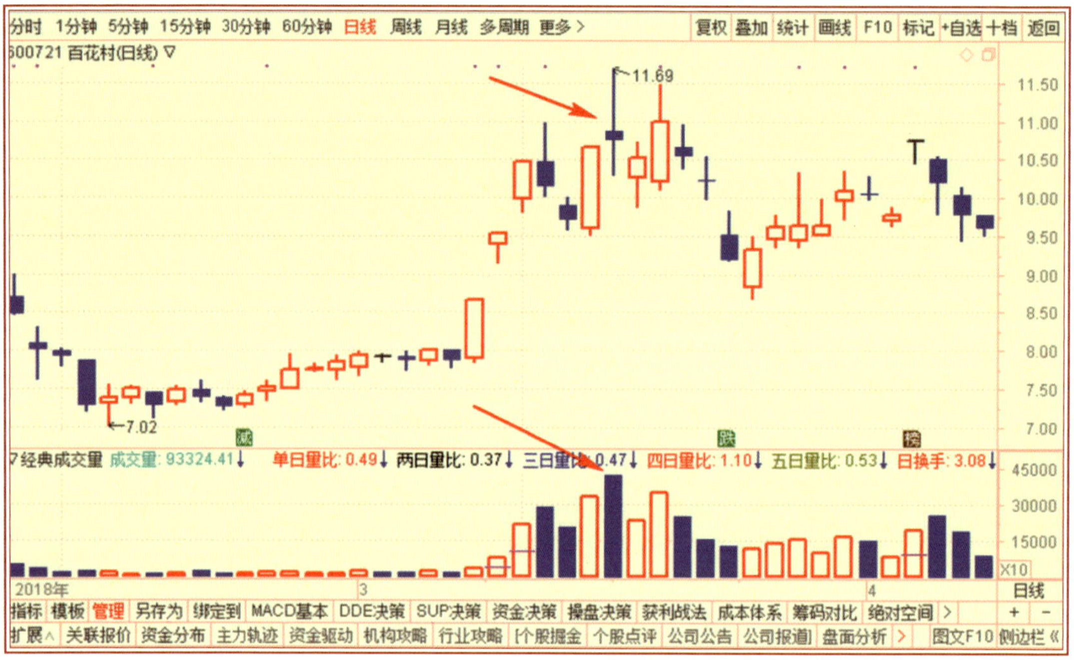

图027　日K线新高巨量十字星线卖出法

（4）股价创新高收大阳K线，但成交量锐减。

股价于当天反复震荡盘升创出新高，并收盘于最高价附近，当天的K线以大阳线报收。但成交量相对昨天已经出现明显减少，这说明当天的上涨主要由主力在盘中对敲完成，而实际情况是主力已经在盘中悄悄抛货，股价攻击乏力，即将见顶回落了。此时，应于次日及时果断卖出。如图028所示。

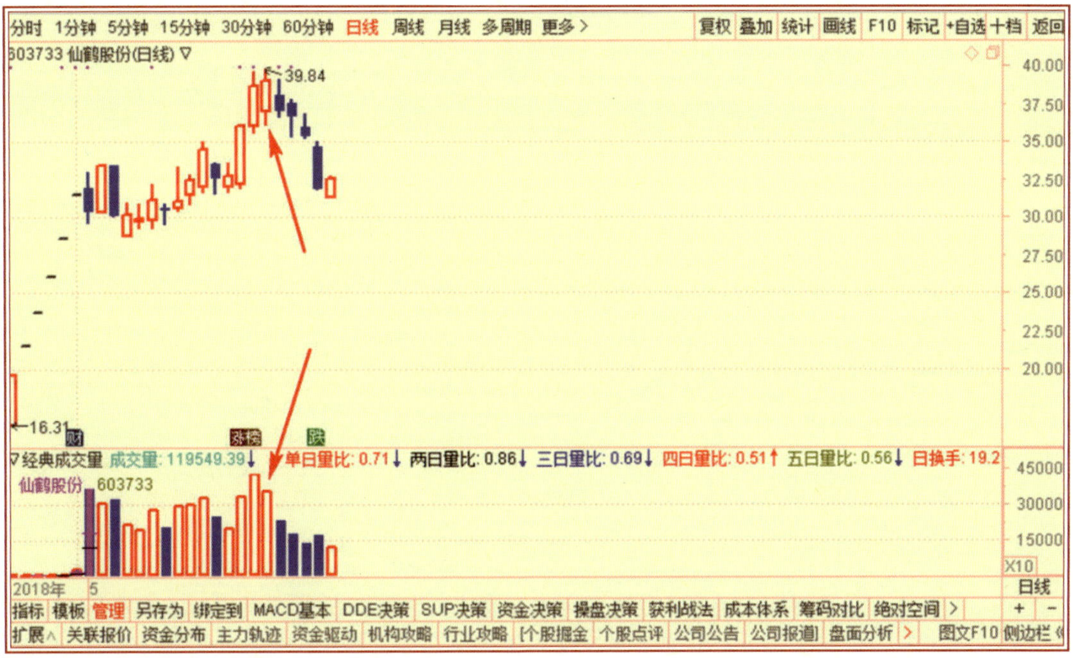

图028　日K线新高缩量大阳线卖出法

三、分钟K线超大量卖出技巧

分钟K线主要通过60分钟技术系统来展开操作，由于60分钟技术系统提前日K线4个小时，因而，在临盘短线操作过程中，较易卖在理想的高价区。

60分钟股价经过一轮上涨之后，当涨幅超过20%时，进入小周期或大周期波段性高点。此时，股价在盘中攻击乏力，并在某个小时出现超大量，反映在K线图表中就是出现巨型量柱，这种超大量的结果，将直接导致股价阶段性见顶，也就是主力在盘中利用震荡冲高阶段性出货。临盘应在第二根K线开仓后寻高点果断卖出。如图029所示。

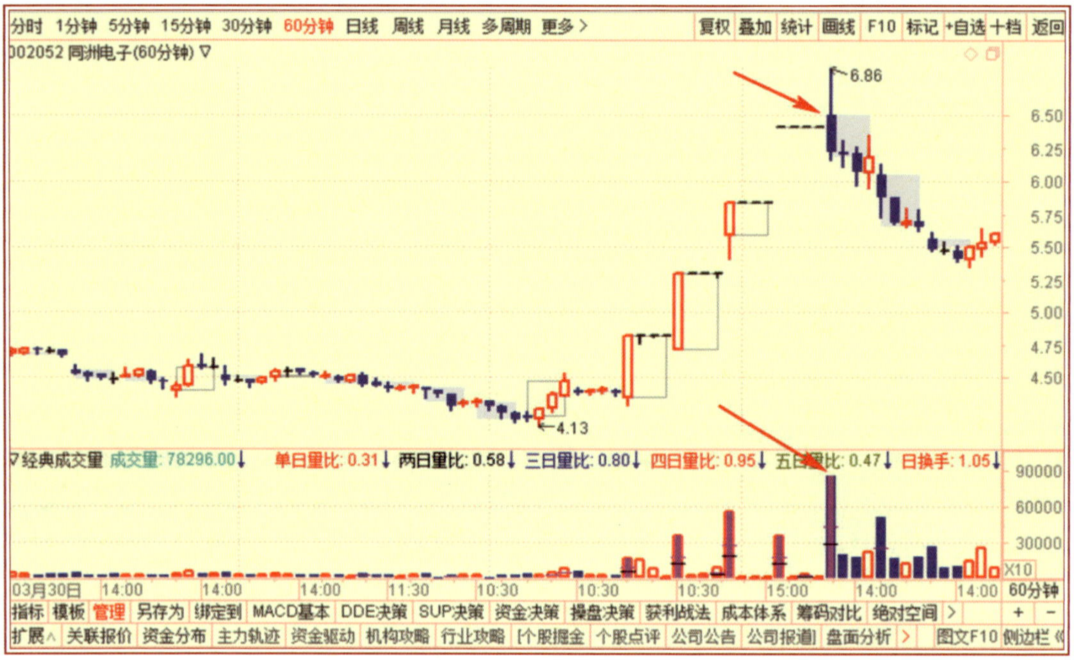

图029　分钟K线超大量卖出法

操盘笔记

第五节
SECTION 5
量能做盘的误区与风险

一、真假放大量的识别

真假放大量主要通过对放大量内在结构进行本质性区分来判断。单纯分析日K线图表，一般投资者是较难分辨放大量的真假强弱的，必须透过现象看本质。而以放大量内在结构的构成状态，通过以放大量力度构成的标准来进行分析，则非常容易识别。

标准放大量必须符合力度构成特点，而虚假放大量则不具备标准的力度特点，这是辨别真假放大量的核心要点。虚假放大量形成的特点有以下两点：

（1）放大量较易形成于早盘第一时间段。

（2）盘中或者由大单或特大单迅速集中对敲所致。

大多数情况下，虚假放大量一般产生于单日放大量技术特征之中，其形成当天的盘中即时交易特征主要以脉冲波或冲击波为主，较少有攻击波。

虚假放大量容易形成于股价阶段性底部，但股价估值水平仍然偏高。主力为了出货，故意在底部出现放大量反弹的技术形态，实质却是诱多陷阱。

虚假放大量还容易形成于股价波段涨幅超过20%，在遭遇重要阻力位，如向上突破成本线时。因为短线涨幅过大，股价向上突破这一重要阻力后已经是强弩之末，主力必须通过阶段性出货展开回调动作，以降低持仓成本。

二、放大量买入的止损位设置

（1）股价向下回调击穿放大量当日K线最低价止损。

当股价在回调中击穿放大量当日K线的最低价时，表示放大量所形成的最后支撑位失守，临盘出局避险是上策，以回避未知的风险。

（2）股价回调击穿放大量当日K线最低价，若两天内不拉升则止损。

稳健的投资者可以在股价回调击穿放大量当日K线的最低价后，临盘观察股价在两天内的收盘变化。这种策略主要是应对凶狠洗盘的主力。有些主力可能会以退为进，故意击穿放大量当日的最低价以达到恐吓跟风盘的目的。但如果股价击穿放大量当日K线的最低价后，在两天内不能展开拉升，则说明该股已经彻底丧失拉升动能，因此应及时止损出局。

三、放大量滞涨与主力操盘行为分析

放大量滞涨现象通常较易发生在股价底部阶段、股价盘头阶段和股价下降通道中的反弹阶段。通过股价的阶段趋势特征，我们可以分析判断主力操盘行为与基本意图。

（1）股价在底部阶段。出现放大量滞涨，通常只是不同主力之间的换仓。老主力以出货为主，而新主力则以建仓为主。大量滞涨之后，会引发股价破位性下跌。但股价跌幅不会太大，后续趋势仍然以反复震荡整理筑底为主。如图030所示。

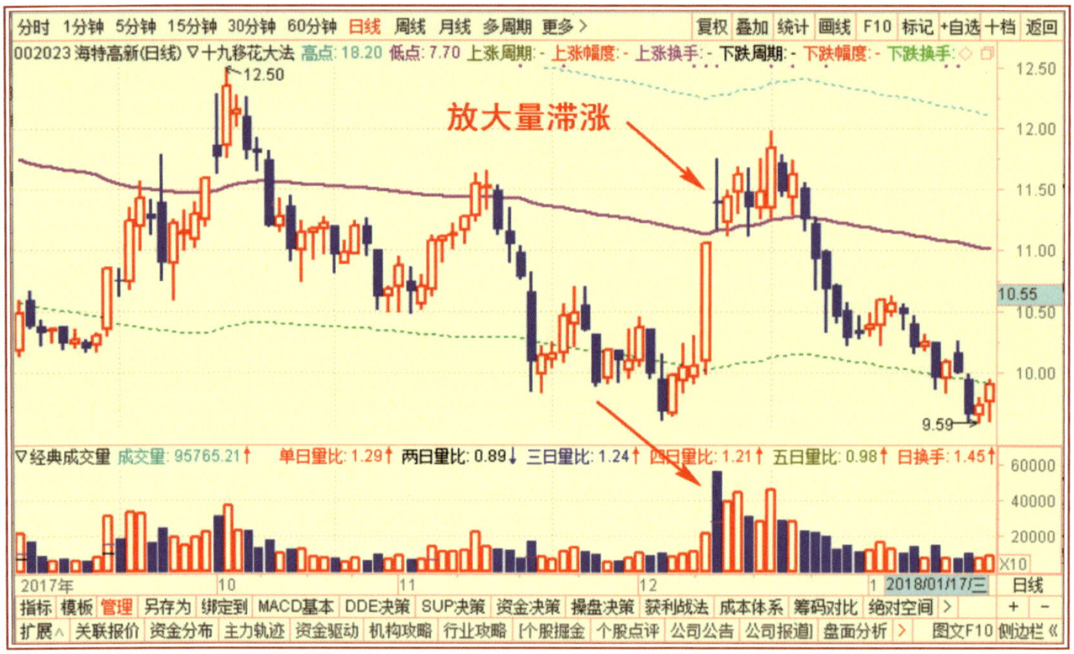

图030　底部阶段的放大量滞涨

（2）股价在盘头阶段。出现放大量滞涨，通常只是主力为了完成波段盈利目标，在盘中持续出货所致。因此，主力的意图并非真正展开一轮波段性上涨，而仅仅在于通过反复滚动操盘持续出货，进一步扩大盈利。如图031所示。

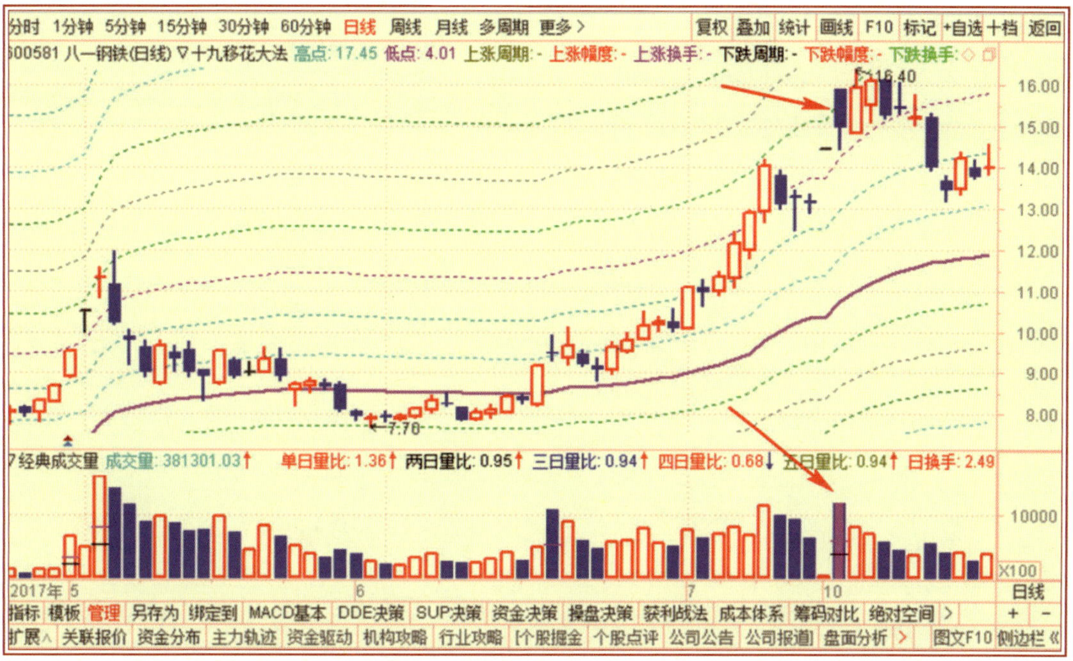

图031 盘头阶段的放大量滞涨

（3）股价在下降通道中。出现放大量反弹滞涨，通常是由于主力利用股价趋势反弹的短线行情，于盘中做最后的出货动作。因此，放大量滞涨就是短线反弹即将结束的重要特征。如图032所示。

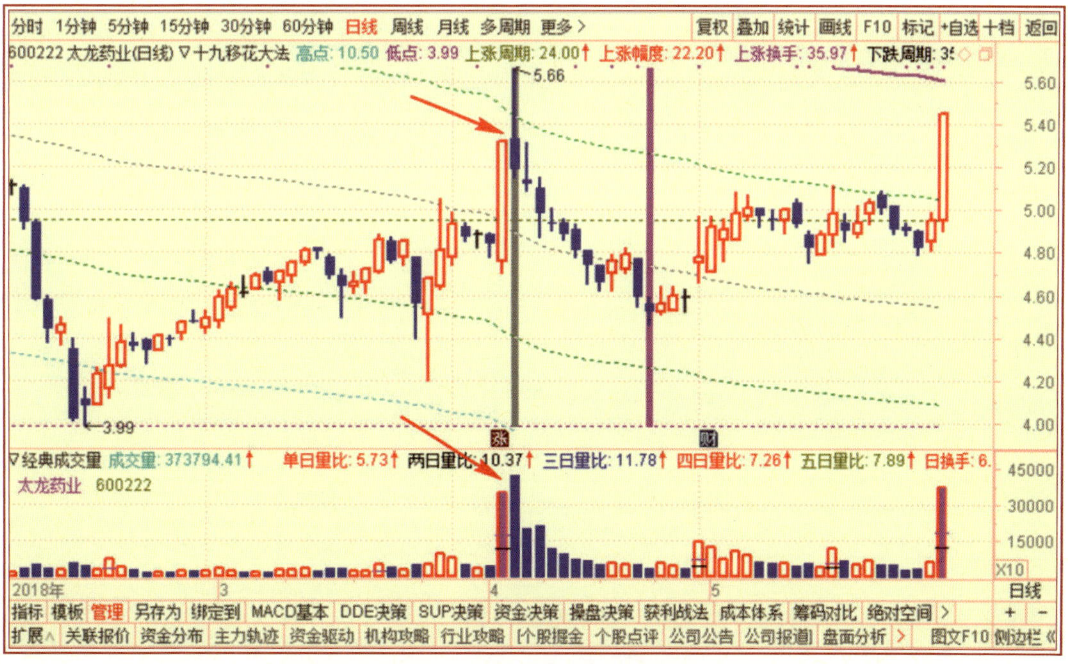

图032 下降通道的放大量滞涨

四、放大量风险规避应对原则

放大量形成当天所处的阶段位置，是临盘做出操盘决策的前提条件。在计划进入市场展开操作时，首先要准确判断放大量是否符合以下阶段特征。

（1）放大量形成当日在底部向上突破成本线，股价沿着各种上行线展开波段上升趋势，临盘具有巨大的中短线实战操作价值。如图033所示。

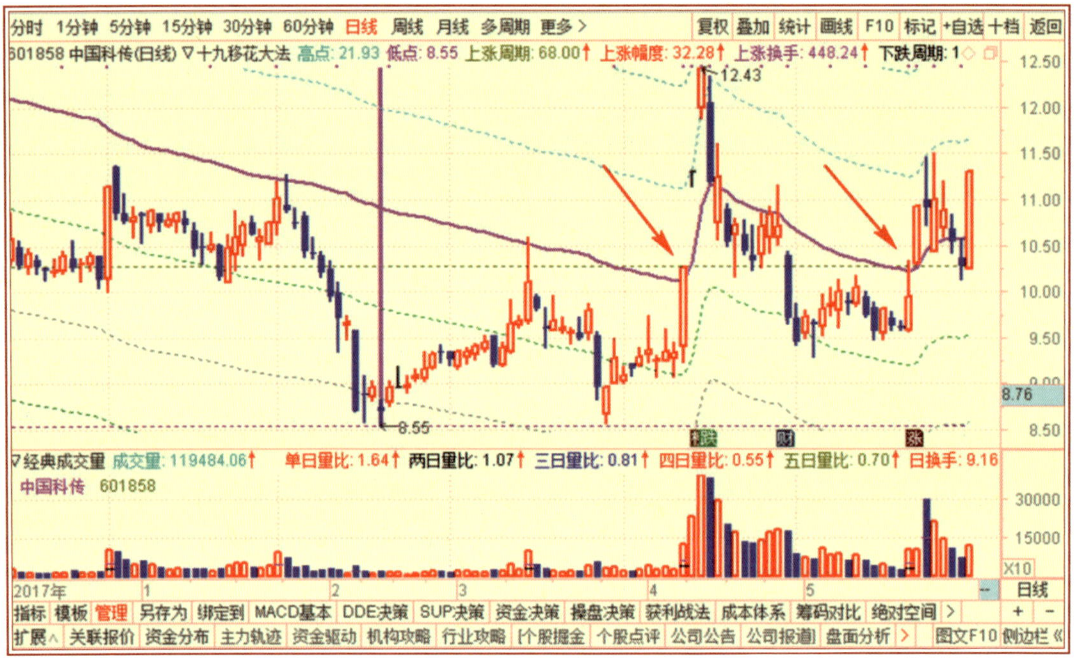

图033　底部放大量向上突破成本线

（2）放大量形成当日，股价进入阶段性头部中，或股价处于阶段性底部中，股价估值呈现相对高价的特征，此时，临盘仅具备短线操作价值。如图034所示。

（3）放大量形成当日，股价正处于下降趋势中的超跌反弹状态，临盘操作的短中线风险均较大。此时不宜介入，应保持观望。如图035所示。

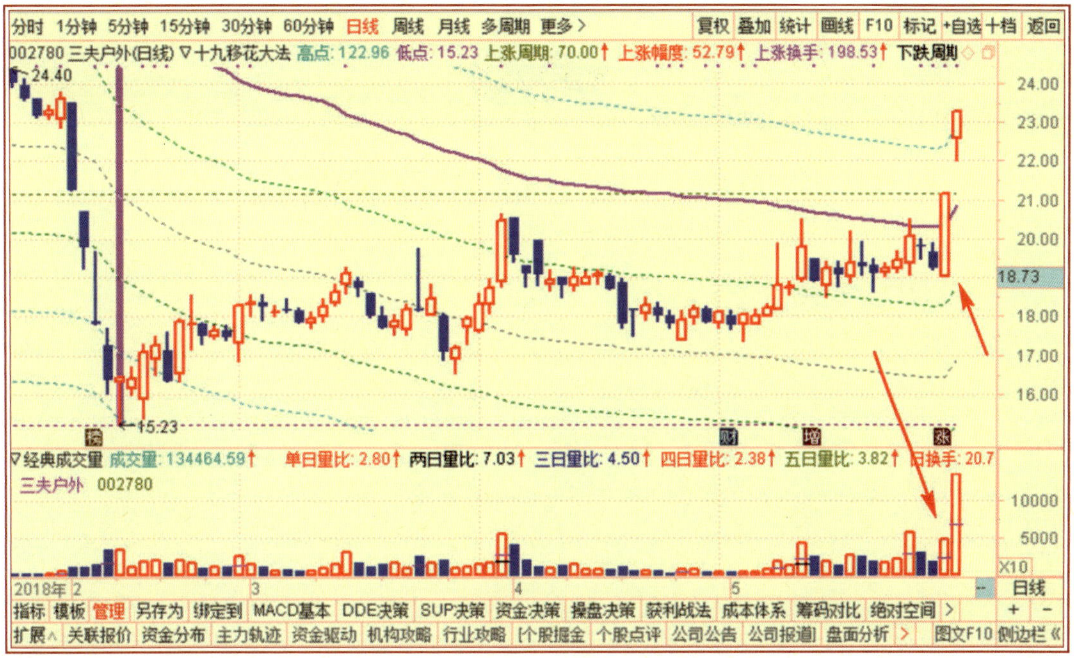

图034 股价估值呈现相对高价的特征

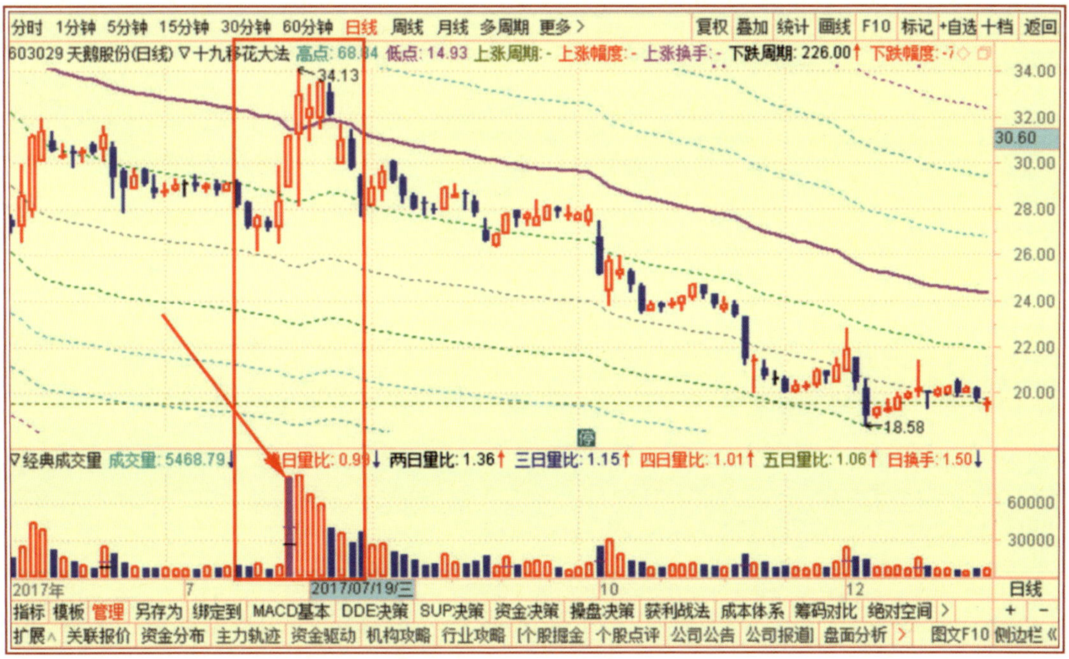

图035 下降趋势中的放大量

第六节

SECTION 6

主力做盘核心环节量能结构

一、开盘环节实时量能结构

（1）什么是开盘量。操盘界对开盘量并没有统一的定义。我们把早盘中9：25—9：35这一时间段出现的成交总量称为“开盘量”。而9：15—9：25为集合竞价时间段，这一时间段出现的成交量叫“集合竞价量”。广大投资者通常把开盘之后很短的时间内成交的量叫作“开盘量”。在最新版的通达信行情软件里，新增了函数开盘金额，即DYNAINFO（15）。利用这个函数编写公式，可以直接观察到以金额计算的开盘量的大小，如图036所示。

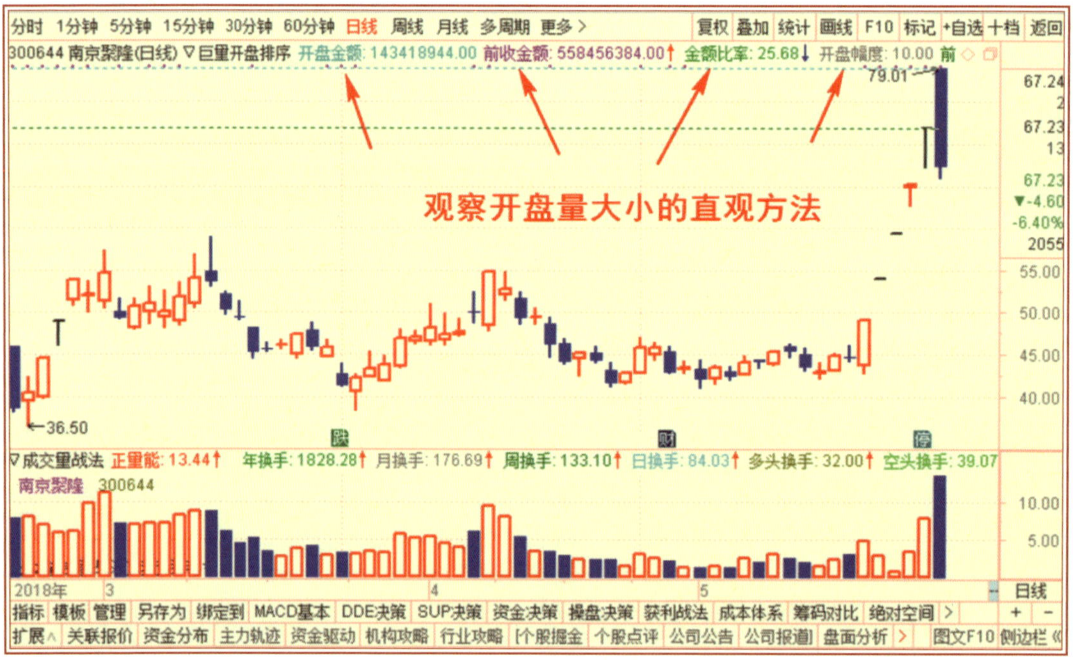

图036　开盘金额

（2）建仓阶段的开盘量。在主力机构建仓阶段，如果当日集合竞价量很大，预示当天行情将发生变化，股价将出现异动。这是即将完成建仓的特征。如果开盘量亦随之增大，量比超过5倍，则当天上涨行情基本确立，短中线建仓买入股票获利的机会巨大。如果当日集合竞价量小，则预示当天行情表现平淡，股价难有异动，投资者不要心急，须静待股性激活之后入市机会的到来。分析时需要结合空间位置进行。

就主力自身而言，建仓阶段需要比较隐蔽地进行，因此一般不会很张扬。所以，建仓阶段的开盘量一般而言都比较温和。如图037、图038所示。

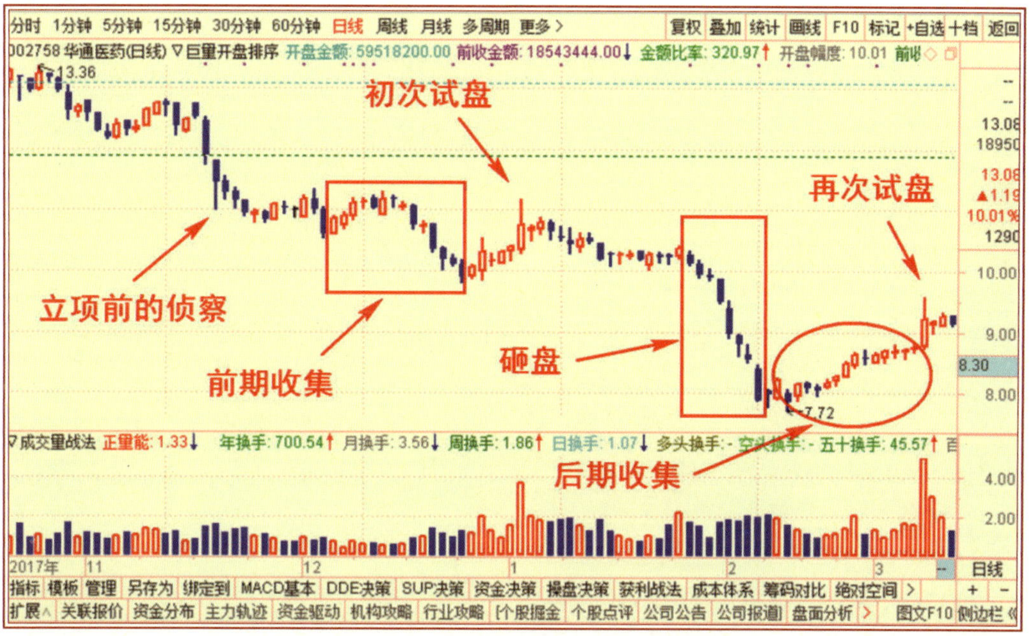

图037　主力建仓流程图

图038　建仓阶段的开盘量

（3）拉升阶段的开盘量。在股价拉升阶段，如果当日集合竞价量大（比如单笔1000手以上大单参与竞价），预示当天行情将发生变化，股价将出现异动。如果开盘量亦随之增大，量比超过3倍，则当天上涨行情基本确立，短中线建仓买入股票获利的机会巨大。如果当日集合竞价量小（比如单笔300手以内小单参与竞价），则预示当天行情表现平淡，那么当天股价走势通常比较平稳，短中线仍可稳定持股。如图039、图040所示。

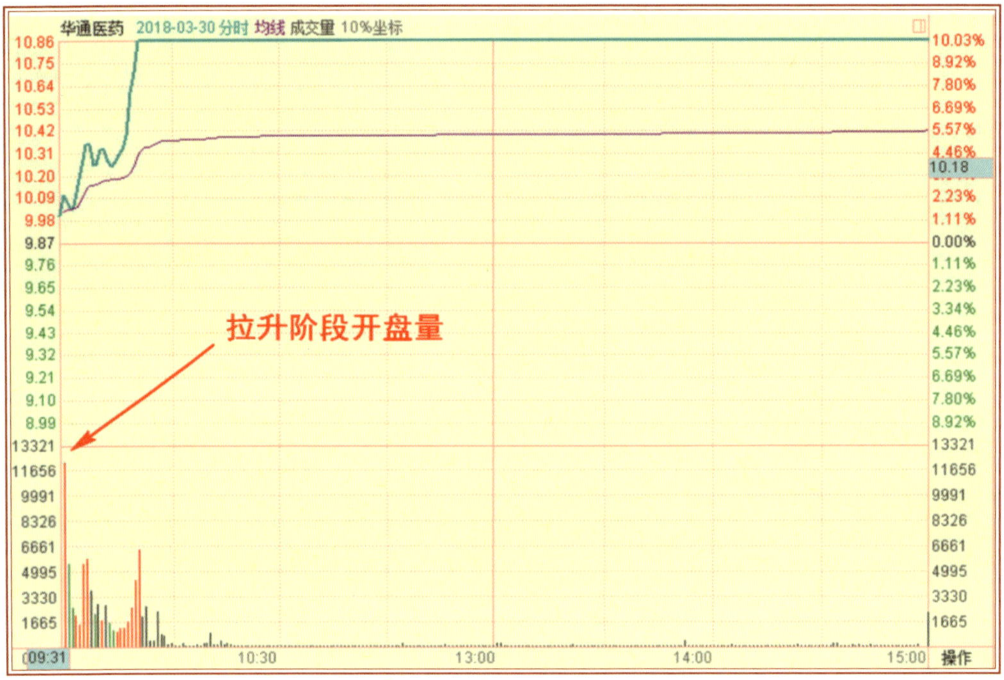

图039　拉升阶段开盘量

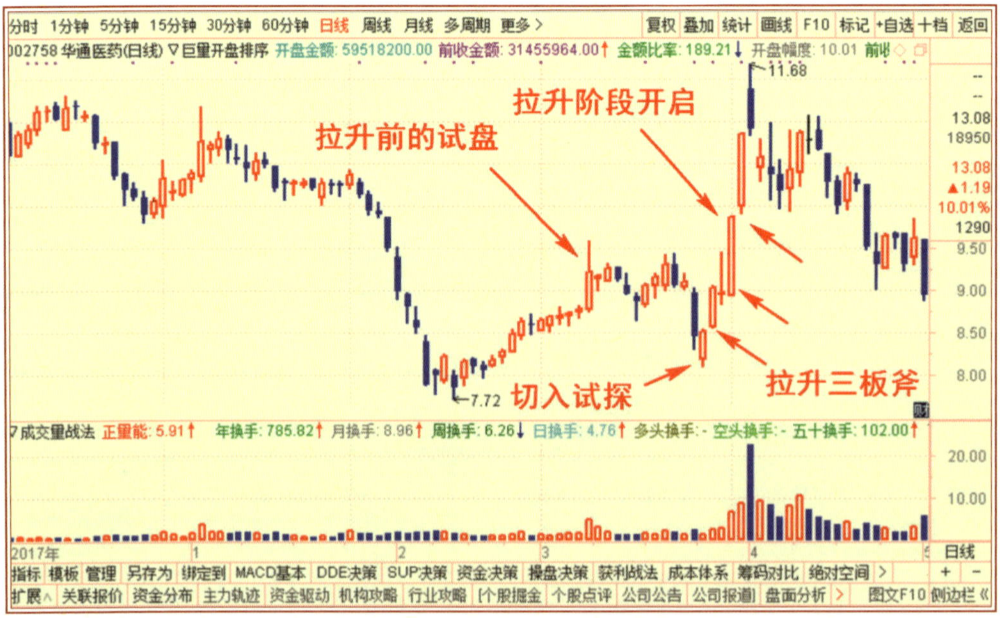

图040　拉升阶段日线走势流程图

（4）大涨之后的开盘量。在股价经历大幅上涨之后，主力机构需要寻找机会兑现盈利。怎么判断主力的做盘行为呢？可以看集合竞价量和开盘量的大小。如果当日集合竞价量异常放大（比如单笔1000手以上大单参与竞价），预示当天主力将有所动作，行情将发生深刻变化，股价将出现激烈波动。如果开盘量亦随之增大，量比超过2倍，表明当天主力存心出货，投资者需要提防主力反手做空，因为此时股价将可能见顶回落，短线应考虑选择盘中高点离场，而中线则半仓，采取波段滚动操作策略。如果当日集合竞价量小（比如单笔300手以内小单参与竞价），则预示当天行情表现平淡，主力暂时不会大规模出货，但是股价继续上涨的力度开始衰竭，投资者应考虑选择盘中高点分批减仓，积极离场。如图041、图042所示。

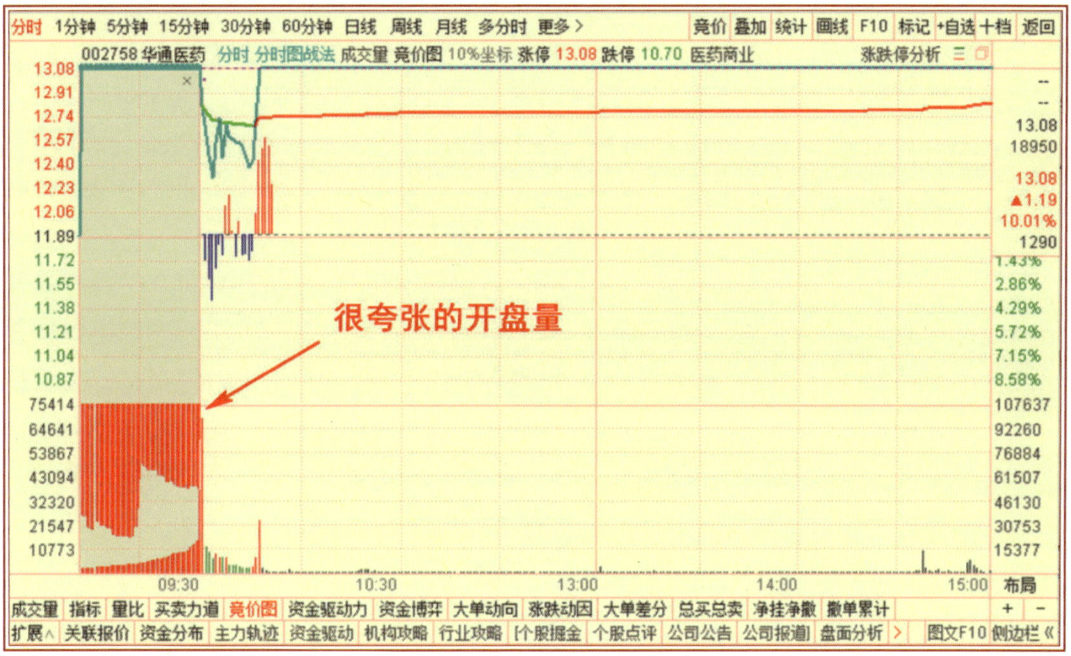

图041 大涨之后的开盘量

图042　大涨之后的日线走势图

（5）盘头阶段的开盘量。主力经过阶段性运作之后，进入了积极派发阶段，这就是做盘计划中的盘头。在股价盘头阶段，如果当日集合竞价量很大（比如单笔1500手以上大单参与竞价），预示当天行情将发生剧烈变化，股价将出现宽幅震荡，成交量异常。如果开盘量亦随之增大，量比超过3倍，表明当天应注意主力可能采用部分资金对敲滚动操作，股价将可能震荡盘升，亦有创新高的机会，新高之后放天量，制造天量天价的假象。此时短中线投资者应考虑选择盘中高点分批卖出，落袋离场。如果当日集合竞价量小（比如单笔100手以内小单参与竞价），则预示当天行情表现平淡，股价仍为常规震荡态势，主力还处于利用平台整理按计划分批出货中。这时候应该保持观望，不要参与盘头弱势震荡行情。如图043、图044所示。

图043　盘头阶段的开盘量

图044　盘头阶段的日线走势图

（6）下跌阶段的开盘量。这是主力不计成本出货阶段。在股价下跌阶段，如果当日集合竞价量很大，预示当天行情将发生剧烈变化，股价将出现惊人的异动。如果开盘量亦随之增大，量比超过5倍，那么当天应注意主力可能反复杀跌出货，股价可能加速下跌，甚至创出阶段新低，这时候短线应坚决止损离场，不要抱有任何幻想。如果当日集合竞价量小（比如单笔100手以内小单参与竞价），则预示当天主力不打算大规模出货，因而行情表现平淡，股价仍为震荡盘跌态势，主力处于按计划分批出货中。这时候应该保持观望。如图045、图046所示。

图045 下跌阶段的开盘量

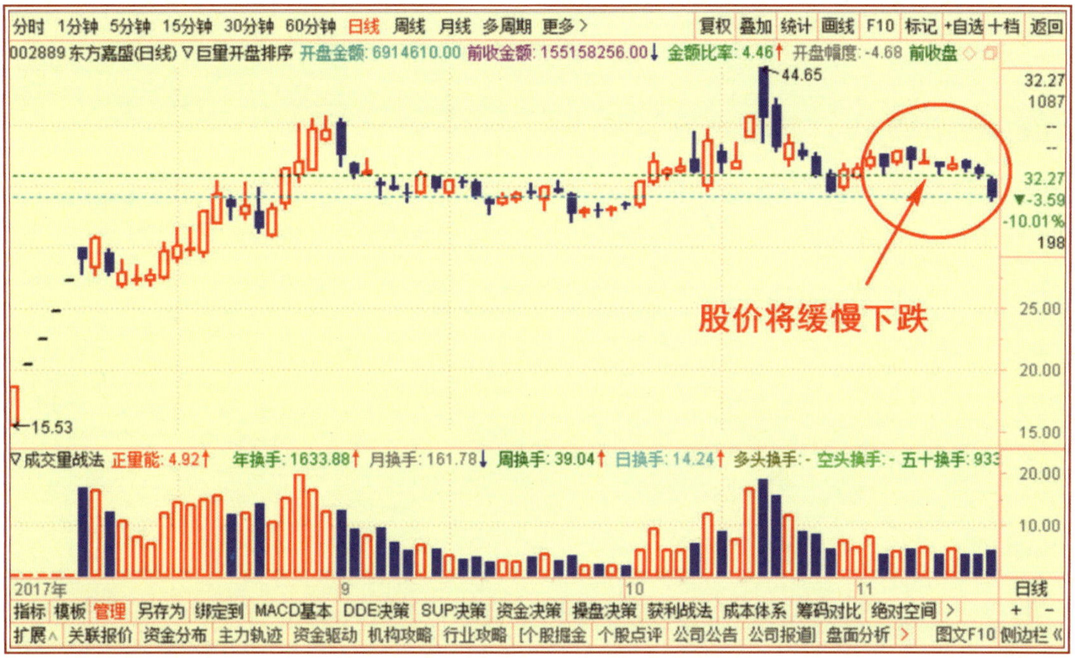

图046　下跌阶段的日线走势图

二、试盘环节实时量能结构

（1）什么是试盘量。试盘量就是主力向上试盘或者向下试盘时产生的量能。试盘量一般出现在建仓阶段和股价拉升阶段初期。试盘动作可以出现在早盘、中盘和尾盘。出现的时间段不同，做盘的目的也不同。早盘的试盘比较常见，这是诱发筹码松动常用的做盘手法。表现在实时量能结构上，通常是快速放量，然后又快速萎缩，量峰结构呈现由大到小的特征，这样虎头蛇尾的放量行为属于虚假式放量，不是真正的拉升行为，只是试盘而已。

至于试盘的具体目的，要结合动态空间位置来理解，如图047、图048所示。

图047 向上试盘量

图048 向下试盘量

（2）试盘量的类型。试盘量的类型一般分为两种，一种是建仓阶段出现的试盘量，主要是主力为测试盘中筹码稳定度并进一步采取有针对性的建仓策略而采用的特定操盘手法。另一种是在股价拉升阶段初期出现的试盘量，这是主力为测试盘中的抛压程度和筹码稳定度而采取的特定操盘手法。无论哪一种，都可以是萎缩型量峰。掌握了这个特点，就可以及时理解主力的做盘意图，进而采取正确的操盘对策。如图049、图050所示。

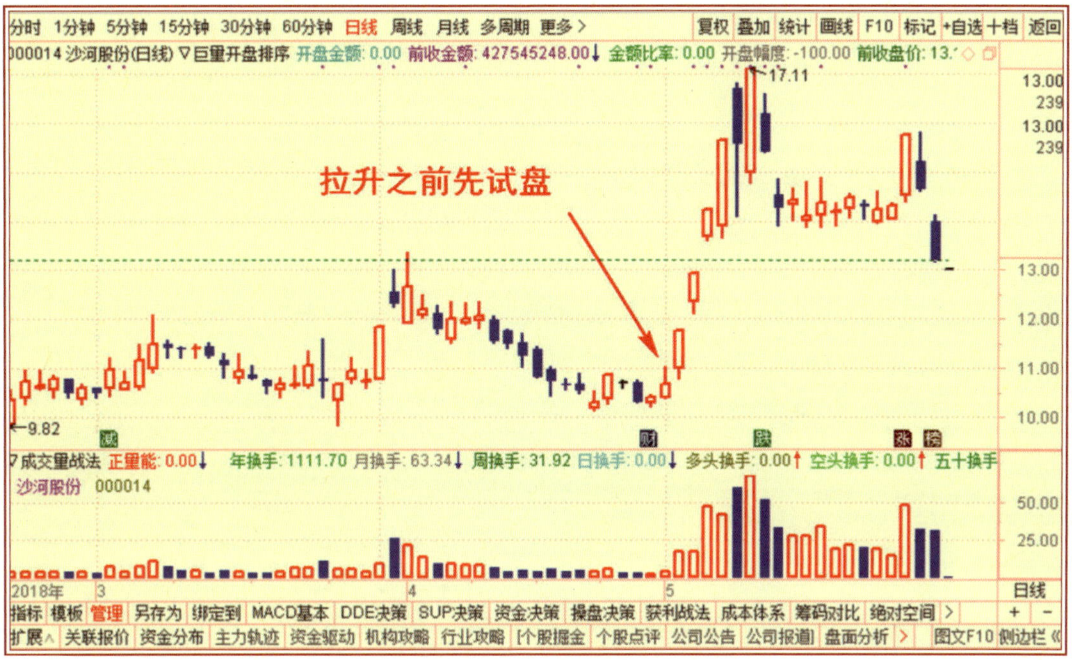

图049　拉升之前先试盘的日线图

图050 拉升之前先试盘的分时图

（3）研究试盘量的意义。试盘量出现在底部阶段，说明主力即将进入，中长线应密切留意股价的变化，随时准备进场建仓。试盘量出现在股价拉升阶段初期，说明主力已经建仓完毕，股价即将进入拉升阶段，此时，应选择重要的支撑位中线建仓。而短线则可在试盘震仓后股价再度以放量方式攻击时及时进场，机会巨大。如图051、图052所示。

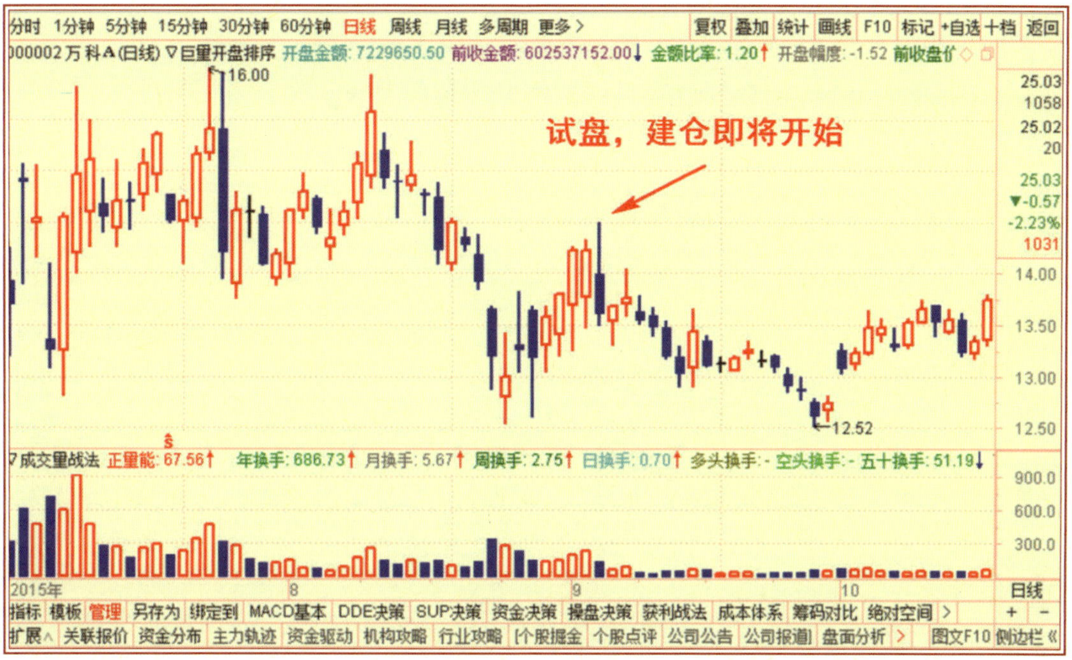

图051 底部阶段试盘

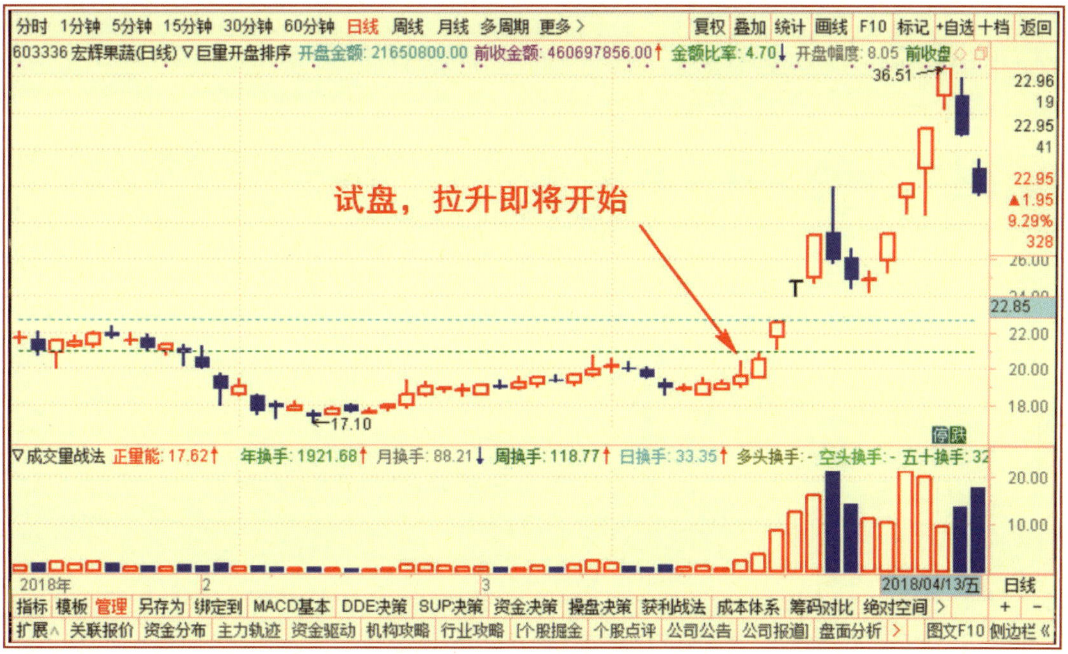

图052 拉升阶段试盘

（4）关于试盘量的注意事项。试盘量不会出现在股价盘头阶段和下跌阶段，凡在盘头阶段或下跌阶段出现长上影线的量能特征均是主力抛压出货所致，临盘应观望为宜，千万不要因为图形酷似试盘而上当受骗。如图053、图054所示。

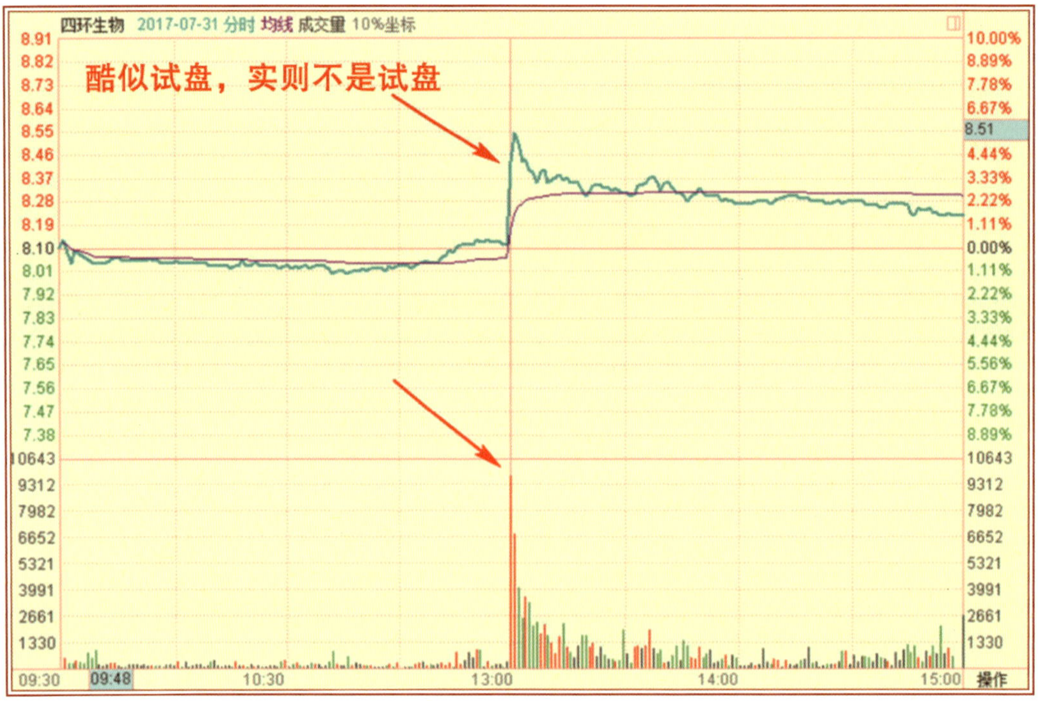

图053 盘头阶段酷似试盘的分时走势图

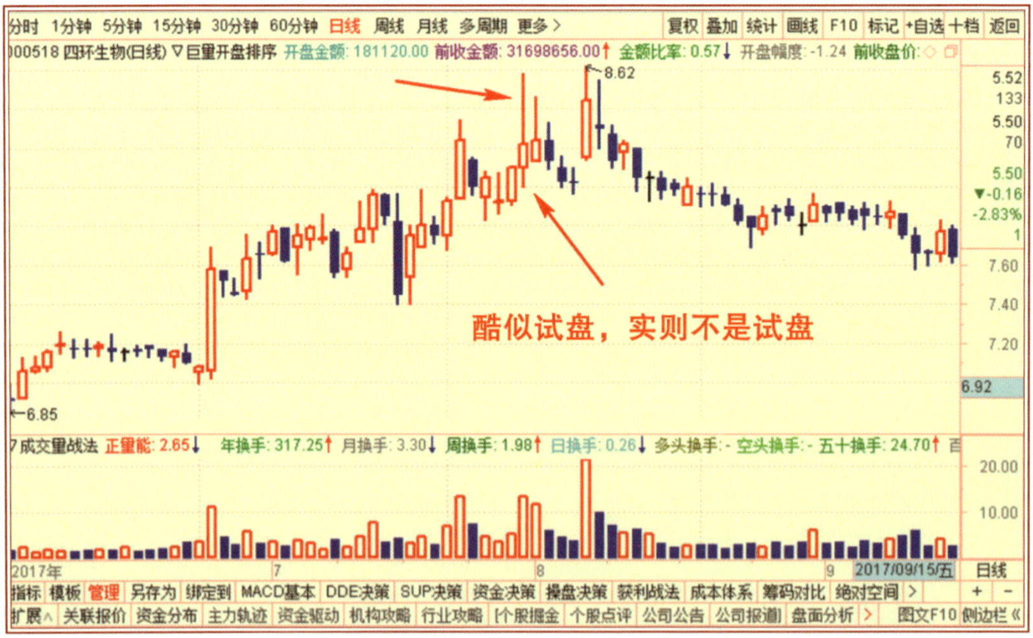

图054 盘头阶段酷似试盘的日线走势图

三、拉升环节实时量能结构

（1）什么是拉升量。所谓拉升量，一般也称为“攻击放量”，是指股价在涨升时出现的量能状态。拉升量大，说明主力投入资金量大，攻击力度强。拉升量小，说明主力运用技巧操盘，涨升力度弱。如图055所示。

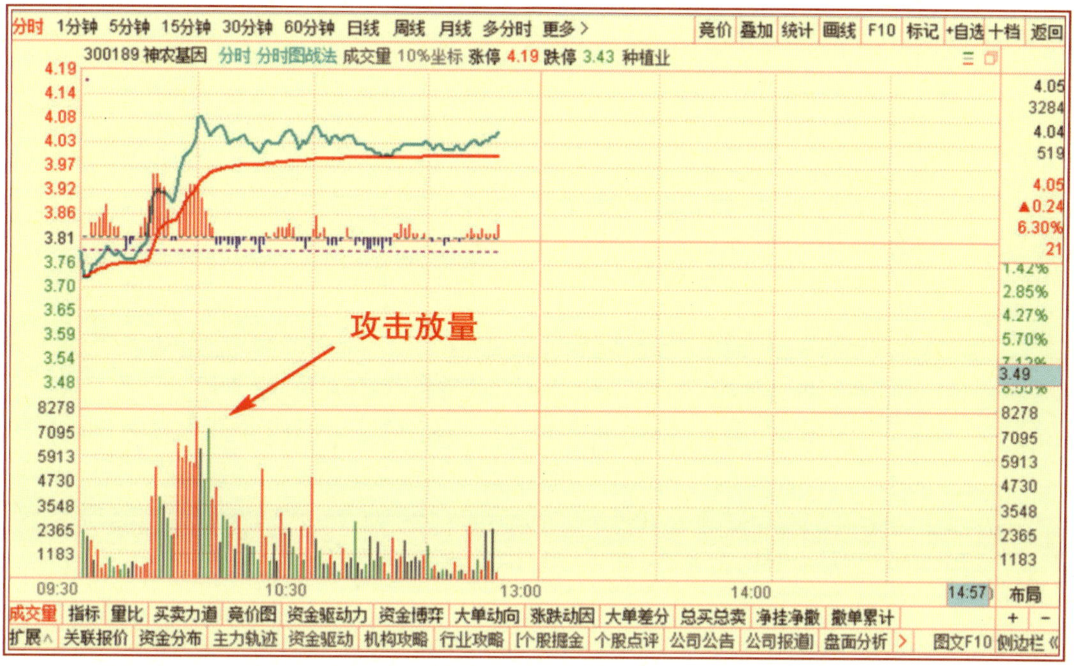

图055　拉升量

（2）拉升量的特征。拉升量具有纵向放大和横向放大的特点，在分时图中，拉升量会出现各种波峰形状。如果波峰量厚，说明主力投入资金量较大，攻击力度强。如果波峰量薄，则说明主力运用技巧操盘，涨升力度弱。如图056、图057所示。

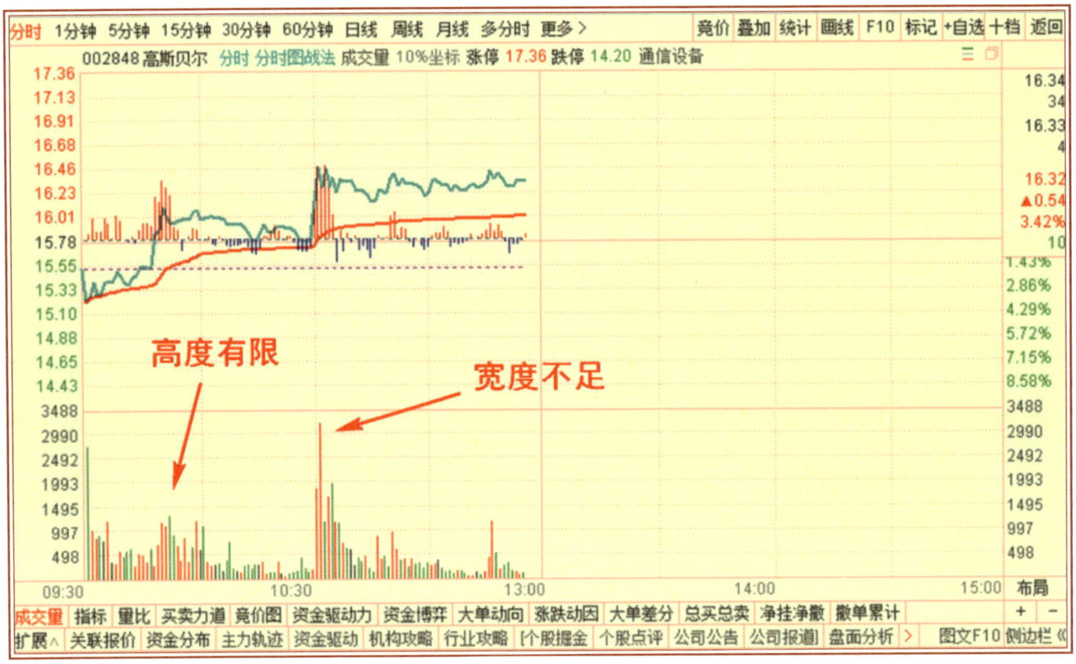

图056　波峰的形状①

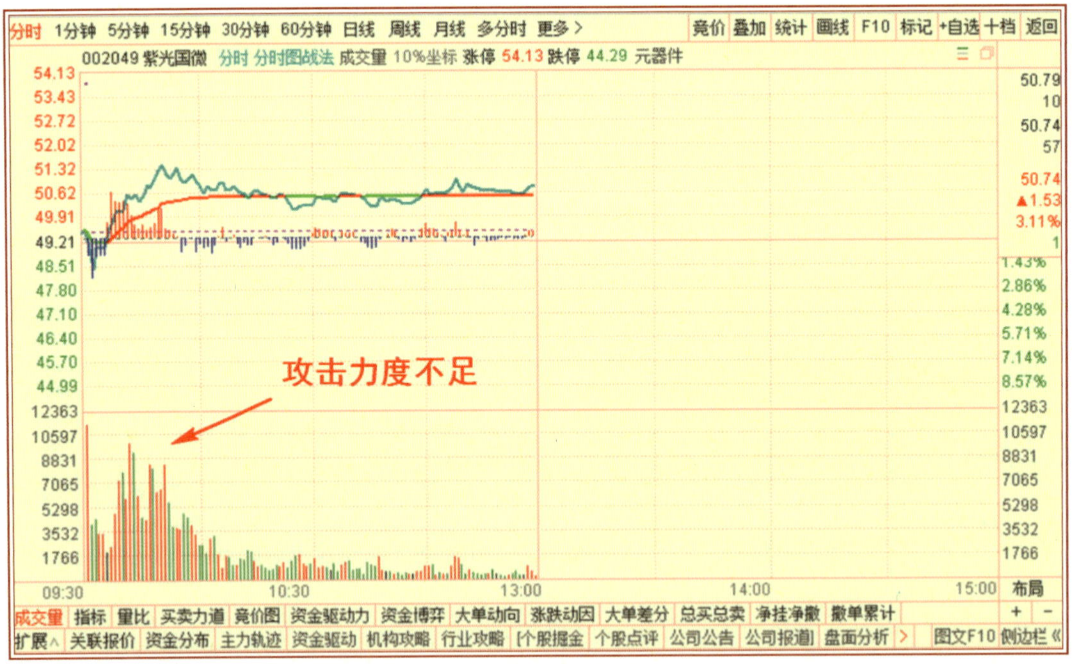

图057　波峰的形状②

（3）拉升量的类型。股价运行在底部建仓阶段和拉升初、中期阶段，如果出现较厚的波峰量，说明主力与场外资金跟进积极，股价还将进一步上涨。如果出现较薄的波峰量，则说明股价上升力度开始衰竭，主力即将展开洗盘动作，短线要注意控制风险，中线可在重要支撑位加码买进。股价运行在顶部盘头阶段，如果出现较厚的波峰量，说明主力在制造假升的盘面特征，以吸引场外资金跟进，主力趁机出货，股价在震荡盘升后即将见顶回落。如果出现较薄的波峰量，则说明股价根本无力创新高，主力利用假升掩护出货，短线要注意控制风险，中线离场观望。如图058、图059、图060、图061所示。

（4）拉升量的技术陷阱。股价上升时，如果成交量出现无规则的散乱状态，那么这是主力盘中出货的重要征兆，股价涨升力度较弱，将随时见顶回落，此时，短线应在盘中择高离场观望。如图062所示。

图058 拉升初期的攻击型量峰

图059　拉升初期的萎缩型量峰

图060　盘头阶段的诱多型量峰

图061 盘头阶段的萎缩型量峰

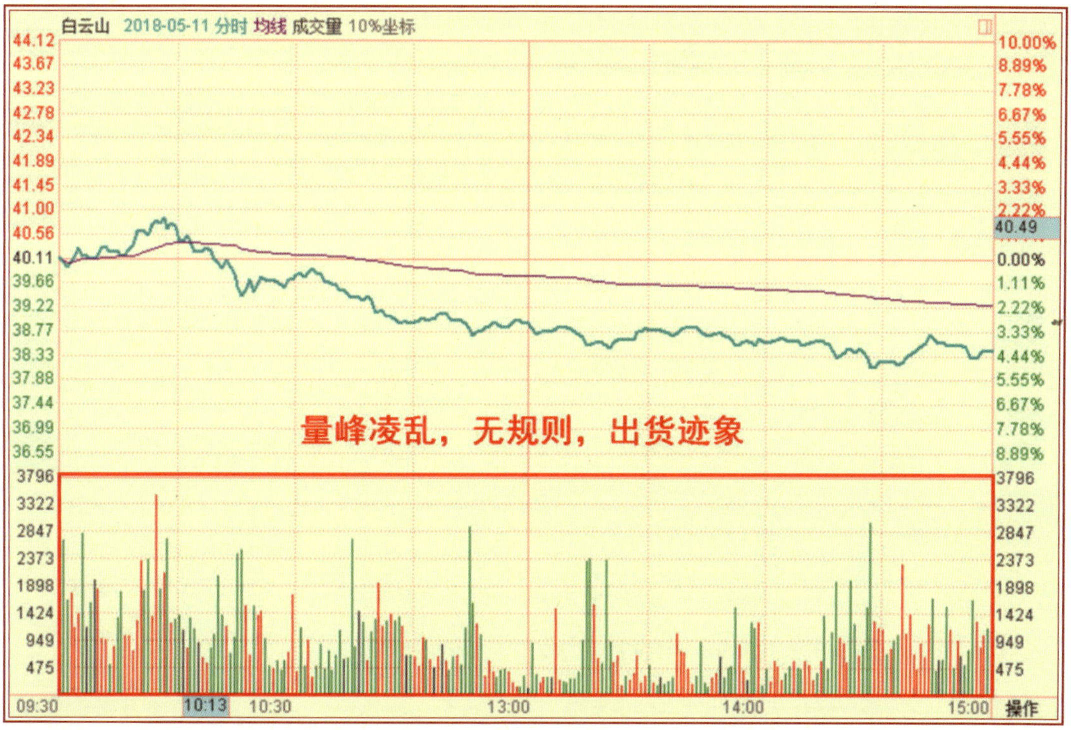

图062 杂乱无章的量峰结构

四、涨停环节实时量能结构

（1）什么是涨停量。涨停量是指股价在涨停时的成交总量，包括封停量和封停时的成交量。使股价涨停通常采用开盘涨停、一波涨停、二波涨停、三波涨停和多波涨停等操盘手法，根据时间段划分有早盘涨停、中盘涨停、午盘涨停和尾盘涨停四种特征。股价在涨停时，气势最重要！代表涨停气势的主要特征就是成交量和股价的配合程度，价升量增，横扫千军，气势不可阻挡。随着成交量的不断增大，股价一路猛进，最终封住涨停。在最新版的通达信行情软件里，还有封单额和封成比。如图063所示。

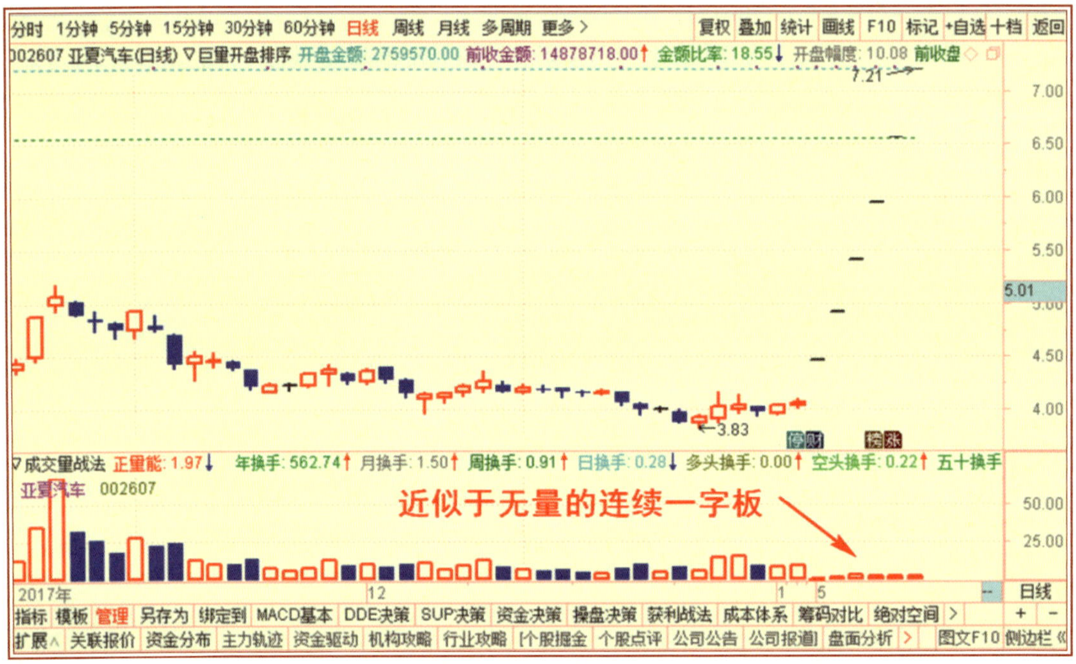

图063　连续一字板无量涨停示意图

（2）底部涨停量的特点。股价在底部阶段涨停，如果封停量比成交总量大，表示有新进资金进场扫货，短线机会巨大。如果封停量大而成交总量小，表示仍为原主力控盘，短线机会较大。如果封停量小而成交总量大，且盘中不断开板，则意味着主力实力较弱，有滚动操作嫌疑，可能会采用进二退一的操盘方式震荡盘升，短线不宜追高，待股价在次日调整至较低价位时介入较好。如图064所示。

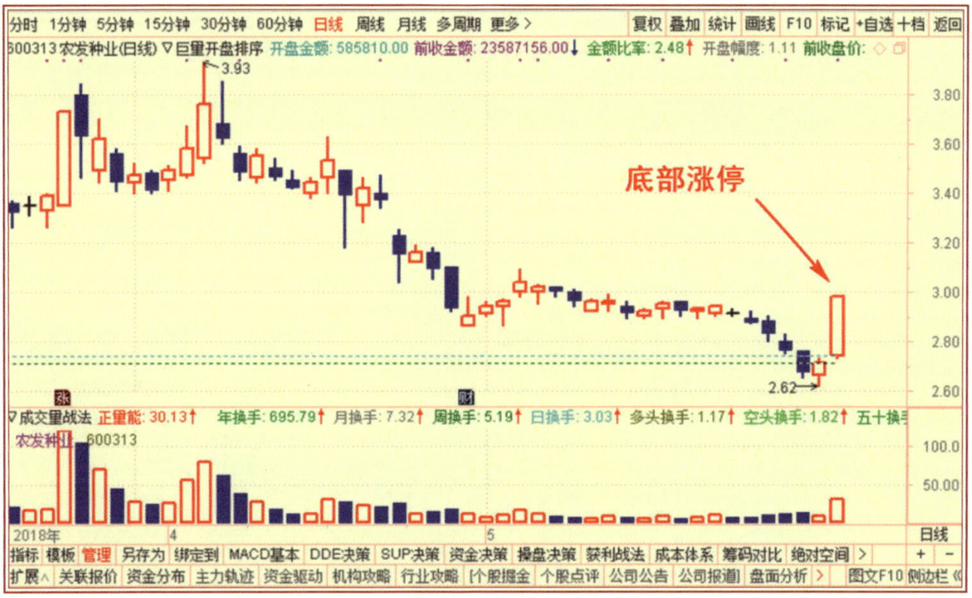

图064　底部的涨停量示意图

（3）拉升初、中期的涨停量。股价在拉升初、中期阶段涨停，如果封停量比成交总量大，表示主力投入巨资推高股价并顶住一切抛盘压力，短中线机会巨大。如果封停量大而成交总量小，表示主力已经完全控盘，短中线机会较大。如果封停量小而成交总量大，且盘中不断开板，则意味着主力滚动操作阶段性出货，短线宜观望。如图065所示。

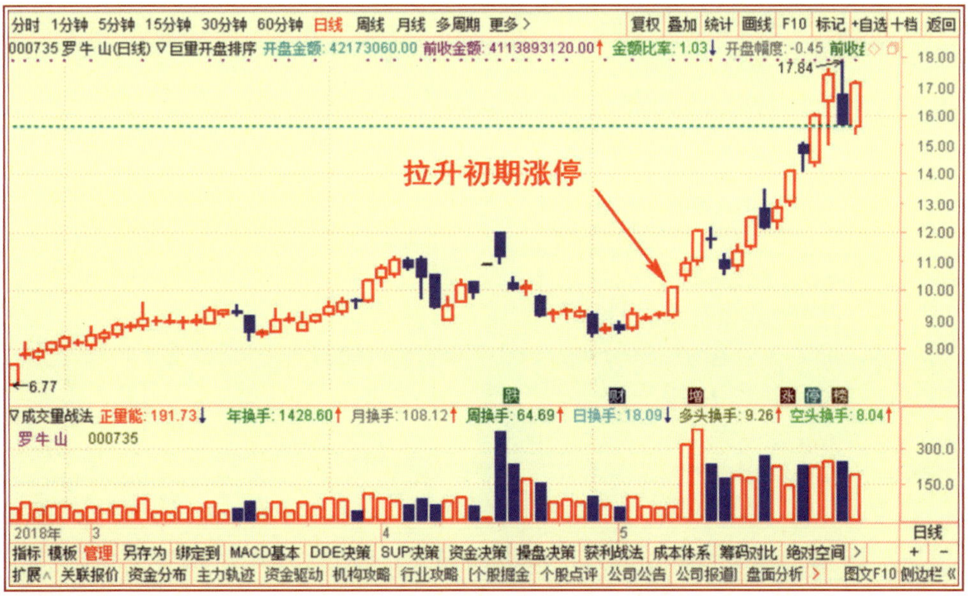

图065　拉升初期的涨停量示意图

（4）拉升末期的涨停量。股价在上升阶段末期和盘头阶段涨停，如果封停量比成交总量大，表示是主力利用大单封停吸引场外资金进场接盘而趁机出货所造成的积极换手，股价即将见顶，短中线风险较大。如果封停量大而成交总量小，表示仍为原主力控盘，短期内无法大量出货，仍将拉高股价，因此短线机会较大。如果封停量小而成交总量大，且盘中不断开板，则意味着场中主力利用涨停出货，短线宜观望，中线风险巨大。如图066所示。

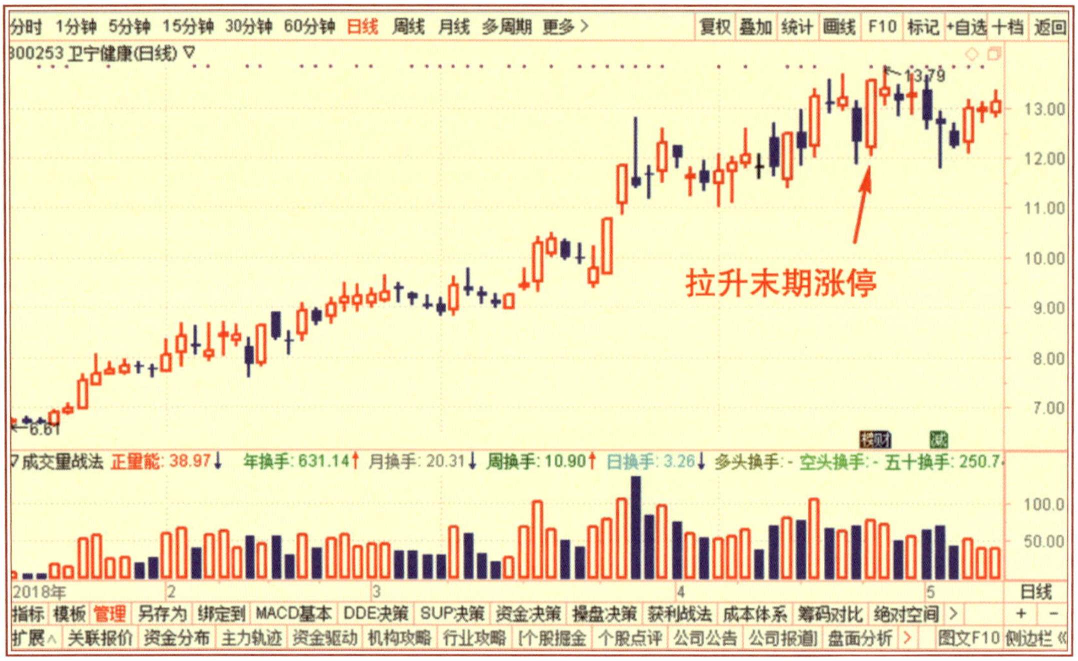

图066　拉升末期的涨停量

（5）下跌阶段的涨停量。股价在下跌阶段初、中期涨停，如果封停量比成交总量大，表示主力投入部分资金利用技术形态做反弹行情，同时趁机出货从而造成巨量换手，因此短线有一定机会，而中线风险巨大。如果封停量大而成交总量小，表示仍为原主力长线控盘，可能采取波段操作策略，因此短线反弹行情机会较大。如果封停量小而成交总量大，且盘中不断开板，则意味着场中主力趁涨停大量出货，短线宜观望。如图067所示。

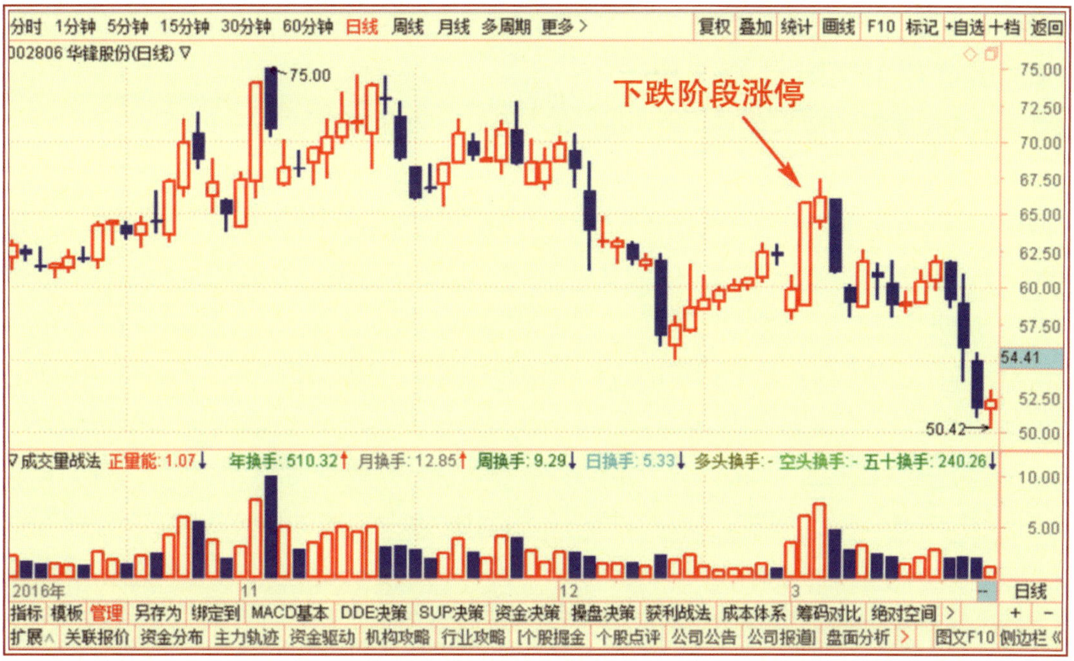

图067　下跌阶段的涨停量

五、打压环节实时量能结构

（1）什么是打压量。所谓打压量，是指股价在涨升的过程中突然出现大单对敲打压，股价因此而下跌。

（2）打压量的类型。打压量包括盘口单一打压震仓量和全天打压交易总量两种类型。

（3）打压量的作用。股价出现打压量，其实质是主力为掩护股价即将展开的大幅拉升计划而进行盘中洗盘的操盘行为。

（4）打压量出现的时间。打压量通常出现在主力建仓阶段末期和股价拉升阶段初、中期三个阶段。在阶段性头部和下跌循环周期中所有导致股价下跌而出现的成交量均为出货量，不在打压量之列。

（5）打压量出现时的投资机会。主力建仓阶段末期，盘中出现打压量，应密切关注股价在重要支撑位是否止跌。如果股价在重要支撑位止跌，那么短中线可积极介入，机会巨大。

股价拉升阶段初、中期，盘中出现打压量，如果股价升幅不大，则应在成本线附近狙击，股价势必在此位置完成洗盘，因此，短中线机会巨大。

六、出货环节实时量能结构

（1）出货量的基本含义。出货量一般发生在拉升阶段末期、盘头阶段和下跌阶段初、中期四个阶段。一般情况下，股价经过剧烈拉升，涨幅达到一定标准值后，主力即展开出货计划。各种主力的出货计划均在不同程度的涨幅之后展开，一般而言，短线主力一般以脱离持仓成本20%~30%即展开出货计划，中线主力一般以脱离持仓成本30%~50%即展开出货计划，中长线主力一般以脱离持仓成本50%以上即展开阶段性出货计划。其中，中长线主力往往采取波段操作的策略实施滚动性操盘，以借此不断降低持仓成本。

（2）出货量的基本特征。主力出货时，盘中成交量通常表现为无规律的放大与缩小状态，量能形态较为凌乱，这表示主力已不再按操盘计划投入资金滚动操作，而是利用场外资金的推动不断抛筹。

（3）出货量出现时对应的时间段。股价在拉升阶段末期，如果临盘发现成交量散乱，而股价走势迟滞，说明股价即将见顶，短线应及时逢高了结，而中线应该阶段性减仓。股价在盘头阶段，如果当日价升而量能结构散乱，尤其是内盘量大于外盘量，那么基本可视为主力大规模派发筹码，短中线均以观望为宜。股价在下跌阶段初、中期，如果当日价升而量能结构散乱，则基本可视为主力利用部分资金滚动操盘反弹行情以拉高出货，短线可轻仓参与反弹，中线则观望为宜。

操盘笔记

第二章
建仓定式核心套路

本章学习重点内容

一、深刻领会主力建仓的核心套路

二、掌握主力建仓手法表现在图形上的基本特征

三、学会辨别分时图上主力建仓的盘口特征

四、掌握估算主力建仓力度和仓位大小的方法

五、学习主力建仓阶段的买进技术法则

六、学习主力建仓阶段的卖出技术法则

第一节

SECTION 1

主力建仓时最惯用的技术手段

一、主力建仓做盘手法概述

（1）主力建仓的第一阶段：砸盘筹码的收集。当股价长期下跌并进入一个相对低价格区域的底部阶段时，主力资金开始对目标股票进行建仓。相对大部分目标股票而言，股价在进入底部区域时的那一轮加速下跌就已有诱空的味道。高明的中长线主力在股价即将进入底部时就会介入建仓。不过，往往这一阶段建仓所获得的筹码不是锁定不动的，而是用来砸盘的，它是制造空头陷阱的重要工具。主力利用较低成本的砸盘动作，制造股价加速下跌的恐慌气氛，盘中斩仓筹码蜂拥而出，主力则在低位照单全收，此时的建仓成本极低，这是最常见的砸盘建仓手法，如图068所示。

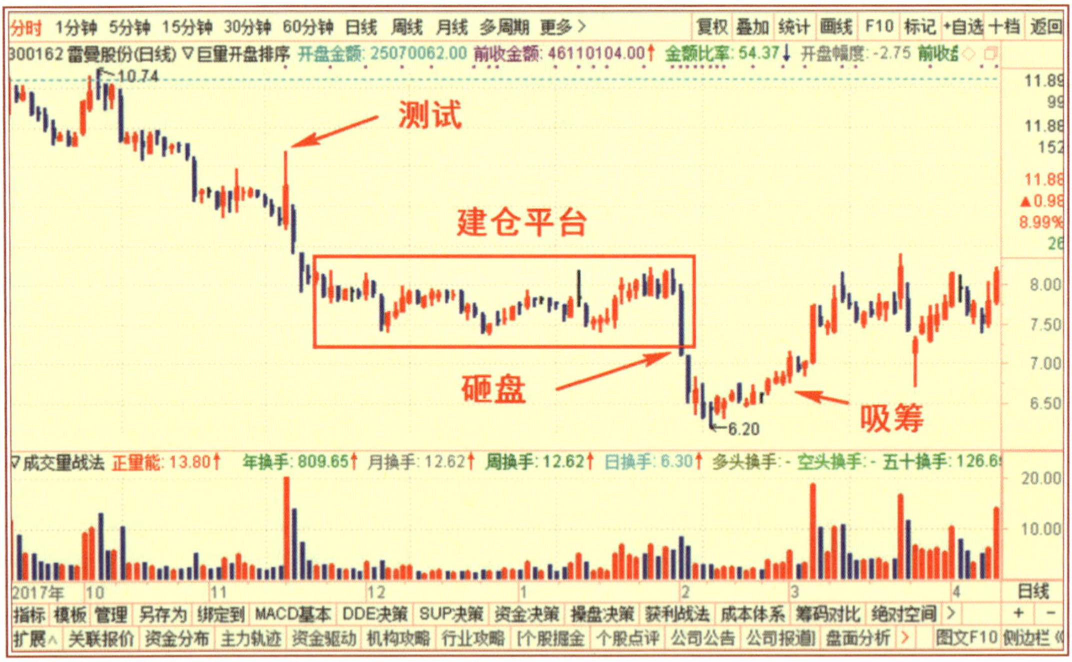

图068　为建仓而砸盘

（2）主力拓展仓位之前的做盘逻辑。股价经过放量下跌见底后，逐渐进入缩量整理阶段，盘面气氛死寂，交易清淡。场内中小机构和散户对该股逐渐失去兴趣，折磨的时间越长，中小机构和散户们的持仓成本就越高，失望情绪越大。当成交量萎缩到极致时，股价即将面临异动。在这种情况下，主力机构盘中悄悄建仓的时间被拉长，虽然成本降低，但继续吸纳更多筹码的可能性也在同时降低，这时候建仓变得很艰难，需要改变策略。因此，主力机构决定采用试盘的操盘手法来测试盘中筹码的稳定度，并进一步加大建仓力度，如图069所示。

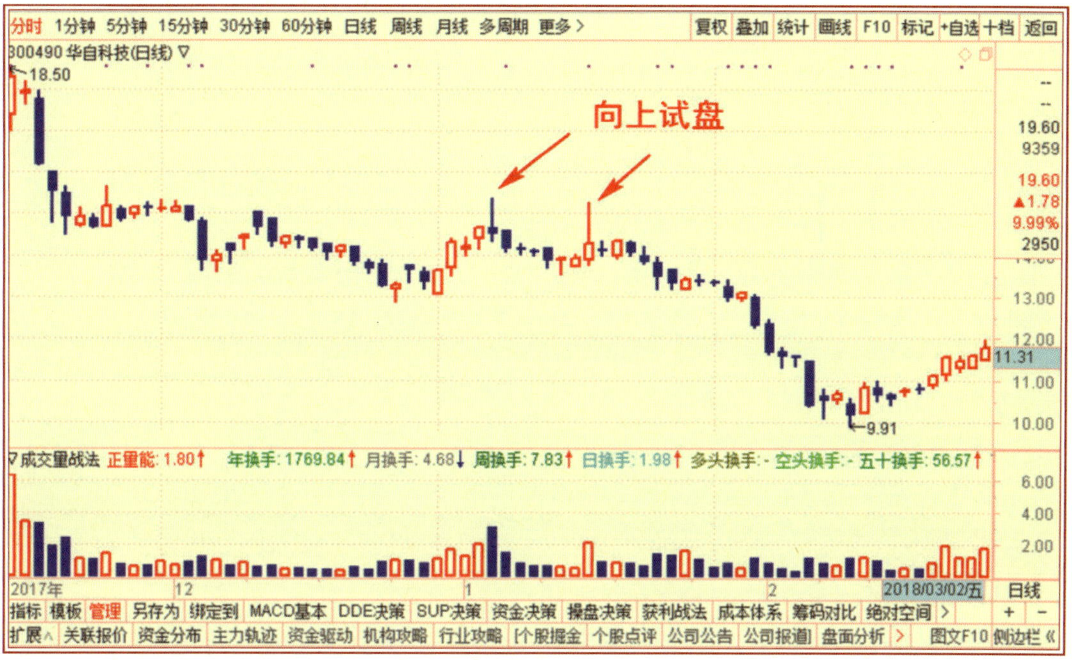

图069　向上试盘

（3）主力拓展仓位的惯用技术手段。通常情况下，主力采用试盘的手法无外乎两种，其一是向上试盘，做出放量上攻的架势，让场内筹码明显感觉到有主力进场操作，此时，股价快速上升后在重要阻力位遇阻而回落。场内筹码不肯放弃股价反弹上涨斩仓的机会，因此大部分筹码会出现松动。主力则照单全收，如图069所示。其二是向下试盘。主力故意在K线图上做出横盘的姿态，高低点之间的空间幅度越来越窄，最后，股价于某日突然破位下跌，下跌时量能放大，场中散户以为股价再次大跌，于是纷纷斩仓。主力在低位照单全收，并于当天收盘时将股价拉回至开盘价附近，在K线图上留下一条带较长下影线的阴（阳）K线。通过这两种方法折腾之后，主力的仓位得到了拓展。如图070、图071所示。

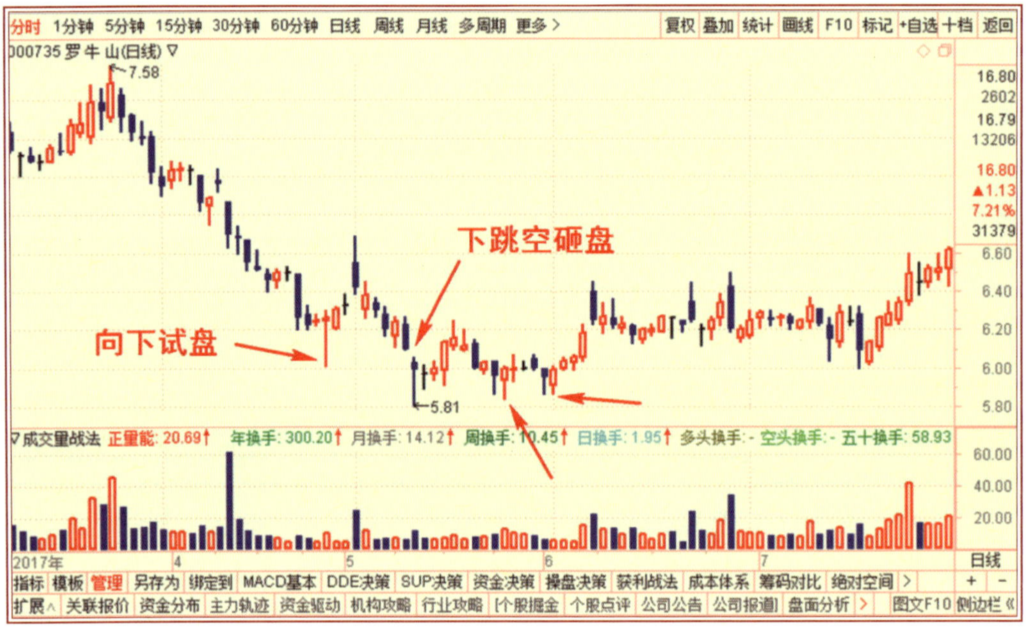

图070　向下试盘

图071　向下砸盘

（4）主力机构和游资在建仓思路上的差异。主力机构也就是常说的公募机构，在建仓阶段，需要的是用时间来换取空间。大部分中长线主力资金建仓均是一个较长的过程。在特殊情况下，只有游资会采取突击建仓、突击拉高的疯狂操盘手法。这种情况，在大盘下跌阶段末期和平衡市况中经常出现。很自然地，他们的盈利预期也不同。在一些题材股上，游资建仓通常采取快速拉高的手法，并在尾盘建仓。如图072、图073所示。

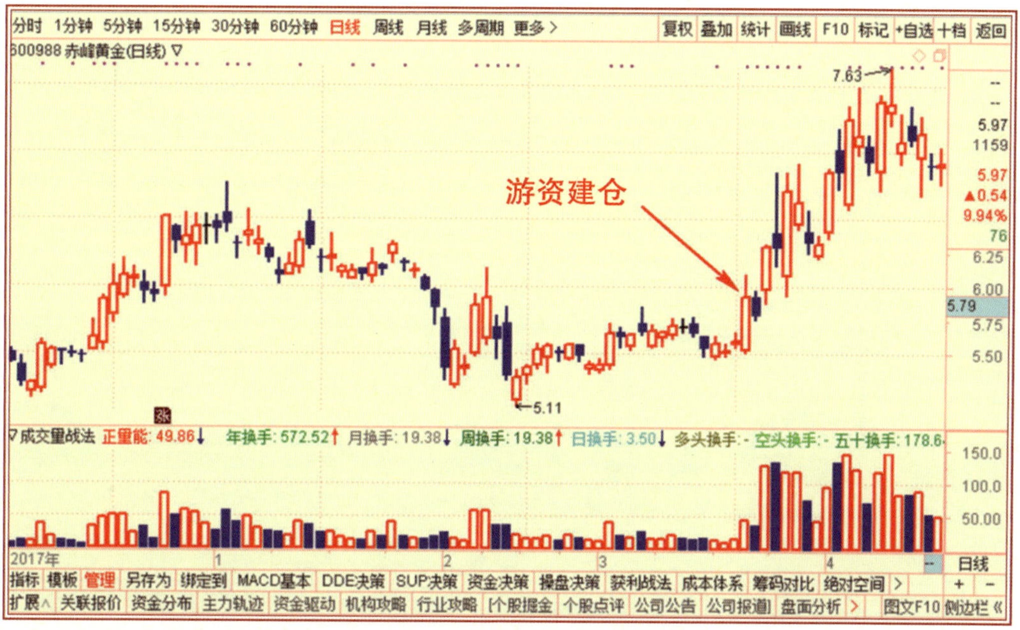

图072　游资建仓日线图

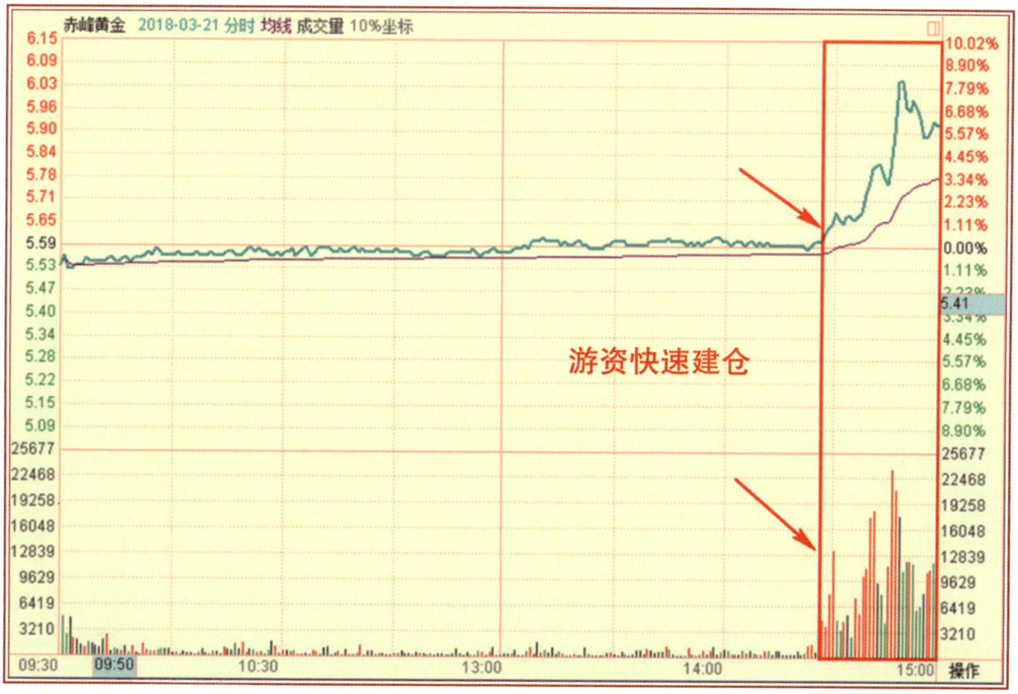

图073　游资建仓分时图

二、主力建仓经典套路解读

（1）建仓计划的拟订和建仓目标的筛选。当主力资金选择目标股票进驻时，第一个工作就是要测试盘中筹码的稳定度，以计算建仓的时间和建仓所花费的成本。同时，观察盘中有无其他主力机构进驻。如有其他强势主力机构进驻其中，则要考虑如何与对方解决在建仓中的协调问题，以及后市拉升中的配合问题等。若非基金抱团取暖式的持仓结构，大部分主力机构都不希望同一目标股票中有两个以上主力机构存在，否则，这种操盘的风险极大。主力机构之间协调不成，就会龙虎相斗，争夺筹码。如图074所示。

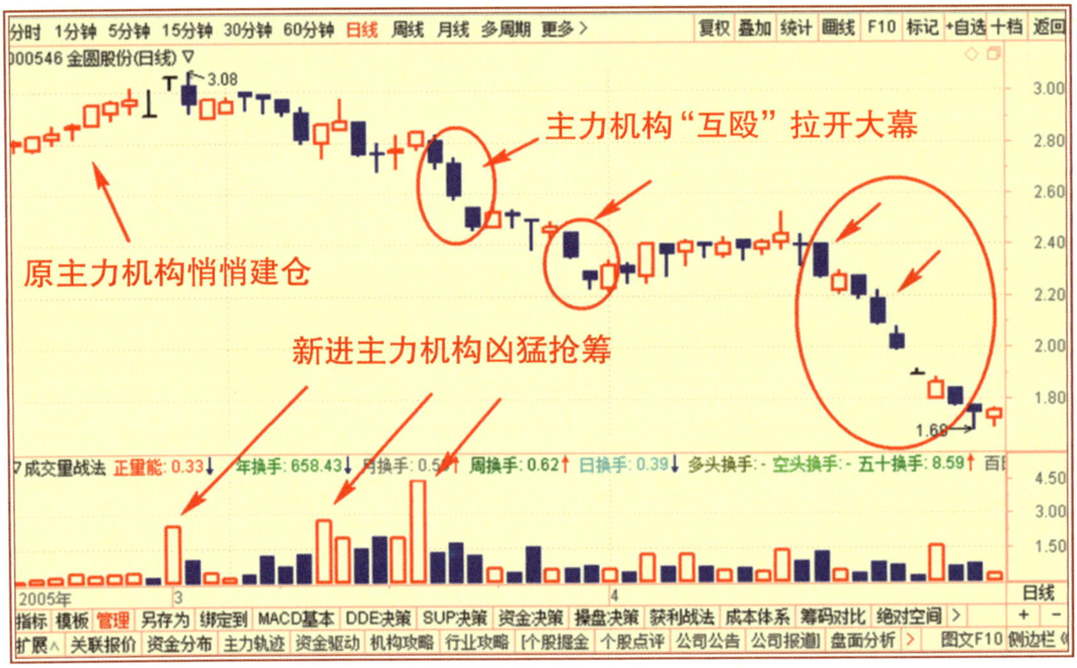

图074　主力机构的“互殴”

（2）建仓计划实施的第一个环节。股价经过放量下跌见底后，逐渐进入缩量整理阶段，盘面气氛死寂，交易清淡。场内中小机构和散户对该股逐渐失去兴趣，折磨的时间越长，中小机构和散户们的持仓成本就越高，失望情绪越大。当成交量萎缩到极致时，股价即将面临异动。在这种情况下，主力机构盘中悄悄建仓的时间被拉长，虽然成本降低，但继续吸纳更多筹码的可能性也在同时降低，因此，主力机构决定采用试盘的操盘手法来测试盘中筹码的稳定度。

由此可见，主力建仓的首要环节，是测试盘面，如图075所示。

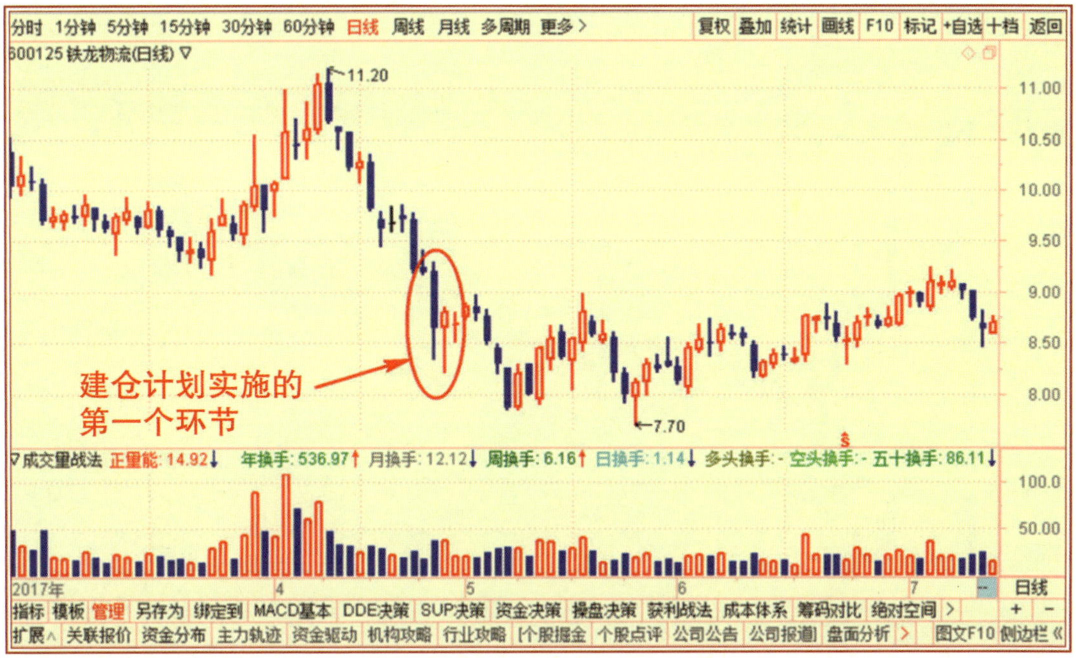

图075 建仓计划实施的第一个环节

（3）建仓进程中核心的技术手段。通常情况下，主力采用试盘的手法无外乎两种，其一是向上试盘，做出放量上攻的架势，让场内筹码明显感觉到有主力进场操作，此时，股价快速上升后在重要阻力位遇阻而回落。表现在日K线图中是一条带较长上影线的阳（阴）K线。场内筹码见股价反弹失败，不肯放弃股价反弹上涨斩仓的机会，因此，大部分筹码会出现松动。主力则照单全收。其二是向下试盘。主力故意在K线图上做出横盘的姿态，高低点之间的空间幅度越来越窄，最后，股价于某日突然破位下跌，下跌时量能放大，场中散户以为股价再次大跌，于是纷纷斩仓。主力在低位照单全收，并于当天收盘时将股价拉回至开盘价附近，在K线图上留下一条带较长下影线的阴（阳）K线。如图076、图077所示。

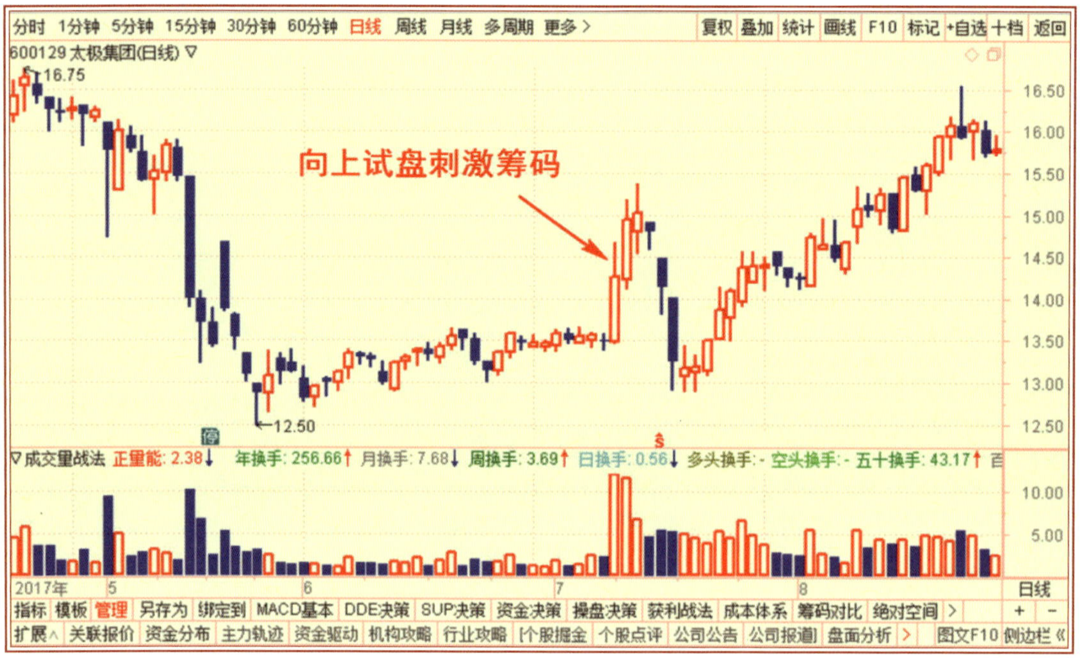

图076　向上试盘刺激筹码

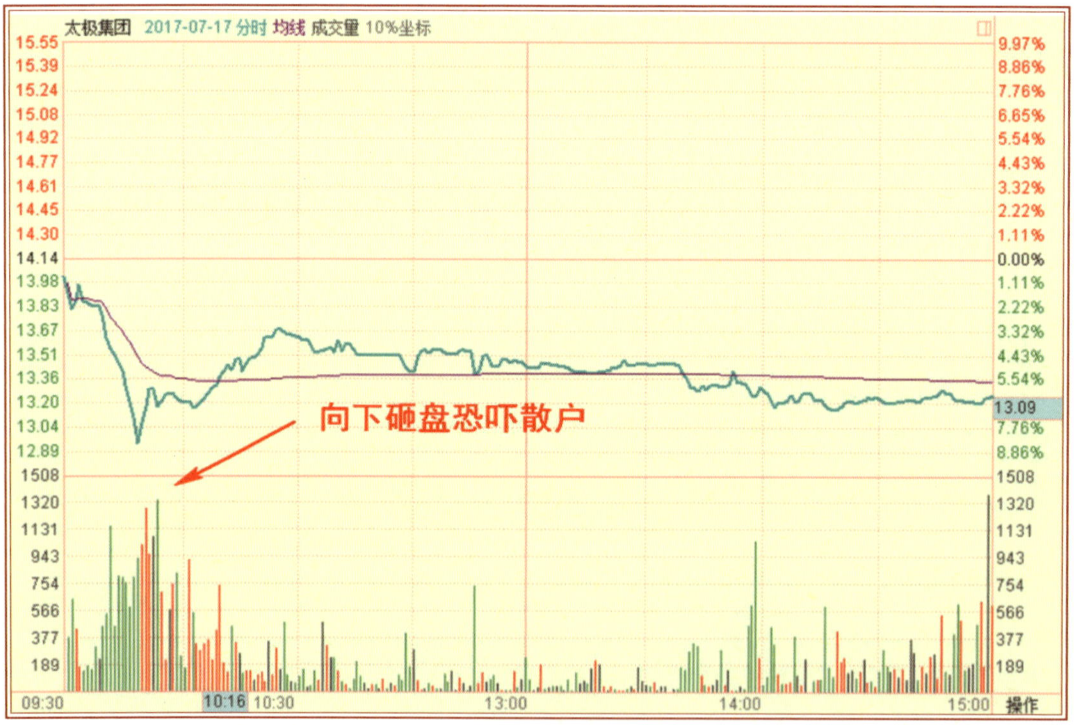

图077　向下砸盘恐吓散户

（4）涨停板强力建仓经典技术手段。全流通改制之后，股票流通量加大，主力建仓的难度在下降，但拉升的难度在提升。针对这一情况，主力必须在建仓期投入大量资金来吸纳廉价筹码，以便在拉升时有足够的腾挪空间。因此，为吸纳更多的低位筹码，有时主力在底部采用涨停板的手法来强行试盘，并在涨停位置不断开板，以吸引筹码松动，趁机收货。更有甚者，只是瞬间涨停，然后一路下跌。投资者以为主力派发，纷纷出局。近年来这样的建仓方法经常被游资运用。如图078所示。

图078　涨停板建仓法

操盘笔记

第二节

SECTION 2

识别主力建仓的经典盘口技术

一、主力建仓的盘口技术特征和成本的简易估算方法

（1）主力建仓的盘口技术特征。在《操盘学：主力行为揭秘（上册）》一书中对冲击波已经有了非常详细的叙述。冲击波是由主力吸筹行为引起的量价异动波形。通常反映在分时图中，会出现由大资金直接冲击股价而留下的尖角状态的走势图形。一旦股票分时图中出现冲击波，即表明主力正在用大资金直接参与行动，后市上涨空间巨大。如图079所示。

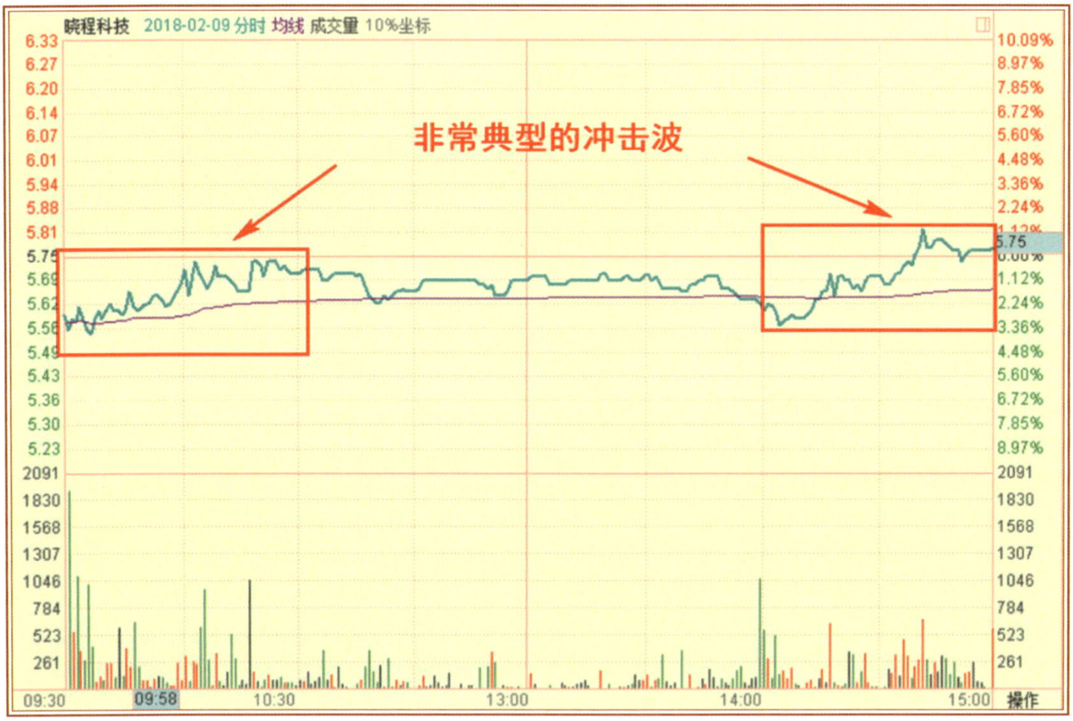

图079 主力建仓的盘口技术特征

（2）主力建仓成本的简易估算方法。股价在大跌后获得支撑的阶段性底部，当日上涨3%左右，量比放大1倍以上，出现冲击波，表明短线抢反弹的主力资金已经进场吸纳筹码，大反弹即将展开。短线机会巨大。在平台整理的中后期，股价在成本线之上，当日上涨3%左右，量比放大1倍以上，出现冲击波，表明主力阶段性调整即将结

束，主力开始用资金冲击做盘，主升行情将马上展开。短中线机会巨大。主力建仓成本的估算是一件很麻烦的事情，需要很多大数据和很复杂的数学模型。但是，我们可以用一种很简单的方法来估算。这就是机构平均成本估算法。关于机构成本线，这里涉及成本线的三种计算方式。市场上的持股成本，通常可以分为三种类型：全部参与者的平均成本，即全息成本；市场平均成本，即市场流通筹码的成本；机构成本，也叫“获利成本”。我们估算机构的建仓成本，通常用机构成本作为参照基准。当一只股票进入建仓区域时，成本线在上方。如果主力建仓完成，第一次自下方向上冲击成本线时，冲击的价格就是主力的建仓成本平均数。如图080所示。

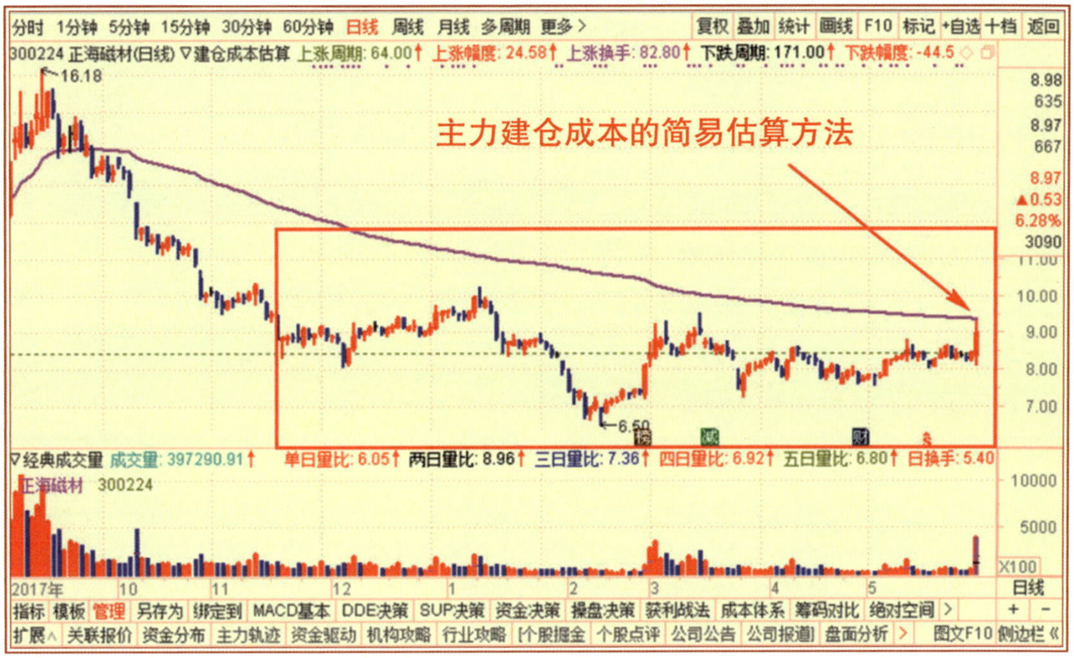

图080 主力建仓成本的简易估算方法

二、主力建仓后的做盘思路分析

（1）如何识别主力建仓之后的做盘思路？可以利用成本线来识别主力建仓后的做盘思路。如果股价处于空间位置的低位区域，主力在建仓完成之前，成本线位于上方。主力建仓完成的时候，将会第一次冲击成本线，这是试探性拉升。之后，再次回落。在一波上升浪中，股价在主力洗盘末期获得成本线支撑，当日上涨3%左右，量比放大1倍以上，表明主力洗盘已经结束，主力将再次展开新升势。短中线机会巨大。如图081所示。

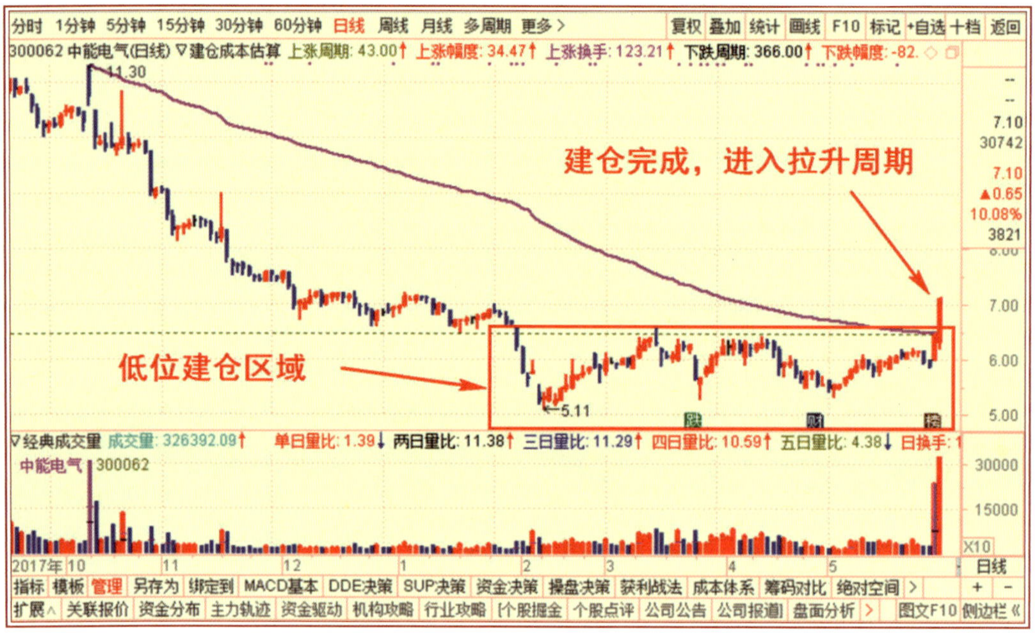

图081　主力拉升与成本线的位置关系

（2）如何识别虚假的建仓迹象？在盘头阶段末期和下跌阶段，股价当日反弹过程出现冲击波形是主力诱多的假象，这不是建仓，而是主力利用股价反弹掩护出货，后市仍将持续下跌。短中线宜观望。如图082所示。

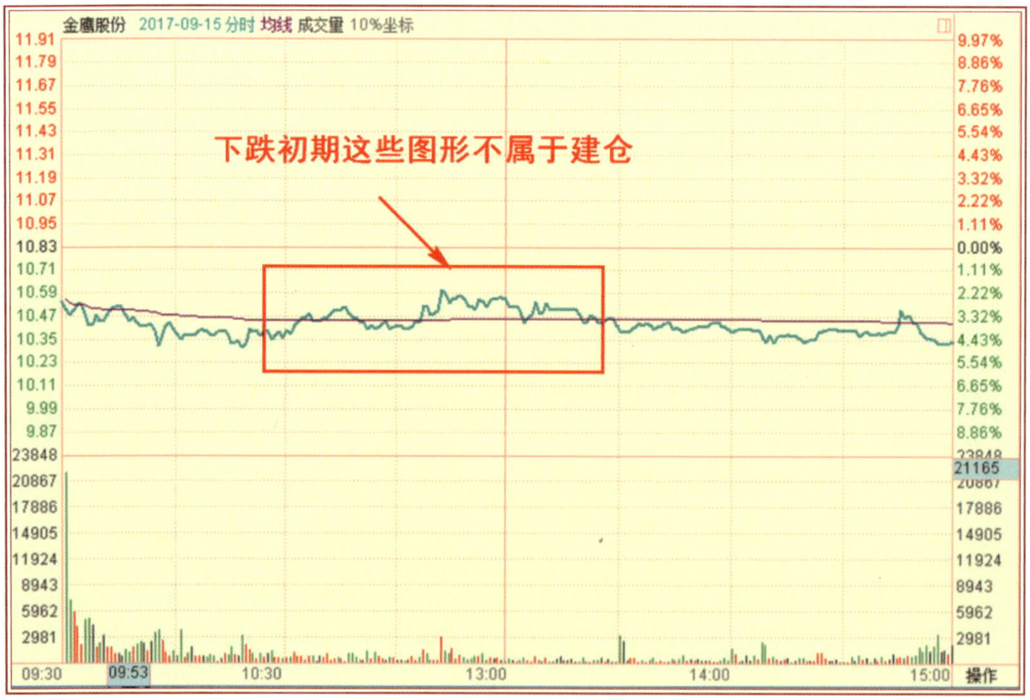

图082　下跌初期的陷阱

第三节
SECTION 3

怎样研判主力机构的留驻与撤离

一、主力机构留驻的技术特征

（1）主力机构留驻的技术特征。股价在阶段性低位上由于受中长线主力波段性操作的影响，会出现较强的控盘形状特征，在日常交易过程中表现为股性较为迟滞、钝化。分时图形显示，成交稀少，线条不明快、不流畅，这通常是超级主力盘中控盘的结果。如果不是主力对敲做成交量，则盘中基本没有散户参与的交易行情。这种走势特征，就是主力机构长期强力留驻的结果。如图083所示。

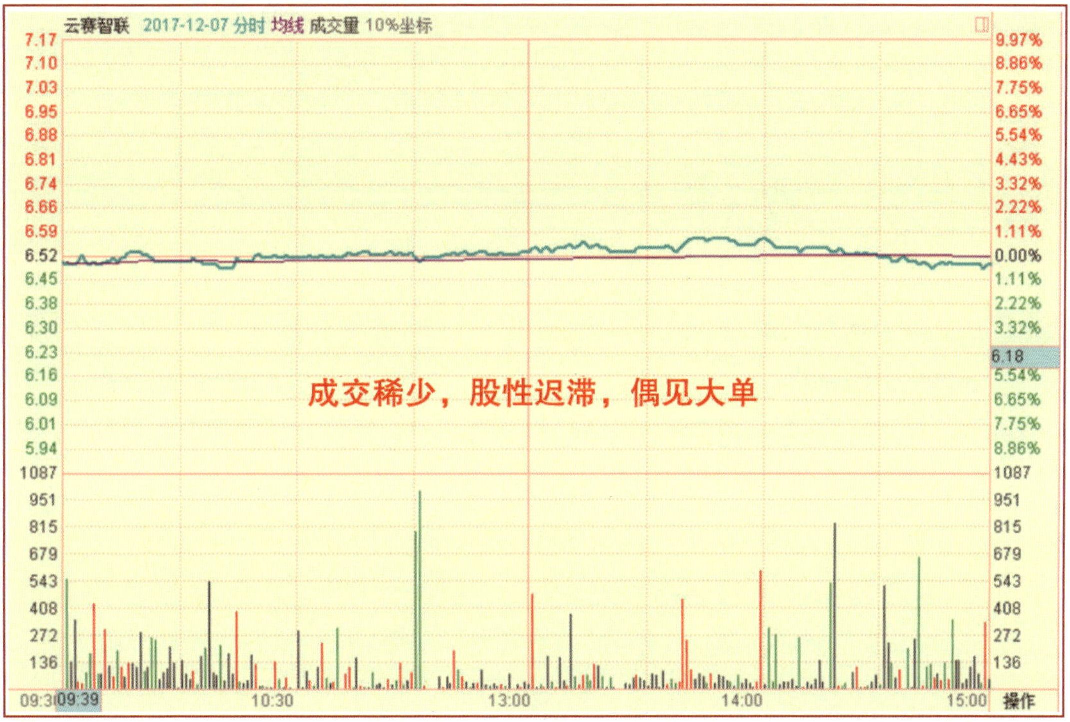

图083 主力机构留驻的技术特征

（2）主力机构留驻品种的套利机会。受大盘环境影响，当股价大幅下跌至某一重要支撑位而止跌筑底时，如盘中出现主力控盘特征，可以考虑在此阶段低位中线参与。如该股某日放量突破重要阻力位，则是短线进场狙击的最佳机会。如图084所示。

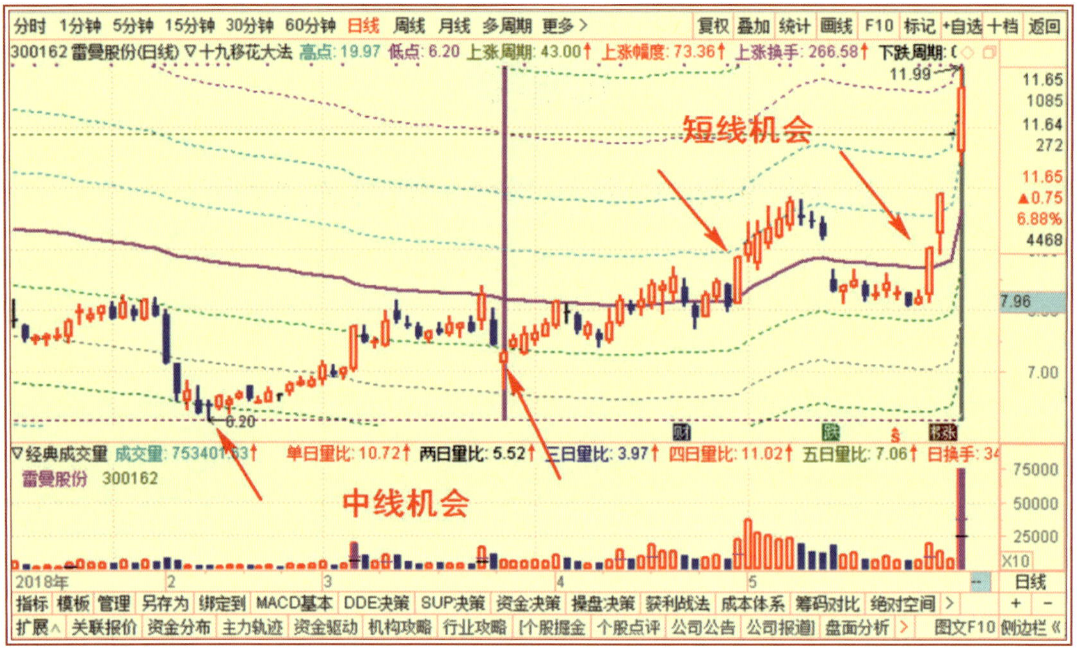

图084 主力机构留驻品种的套利机会

二、主力机构撤离的技术特征

（1）高位横盘小心跳水。在头部横盘不跌的股票，如果出现主力控盘特征，要小心股价随时出现跳水式下跌出货的走势。在大盘下跌或平衡市况中经常出现某只股票突然放量下跌的情况，这通常是盘中控盘主力放量调仓出货的结果。

（2）滚动操作积极解套。受主力高度控盘的股票一般较易连续数年走出波段上涨的行情，因此，临盘必须掌握主力操盘的节奏，实施波段化操作的策略。如在阶段性底部不慎浅套，亦无须恐慌性斩仓，而应以中线投资策略应对，在阶段底部不断补仓，拉低持仓成本，与主力共舞。需要说明的是，这不是最佳的方案。

（3）高台跳水，风险巨大。主力机构一旦撤离，往往出现高台跳水的恶劣走势，风险巨大。因此，凡是处于空间位置高位的品种，都要杜绝参与。如图085所示。

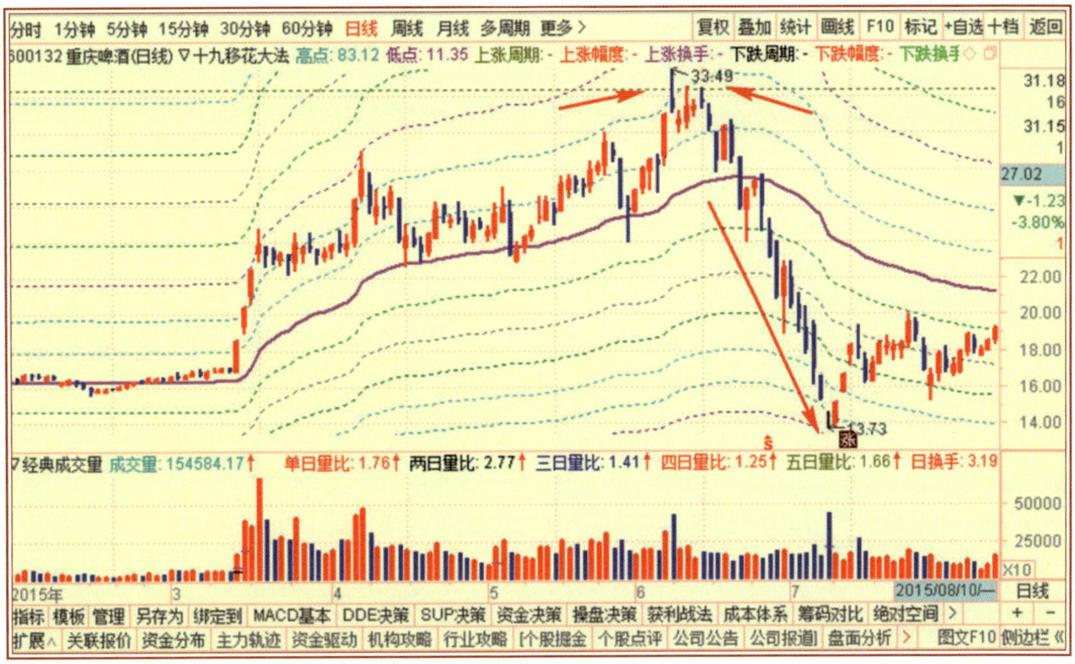

图085 高台跳水的走势

操盘笔记

第三章

拉升定式核心套路

本章学习重点内容

一、认识攻击波，理解它的技术特征

二、掌握攻击性拉升的基本特征

三、掌握早盘拉升的做盘力度特征

四、学习盘中拉升的买进和卖出技术法则

五、学习尾盘拉升的卖出和买进技术法则

第一节

SECTION 1

主力拉升做盘工具的技术图形

一、主力拉升做盘行为概述

（1）主力拉升开始的技术特征。主力资金完成建仓后，根据市场形势发展的变化和操盘计划的需要，随即有步骤并按计划展开拉升，此时，股价从底部开始回升，中长线技术指标开始逐步支撑股价步入主升波段形态。反映在日K线图表中，可见成交量开始温和放大，股性日趋活跃，股价不断分阶段突破底部各价格区域的重要阻力位，成交量与股价形态形成明显的山峰状，峰谷连绵，表现在盘口则是主力机构不断投入资金滚动操盘，股价低点逐步抬高，成本决策系统呈现多头排列，一波气势磅礴的主升浪呼之欲出。如图086所示。

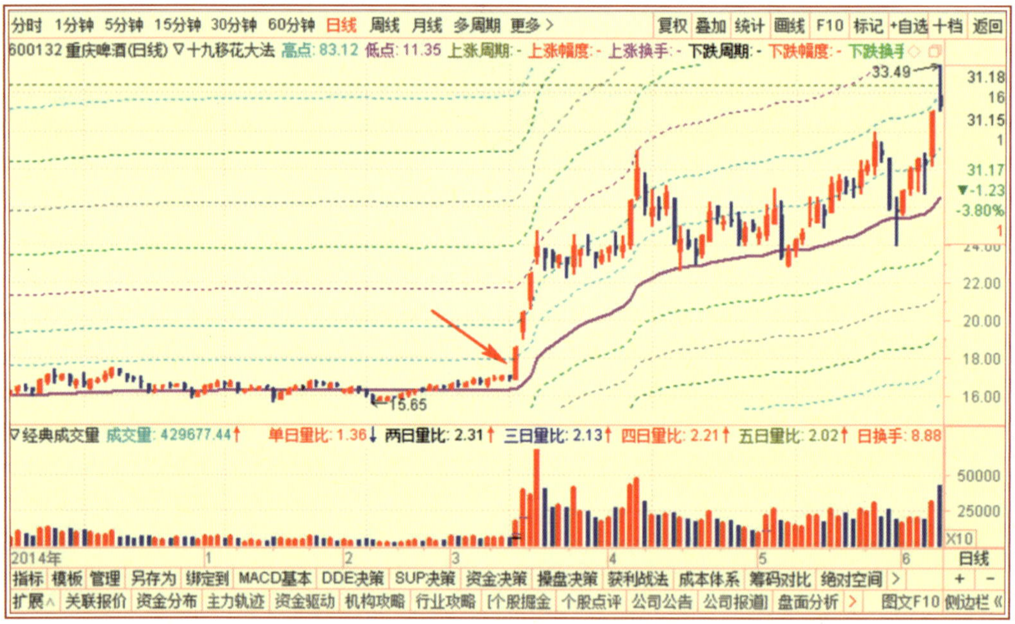

图086　主力拉升开始的技术特征

（2）主力拉升的行为特征。主力正式拉升股价时，从操盘规律以及操盘计划的需要来看，主力操盘手一般会采用一气呵成的操盘手法，盘中较少拖泥带水的痕迹，这是强势主力的重要特征，即该涨的时候绝对涨，该调的时候一定调，绝不含糊。如图087所示。

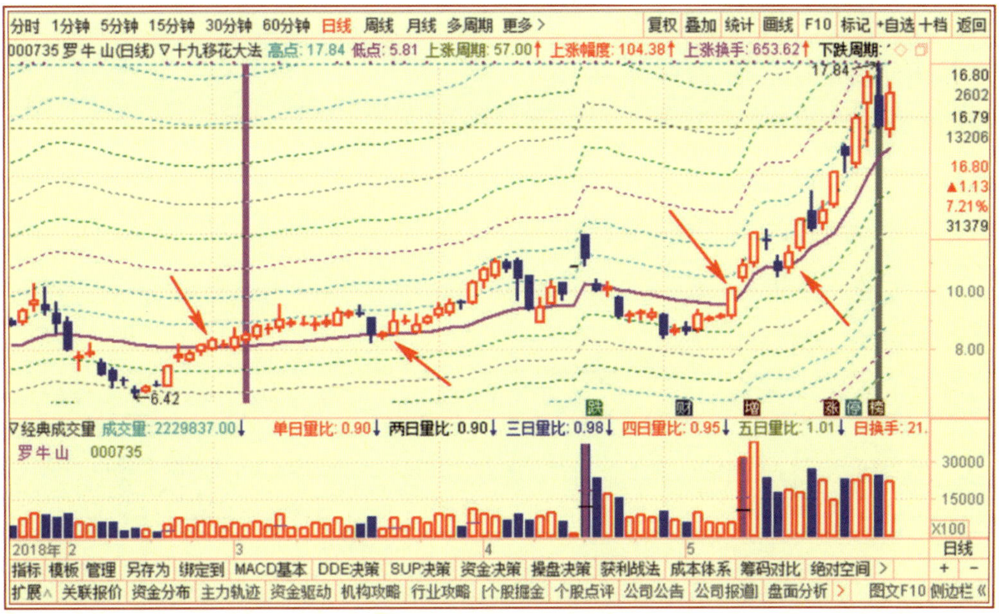

图087　主力拉升的行为特征

（3）主力拉升阶段的推进策略。在股价拉升的初期，主力一般先会测试盘面的抛压，因此，临盘会采用进一退一或进二退一的操盘策略，这样做的目的是让场中散户感觉股价上升艰难，主力实力不强，因此持筹信心不足并进行抛售，而场外资金跟进时获利不大，很容易被清洗出局。主力则暗中大力吸筹，以补回在打压时抛出的筹码。如图088所示。

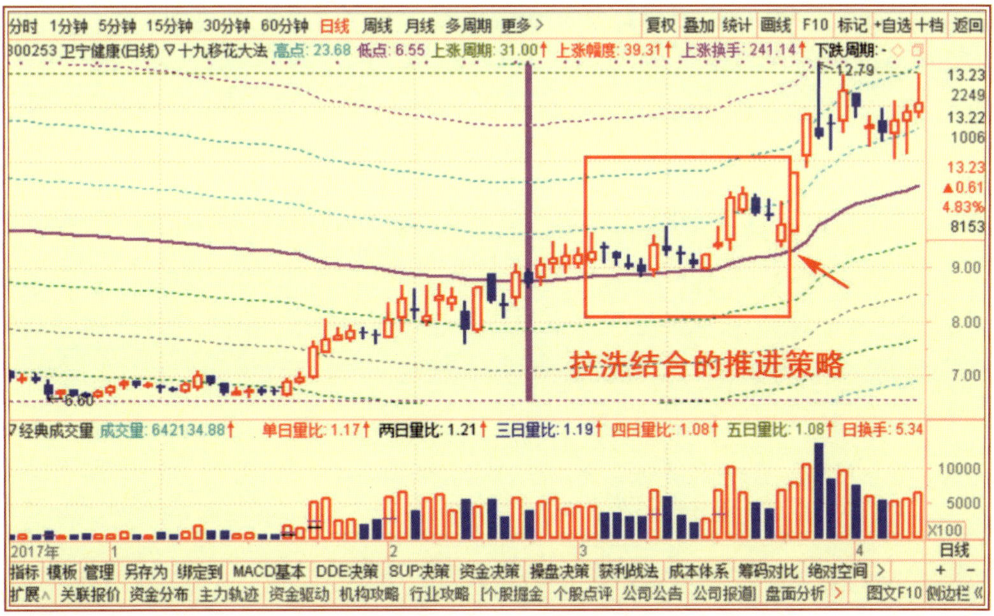

图088　主力拉升阶段的推进策略

二、拉升过程中常用的技术手段

（1）主力攻击性拉抬。这是主力拉升股价最常规的技术手段。主力利用资金猛烈攻击，根据时间规律和每日投入资金量按照滚动操作原则，有步骤、有节奏地推高股价。此时，在分时图中，随着股价进二退一、进三退一的节奏，盘中不断创出新高，成交量亦有序地不断放大，这种攻击走势极为稳健，操盘手法十分老到和沉着。如图089所示。

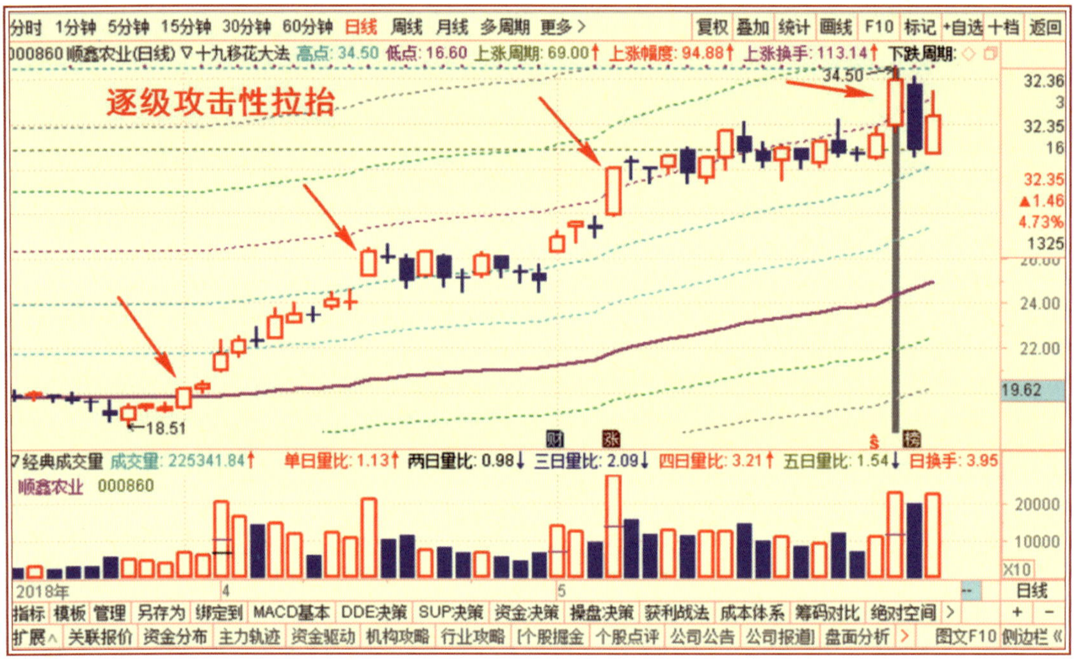

图089　主力攻击性拉抬

（2）主力直接连续涨停。这是最凶悍的做盘手段，一般是短线主力机构所为。主力趁场中散户和场外资金来不及反应时，以迅雷不及掩耳的快速操盘手法，直接将股价推至涨停板位置。在涨停过程中，主力仍然会采用高开涨停、一波涨停、二波涨停、三波涨停和多波涨停的手法。涨停波的出现，一般表现为主力即将加速推升股价，这是极强势的重要体现。涨停后，股价容易产生极大的市场影响力和赚钱效应，更能吸引场外短线资金追高买进，为主力推波助澜，让主力操盘计划达到事半功倍的效果。如图090所示。

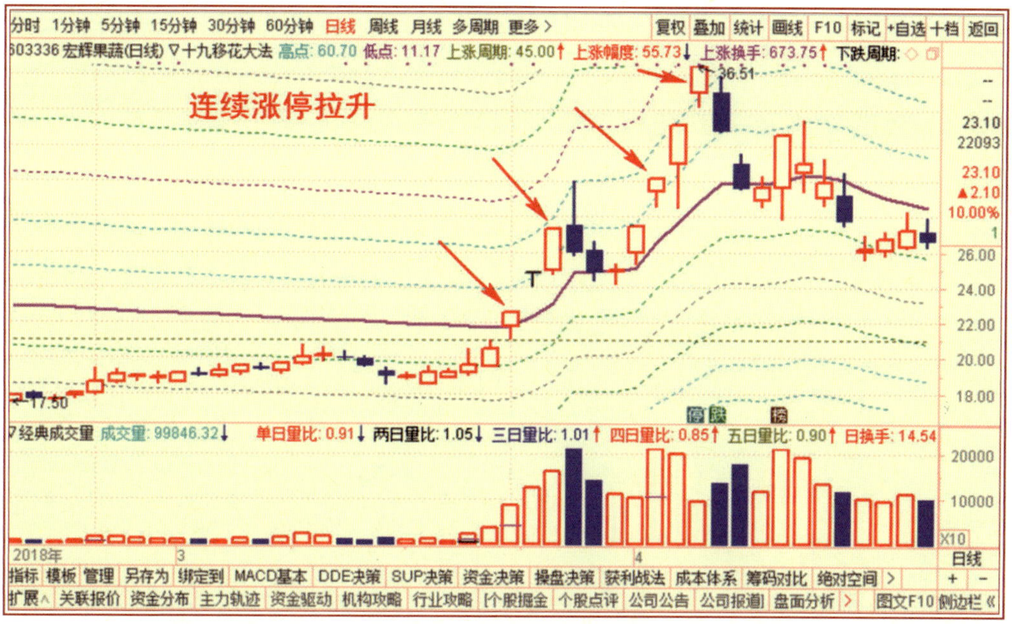

图090 主力直接连续涨停

（3）主力拉洗调相结合。这是比较老到的中长线主力做盘手法，短线主力机构很少会使用这种温暾的做盘手段。股价运行至一个阶段并产生一定幅度的利润空间后，主力通常会进行盘中洗盘动作，以调节过热的技术指标及盘中浮筹，此时主力通常会在当天早盘冲高之后在盘中挂大卖单打压股价从而使其掉头向下，形成回头波形。这种波形的出现，通常预示阶段性调整已经展开，短线应及时出局避险了。如图091所示。

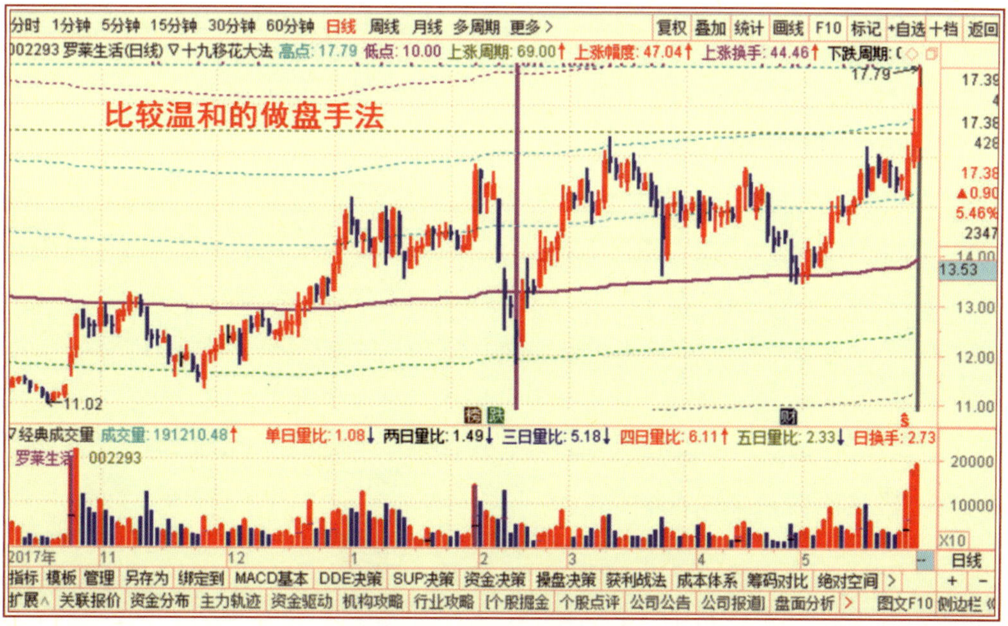

图091 主力拉洗调相结合

（4）主力强力震仓。股价在盘中快速运行时，为了满足调节短线分时系统技术指标并赶走跟风盘的需要，此时主力会采用盘中震仓的操盘手法。反映在分时图中，当天主力会突然莫名低开低走，股价无量下跌，导致跟风盘不明就里地进行止损。主力在早盘和中盘震仓完毕后，通常会在收盘前逐步拉升股价，使其再次回归上升形态。有时主力会在早盘、中盘、午盘或尾盘采用突然震仓的操盘手法，盘口上会出现大单打压，而下跌不放量的走势形态，这都是主力震仓的重要特征。如图092所示。

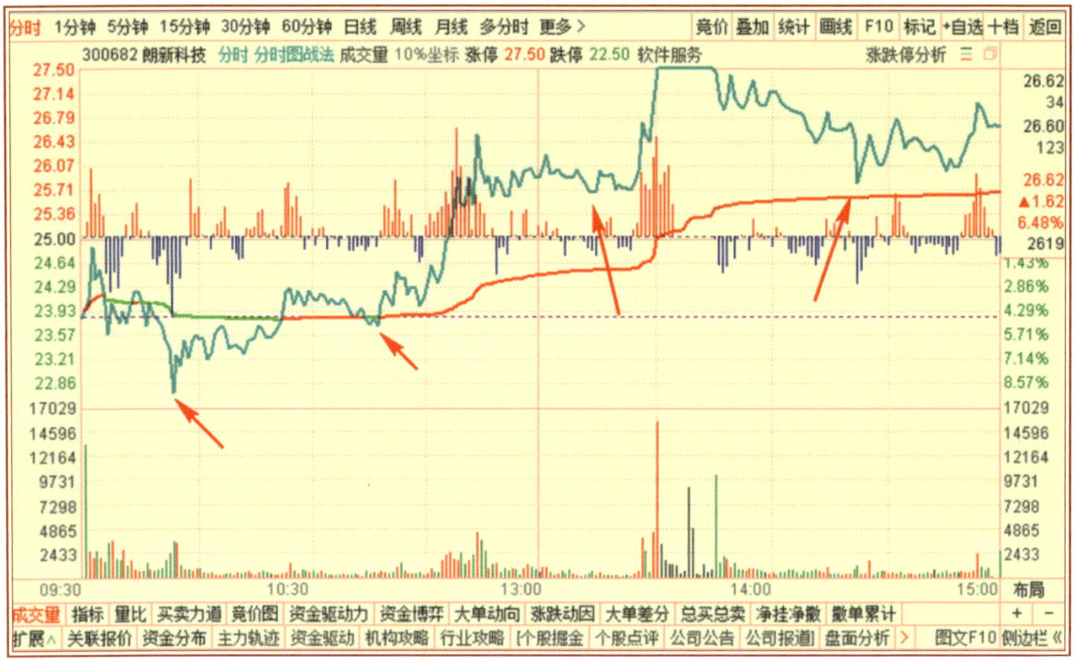

图092　主力强力震仓

三、主力拉升做盘显示出来的技术特征

（1）攻击波形的类型。主力主动投入巨资形成巨大买盘拉升股价所形成的分时走势，称为“攻击波形”。攻击波形一般出现在股价拉升阶段初、中期和盘头阶段初期最具有操作价值。而在股价拉升阶段的末期和盘头阶段的中、后期，盘中跟进风险较大。攻击波形一般分为脉冲型攻击波形和冲击型攻击波形两种，如图093所示。脉冲型攻击波形的主要特点是它是主力高度控盘的结果。其波形平滑悠长，波度较小，曲线平整，这是主力利用不多的资金缓慢推升股价而产生的股价形态。这种波形一般会出现在中长线主力高度控盘的品种之中。

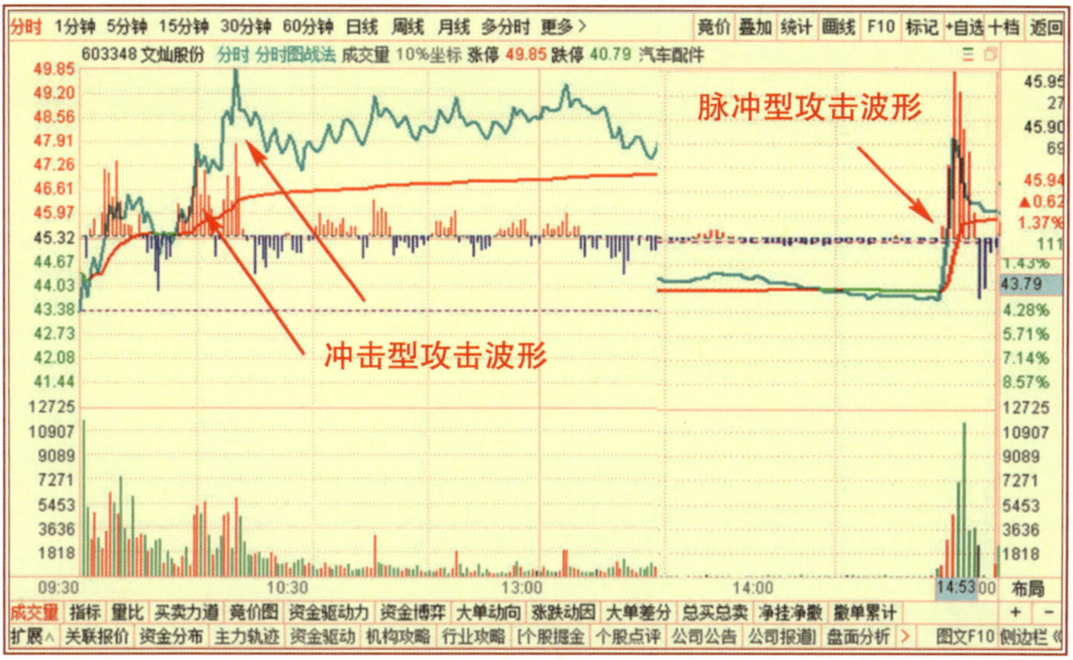

图093　攻击波形的类型

（2）冲击型攻击波形出现时做盘的意图。拉升阶段的冲击型攻击波形与建仓阶段的本质区别在于，拉升阶段时主力的主要目的不是建仓吸筹，而是利用资金滚动式操盘，不断冲击新高，因而形成冲击型攻击波形状态。这种波形主要为吸引盘中跟风资金来积极推进，与主力共同创造股价价升量增的完美技术形态，为后市继续拉高出货打下良好的市场基础。冲击型攻击波形在形状上与脉冲型攻击波形的不同点在于，冲击型攻击波形因资金快速冲击的特点而在盘口上留下尖角形的波形结构，波度陡峭而急促，波长较短，量峰值较大，股价攻击放量的规律性和时间节奏均把握极好。主力利用资金猛烈攻击，根据时间规律和每日投入资金量按照滚动操作原则，有步骤、有节奏地推高股价。此时，随着股价进二退一、进三退一的节奏，盘中不断创出新高，成交量亦有序地不断放大，这种攻击走势极为稳健，操盘手法十分老到和沉着。如图094所示。

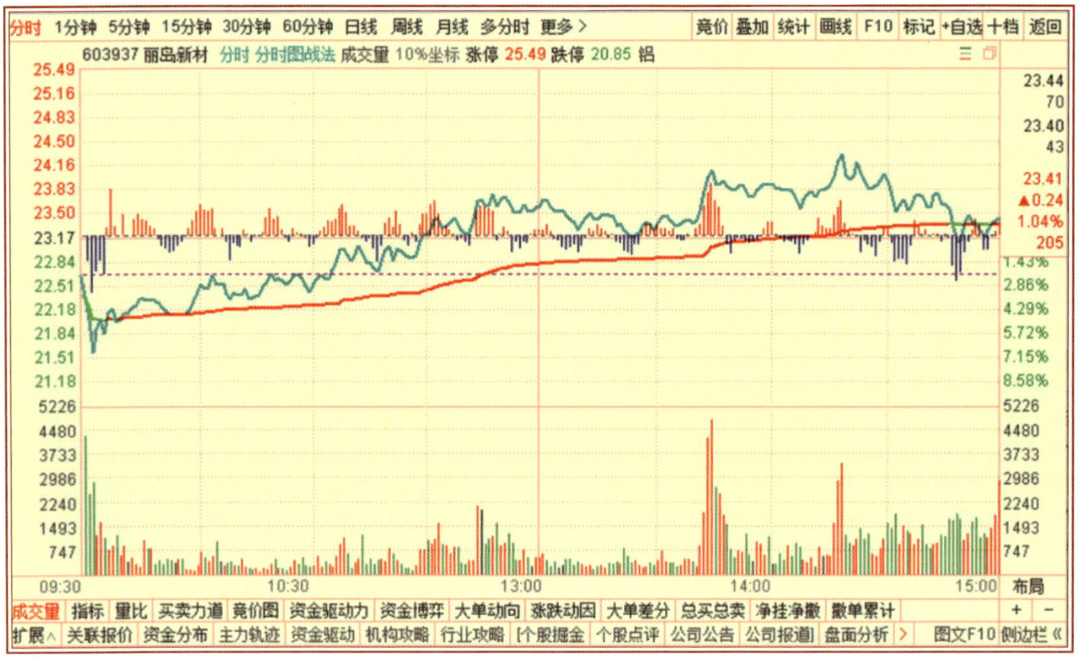

图094　冲击型攻击波形做盘意图

（3）不同阶段的攻击波形。攻击波出现的时间段不同，技术意义也不同。当攻击波形出现在股价拉升阶段的初、中期，临盘应在每段攻击的波形低点及时买进（即每波创新高之后的回调低点是最佳买点），此种波形出现时，短中线机会巨大。当攻击波形出现在股价拉升阶段的末期，临盘则应以观望为主，主力有利用此种走势推高出货的嫌疑，股价即将见顶。一般情况下，主力会在早盘、中盘用攻击波形拉高股价，午盘后则采用回头波形出货，形成见顶特征，因此，短中线风险极大。当攻击波形出现在股价盘头阶段的初期，主力利用少量资金继续滚动操作，并有继续创新高的动能，因此，临盘可以中仓或轻仓短线参与主力最后拉高出货的攻击行情。但操作速度一定要快，期望值不宜太高，临盘一旦股价出现下跌迹象，就要及时出局。当攻击波形出现在股价盘头阶段中、后期和下跌阶段，为主力诱多出货的主要特征，后市仍将继续大幅下跌，临盘以观望为主，短中线风险巨大。

第二节

SECTION 2

主力疯狂做盘的技术特征

一、短线行情最强力的做盘手段

（1）短线疯狂拉升的技术行为。主力机构做盘的手段有很多种类，有温和的也有激进的。直接涨跌属于激进的做盘手法。涨停一般分为高开涨停、一波涨停、二波涨停、三波涨停和多波涨停五种主要手法，根据时间段划分有早盘涨停、中盘涨停、午盘涨停和尾盘涨停四种操盘特征。其做盘的主要特点是：主力趁场中散户和场外资金来不及反应时，以迅雷不及掩耳的快速操盘手法，直接将股价推至涨停板位置。涨停的出现，一般表现为主力即将加速推升股价，这是极强势的重要体现。涨停后，股价容易产生极大的市场影响力和赚钱效应，更能吸引场外短线资金追高买进，为主力推波助澜，让主力操盘计划达到事半功倍的效果。尾盘虚假性涨停属于最省力的。如图095所示。

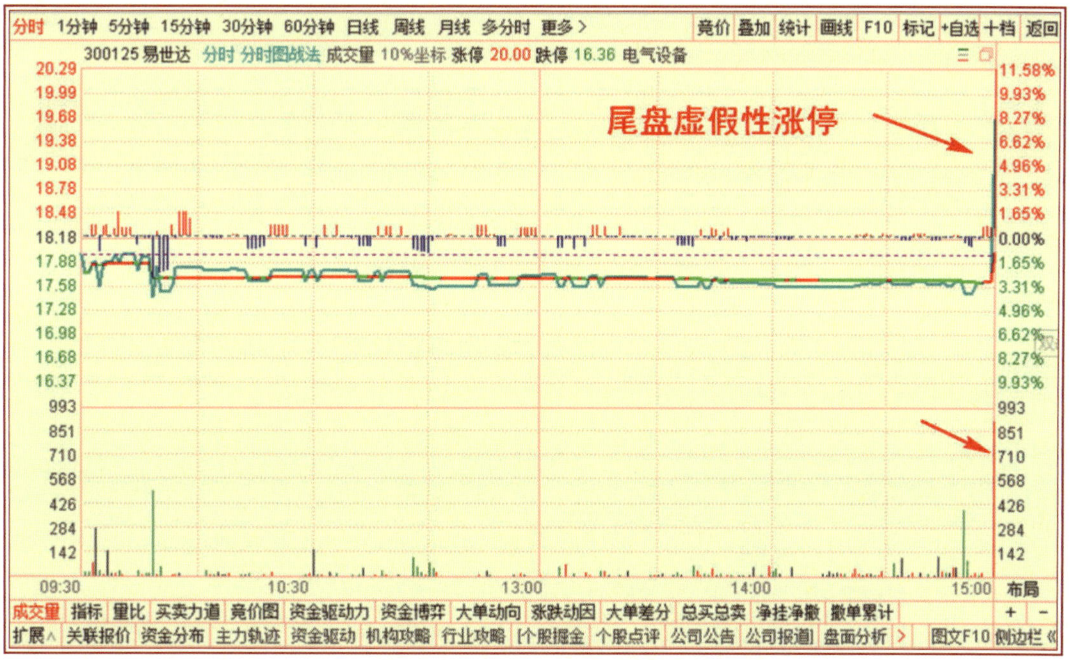

图095　短线行情的做盘手段

（2）短线疯狂拉升的人气指标。在经典的短线操盘技术中，股价能否涨停是一项非常重要的短线指标。只有市场上最强势的主力和拥有最雄厚的资金的主力，才具备这样的操盘素质和操盘气势。因此，敢于涨停，绝对是判断股价短线强弱的重要依据。股价在涨停时，气势最重要。代表涨停气势的主要特征就是成交量和股价的配合程度，价升量增，曲线流畅，横扫千军，气势不可阻挡。随着成交量的不断放大，股价一路猛进，分时走势曲线角度陡峭，最终封住涨停。早盘的涨停属于意志坚决的，如图096所示。

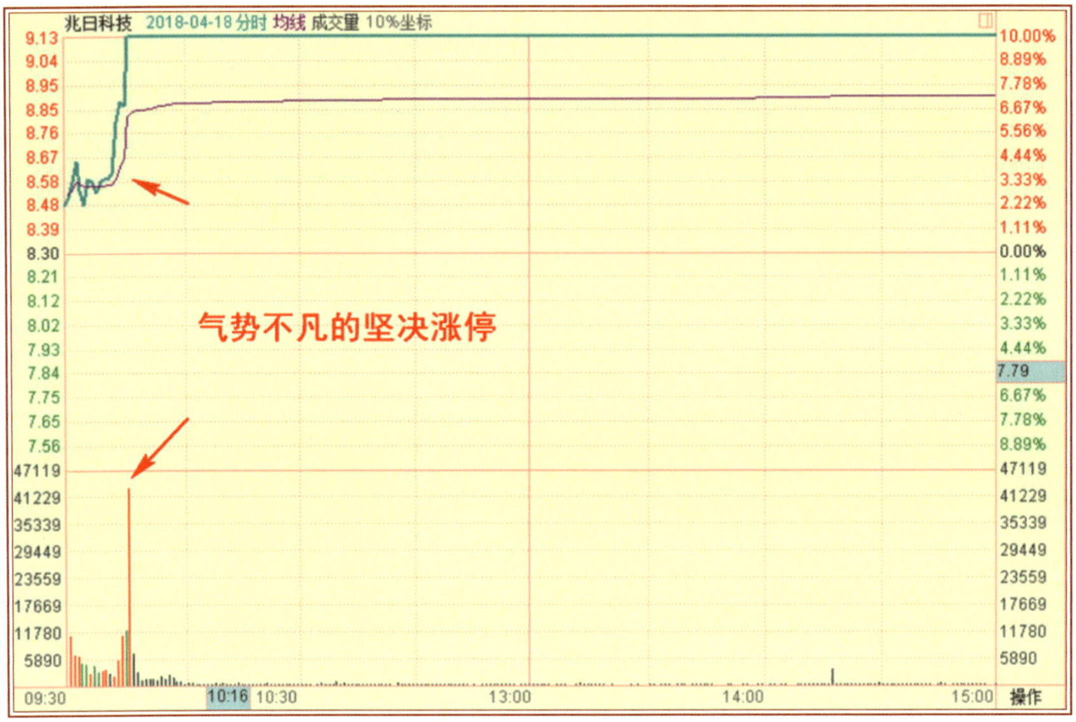

图096 意志坚决的早盘涨停

二、短线疯狂拉升的应对策略

对于涨停波形，我们可以用如下方法来解决：

（1）股价在拉升阶段初、中期涨停。如果封停量比成交总量大，表示主力投入巨资推高股价并顶住一切抛盘压力，短中线机会巨大。如果封停量大而成交总量小，表示主力已经完全控盘，短中线机会较大。如果封停量小而成交总量大，且盘中不断开板，则意味着主力实力较弱，有滚动操作嫌疑，可能会采用进二退一的操盘方式震荡盘升，短线不宜追高，待股价在次日调整至较低价位时介入较好。

（2）股价在上升阶段末期和盘头阶段涨停。如果封停量比成交总量大，表示是主力利用大单封停吸引场外资金进场接盘而趁机出货所造成的巨量换手，股价即将见顶，短中线风险较大。如果封停量大而成交总量小，表示仍为原主力控盘特征，短期内无法大量出货，仍将拉高股价，因此短线机会较大。如果封停量小而成交总量大，且盘中不断开板，则意味着场中主力利用涨停趁机出货，短线宜观望，中线风险巨大。

（3）股价在下跌阶段初、中期涨停。如果封停量比成交总量大，表示主力投入部分资金利用技术形态做反弹行情，同时趁机出货从而造成巨量换手，因此短线有一定机会，而中线风险巨大。如果封停量大而成交总量小，表示仍为原主力长线控盘特征，可能采取波段操作策略，因此短线反弹行情机会较大。如果封停量小而成交总量大，且盘中不断开板，则意味着场中主力趁涨停大量出货，短线宜观望。

操盘笔记

第三节

SECTION 3

主力拉升过程中的休憩行为分析

一、主力休憩行为的技术特征

（1）主力休憩行为的技术特征。股价运行至一个阶段并产生一定幅度的利润空间后，主力通常会进行盘中洗盘动作，以调节过热的技术指标及盘中浮筹，此时主力通常会在当天早盘冲高之后在盘中挂大卖单打压股价从而使其掉头向下，形成回头波形。这就是常说的“主力休憩行为”。这种波形的出现，通常预示阶段性调整已经展开，短线应及时出局避险了。回头波形是股价进入洗盘调整状态的重要技术信号，也是股价即将展开盘跌走势的重要征兆，因此，临盘具有重大的实战操盘价值。如图097所示。

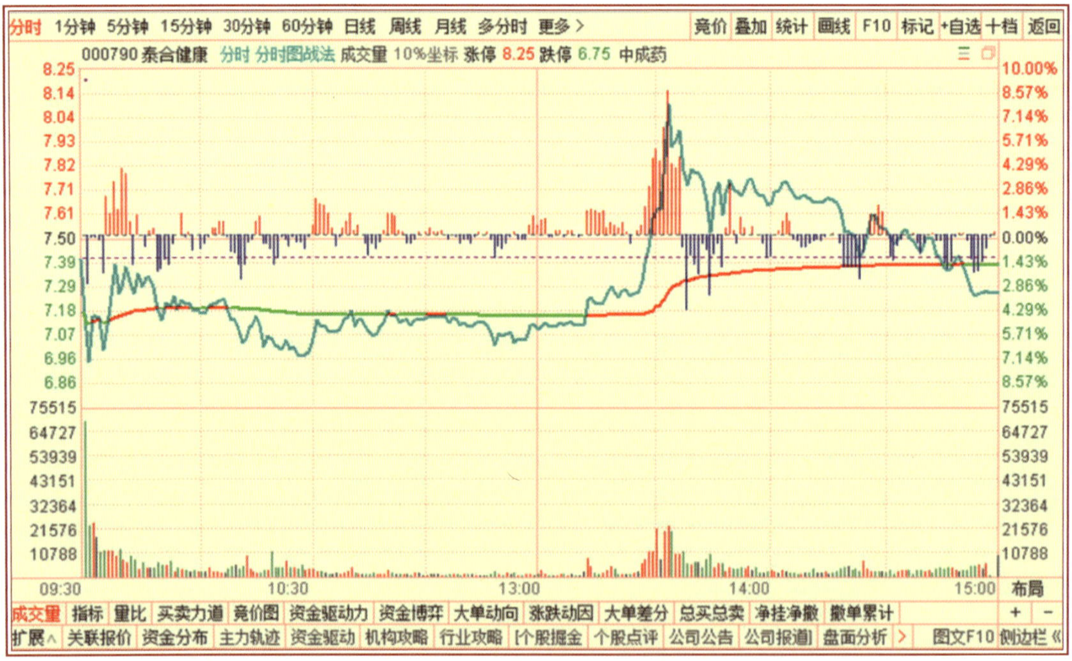

图097　主力休憩行为的技术特征

（2）主力休憩行为发生的时间段。回头波形一般出现在第一时间段尾段、第二时间段中段、第三时间段、第四时间段、第五时间段和第六时间段。出现概率较大的是第二时间段中段、第三时间段和第四时间段三个阶段。主力运用的操盘手法通常如下。

在第一时间段采用攻击波形推高股价，量能配合较好，在拉升初、中期时量能表现有规律，在拉升末期和盘头阶段量能表现比较凌乱。

在第二时间段后在盘口卖5、卖3处挂大卖单开始阻止股价上升，随即股价出现冲高受阻状态而震荡回落，至尾市时甚至以最低价收盘。

在当天日K线图表中出现一根明显带长上影线的阴（阳）小K线。

二、面对主力休憩行为的应对策略

根据股价的运行规律与不同阶段的发展趋势，回头波形出现时所表达的盘面特征与盘口语言各有不同，因此，我们必须采用下列几个方案来应对解决。

（1）在股价拉升阶段初、中期。股价出现回头波形，临盘观察股价在回头打压时的放量特征，如缩量打压，表明主力控盘态势稳定，调整幅度不会太大。如放量打压，则表示主力有阶段性滚动操作嫌疑，盘中筹码松动，股价下挫力度较大，调整时间将会延长。但无论如何，在重要支持位，短中线进场介入机会巨大。

（2）在股价拉升阶段末期。股价出现回头波形，是股价出现重大见顶的信号。临盘观察股价在回头打压时的放量特征，如缩量打压，表明主力盘中出货量不大，调整幅度不会太大，后市股价还有高点可寻。如放量打压，则表示主力大规模出货以套跟风盘和盘中散户，股价下挫力度较大，再创新高能力已经完全消失。此时，应以观望为主，短中线风险巨大。

（3）在股价盘头阶段和下跌阶段初、中期。股价出现回头波形，是主力震荡出货的重要特征。临盘观察股价在回头打压时的放量特征，如缩量打压，表明主力缓缓出货，阴跌仍将持续。如放量打压，则表示主力大规模出货，股价下挫力度较大，下跌趋势无法逆转，短中线风险巨大。

第四节
SECTION 4

主力拉升中的强力清洗行为分析

一、主力强力清洗浮筹的技术意义

（1）主力强力清洗浮筹的技术意义。震仓波形是指股价在盘中快速运行时，为了调节短线分时系统技术指标及赶走跟风盘，主力会采用盘中震仓的操盘手法。反映在分时图中，当天主力会突然莫名低开低走，股价无量下跌，导致跟风盘不明就里地进行止损。主力在早盘和中盘震仓完毕后，通常会在收盘前逐步拉升股价，使其再次回归上升形态。有时主力会在早盘、中盘、午盘或尾盘采用突然震仓的操盘手法，盘口上会出现大单打压，而下跌不放量的走势，这都是主力震仓的重要特征。在股价拉升阶段的初、中期，主力盘中任何震仓行为均是为了减轻拉升负担的操盘手段，临盘可持仓不动，短线高手还可在当日新低放量时迅速介入，以获取差价。如图098所示。

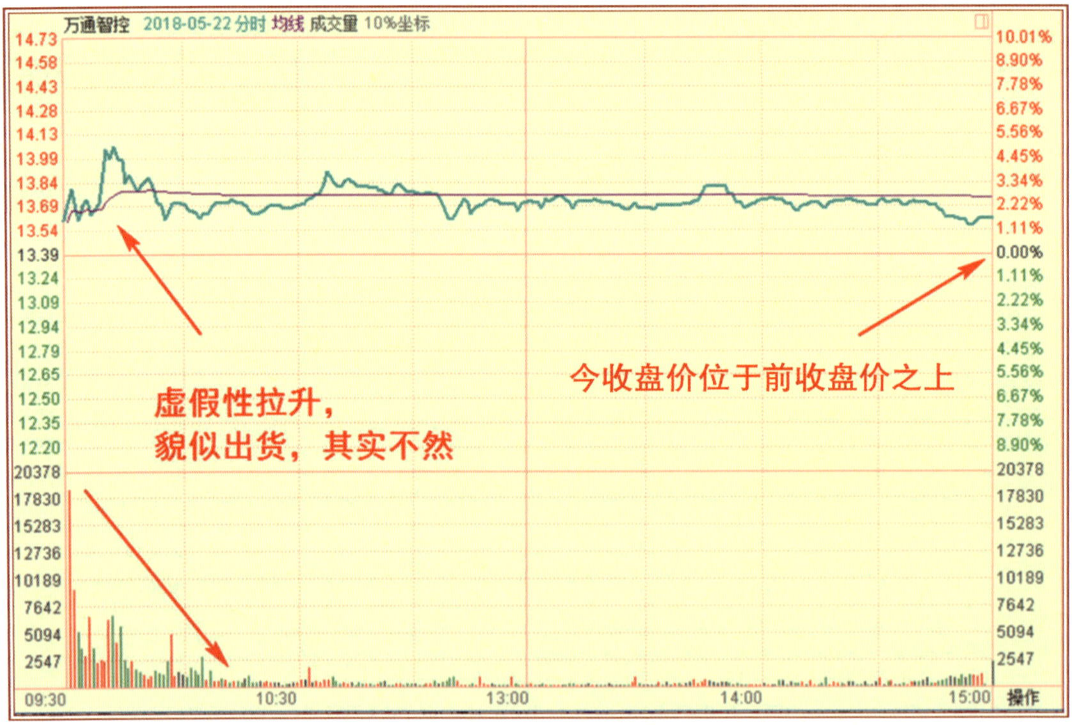

图098　主力强力清洗浮筹

（2）主力强力清洗对应的时间段。在股价拉升阶段的末期，主力盘中任何震仓动作均是不断震荡出货的重要手段，其目的是套牢短线跟风资金，麻痹中线散户，为股价即将见顶下跌提前做准备。在股价盘头阶段和下跌阶段，主力盘中任何震仓动作均是大规模出货的重要特征，股价反复震荡是为了按计划出货，因此，后市震荡盘跌的趋势仍将持续。

二、主力强力清洗的技术手段分析

主力采用震仓操盘手法时，通常会以下列六种操盘形式来展开：

（1）早盘高开高走。涨幅在5%以内，然后在盘口突然莫名下跌，并击穿均价线，股价在今日开盘价、昨日收盘价处短暂止跌后，缩量回升至均价线附近，然后再缩量盘跌，尾盘时，股价突然放量攻击，并拉升至当日开盘价之上收盘。

（2）早盘高开低走。跌幅在5%以内，量比在1倍以内。股价在下跌过程中反复形成数个低点，并在早盘、中盘围绕均价线展开震荡，午盘后，股价逐渐回升，量能温和放大，并收市于当日次高价位。

（3）早盘平开高走。略升1~2个点，然后快速下跌击穿昨日收盘价，在中盘反复创出当日新低后，股价逐渐回升至均价线之上，午盘后，股价回升至昨日收盘价之上，午盘至尾市时段再度反复震荡，至收盘时以次高价报收。

（4）早盘平开低走。跌幅在5%以内，并创出当日新低后，明显可见在低位放量接盘。此时，股价逐渐回升至均价线之上，并在中盘即将结束时，快速拉升，创出当日新高，午盘至尾盘维持高位震荡态势收盘。

（5）早盘低开低走。跌幅在5%以内。在早盘尾段创出当日新低后，全天围绕均价线展开震荡，尾盘30分钟股价突然放量拉升，创出当日新高，直至最高价收盘。

（6）早盘低开高走。低开3~5个点，拉高时不突破昨日收盘价，股价反复围绕均价线展开震荡，午盘后，股价逐步企稳，放量攻击，并收盘于当日次高价位。

第四章
出货定式核心套路

本章学习重点内容

一、认识假升波的技术特征，了解它的做盘原理

二、掌握瀑布波的基本特征，熟悉它的做盘机理

三、掌握杀跌波的基本特征，掌握它的技术要领

第一节

SECTION 1

主力出货行为的常规技术手段

一、主力出货行为概述

（1）主力做盘的基本盈利目标。一只股票涨升至一定幅度时，主力就会按计划展开出货动作。具体来看，短线主力一般涨升30%左右就开始出货，中线主力一般涨升50%左右开始分阶段出货，长线主力则至少涨升50%以上才采取波段配置股票的原则滚动操作。根据这个原则，就可以判断主力的出货行为。如图099所示。

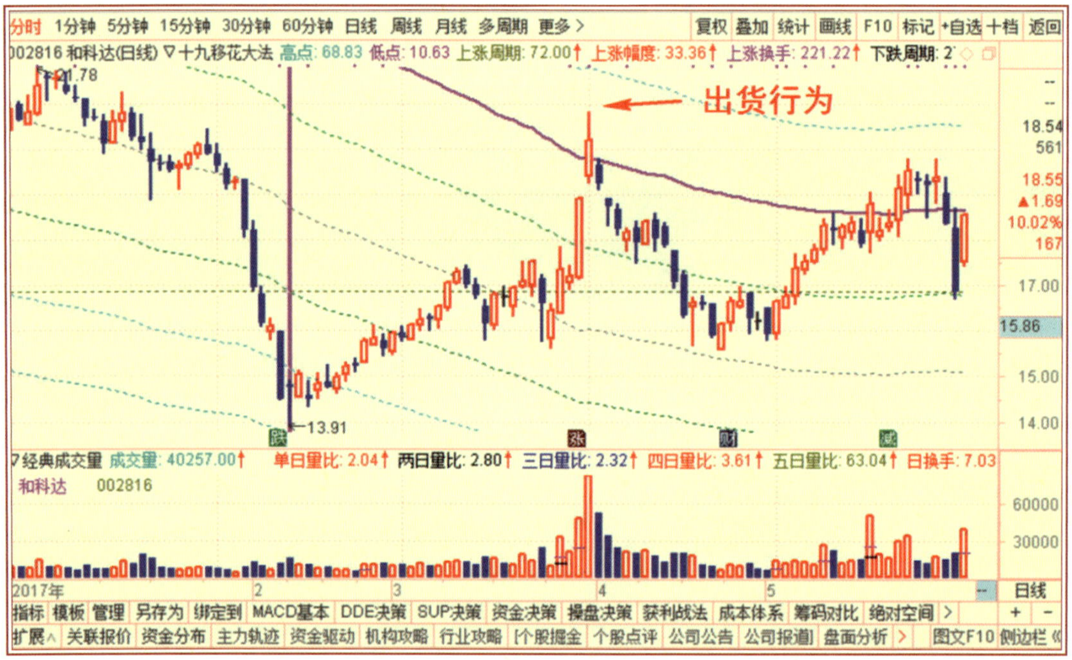

图099 主力出货行为

（2）主力持仓“见光死”的深层次缘由。我们经常发现每季度公布基金持仓情况后，大部分股票走势并不好，这其实是主力基金与市场打了个时间差。一般情况下，一只基金持仓某只股票在500万股以内，如果要出货只需要15个交易日即可卖得一股不剩。在基金公布持仓明细之后，相当一部分做短线的主力基金已经出货完毕。这也就是大家会看到明明是主力重仓股却不断下跌的主要原因。当然，前面说到长线主力会采取波段操作配置股票的原则，所以在主力波段操作策略的影响下目标股票也会持续下跌。

二、不同类型主力的出货方法概述

（1）短线主力。涨升速度快，出货速度也快。我们通常看到一只股票突然放量上涨，短短数日除涨幅惊人外，其换手率也迭创新高。通常跟风资金与中小散户会以为主力拔高建仓，其实这大部分是市场游资所为。短线主力采取以快打慢的策略，从第二个涨停板开始就按计划出货，最终在涨幅达到预定目标值后，手中仓位也出得干干净净。这种操作方式在大盘下跌末期和平衡市况中经常出现。主力出货完毕时的主要特征就是在上涨的最后一刹那股价掉头向下，形成一根带长上影线的K线，这通常表明股价涨升已经结束，主力已出货离场。如图100所示。

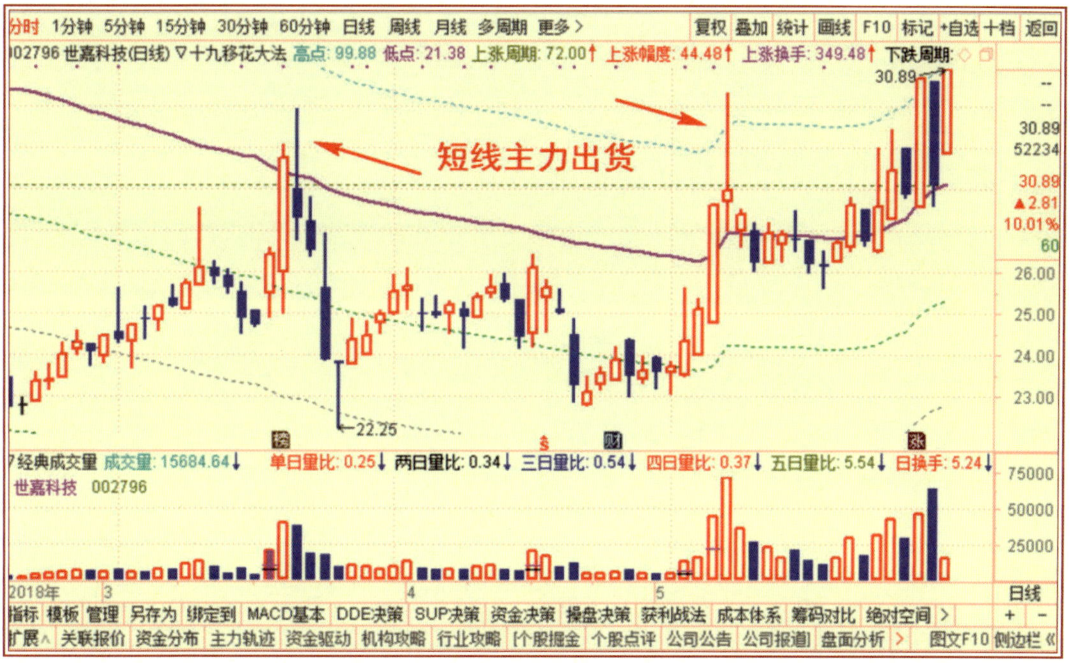

图100　短线主力出货

（2）中线主力。因其进场投入资金量较大，手中筹码较多，没有短线主力来如风快如电的游击特色，基本采取较长时间的吸筹、拉升和出货计划。一般情况下，中线主力的出货时间在3个月左右，更长一点的会到6个月左右。因此，在拉升幅度超过50%时，中线主力就开始按计划滚动操作出货了，至盘头阶段结束时，如果股价跌破盘头平台的下档支撑，就表明主力已经基本出货完毕。中线主力控盘的股票出货时均会延续涨升的趋势，在较高价区域持续震荡。

三、主力出货行为最常规的技术手段

前面我们讲到，主力拉升股价至一定幅度后就会开始出货，反映在分时走势图表中，就是盘口卖单越来越多、越来越大，股价该涨不涨，走势步伐迟滞，此时，一般会形成三种较为明显的出货形态。

（1）假升波。主力通常在早盘或中盘快速拉动股价，形成上涨的假象，然后突然下跌，令人措手不及。该走势一般在股价见顶阶段、盘头阶段和下跌初期出现较多。

（2）瀑布波。主力早盘在集合竞价时将股价高开，然后在盘中不断抛压，致使股价如瀑布一般飞流直下，甚至出现无量空跌的状态。有时主力会在尾盘时突然放手打压，致使股价飞泻。

（3）杀跌波。主力采取高开低走、平开低走和低开低走的操盘手法，全天不间断出货，致使股价持续盘跌，涨升无力，几乎以最低价收盘。这种走势一经出现，股价连续下跌趋势就难以逆转。

四、假升波的技术特征与做盘思路

（1）假升波的基本含义。假升波是指主力在早盘或盘中其他时间段故意拉升股价，但拉升时明显没有放量，乃是主力对敲操盘行为。由于主力并未用心主动攻击，因此，这是股价下跌前的障眼法。此类走势称为“假升波”。

（2）假升波出现的时间段。假升波出现在早盘这一时间段较为常见。该走势一般多发生在股价见顶阶段、盘头阶段和下跌初期三个阶段。

（3）假升波的特点。假升波一般比较短小，升幅不会超过3个点，波形陡峭，波度呈45°或60°斜角，均价线与股价走势曲线乖离较大，量能呈现稀松不紧凑的特点。

当股价出现假升波时，临盘在股价跌穿均价线时卖出，就可以避免股价持续下跌的风险。该股在一般情况下后市继续上涨的机会较少，将维持盘跌走势。

第二节

SECTION 2

主力疯狂出货的技术手段解析

一、不计成本出货

（1）不计成本的出货特征。所谓瀑布波，就是指类似飞流直下的瀑布的波形，在早盘阶段缓缓震荡之后，出现快速放量下挫，价跌量升之后出现缓慢的反弹，但反弹的力度很小，几乎无法穿越当日的均价线，随后逐波盘跌，尾盘更是加速下跌，量能放大。瀑布波属于最经典的快速出货图形。凡是在空间位置的高位或者相对高位出现这样的波形，均属于阶段性快速出货，投资者需要高度重视，不可大意。瀑布波形成之前通常有一个迷惑人的上下震荡动作，一般出现在早盘第一时间段。瀑布波形成的初期，成交量急剧放大，属于快速对倒出货，对倒量大，出货心切，因此，把瀑布波列为不计成本的出货特征。如图101所示。

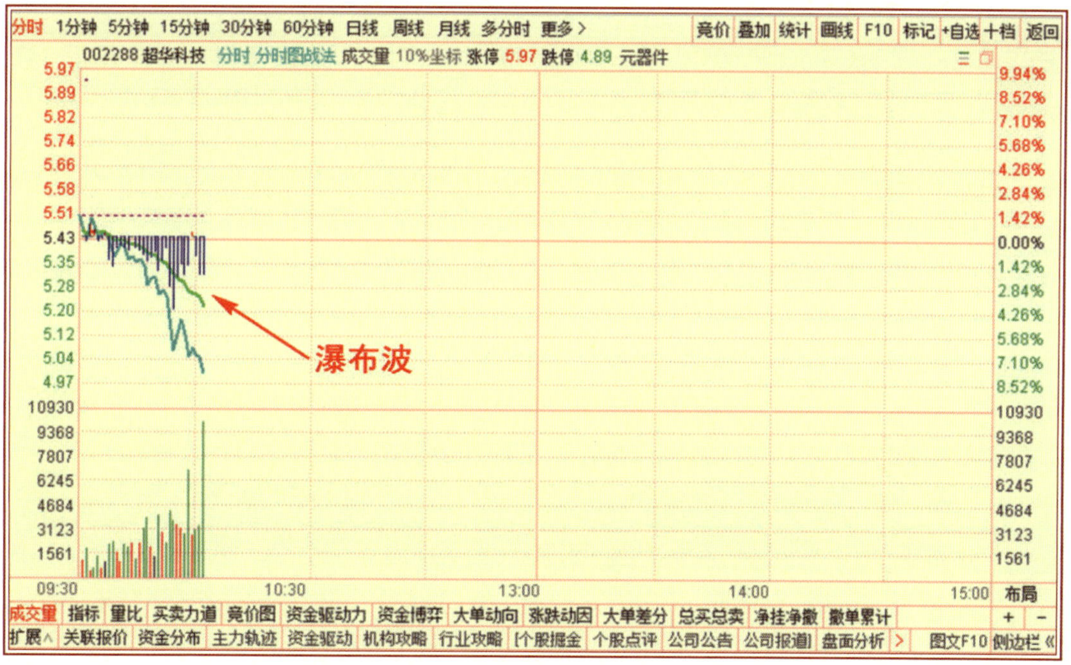

图101　不计成本的出货特征

（2）瀑布波的形成机理。瀑布波的形态有如从高山飞流而下的瀑布，一泻千尺，势不可当。波形流畅狭长，单波跌幅一般可超过5%，波形中间极少反弹间歇。一波而下之后，股价稍作整理，低位仍较少放量。表示下档接盘力度薄弱，全天走势基本呈现继续盘跌态势。出货猛烈的主力，有时会直接在第二波成瀑布波形走势，继续使股价直逼跌停板位置。

二、不计成本出货对应的做盘时段

古人诗云："飞流直下三千尺，疑是银河落九天。"可以这样说，瀑布波是主力疯狂出货的典型操盘手法。经此之后，股价基本上已经元气大伤，其下跌之势犹如黄河之水东流而去，难以逆转。因此，我们把这种出货方法称为"不计成本出货"。

（1）早盘。股价在早盘出现瀑布波形时，若盘中无法即时出货，临盘可以待股价短暂止跌时果断杀出。

（2）盘中。切勿犹豫观望，此时无论短线、中线，风险均已经十分巨大。

（3）尾盘。股价在尾盘出现瀑布波时，临盘操作必须在当天收盘前以即时价卖出，否则，次日如果继续低开低走，损失会持续扩大最终将被套牢。

操盘笔记

第三节
SECTION 3

主力出货的经典模式解读

一、主力出货的盘跌模式

（1）杀跌波的基本套路。是指主力采取高开低走、平开低走和低开低走的操盘手法，全天不间断出货，致使股价持续盘跌，涨升无力，几乎以最低价收盘。这种走势一经出现，股价连续下跌趋势就难以逆转。如图102所示。

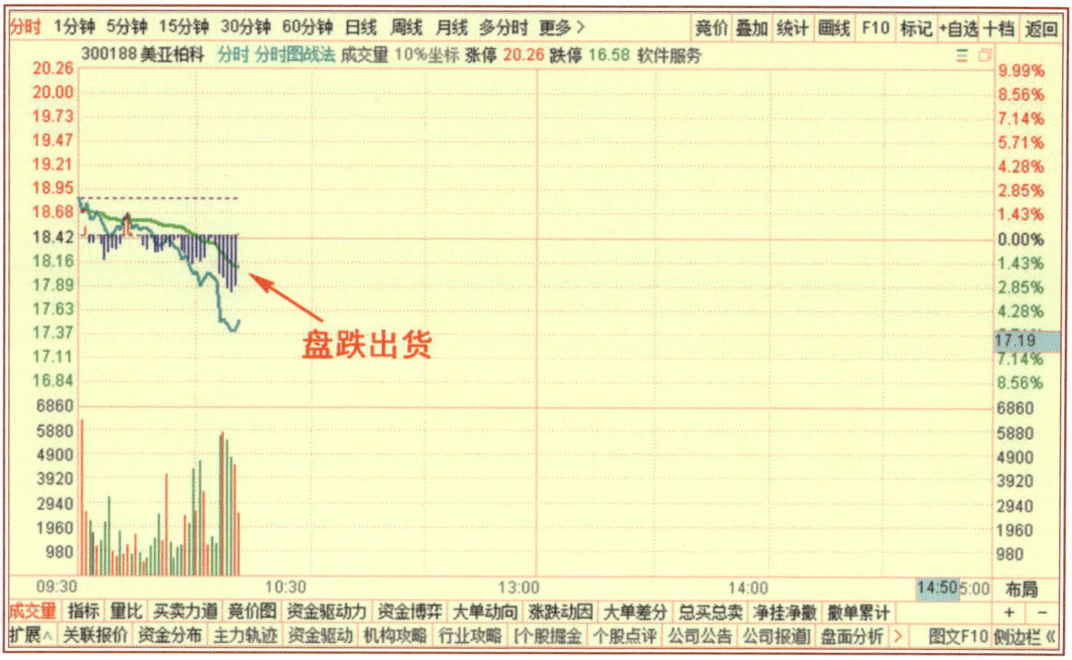

图102　盘跌出货模式

（2）识别杀跌波的温柔陷阱。杀跌波的波形特征一般呈现震荡盘跌走势，波形曲线里面产生类似冲击波形的尖角突起，这绝不是主力还在吸货，而是主力对敲操盘的结果。由于股价跌势较缓，给人一种跌不下去又随时反弹的心理暗示。其实，主力在盘中暗暗派发，吸引不明就里的跟风资金即时买入。而盘中持仓散户因抱有对股价未来预期的幻想也不会轻易减仓，这就使得主力可以在盘中从容出货。主力为吸引更多的跟风资金进场，有时会在盘中制造假升的反弹幻象，而股价很快又回归盘跌现状，使得跟风资金无论在盘中以任何价格买入均难逃当天即套牢的悲惨命运。

杀跌波往往会越盘越低，收盘均在当日最低价附近，而次日走势均在早盘或中盘做出一波弱势反弹的姿态调节超卖的指标后，又继续维持昨日的杀跌走势。在杀跌过程中，股价每天均能保持1%以上的换手率，这说明主力在盘中成功减持。股价阴跌不止，等所有投资者醒悟过来时，已是跌了一大截了。

二、盘跌模式出货时的应对策略

（1）杀跌波出现在盘头阶段初、中期时，临盘操作不要惊慌，股价此时还没有持续大跌，主力未完成出货计划，因此，仍会维持头部震荡状态，形成多重顶的概率很大。如短线跟进被套，可静待解套机会的到来。

（2）杀跌波出现在盘头阶段末期和下跌阶段，临盘操作应在股价出现假升反弹行情时及时出局，操盘速度要快，不要产生任何幻想和犹豫，否则，后果不堪设想。

操盘笔记

第五章

大阳K线操作法精要

本章学习重点内容

一、认识大阳K线，掌握大阳K线的构成特点

二、分析大阳K线的力度特征和相关标准

三、学习大阳K线交易系统的买进技术法则

四、掌握大阳K线的滚动操盘技术法则

五、认识与辨别大阳K线交易系统的误区

六、如何规避大阳K线交易系统的技术风险

第一节

SECTION 1

大阳K线概述

一、大阳K线的基本含义

（1）大阳K线的基本含义。大阳K线是指当天交易过程中，股价呈现持续放量的攻击式上涨特征，并在交易结束时，股价涨幅仍然超过7%的阳K线结构。

大阳K线出现时，盘中量增价升，全天换手率大于5%，量价配合十分合理。而反映在日K线图表中，大阳K线和大量柱均呈正比性放大关系。

（2）大阳K线的做盘意图。大阳K线是最经典的主力操盘特征，因而，所有的大阳K线均是由主力资金在盘中积极操纵股价所形成的结果。大阳K线充分体现了主力在一个阶段的操盘意图。如图103所示。

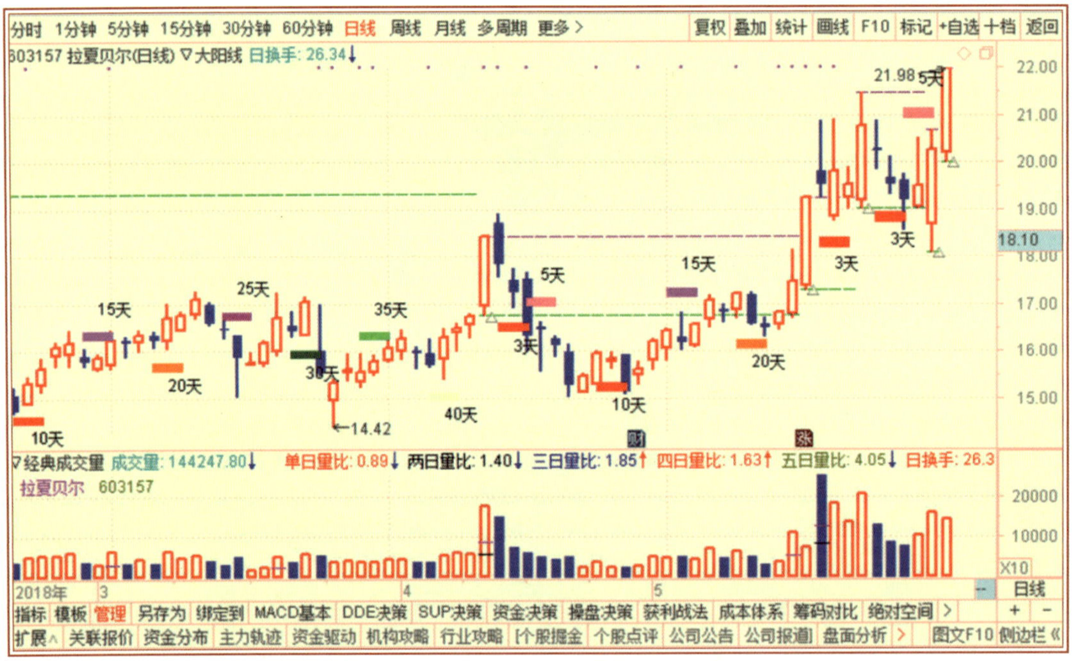

图103　大阳K线

（3）大阳K线的公式。

简化版如下：

阳线:=CLOSE/OPEN>=1.07;

DRAWTEXT(阳线,LOW−0.03,'△');

完整版如下：

```
日换手:IF((SETCODE==0||SETCODE==1),100*VOL,VOL)/(FINANCE(7)/100),NODRAW;
阳线:=(CLOSE/OPEN>=1.07)AND日换手>5;
DRAWTEXT(阳线,LOW-0.03,'△');
DYX:=BARSLAST(阳线);
XH1:=FILTER(阳线,5);
BH1:=BARSLAST(阳线);
STICKLINE(C,REF(H,BH1),REF(H,BH1),3,0),COLORMAGENTA;
STICKLINE(C,REF(L,BH1),REF(L,BH1),3,0),COLORGREEN;
STICKLINE(阳线,REF(O,BH1),REF(C,BH1),1,0),COLORBROWN;
DRAWKLINE(HIGH,OPEN,LOW,CLOSE);
STICKLINE(DYX=2,L*0.97,L*0.98,8,0),COLOR0000FF;
DRAWTEXT(DYX=2,L*0.95,'3天'),COLORBLACK;
STICKLINE(DYX=4,H*1.03,H*1.02,8,0),COLOR9966FF;
DRAWTEXT(DYX=4,H*1.06,'5天'),COLORBLACK;
STICKLINE(DYX=9,L*0.97,L*0.98,8,0),COLORRED;
DRAWTEXT(DYX=9,L*0.95,'10天'),COLORBLACK;
STICKLINE(DYX=14,H*1.03,H*1.02,8,0),COLORFF33FF;
DRAWTEXT(DYX=14,H*1.06,'15天'),COLORBLACK;
STICKLINE(DYX=19,L*0.97,L*0.98,8,0),COLOR0066FF;
DRAWTEXT(DYX=19,L*0.95,'20天'),COLORBLACK;
STICKLINE(DYX=24,H*1.03,H*1.02,8,0),COLOR9932CD;
DRAWTEXT(DYX=24,H*1.06,'25天'),COLORBLACK;
STICKLINE(DYX=29,L*0.97,L*0.98,8,0),COLOR006600;
DRAWTEXT(DYX=29,L*0.95,'30天'),COLORBLACK;
STICKLINE(DYX=34,H*1.03,H*1.02,8,0),COLOR00FF00;
DRAWTEXT(DYX=34,H*1.06,'35天'),COLORBLACK;
STICKLINE(DYX=39,L*0.97,L*0.98,8,0),COLORCCFFFF;
DRAWTEXT(DYX=39,L*0.95,'40天'),COLORBLACK;
```

```
STICKLINE(DYX=44,H*1.03,H*1.02,8,0),COLORFF0033;
DRAWTEXT(DYX=44,H*1.06,'45天'),COLORBLACK;
STICKLINE(DYX=49,L*0.97,L*0.98,8,0),COLORFF9966;
DRAWTEXT(DYX=49,L*0.95,'50天'),COLORBLACK;
STICKLINE(DYX=54,L*0.97,L*0.98,8,0),COLOR0000FF;
DRAWTEXT(DYX=54,L*0.95,'55天'),COLORBLACK;
STICKLINE(DYX=59,H*1.03,H*1.02,8,0),COLOR9966FF;
DRAWTEXT(DYX=59,H*1.06,'60天'),COLORBLACK;
STICKLINE(DYX=64,L*0.97,L*0.98,8,0),COLORRED;
DRAWTEXT(DYX=64,L*0.95,'65天'),COLORBLACK;
STICKLINE(DYX=69,H*1.03,H*1.02,8,0),COLORFF33FF;
DRAWTEXT(DYX=69,H*1.06,'70天'),COLORBLACK;
STICKLINE(DYX=74,L*0.97,L*0.98,8,0),COLOR0066FF;
DRAWTEXT(DYX=74,L*0.95,'75天'),COLORBLACK;
STICKLINE(DYX=79,H*1.03,H*1.02,8,0),COLOR9932CD;
DRAWTEXT(DYX=79,H*1.06,'80天'),COLORBLACK;
STICKLINE(DYX=84,L*0.97,L*0.98,8,0),COLOR006600;
DRAWTEXT(DYX=84,L*0.95,'85天'),COLORBLACK;
STICKLINE(DYX=89,H*1.03,H*1.02,8,0),COLOR00FF00;
DRAWTEXT(DYX=89,H*1.06,'90天'),COLORBLACK;
STICKLINE(DYX=94,L*0.97,L*0.98,8,0),COLORCCFFFF;
DRAWTEXT(DYX=94,L*0.95,'95天'),COLORBLACK;
STICKLINE(DYX=99,H*1.03,H*1.02,8,0),COLORFF0033;
DRAWTEXT(DYX=99,H*1.06,'100天'),COLORBLACK;
```

二、大阳K线的划分标准

针对大阳K线的标准，历来就没有准确的定论。在国际规范的证券市场中，一般均没有设定涨跌停板的限制制度，对大阳K线的标准较难界定。而在我国证券市场，由于已经有涨跌停板的限制制度存在，因此，可以对大阳K线制定一些参考性标准，用于对股价的强弱特征做出精确的判断，具体如下。

（1）涨幅标准。全天振幅：10%以上。收盘涨幅：7%以上。

（2）量能标准。全天换手率：5%以上。全天量比：3倍以上。

符合这个基本标准的，就属于本书所讲的大阳K线操作法范畴。

三、大阳K线出现的空间位置

我们根据长期对股市交易状态、环境及技术特征的观察，经过统计总结发现，大阳K线较易出现在以下股价趋势的阶段位置。

（1）股价从底部向上突破性上涨时。

（2）股价在波段性上涨趋势中。

（3）股价进入阶段性头部整理过程中。

（4）股价在下降过程中出现超跌反弹时。

（5）股价进入底部筑底整理过程中。

我们经过长期观察发现，大阳K线在底部向上突破、波段上升趋势中，具有巨大的中短线实战操作价值；在阶段性头部整理、底部筑底整理阶段中，仅具备短线操作价值；而在股价趋势下降过程中超跌反弹，其临盘操作的风险性较大。如图104、图105、图106、图107、图108所示。

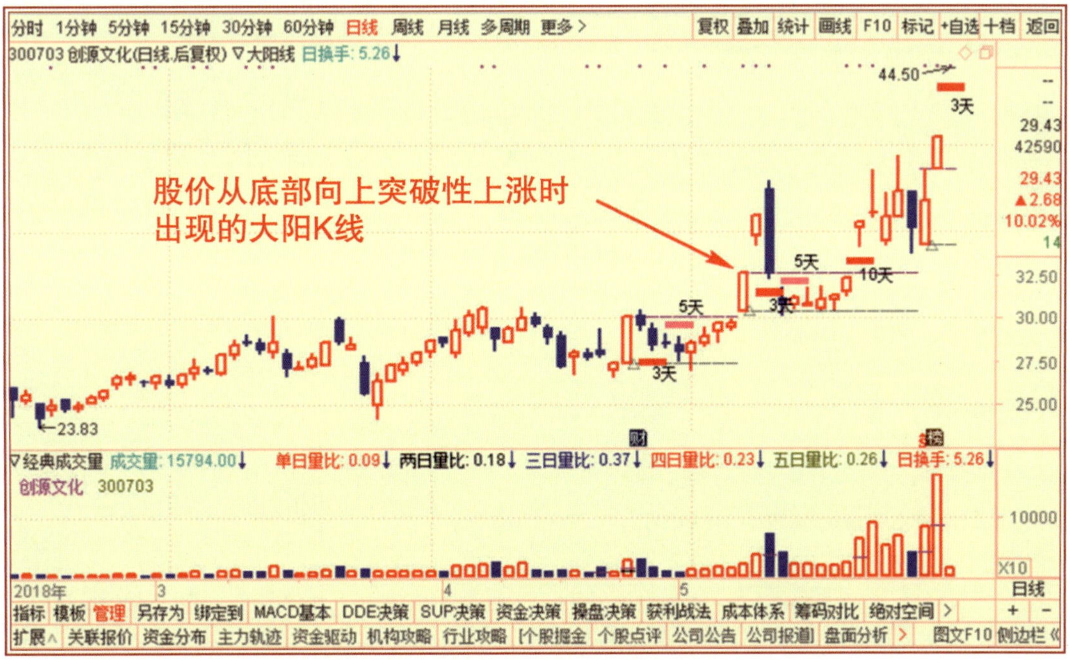

图104　股价从底部向上突破性上涨时出现的大阳K线

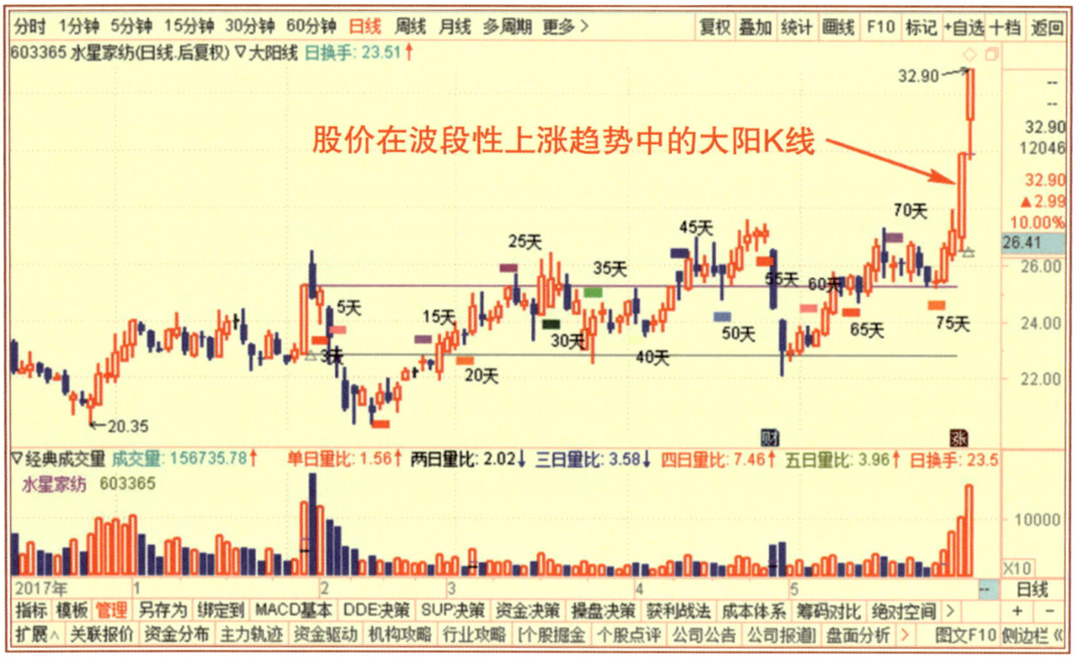

图105　股价在波段性上涨趋势中的大阳K线

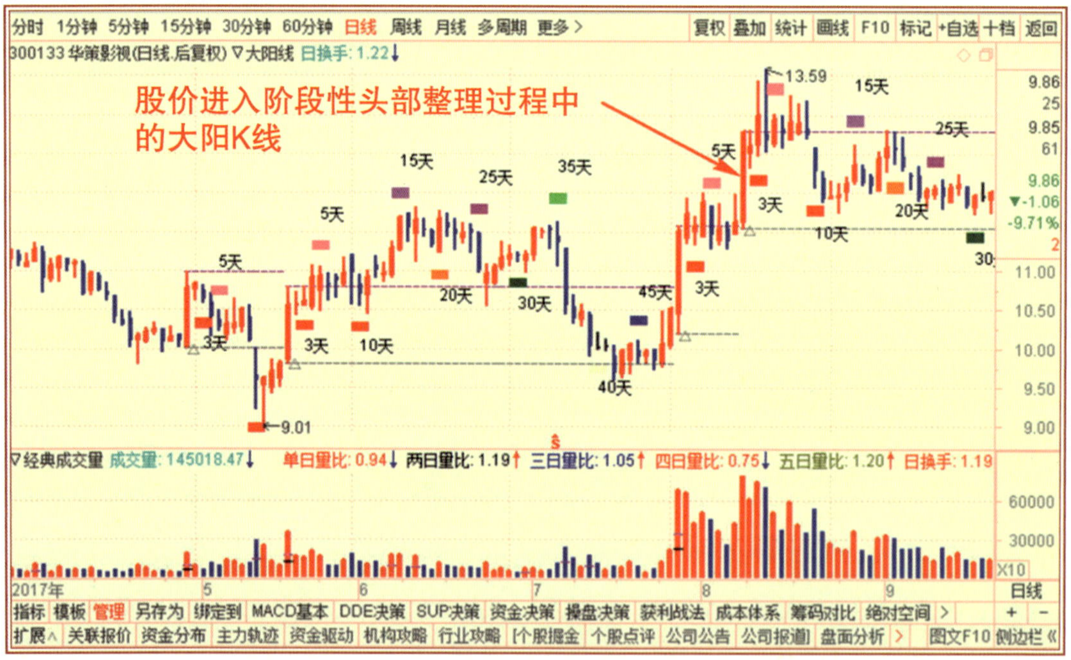

图106　股价进入阶段性头部整理过程中的大阳K线

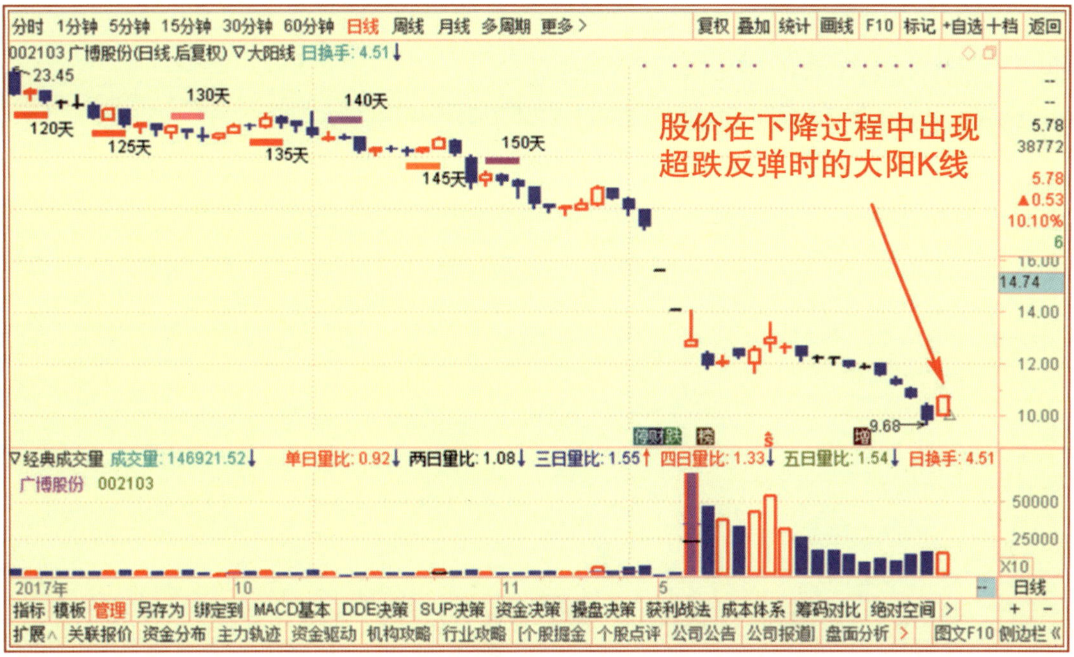

图107 股价在下降过程中出现超跌反弹时的大阳K线

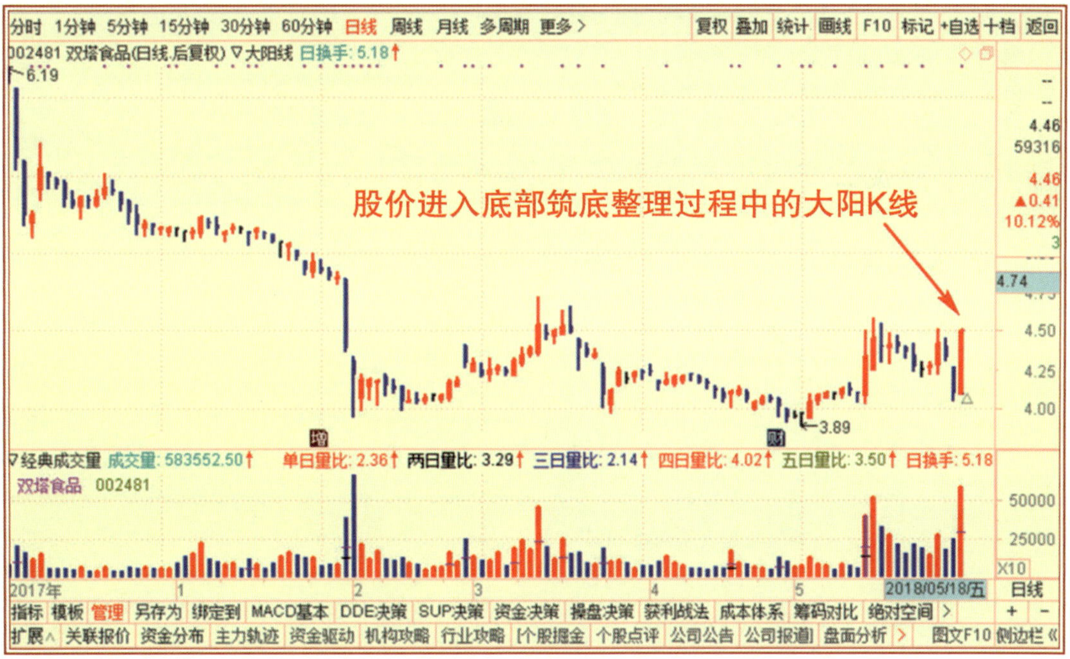

图108 股价进入底部筑底整理过程中的大阳K线

四、大阳K线内部的分钟K线结构组合

大阳K线内部的分钟K线结构组合是判断这根大阳K线强弱的依据。通常情况下，以60分钟K线结构来解析和判断日K线的强弱特征，具体有以下几种组合特征。

（1）井喷型。井喷型是一种极强势的分时技术特征，股价在分钟K线中经常以连续性长阳线和中阳线间隔小阳线的K线组合结构出现，如图109所示。

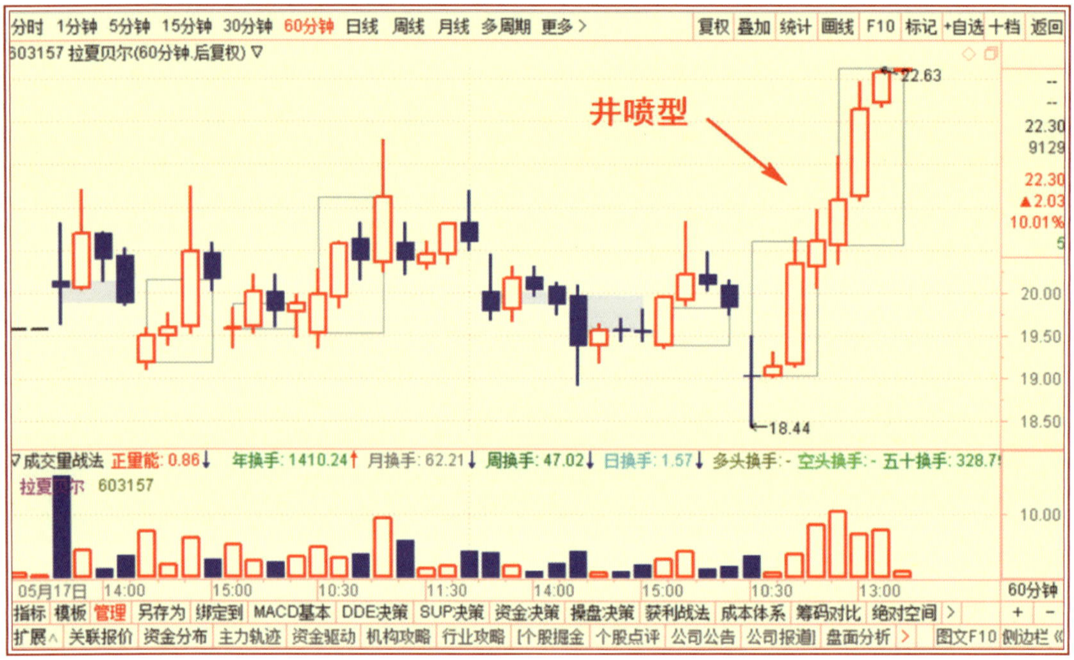

图109　井喷型K线结构组合

（2）盘升型。盘升型是一种震荡盘升的较强的分时技术特征，股价在分钟K线中经常以阳多阴少式的中阳线间隔小阴线的K线组合结构出现，如图110所示。

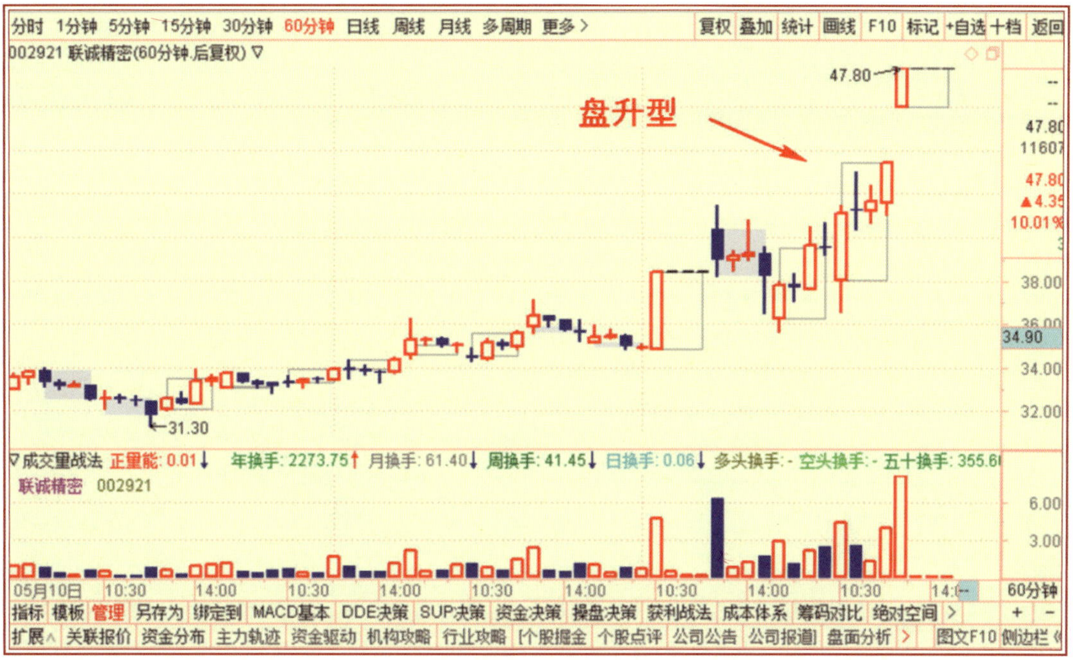

图110　盘升型K线结构组合

（3）虚涨型。虚涨型是一种涨势乏力的普通行情分时技术特征，股价在分钟K线中经常以小阳线、中阳线、间隔小阴线与中阴线的K线结构组合出现，如图111所示。

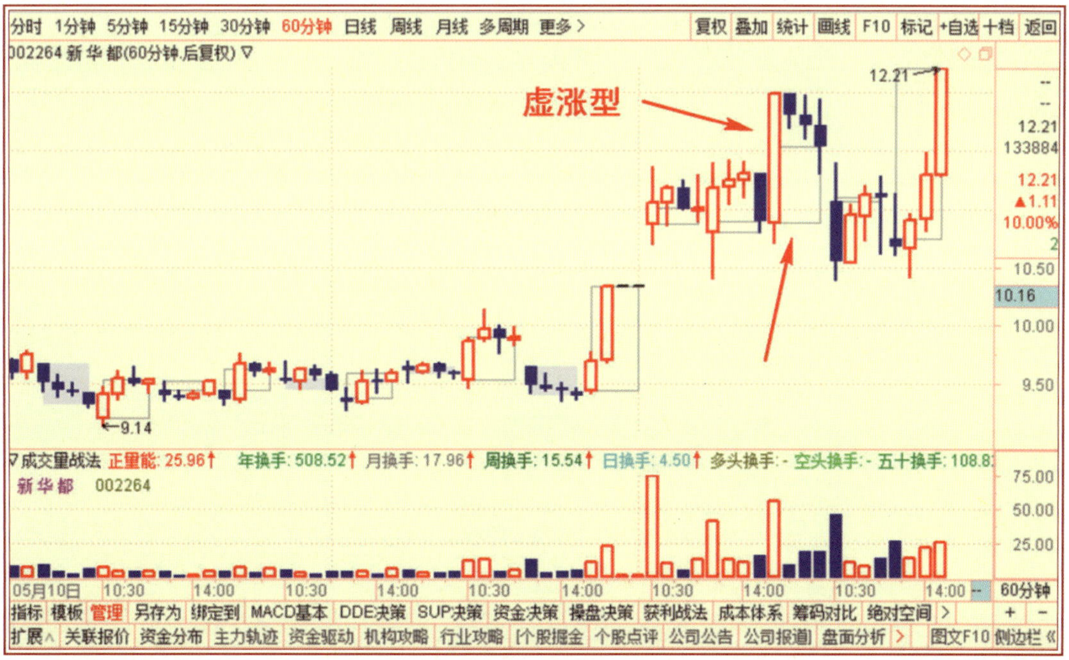

图111　虚涨型K线结构组合

五、大阳K线的内部量能结构特征

大阳K线的内部量能结构要从三个方面进行分析，具体如下：

（1）即时系统。盘中即时交易出现持续性密集型大单或特大单成交。在每一波攻击性拉升时，量峰呈现纵向和横向放大的特征。如图112所示。

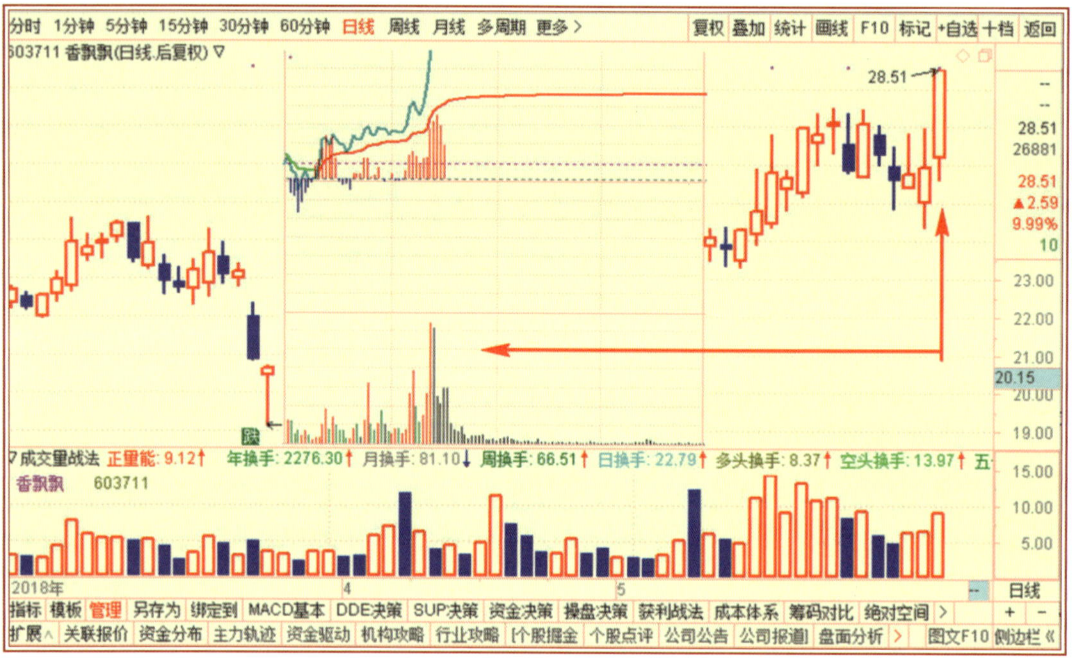

图112 健康的大阳K线即时系统

（2）分钟系统。60分钟出现阳线放量、阴线缩量特征。30分钟出现持续阳线放量、阴线调整缩量特征。15分钟出现波段阳线放量、小波段调整缩量特征。如图113所示。

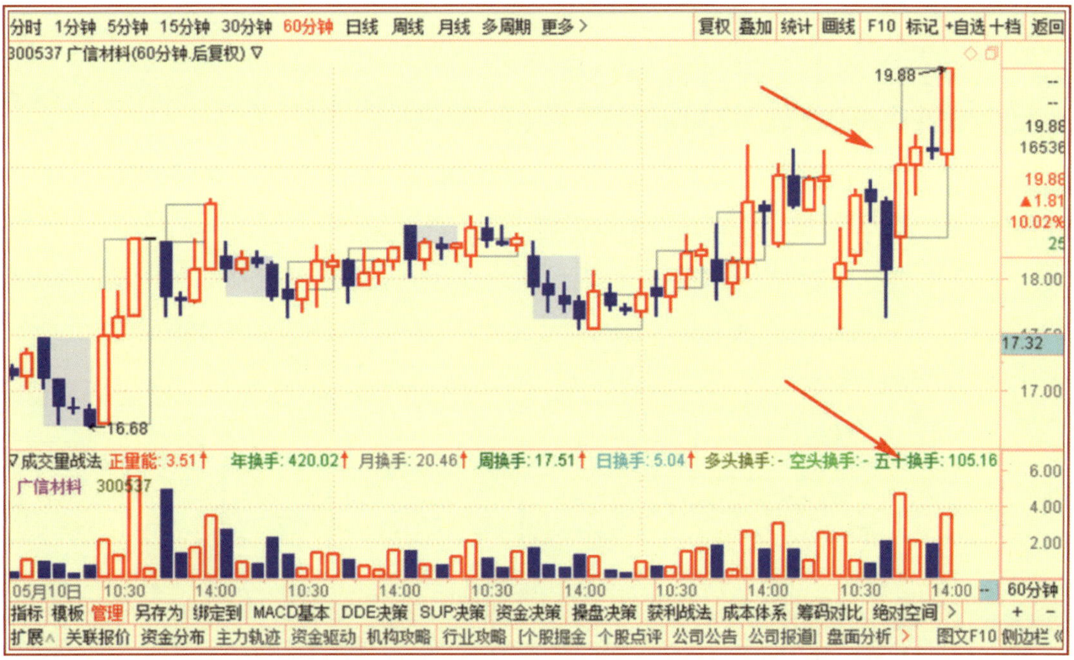

图113 建仓的大阳K线分钟系统

（3）日线系统。换手率超过5%，量比超过1.5倍甚至3倍。成交量指标出现大量柱的特征，量能均线开始向上发生金叉。如图114所示。

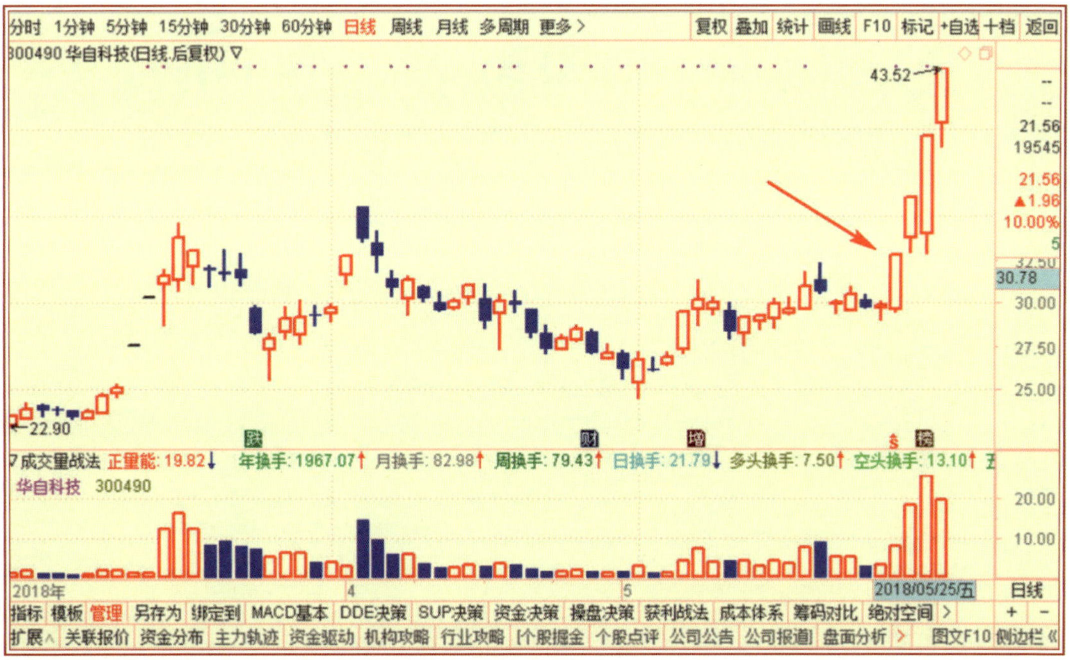

图114 健康的大阳K线日线系统

六、大阳K线与主力操盘行为分析

大阳K线是最经典的主力操盘特征，因此，所有的大阳K线均是由主力资金在盘中积极操纵股价所形成的结果。大阳K线充分体现了主力在一个阶段的操盘意图。我们可以根据股价的阶段趋势，来研判主力的操盘行为，具体如下：

（1）股价从底部向上突破性上涨时。主力已经完成前期的建仓动作，以大阳K线向上突破，是主力意图通过快速拉升脱离其建仓成本区的信号，如图115所示。

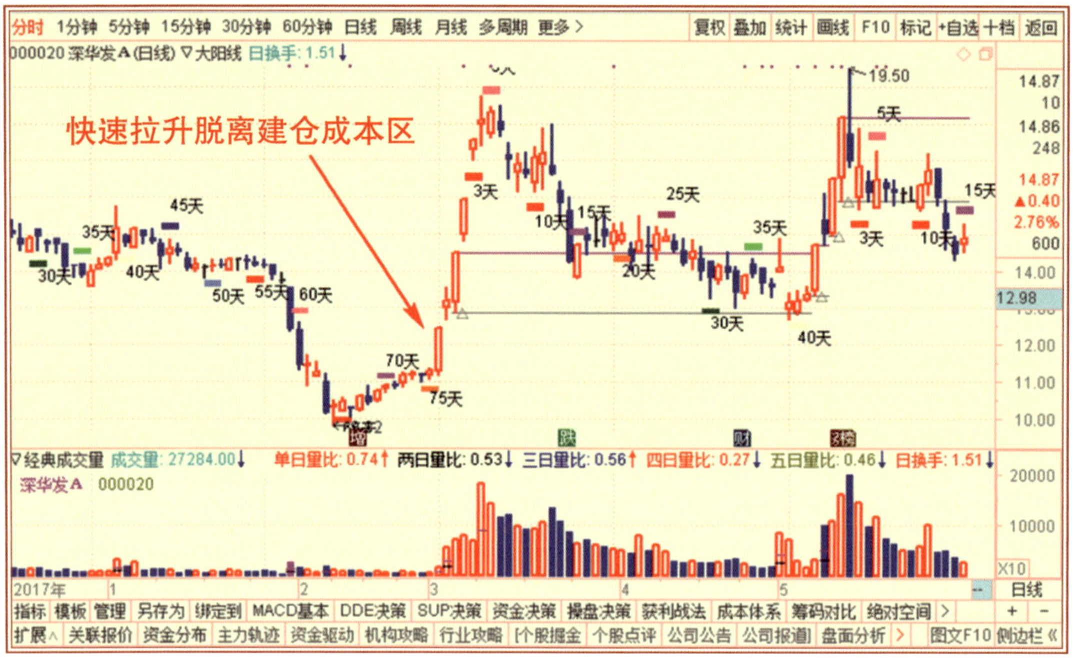

图115　快速拉升脱离建仓成本区

（2）股价在波段性上涨趋势中。主力已经完全脱离底部建仓成本区，并且获得一定的持仓盈利，以大阳K线展开拉升，是主力意图加速拉升的重要标志，如图116所示。这时候需要注意的是股价随时可能见顶回落。

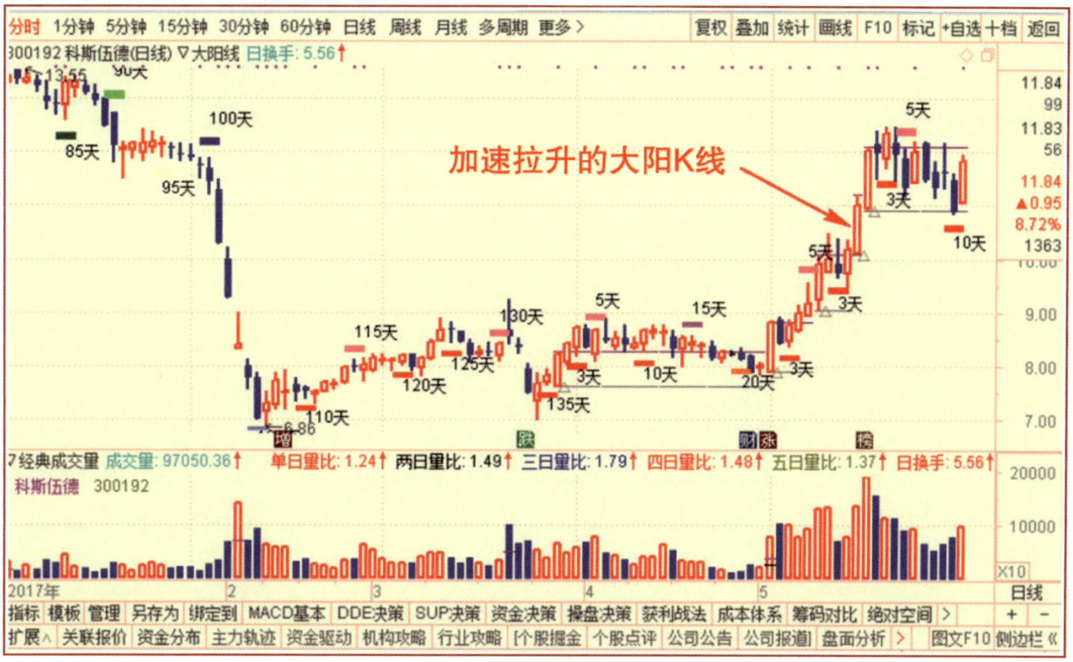

图116 加速拉升

（3）股价进入阶段性头部整理过程中。主力已经实现了波段盈利目标，并且已经通过盘头阶段的整理行情，持续进行滚动操盘。以大阳K线形态出现，是主力意图反复滚动操盘持续出货，进一步扩大盈利的重要特征。如图117所示。

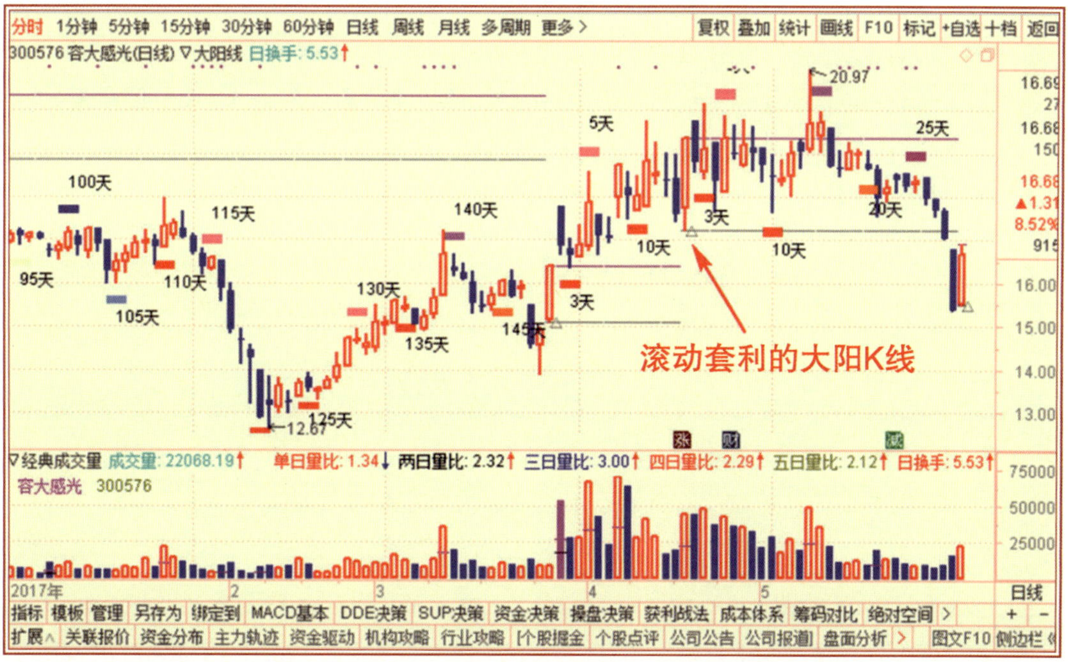

图117 滚动套利

（4）股价在下降过程中出现超跌反弹时。主力已经在下降初期完成出货，股价持续超跌时，以大阳K线形态出现，是主力再次利用少量资金进场推动股价反弹的短线行情，如图118所示。

图118　超跌反弹

（5）股价进入底部筑底整理过程中。主力开始试探性进场建仓，在底部交易低迷时期，以大阳K线形态出现，是主力意图拉高吸筹建仓或做短线套利性操盘的重要特征，如图119所示。

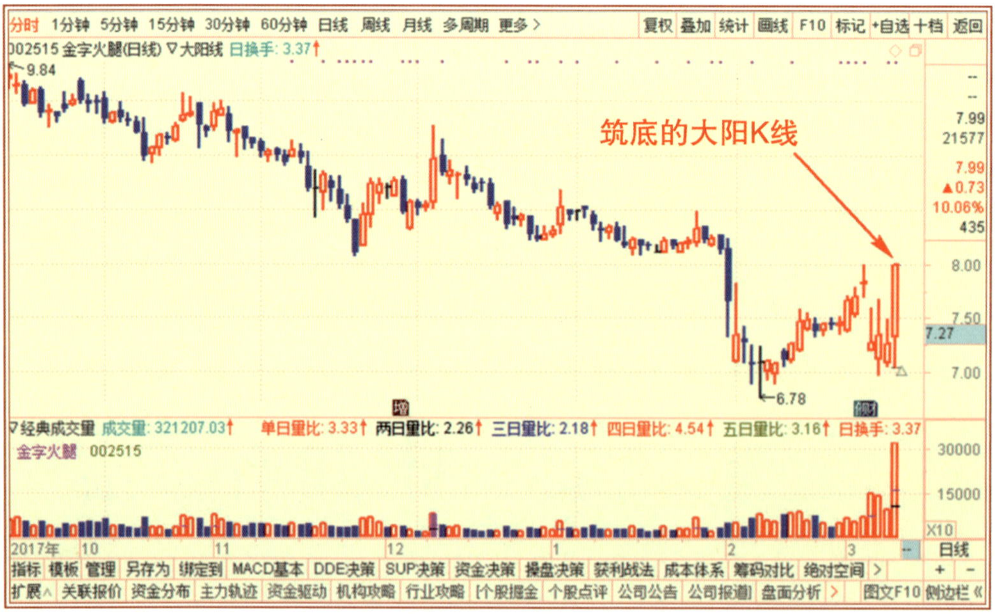

图119　筑底阶段

七、大阳K线对投资者的心理影响

与主力操盘行为分析一样，大阳K线同样会让中小投资者产生巨大的心理与情绪波动，反映在交易过程中，则会出现以下行为特征：

（1）股价从底部向上突破性上涨时。中小投资者通常以观望的心态为主，相当一部分解套者会在盘中果断做出卖出的动作，而小部分投资者会在盘中产生跟风性买进行为。

（2）股价在波段性上涨趋势中。中小投资者通常以妒忌、冲动、失望的心态为主，相当一部分投资者会在盘中果断做出卖出的动作，而小部分投资者会继续在盘中产生跟风性买进行为。

（3）股价进入阶段性头部整理过程中。中小投资者通常以期盼、希望、乐观的心态为主，相当一部分投资者会在盘中继续做出买进加仓的动作，而小部分投资者会开始选择在盘中观望或卖出。

（4）股价在下降过程中出现超跌反弹时。中小投资者通常以期盼、幻想、沮丧的心态为主，相当一部分投资者会选择继续套牢持仓，而小部分投资者会继续在盘中产生跟风性买进行为。

（5）股价进入底部筑底整理过程中。中小投资者通常以绝望、沮丧、恐惧的心态为主，相当一部分投资者会在盘中果断做出卖出的动作，而小部分投资者则会继续在盘中产生跟风性买进行为。

八、大阳K线对未来股价趋势方向的影响

大阳K线是一种非常强势的股价上涨特征，因而，对股价在当天及未来趋势的牵引力和促动性极强。通常情况下，会影响股价趋势的进一步发展。所以，我们也可以说，大阳K线即股价趋势的风向标。

（1）当大阳K线出现在股价从底部向上突破性上涨时，股价后续将继续以波段性上涨趋势出现，如图120所示。

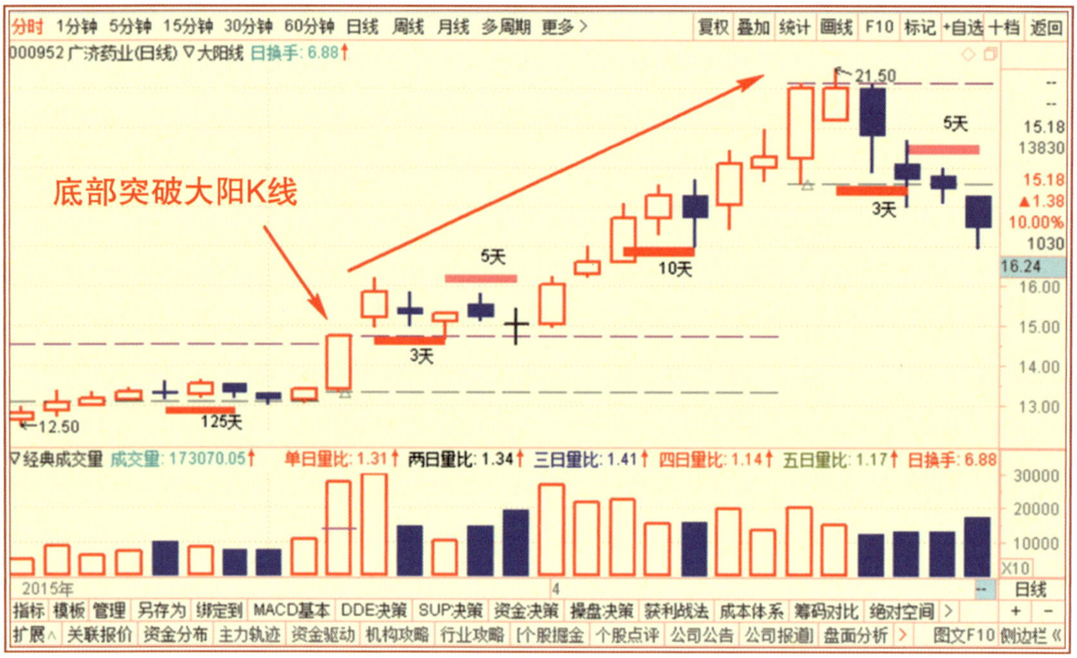

图120　底部突破

（2）当大阳K线出现在股价波段性上涨趋势中时，股价后续将继续以加速拉升趋势出现，如图121所示。

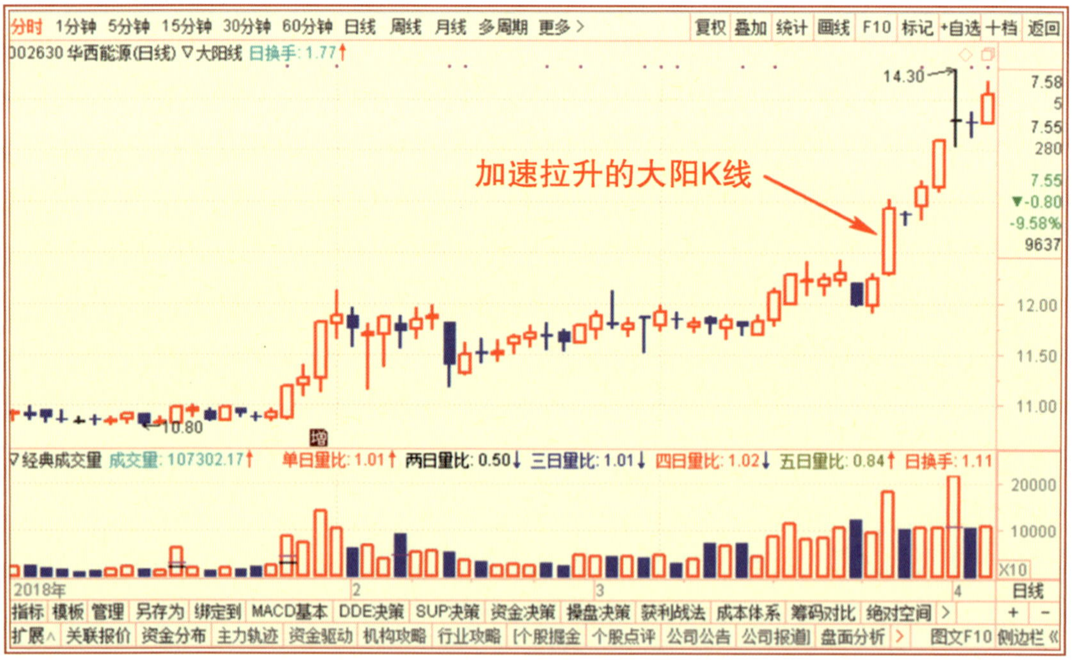

图121　加速拉升的大阳K线

（3）当大阳K线出现在股价进入阶段性头部整理过程中时，股价后续将继续反复以头部整理趋势出现，如量能配合较好，则有再创新高的可能，如图122所示。

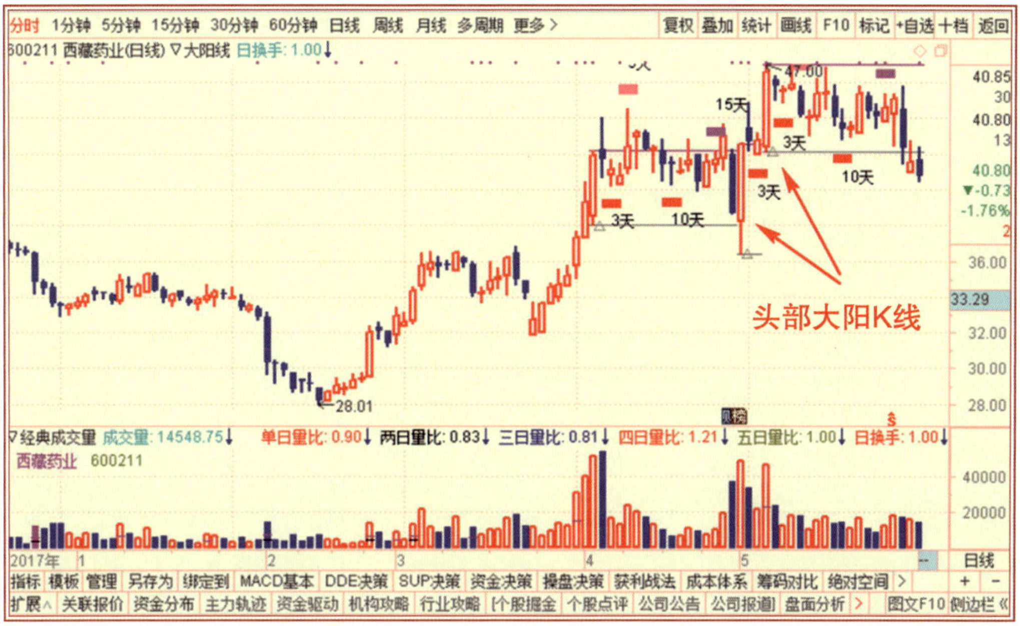

图122 头部整理

（4）当大阳K线出现在股价下降过程中的超跌反弹时，股价后续短线冲高后将继续维持下跌趋势，如图123所示。

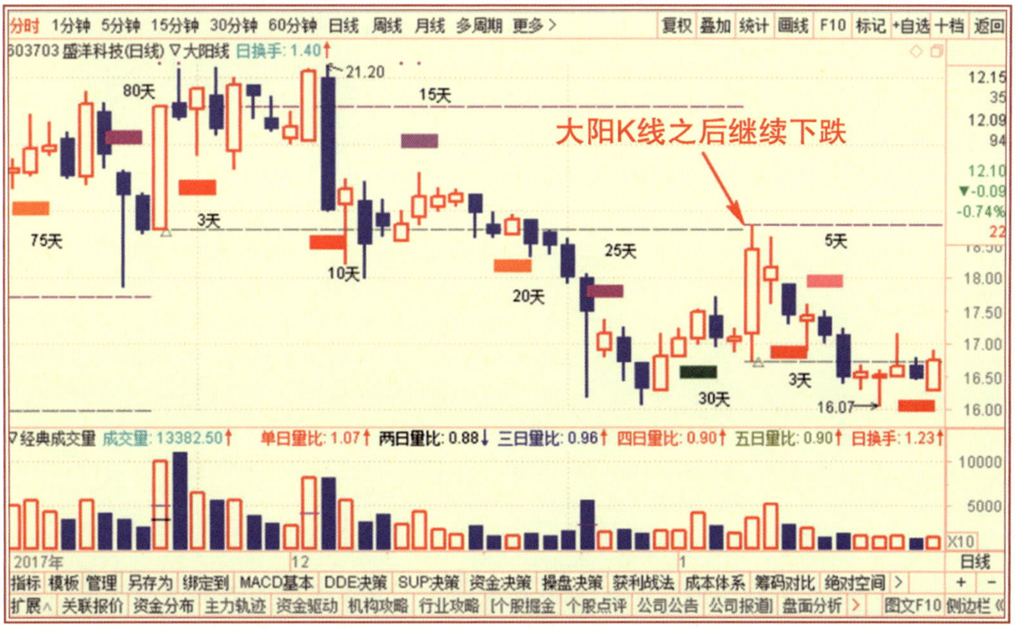

图123 下跌趋势

（5）当大阳K线出现在股价进入底部筑底整理过程中时，股价后续将继续展开反复震荡整理或出现小波段短线上涨行情，如图124所示。

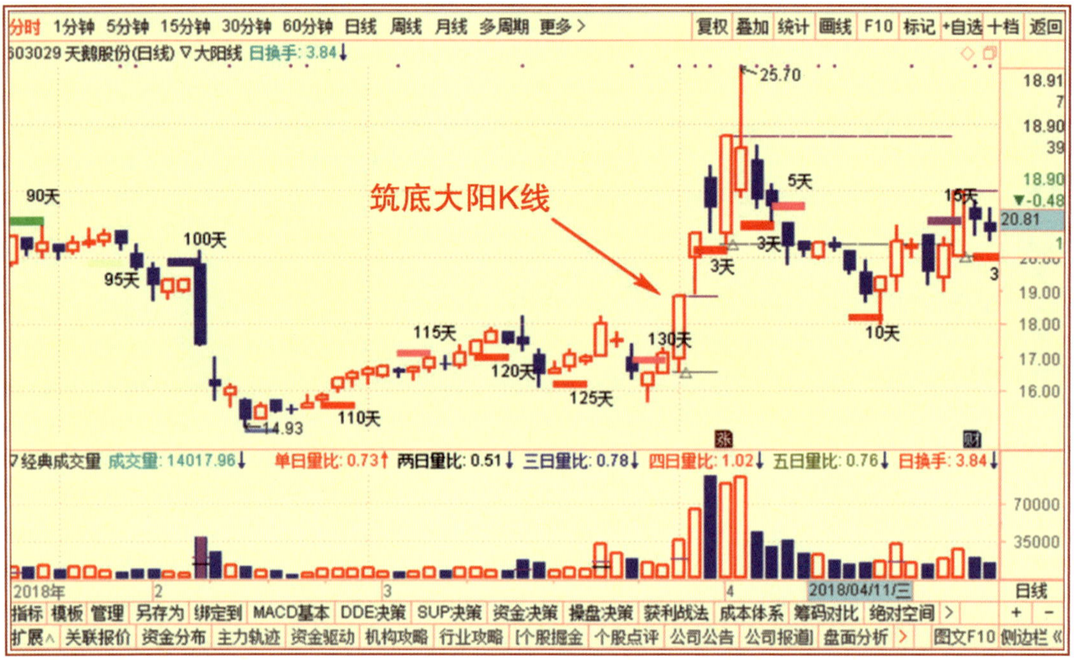

图124　筑底大阳K线

操盘笔记

第二节
SECTION 2

大阳K线的做盘力度

一、大阳K线的力度构成特点

大阳K线的出现是主力强势操盘的结果，也是股价由弱转强的重要标志。在临盘实战过程中，我们可以通过一些力度参照系数来判断大阳K线当天的拉升力度，这些力度参照系数也可以成为后市股价趋势强弱的判断依据。

根据多年的股市实战统计分析，我们总结出大阳K线的力度结构由以下几个参照系数组成。

（1）盘中量峰。盘中量峰是股价在盘中交易过程中密集成交的量能结构，在《操盘学：主力行为揭秘（上册）》一书中已经有非常详尽的介绍。

（2）换手率。换手率是指股价在当天交易过程中的成交现量与总股本之间的交易比率。换手率越大，表示成交越活跃。

（3）攻击波。攻击波是指在当天盘中即时交易过程中的股价走势波形特征。当天攻击波流畅明显，则说明当天属于积极的主动性攻击。

（4）当日涨幅。涨幅是指股价在当天收盘时的最终涨升幅度。当天涨幅超过7%，表示股价已经形成明确的强势特征。涨幅越大越好。

（5）当日振幅。振幅是指股价在当天盘中交易过程中的波动幅度。当天振幅超过10%，表示股价多空争夺激烈，振幅越大，表示盘中交易越激烈，对股价趋势的影响力就越强。

（6）量柱。量柱是指股价日K线图表中的成交量指标图。当天的成交量柱越大，表示当天的交易量越大。

（7）多笔大单成交。多笔大单成交是指股价在当天交易过程中出现持续性密集型大单或特大单成交。大单或特大单成交越活跃，说明当天盘中投入的资金量越大。

二、大阳K线与量峰的对应关系

大阳K线的内部即时交易必须要有标准的攻击型量峰。在《操盘学：主力行为揭秘（上册）》一书中，我们已经详细学习了攻击型量峰。如果大阳K线当日的量峰结构由攻击型量峰构成，那么力度强大；如果大阳K线当日的量峰结构由冲击型量峰构成，那么力度较小；如果当日的量峰结构由萎缩型量峰构成，则力度虚弱。如图125、图126所示。

图125　大阳K线与冲击型量峰

图126　大阳K线与攻击型量峰

三、大阳K线与换手率的对应关系

换手率反映的是股价交易双方更新的系数。换手率大，说明同时有大量的投资者在盘中进行买卖交易。而当天以大阳K线所形成的大换手率收盘，说明买进一方的投资者占上风，因而趋势发展对多方有利。所以，大阳K线必须要配合较大的换手率。而换手率超过5%，则是一个较直接的表现方式。如图127所示。

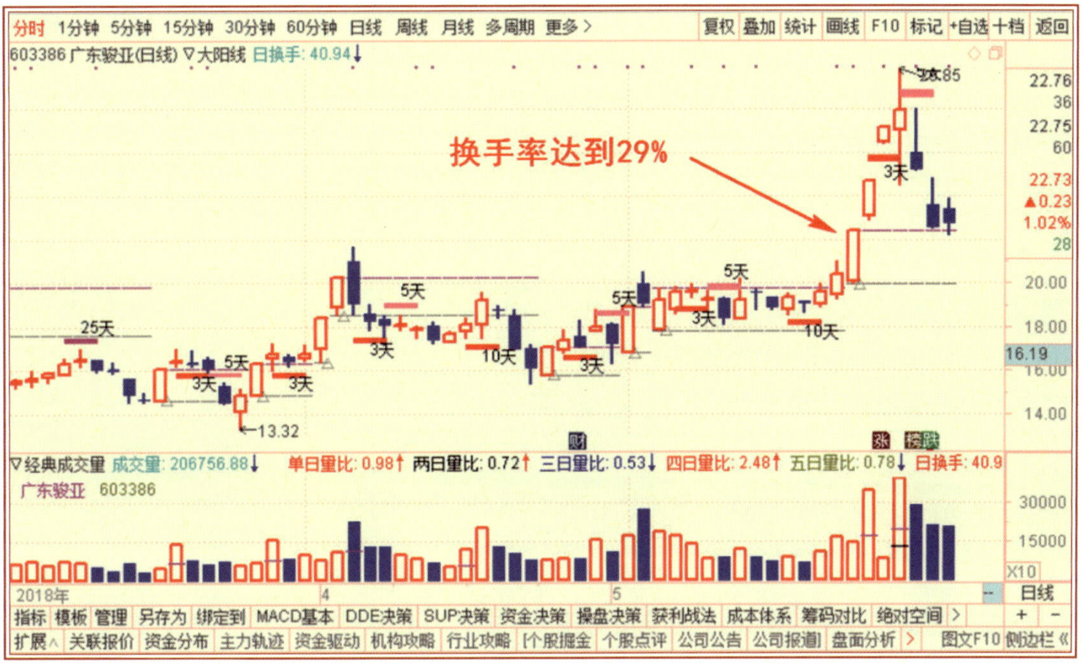

图127 大阳K线与换手率

四、大阳K线与攻击波的对应关系

大阳K线的内部即时股价走势必须要形成标准的攻击波。在《操盘学：主力行为揭秘（上册）》一书中，我们已经详细学习了攻击波。如果大阳K线当日的即时波形结构由攻击波构成，那么力度强大。如果大阳K线当日的波形结构由冲击波构成，那么力度一般。如果大阳K线当日的波形结构由脉冲波构成，则力度也较一般，甚至虚弱。如图128所示。

图128　大阳K线与攻击波

五、大阳K线与当日涨幅的对应关系

大阳K线的当日涨幅必须足够大，才能引发股价较强的牵引力和促动力。涨幅不大，则力度弱，无法有效地激发股价上涨的欲望，也较难改变股价的运行趋势。大阳K线当日收盘时的涨幅超过7%，表明当天股价走势力度极强。大阳K线当日收盘时的涨幅仅为5%左右，则表明当天股价走势力度一般。如图129所示。

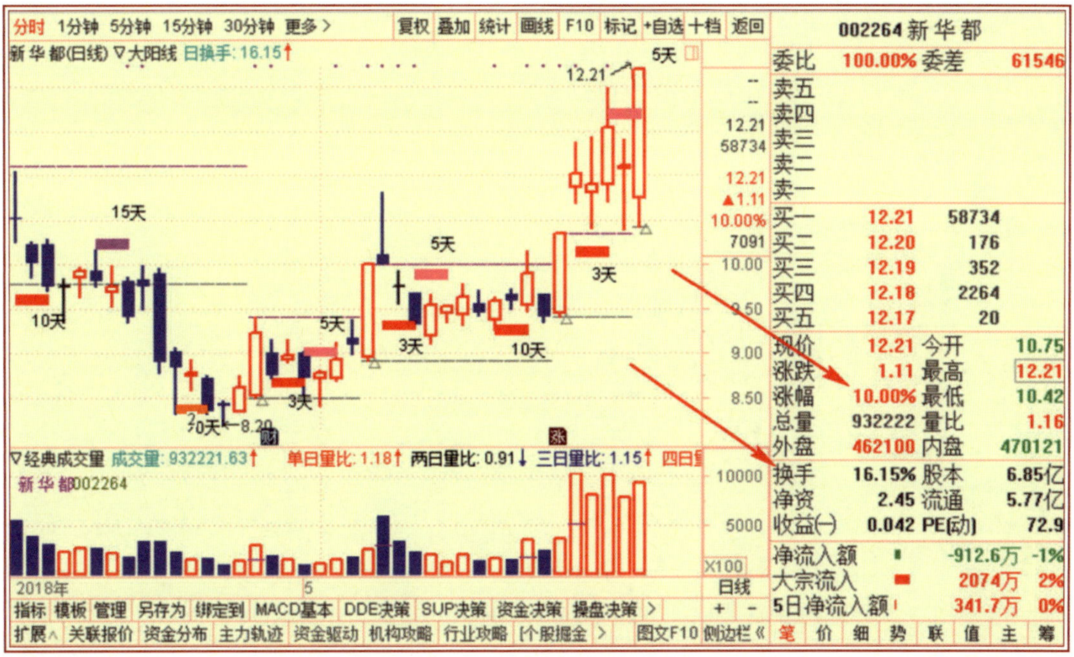

图129 大阳K线与当日涨幅

六、大阳K线与当日振幅的对应关系

大阳K线的当日振幅也必须要足够大。振幅大，表示股价多空争夺激烈。振幅越大，表示盘中交易越激烈，对股价趋势的影响力就越强。盘中振幅不大，则力度弱，无法有效地激发股价上涨的欲望，也较难改变股价的运行趋势。大阳K线当日交易过程中的振幅超过10%，表明当天股价走势力度极强。大阳K线当日交易过程中的振幅低于10%，但盘中高开直接攻击涨停，也表明当天股价走势力度极强。如图130所示。

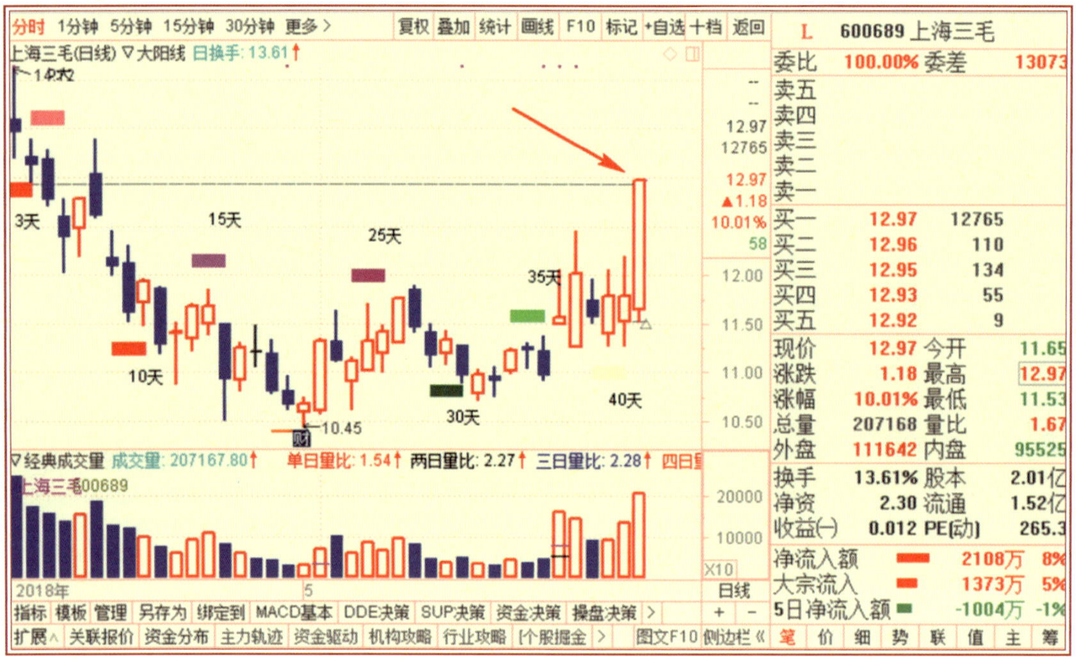

图130　大阳K线与当日振幅

七、大阳K线与巨型量柱的对应关系

反映在当天日K线图表中的成交量指标是比较直观的力度指标。当天的成交量柱越大，说明当天交易过程中的成交现量越大，同时也表明成交十分活跃；若当天的成交量柱是最近几个月或几周以来最大的成交量，则表明当天大阳K线力度十分强劲。如图131所示。

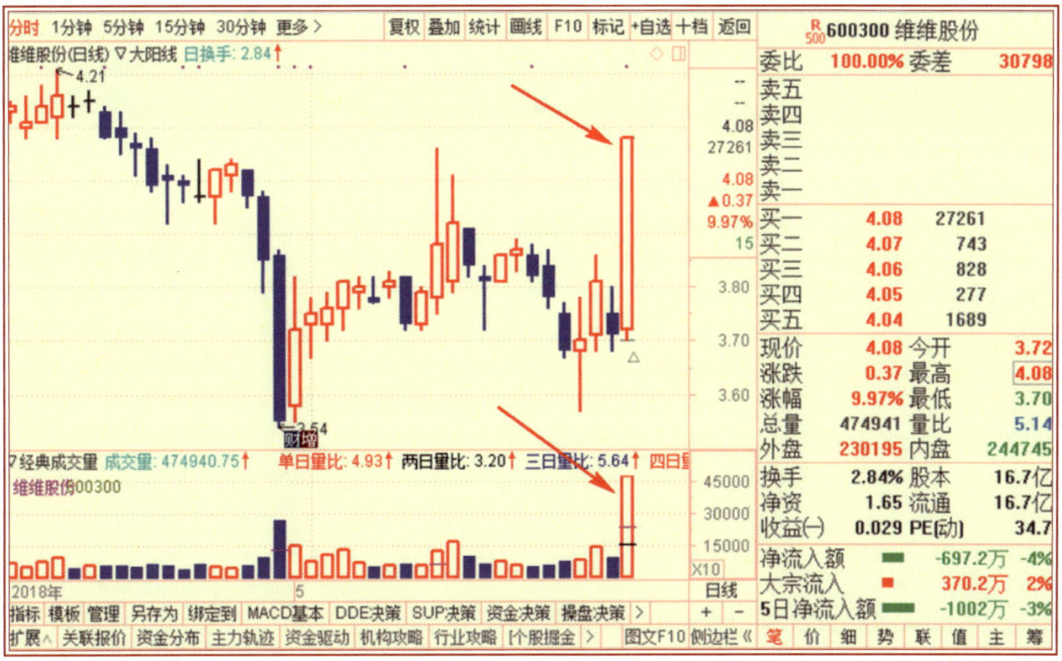

图131　大阳K线与巨型量柱

八、大阳K线与当日多笔大单成交的对应关系

大阳K线的内部即时交易过程中必须要由持续性密集型大单或特大单成交现量构成。在《操盘学：主力行为揭秘（上册）》一书中，我们已经详细学习了多笔大单成交。大阳K线当日的即时交易如果由持续性密集型多笔大单所构成，说明力度强大。如果大阳K线当日的即时交易仅仅由单笔大单或数笔大单所构成，则力度一般，甚至虚弱。在临盘实战过程中，应该综合性多方位、多角度地灵活运用。如上所述，若当天大阳K线满足参照系数的所有标准值，那么股价当天上涨的力度十分强大，将对短线或中线趋势形成极大的牵引力和促动力，从而彻底改变股价趋势的运行方向。如图132所示。

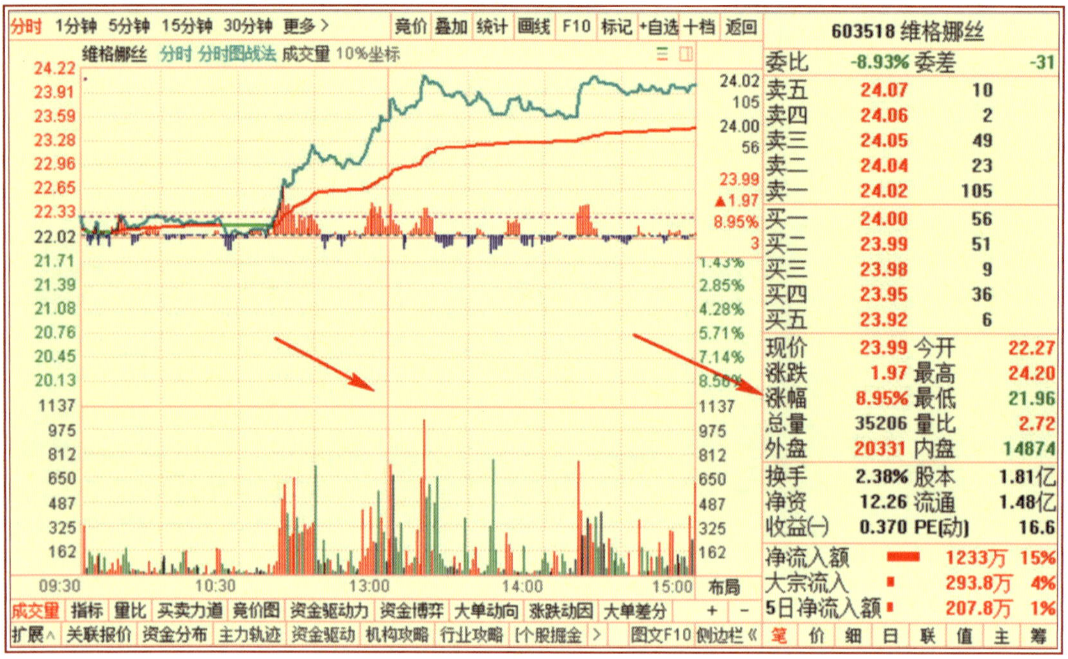

图132 大阳K线与当日多笔大单成交

操盘笔记

第三节

SECTION 3

大阳K线买进技术法则

一、激进型买进法则

（1）盘中买进。

符合盘中买进的技术特征：

A. 当日股价在早盘第二时间段之后涨幅超过5%。

B. 上涨过程中出现标准的攻击波。

C. 即时交易过程中出现标准的攻击型量峰。

D. 盘中大单或特大单持续性密集型成交。

E. 股价在回调时，没有击穿均价线。

盘中买进技巧：

A. 当攻击波出现第二波和第三波回调时，可在均价线附近买进。

B. 当攻击波出现第四波回调时，可在均价线附近买进。

盘中买进技术限制：

A. 日K线处在股价下降通道中，必须停止买进。

B. 日K线处在初次超跌反弹中，必须停止买进。

盘中买进技术注释：

A. 当日盘中股价第二时间段之后涨幅超过5%，估计当日收盘时的涨幅有可能超过7%，因而可以买进。当日买进风险不大。

B. 当日盘中股价符合买进的技术特征，说明股价上涨力度较大，结构健康，因而可以买进。当日买进风险相对较小。

C. 在股价回调至均价线附近时买进，买进的价位相对较低。

如图133、图134、图135、图136所示。

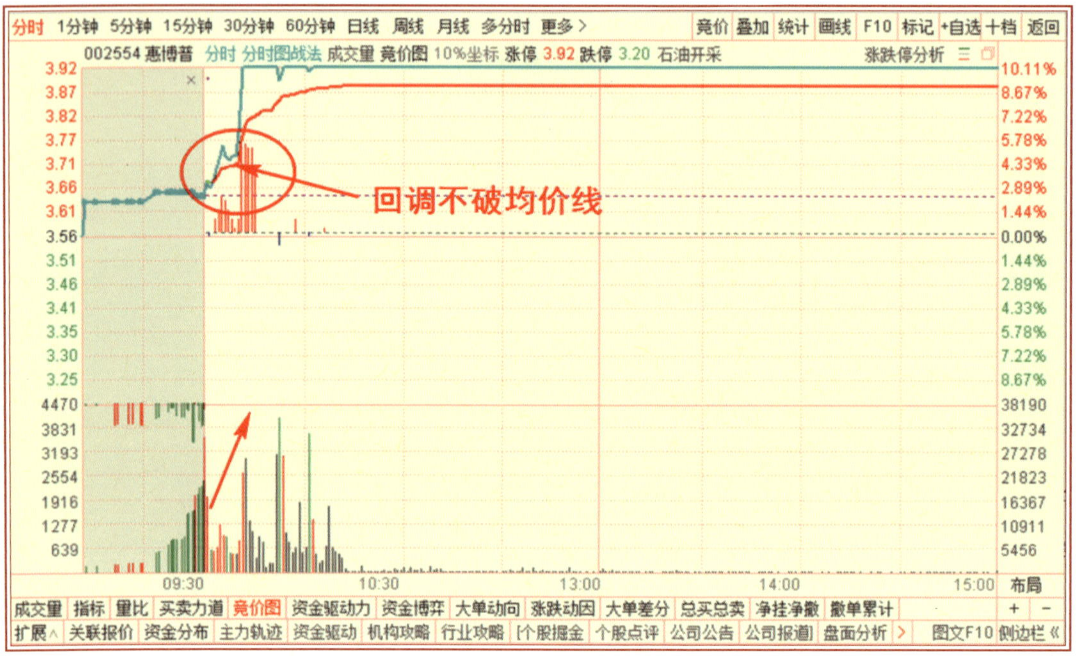

图133　盘中买入法则分时图

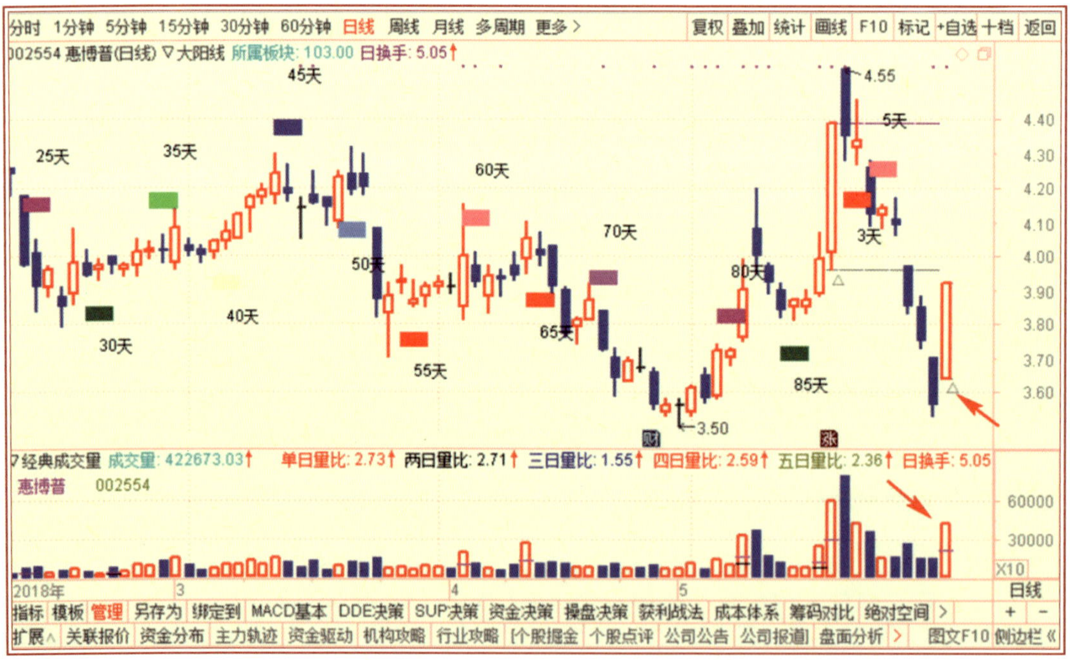

图134　盘中买入法则日线图

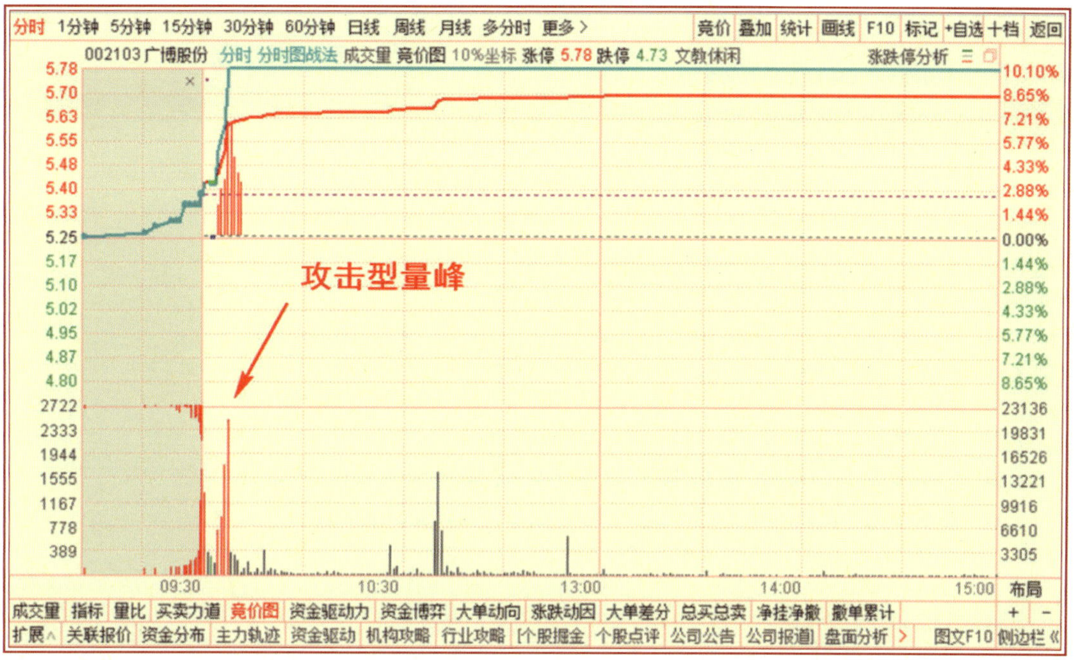

图135　盘中买入法则观望分时图

图136　盘中买入法则观望日线图

（2）尾盘买进。

符合尾盘买进的技术特征：

A. 当日股价在盘中第五时间段之后涨幅超过7%。

B. 上涨过程中出现标准的攻击波。

C. 即时交易过程中出现标准的攻击型量峰。

D. 盘中大单或特大单持续性密集型成交。

E. 股价在回调时，没有击穿均价线。

尾盘买进技巧：

A. 当攻击波出现第二波回调时，可在均价线附近买进。

B. 当攻击波出现第三波回调时，可在均价线附近买进。

尾盘买进技术限制：

A. 日K线处在股价下降通道中，必须停止买进。

B. 日K线处在初次超跌反弹中，必须停止买进。

尾盘买进技术注释：

A. 当日尾盘股价第五时间段之后涨幅超过7%，估计当日收盘时会以标准大阳K线报收，因而可以买进。当日买进风险不大。

B. 当日尾盘股价符合买进的技术特征，说明股价上涨力度较大，结构健康，因而可以买进。当日买进持仓风险相对较小。

C. 在尾盘股价回调至均价线附近时买进，买进的价位相对较低。

如图137、图138、图139、图140所示。

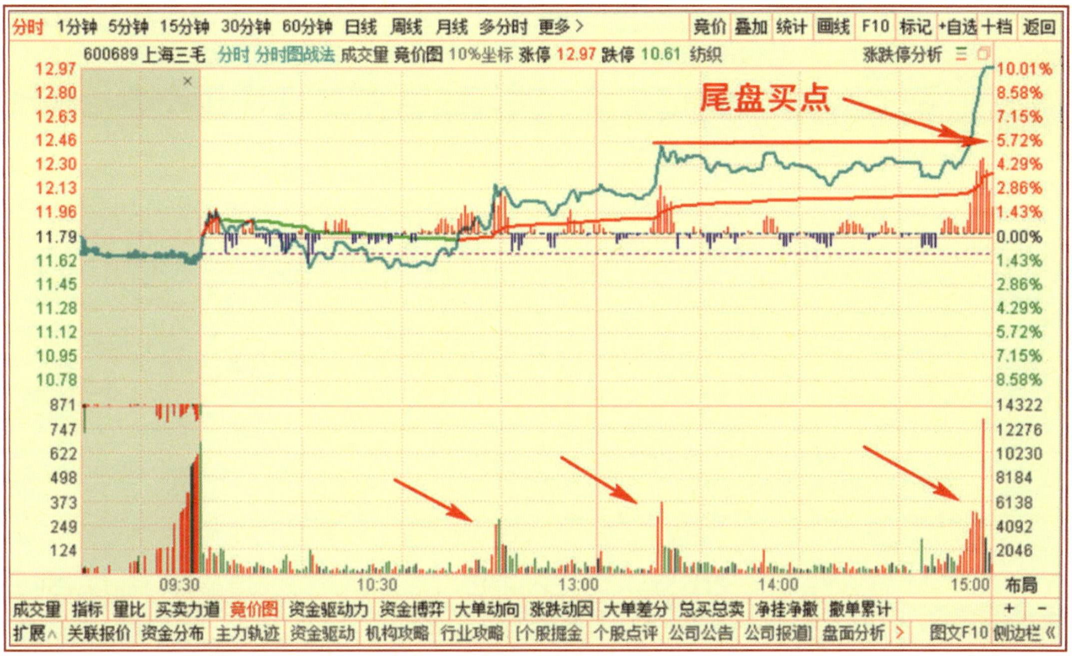

图137 尾盘买入法则分时图

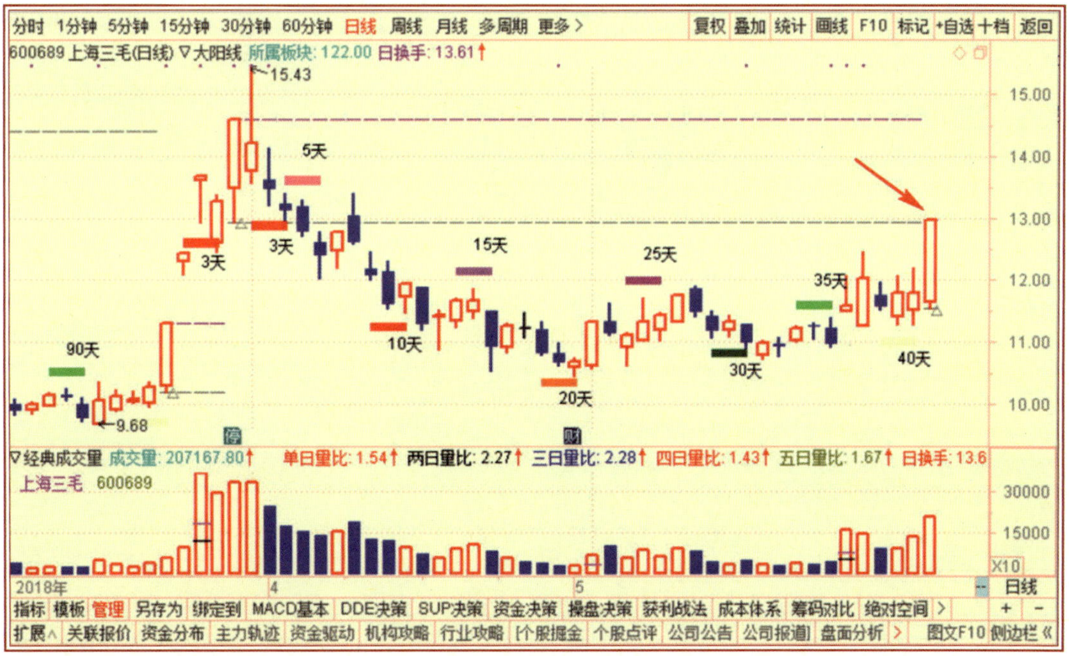

图138 尾盘买入法则日线图

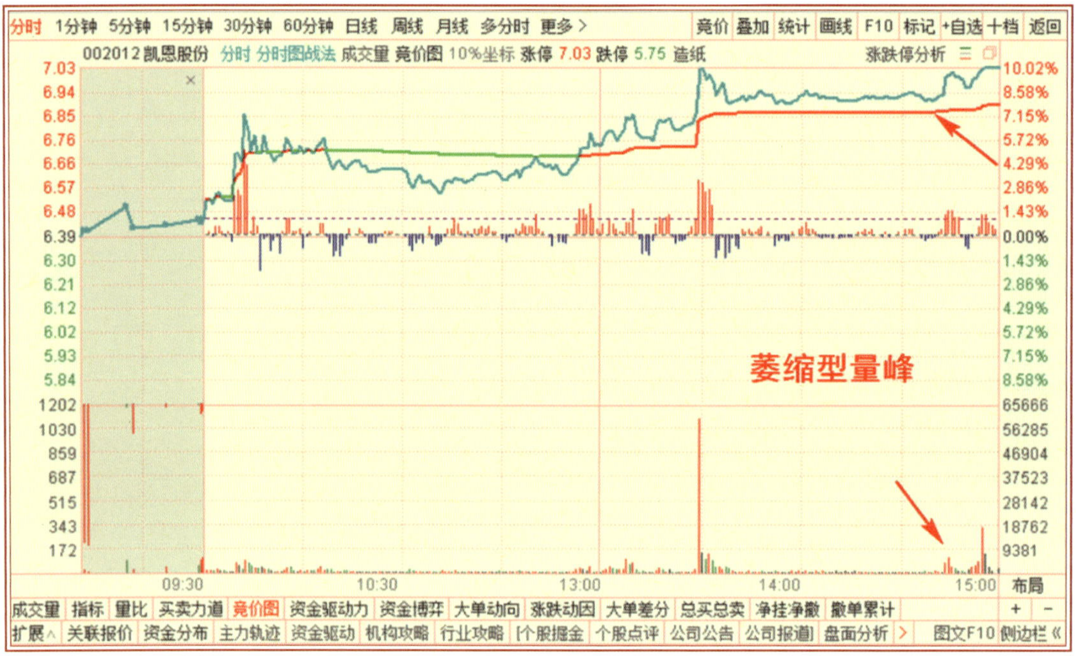

图139　尾盘买入法则观望分时图

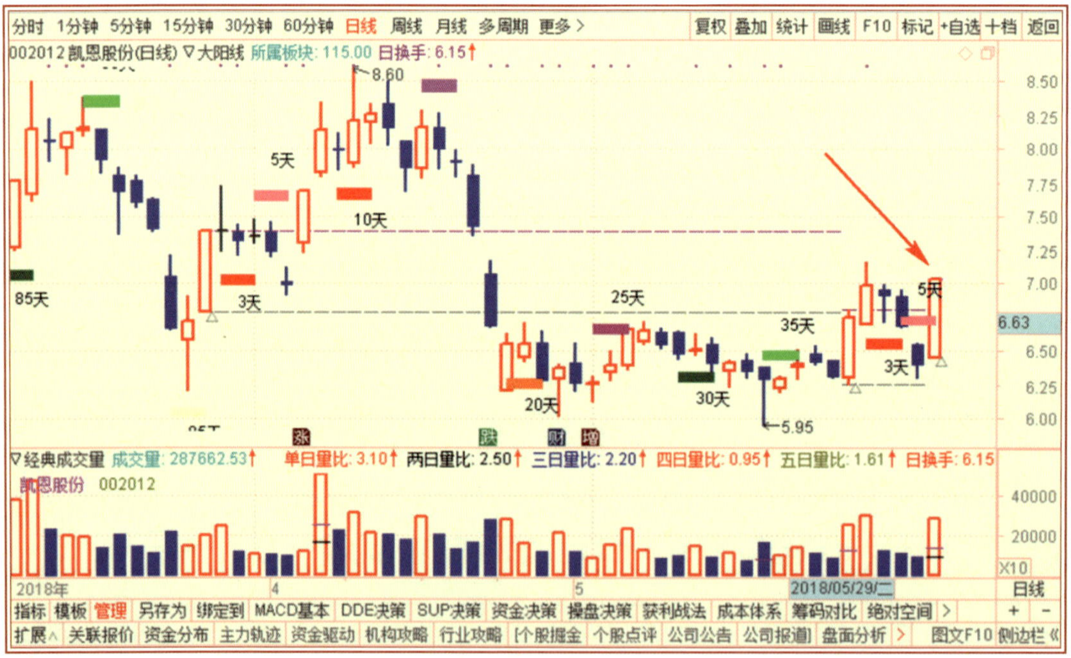

图140　尾盘买入法则观望日线图

二、激进法则的加码、补仓与止损策略

（1）日K线加码策略（见图141）。

A. 见阴线加码。

股价在向上继续攻击过程中，于某天出现回调收阴特征。如当天成交量大幅萎缩，说明仅仅是回调洗盘，临盘可在收盘时实施加码。

B. 成本线加码。

股价在向上继续攻击过程中，当股价远离成本线时，盘中会出现回档调整现象。可等待股价回档至成本线时实施加码。

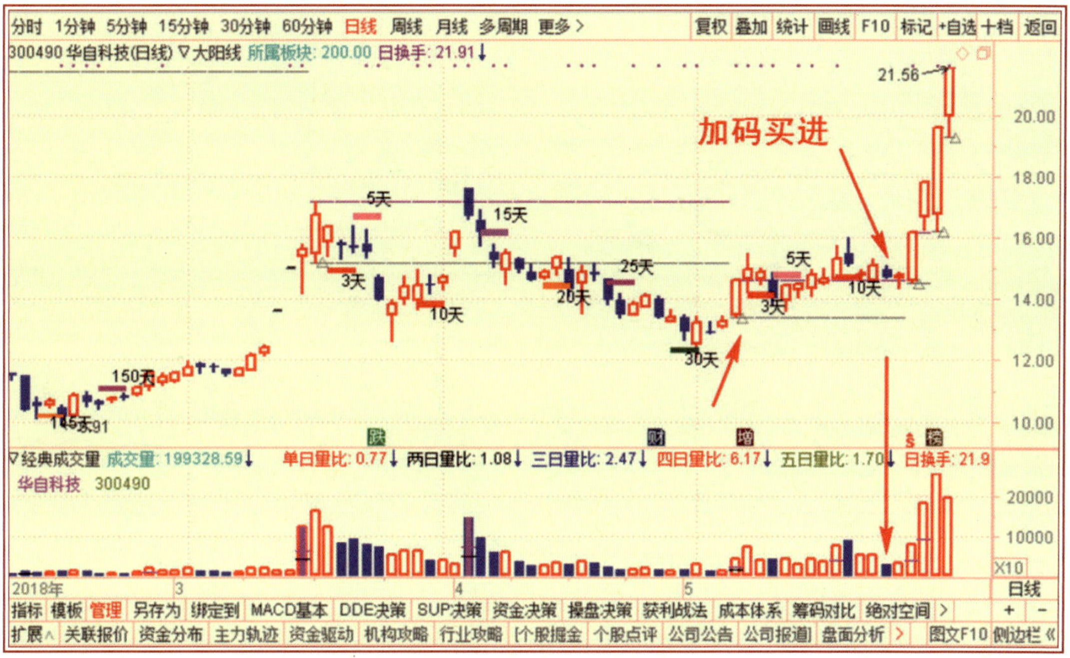

图141 日K线加码策略

（2）分时线加码策略（见图142）。

A. 一级加码。

股价短期内实施爆发性攻击，当股价远离60分钟的成本线时，盘中会出现回档调整现象。可等待股价回档至成本线时实施一级加码。

B. 二级加码。

股价经过一个小波段拉升之后，尤其是当股价远离成本1号线时，盘中会出现回调洗盘现象。可等待股价回调至成本1号线时实施二级加码。

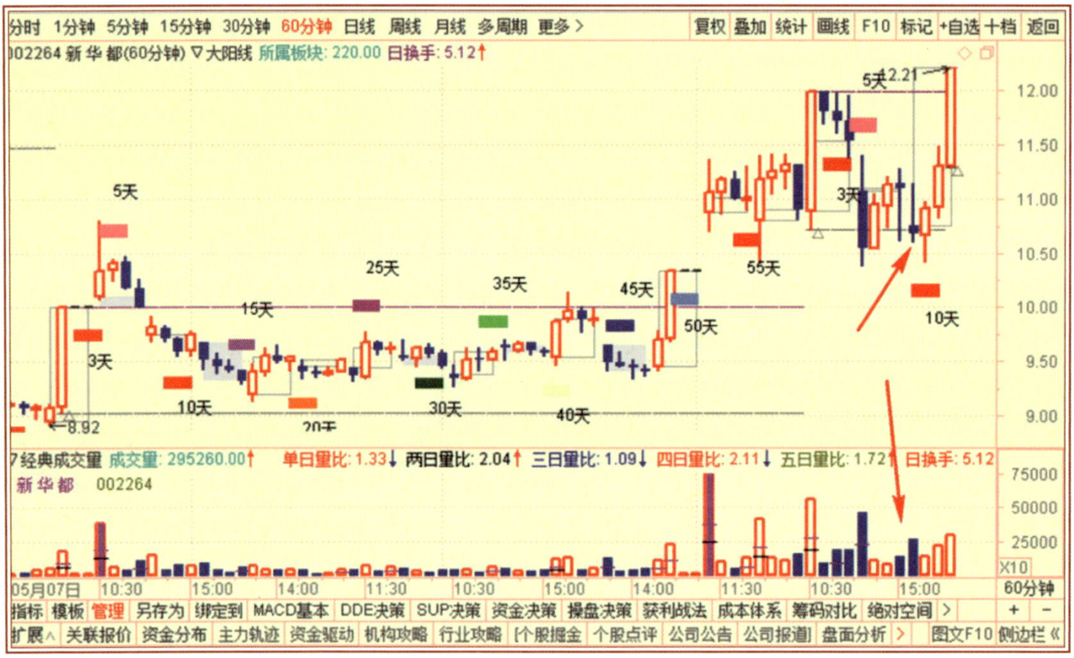

图142　分时线加码策略

（3）补仓与止损策略。

A. 大阳K线开盘价补仓。

大阳K线当日买进之后，如次日股价展开下跌，导致昨日持仓套牢，可待股价下跌至大阳K线开盘价区域时实施补仓。如股价仅仅是短线洗盘，则不会击穿大阳K线开盘价而迅速展开盘升。如图143所示。

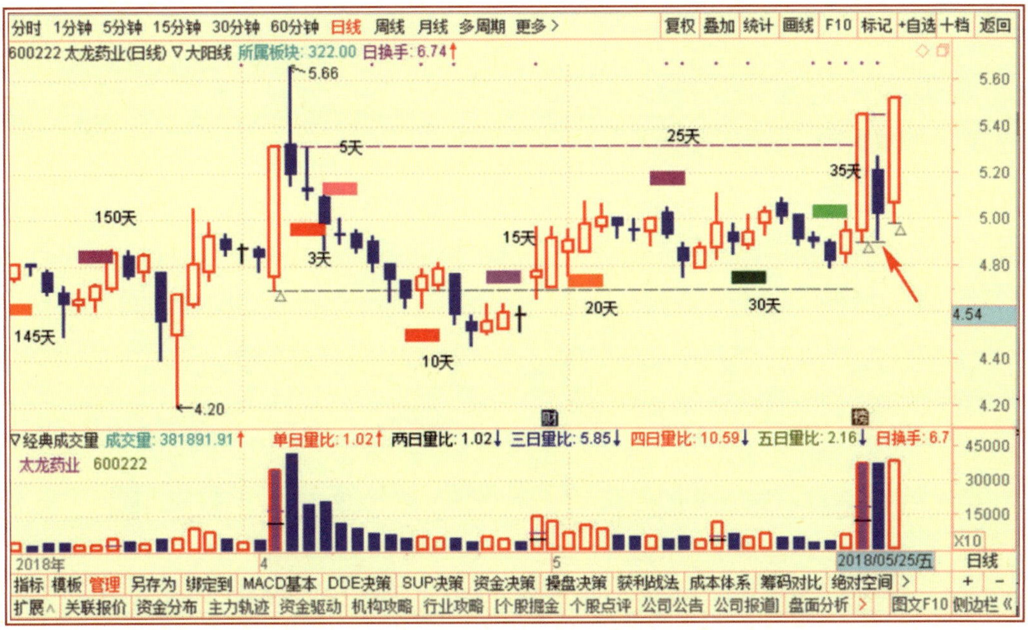

图143 大阳K线开盘价补仓策略

B. 大阳K线止损。

大阳K线当日买进之后，如次日股价展开下跌，导致昨日持仓套牢，可待股价下跌至大阳K线开盘价区域和大阳K线最低价区域时，临盘密切观察这两个区域的支撑力度。如股价在这两个区域展开反弹，说明支撑有效，股价下跌仅仅是洗盘诱空而已。如盘中放量击穿这两个区域并在收盘时仍在此价格之下，说明股价还将下跌，临盘在收盘前应坚决实施止损。如图144所示。

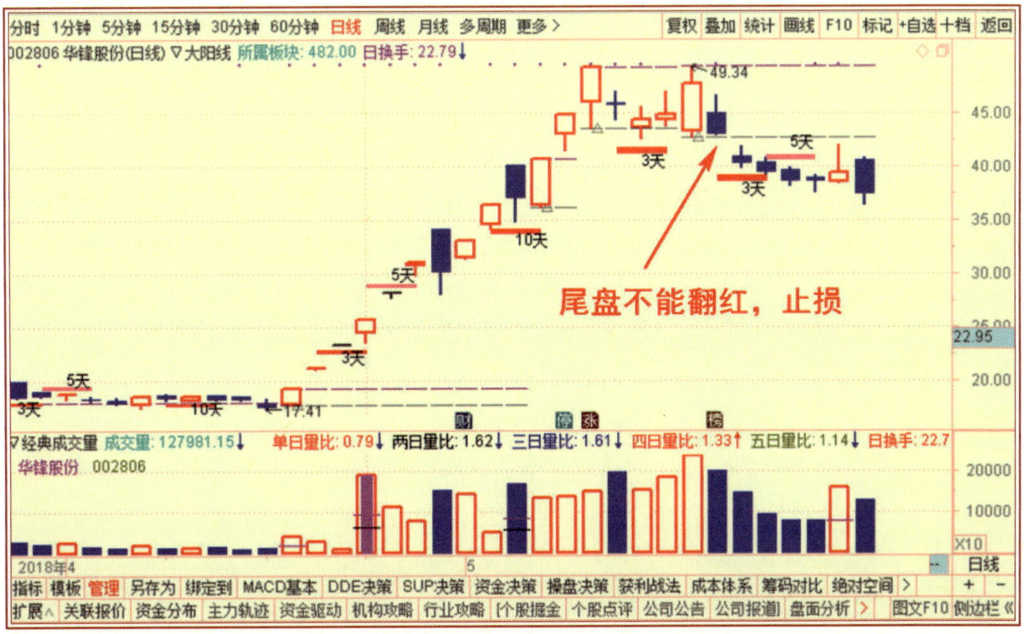

图144 大阳K线止损策略（1）

三、稳健型买进法则

（1）大阳K线上方第三天买进。

大阳K线形成之后，为防止股价在次日出现变盘现象，可以等待股价走稳时再考虑买进。临盘观察股价如连续两天收盘于大阳K线收盘价之上，则应在第三天开盘时以集合竞价买入。如图145所示。

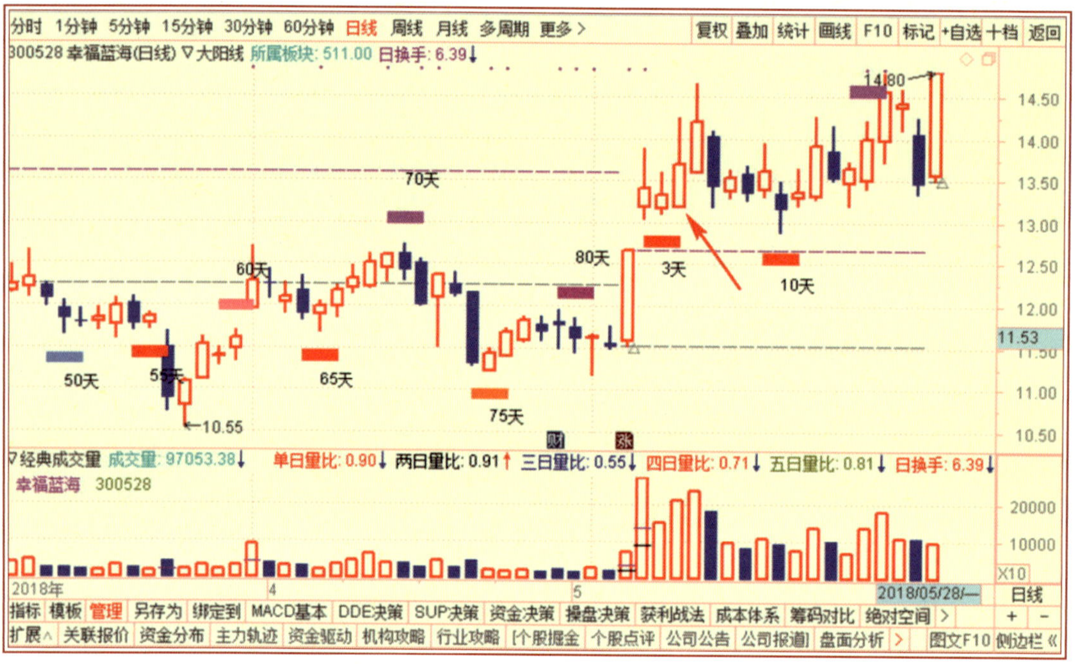

图145　大阳K线上方第三天买进法则

（2）大阳K线上方回调第三天买进。

大阳K线形成之后，往往会带来一轮小波段的上涨行情。但这轮上涨行情大多数情况下属于主力发动行情的初级阶段，必然会在小幅上涨三天或五天之后展开回调洗盘。因此，可在观察到股价已经形成明确上升通道的情况下，临盘于股价回调的第三天在盘中遇低点买进，这样容易把握住股价的主升段行情。如图146所示。

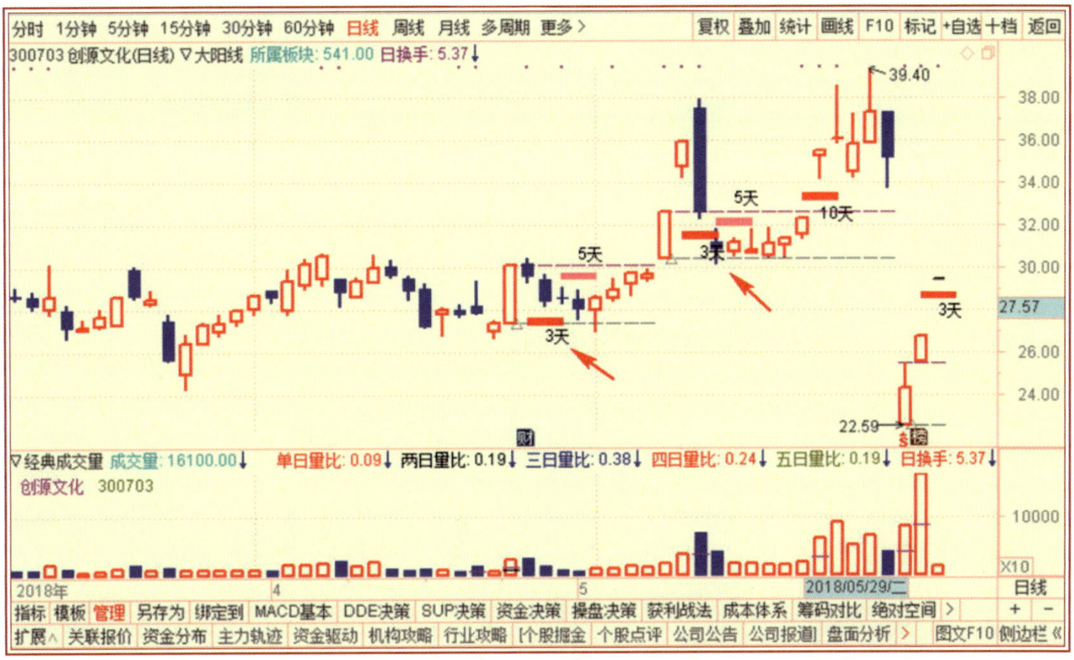

图146　大阳K线上方回调第三天买进法则

四、稳健法则的加码、补仓与止损策略

（1）日K线加码策略。

A. 阴线加码。

股价在向上继续攻击的过程中，通常会于上涨的第四天或第五天出现回调收阴特征。如果当天成交量大幅萎缩，说明仅仅是回调洗盘，临盘可在收盘时实施加码。如图147所示。

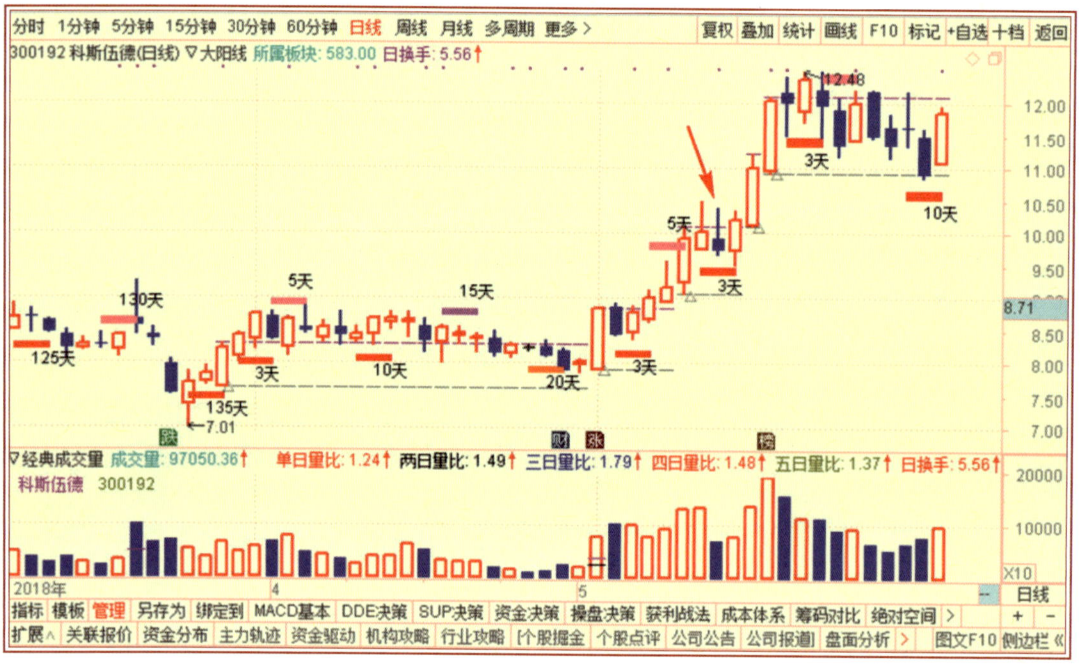

图147 阴线加码

B. 成本线加码。

股价在向上继续攻击过程中，当涨幅超过20%并远离成本线时，主力会实施较大力度的洗盘动作。可等待股价回调至成本线时实施加码。如图148所示。

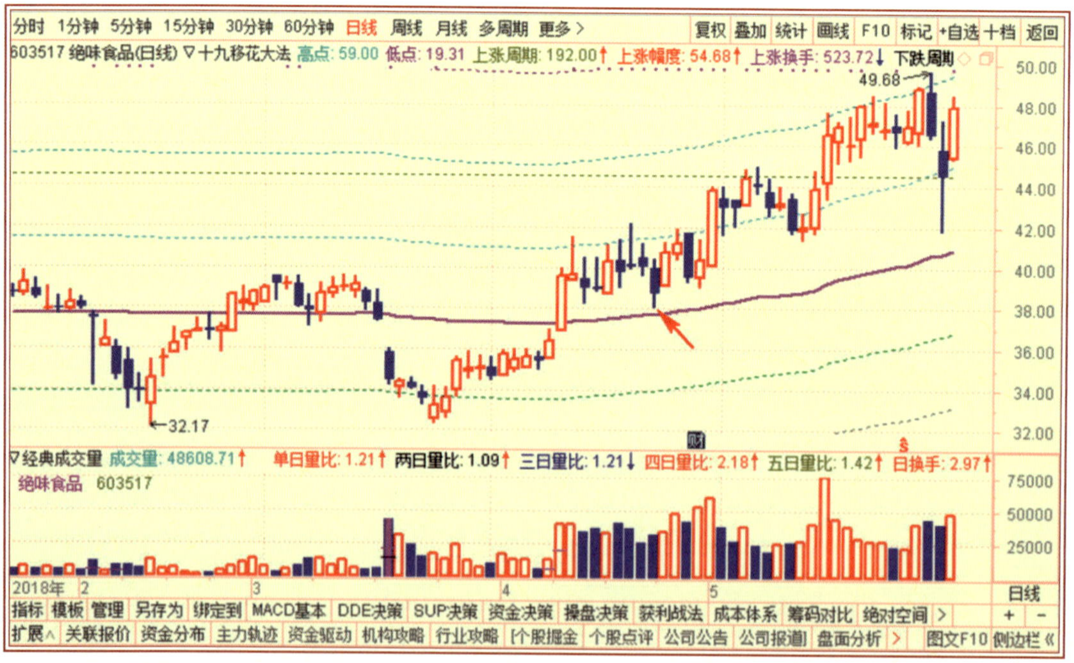

图148 成本线加码

（2）补仓与止损策略。

A. 大阳K线开盘价补仓。

大阳K线出现第三天买进之后，如次日股价展开下跌，导致昨日持仓套牢，可待股价下跌至大阳K线开盘价区域时实施补仓。如股价仅仅是短线洗盘，就不会击穿大阳K线开盘价而迅速展开盘升。如图149所示。

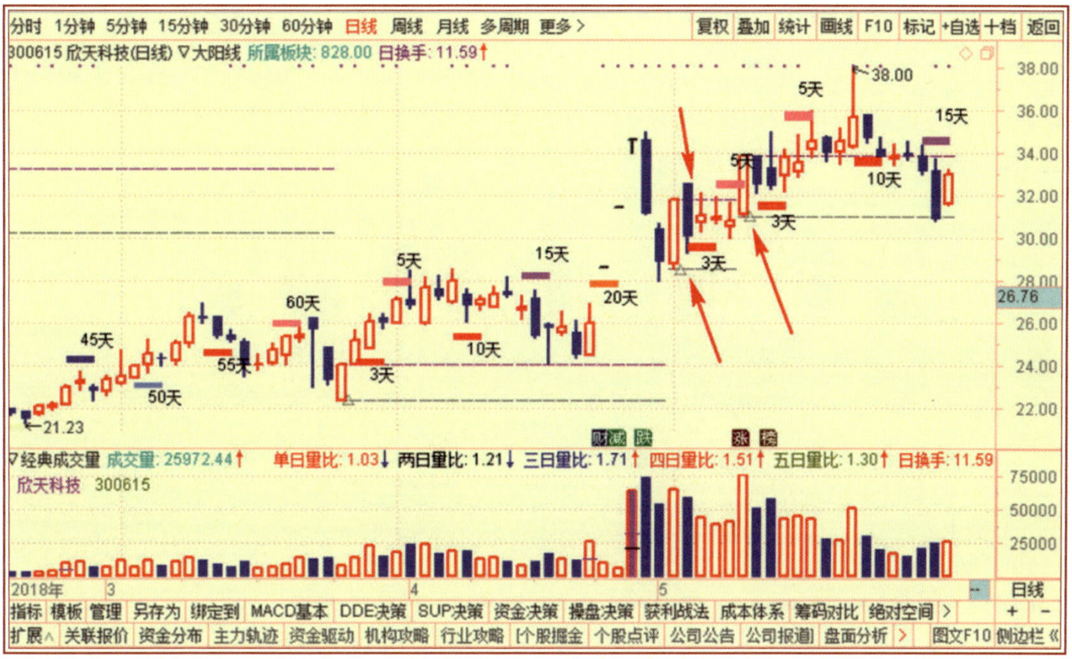

图149 开盘价补仓

B. 成本线止损。

大阳K线买进策略实施之后，如次日股价展开下跌，导致昨日持仓套牢，可待股价下跌至成本线价格区域时，临盘密切观察成本线的支撑力度。在一轮波段行情中，成本线具有强大的支撑。如盘中放量击穿成本线并收盘在此支撑之下，说明股价还将下跌，临盘应实施止损。若在成本线以上，可补仓或加码买进持仓。如当日收盘击穿成本线，则说明股价还将下跌，当日操盘策略失误，临盘应在次日实施止损。如图150所示。

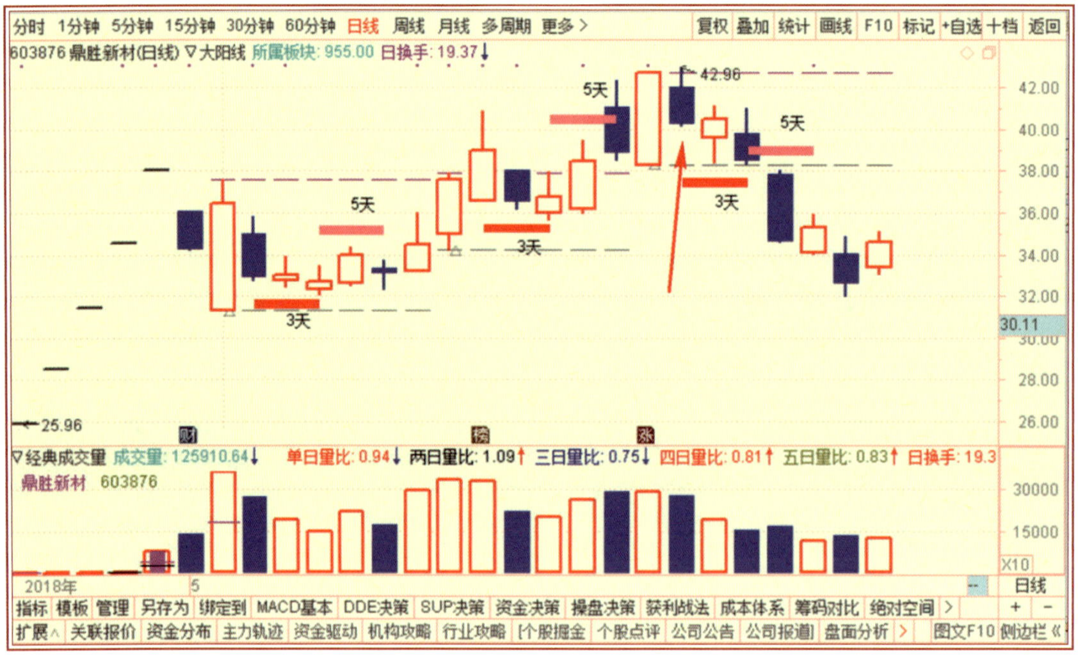

图150 大阳K线止损策略（2）

操盘笔记

第四节

SECTION 4

大阳K线操作法的误区与风险

一、真假大阳K线的识别

前面我们学习了大阳K线的构成标准和基本概念、大阳K线的力度构成特点，但是，在临盘实战过程中，我们经常会碰到以下两种情况产生的大阳K线。

第一种情况：早盘股价在第一时间段前20分钟内以一波或两波攻击方式涨升至7%以上，全天维持在高位窄幅整理，并保持至收盘时，以大阳K线报收。

第二种情况：尾盘股价在第六时间段收市前10分钟内以一波或两波攻击方式快速拉升至7%以上，并以大阳K线报收。

真假大阳K线，可以根据大阳K线的内部结构特征进行区别。

标准大阳K线必须符合做盘的力度构成特点，而虚假大阳K线则不会具备标准的力度特点，这是辨别真假大阳K线的核心要点。

虚假大阳K线通常形成于尾盘，即在尾盘收市前10分钟甚至5分钟内出现快速拉升后形成，其结构特征如下：

（1）股价涨升速度快捷，通常会出现一波或两波拉升结构。

（2）股价即时成交仅有数笔大单或特大单。

（3）分时图表没有发现标准的量峰结构。

（4）60分钟K线图表仅为一根大阳K线。

因此，上述第二种情况所讲到的大阳K线即典型的虚假大阳K线。

虚假大阳K线在实战领域，仅仅可以作为股价异动特征来进行跟踪。其主要是主力在尾盘以大单对敲拉升所造成的结果。主力在尾盘对敲拉升一方面是故意“做价”来引起市场的注意，另一方面也有可能是在向其他主力发出操盘信号。无论如何，这种异动性涨升不能作为大阳K线系统交易的信号。

特别提醒：上述第二种情况所讲到的大阳K线还有一种可能性，即在尾盘收市前30分钟内通过快速攻击拉升至7%以上，并以大阳K线报收。当这种情况出现时，我们要仔细辨别其是否符合标准大阳K线的力度构成特点。

（1）尾盘第六时间段涨升时，盘中是否有持续性密集型大单或特大单成交？

（2）在分时图表中，成交量是否构成标准的量峰形态？

（3）当天整体换手率是否超过5%？

（4）当天振幅是否超过10%？

（5）当天收盘涨幅是否超过7%？

（6）分时系统K线结构是否出现大阳带巨量井喷特征？

对于上述第一种情况所讲的大阳K线特征，我们也要仔细辨别其是否符合标准大阳K线的力度构成特点。

（1）早盘第一时间段涨升时，盘中是否有持续性密集型大单或特大单成交？

（2）在分时图表中，成交量是否构成标准的量峰形态？

（3）当天换手率是否超过5%？

（4）当天振幅是否超过10%？

（5）当天涨幅是否超过7%？

（6）分时系统中的60分钟K线结构是否出现井喷型或盘升型特征？

二、大阳K线买入的止损位

（1）回调击穿大阳K线开盘价止损。

股价出现大阳K线后，一般情况下，主力不会轻易在洗盘过程中击穿大阳K线的开盘价。大多数情况下，股价回调不会超过大阳K线50%的水平位置。如低于这一位置，则股价趋势暂时转弱。即使击穿大阳K线50%的水平位置，也会迅速拉升收于此位置之上。因此，当股价在回调中击穿大阳K线的开盘价时，表示大阳K线的重要支撑位失守，临盘出局避险是上策。

（2）回调击穿大阳K线最低价止损。

当股价在回调中击穿大阳K线的最低价时，表示大阳K线最后的支撑位失守，临盘出局避险是上策。

（3）回调击穿大阳K线最低价两天内不拉升止损。

稳健的投资者可以在股价回调击穿大阳K线的最低价后，临盘仍观察股价在两天内的收盘变化。这种策略主要用于应对凶狠洗盘的主力。有些主力可能会以退为进，故意击穿大阳K线的最低价以达到恐吓跟风盘的目的。但如果股价击穿大阳K线的最低价后，在两天内不能展开拉升，就说明该股已经彻底丧失拉升动能，因此应及时止损出局。

三、大阳K线滞涨与主力操盘行为分析

大阳K线滞涨现象较易发生在股价筑底阶段、股价盘头阶段和股价下降通道中的反弹阶段。根据股价的阶段趋势特征，我们可以分析主力的操盘行为与基本意图。

（1）股价在底部筑底整理过程中。

临盘出现大阳K线滞涨，通常只是主力开始试探性进场，意图拉高吸筹建仓。因此，主力的主要目的并非真正展开一轮波段性上涨，后续股价趋势仍然以反复震荡整理为主。

（2）股价在阶段性头部整理过程中。

临盘出现大阳K线滞涨，通常只是主力为了完成波段盈利目标，在盘中持续进行滚动操盘。因此，主力的意图并非真正展开一轮波段性上涨，而仅仅在于通过反复滚动操盘，持续出货，进一步扩大盈利。

（3）股价在下降过程中。

临盘出现大阳K线滞涨，通常是由于主力已经在下降初期完成出货，股价持续超跌时，仅仅是主力再次利用小量资金进场推动股价反弹的短线行情。因此，当大阳K线滞涨时，就是短线反弹即将结束的重要特征。

四、大阳K线交易系统的风险规避原则

（1）准确判断大阳K线所处的阶段位置，规避系统风险。

大阳K线所处的阶段位置是否符合交易要求，是临盘做出操盘决策的前提条件。因此，在计划进入市场展开操作时，首先要准确判断大阳K线是否符合以下阶段特征：

A. 大阳K线在底部向上突破、波段上升趋势中具有巨大的中短线实战操作价值。

B. 在阶段性头部整理、底部筑底整理过程中，仅具备短线操作价值。

C. 在股价趋势下降过程中超跌反弹，其临盘操作的风险较大。

（2）准确把握三种分时K线组合，规避强弱风险。

由于大阳K线的出现，其内部60分钟K线系统的组合在很大程度上决定了大阳K线的强弱，因此在临盘操作过程中，我们可以按照以下结构特征进行精选：

A. 井喷型K线结构，操盘首选品种。

B. 盘升型K线结构，操盘次选或备选品种。

C. 虚涨型K线结构，操盘淘汰品种。

（3）认真辨别真假大阳K线，规避力度风险。

大阳K线有真假之分，因此，必须从力度构成特征上来加以辨别。完全符合力度构成特征的将是临盘操作的首选品种，临盘必须完全杜绝冲动买入虚假大阳K线。

（4）及时止损，降低资金风险。

及时止损的目的，是避免进一步资金风险，减少资金套牢的亏损。在止损动作完成之后，虽然账面暂时出现小量亏损，但实际上却增大了资金的利用率，增强了资金的盈利能力。而在接下来的正确操盘决策中，将会获得更大的回报。

在临盘操作过程中，我们通过严格的操盘程序，遵守严谨规范的操盘纪律，完全执行交易系统的操盘指令，灵活运用操盘技术，及时规避交易风险，必然就会获得丰厚的交易回报。

操盘笔记

第六章

成本决策体系精要

本章学习重点内容

一、认识各种成本，掌握成本线的构成特点

二、分析各种成本线的结构特征和相关标准

三、学习成本决策交易系统的买卖技术法则

四、掌握成本决策体系的滚动操盘技术法则

第一节

SECTION 1

成本决策体系的核心组件

成本决策体系的核心组件，由全息成本、市场成本和机构成本三个部分组成，它们分别代表不同的技术意义和市场意义。全息成本线、市场成本线和机构成本线，则是成本决策体系进行技术分析的核心工具。

一、全息成本的核心内涵

（1）全息成本的基本含义。所谓全息成本，是指市场所有参与者的总体平均成本，也就是所有的成交金额除以所有的成交手数得出来的价格。不管是机构的还是个人的，全部加在一起来计算，因此叫作“全息成本”。用公式表示如下：

全息成本:SUM(CLOSE*VOL,0)/SUM(VOL,0),LINETHICK2;

（2）全息成本线的主要作用。全息成本线表达了全市场的成本，它的主要作用是揭示了市场所有参与者的成本。当股价运行在全息成本线之上时，如果持筹成本价在全息成本线之下，那么就处于获利状态中。反之，则处于亏损状态中。只要查看全息成本线，就知道自己在市场的什么位置上。对于主力机构的操盘手而言，全息成本线的作用非常重要，它是了解市场大众持仓成本的核心工具，也是日常做盘的主要技术参数。如图151所示。

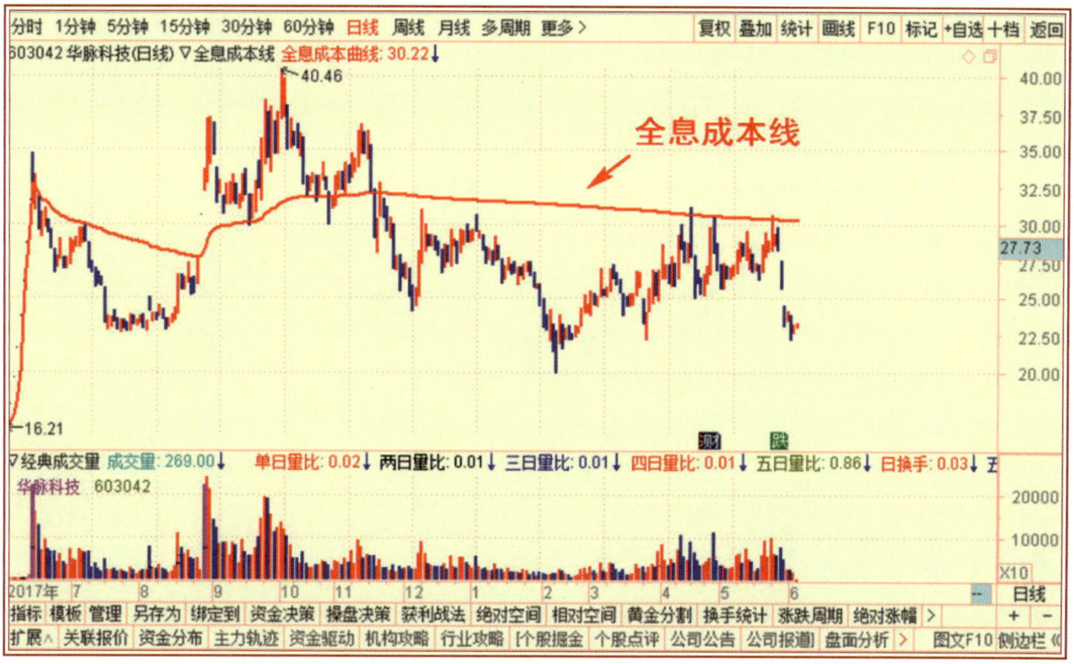

图151 全息成本线

二、市场成本的核心内涵

（1）市场成本的基本含义。所谓市场成本，是指市场活跃筹码日常交易产生的交易成本，是反映市场上活跃筹码持仓的成本结构，它和全息成本是截然不同的。

为了方便计算和使用，用公式表示如下：

市场成本:DMA(AMOUNT/(100*VOL),VOL/CAPITAL),LINETHICK2;

（2）市场成本线的主要作用。市场成本线表达了市场活跃筹码的成本，它的主要作用是揭示了市场活跃交易者的成本。当股价运行在市场成本线之上时，如果持筹成本价在市场成本线之下，那么就处于获利状态中。反之，则处于亏损状态中。只要查看市场成本线，就知道自己在市场活跃交易者中的什么位置上。对于主力机构的操盘手而言，市场成本线的作用非常重要，它是了解市场活跃交易者持仓成本的核心工具，也是日常做盘的主要技术参数。如图152所示。

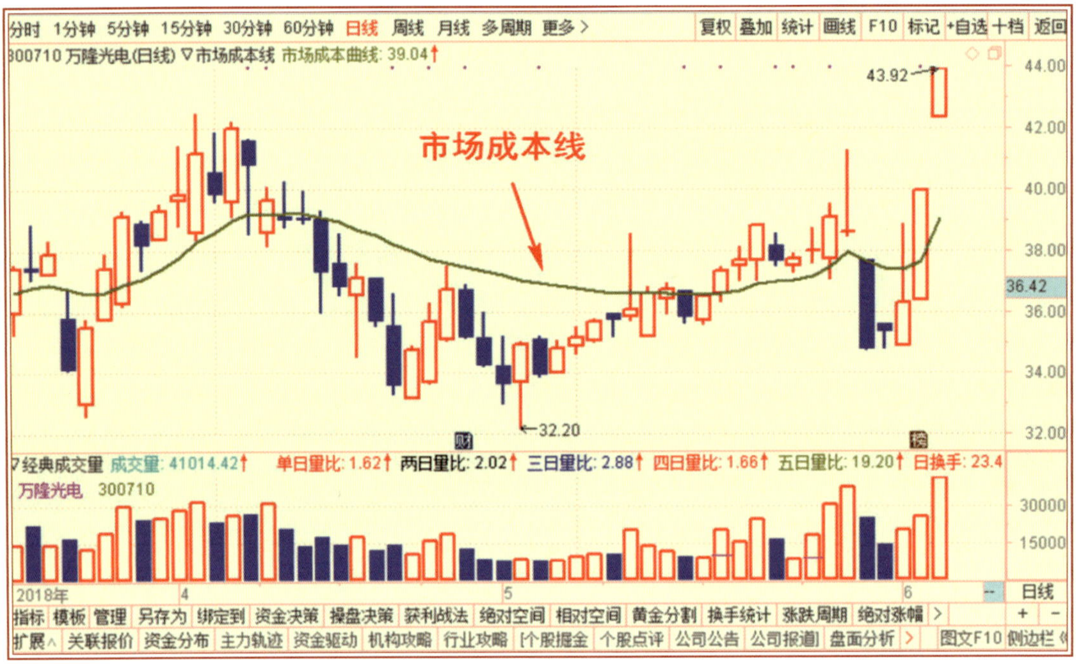

图152 市场成本线

三、机构成本的核心内涵

（1）机构成本的基本含义。机构成本是指主导市场行情走势的主要力量的持筹成本。实际上，机构的真实成本是无法估算出来的，因为它们每天都在滚动操盘，每天的盈亏无法通过数学模型加以监控和测评。那么，我们假设市场有一个盈亏平衡点，或者是一条盈亏临界线。谁可以主导市场的盈亏呢？谁能够打破市场的盈亏平衡呢？当然是机构。所以，我们就把这个反映市场盈亏平衡的价格，看作机构成本。用函数来表达，即COST。用公式表示如下：

机构成本:COST(50),COLORRED,LINETHICK2;

（2）机构成本线的主要作用。机构成本线揭示的是市场动态的盈亏平衡点。当股价运行在机构成本线之上时，如果持筹成本价在机构成本线之下，那么就处于获利状态中。反之，则处于亏损状态中。只要查看机构成本线，就知道自己的持仓在什么位置上。对于主力机构的操盘手而言，机构成本线的作用非常重要，它是了解市场对手盘持仓成本的核心工具，也是日常做盘的主要技术参数。而对于广大投资者来说，则是非常有用的短线交易利器。如图153所示。

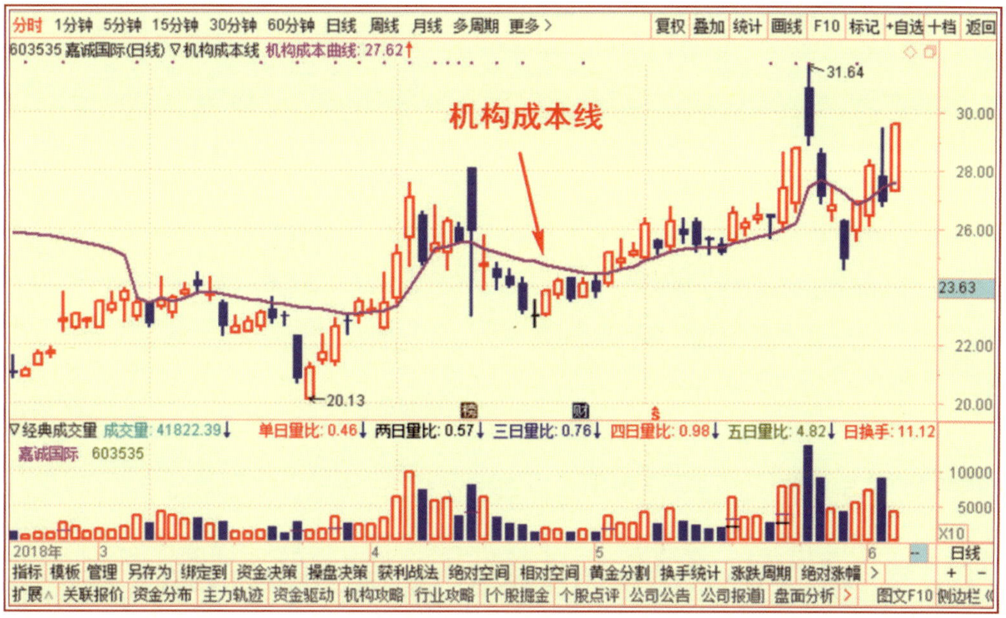

图153 机构成本线

四、成本决策体系核心组件的作用

（1）全息成本。在成本决策体系中，全息成本起到监控整体市场成本结构的作用，尤其是分析套牢筹码的时候，作用更加明显，它对分析阻力位和支撑位具有不错的参考价值。当操盘手在向上试盘或者向下试盘的时候，参看全息成本，就能够心中有数，更有针对性地使用攻击性资金做盘，或者使用攻击性筹码打压。

（2）市场成本。在成本决策体系中，市场成本的主要作用是观察短线资金在市场上如何进出，观察对手盘是如何向上攻击和向下打压的。因此，市场成本对操盘手日常做盘具有极其重要的参考作用，是日常滚动套利不可不看的重要技术参数。

（3）机构成本。在成本决策体系中，机构成本的主要作用是观察市场获利盘的变化情况，观察筹码如何流动、如何变动，观察广大投资者如何追涨杀跌、割肉砍仓，以便做出相应的做盘应对之策。这对操盘手日常做盘的作用真是妙不可言。

总而言之，成本决策体系是职业操盘手在日常做盘时不可不充分运用的技术工具，能协助操盘手快速地提高操作水平，提升操盘绩效，获得更加出色的业绩。

把全息成本、市场成本和机构成本三个组件叠加在一起，就组成了成本决策体系的公式。源码如下：

```
全息成本曲线:SUM(CLOSE*VOL,0)/SUM(VOL,0),LINETHICK2;
市场成本曲线:DMA(AMOUNT/(100*VOL),VOL/CAPITAL),LINETHICK2;
机构成本曲线:COST(50),COLORRED,LINETHICK2;
```

成本决策体系如图154所示。

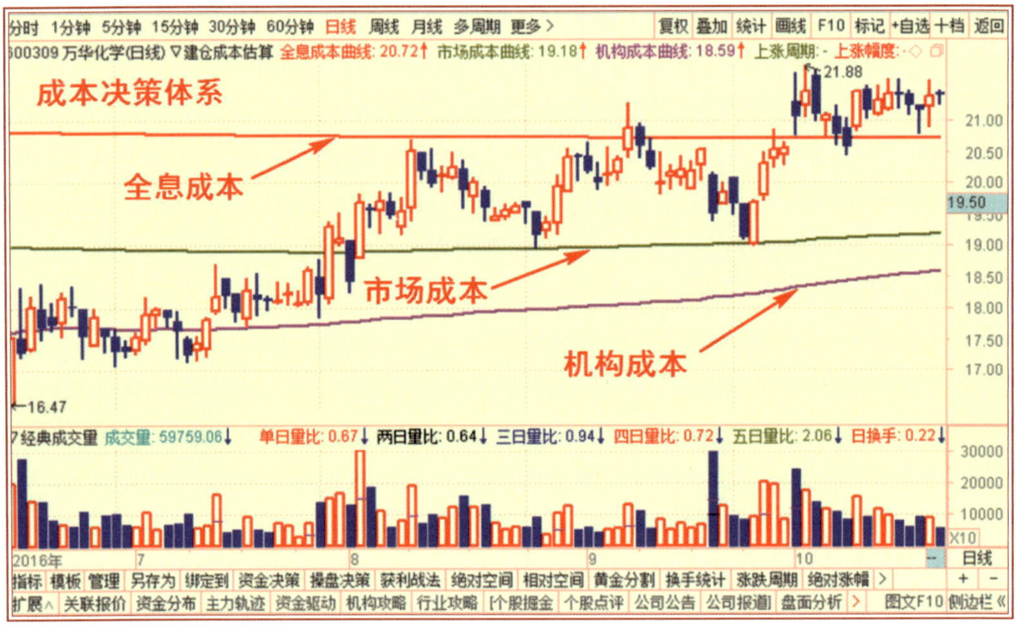

图154　成本决策体系

五、三线开花与成本决策体系的对应关系

一般而言，三条成本线按照全息成本线、市场成本线和机构成本线的顺序来排列。有序排列分三种关系，如图155所示。

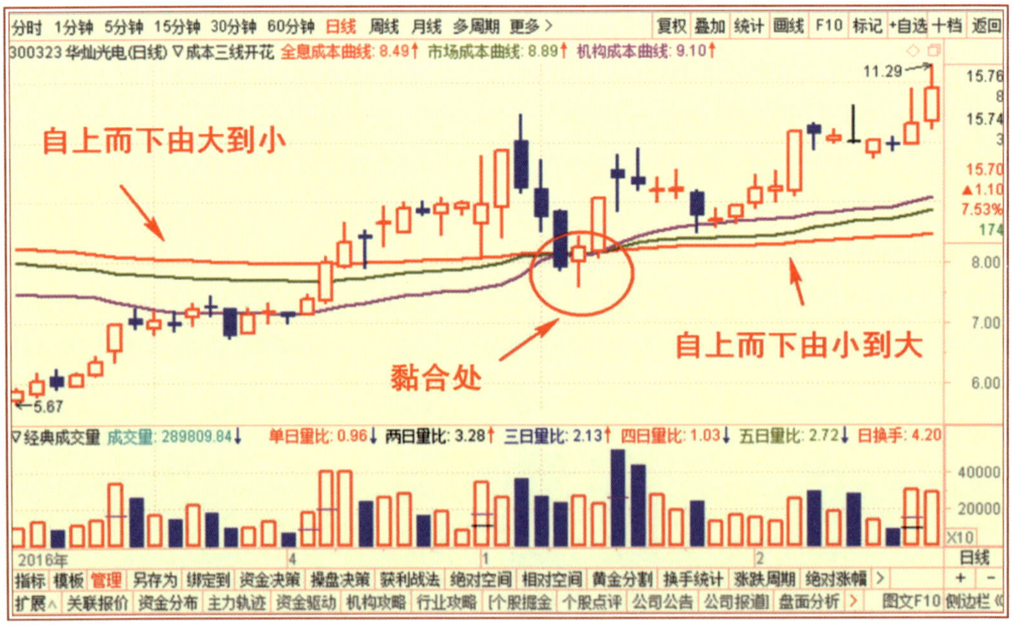

图155　三条成本线的排列顺序

（1）自上而下由大到小的排列方法。把全息成本线、市场成本线和机构成本线按照自上而下的方式排列，如果全息成本线在最上边，并且呈现为明显的下行结构，说明该品种存在很多的套牢盘，僵尸筹码很多，要激活它们需要付出很大的代价。如果操盘手不愿意付出代价，那就只能用时间换空间，慢慢折磨。长时间的折磨之后，套牢者纷纷割肉，全息成本线开始慢慢走平，同时市场成本线和机构成本线也开始从下方往上方慢慢向全息成本线靠拢。这时候，一旦全息成本线走平，三线黏合，就构成了经典的三线黏合走势。这是最经典的短线和波段买进机会。如图156所示。

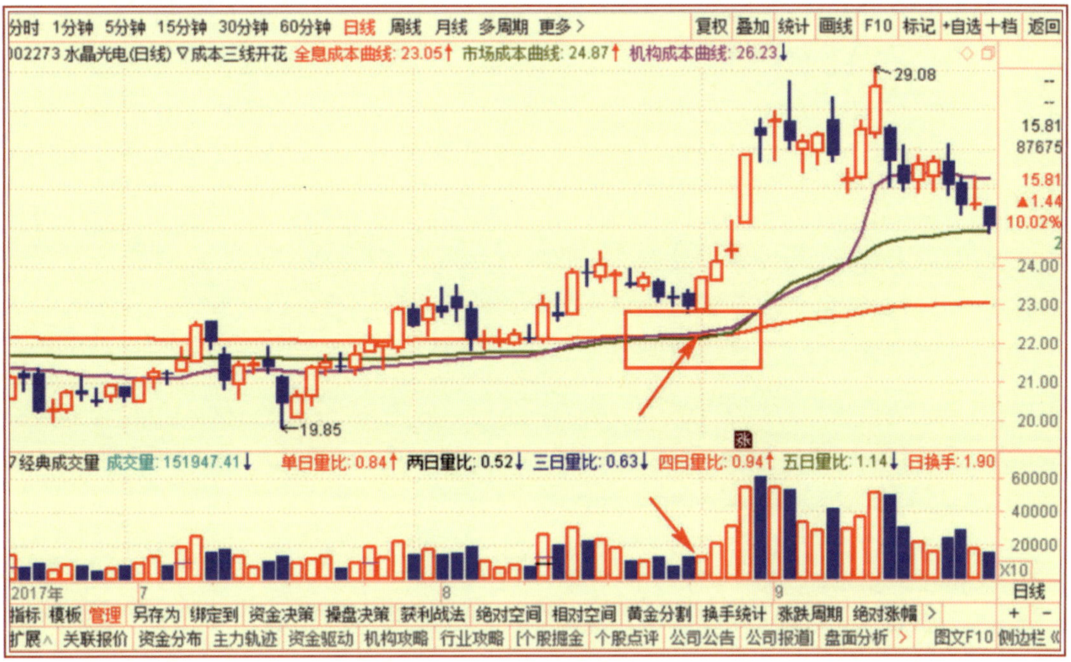

图156　三线黏合买入法

（2）自上而下由小到大的排列方法。我们把全息成本线、市场成本线和机构成本线按照自上而下的方式排列，如果全息成本线在最下边，并且呈现为明显的上行结构，说明该品种存在很多的获利盘，浮动筹码很多，这时候操盘手面对的是很棘手的局面，必须花力气想方设法清洗这些获利盘。因为这些获利盘对做盘构成了威胁，一旦拉升，它们就会蜂拥而出，获利了结。这是一件很令人头痛的事。于是，打压、震仓、洗盘就是必须要做的事。

第二节

SECTION 2

成本决策体系的使用方法

一、全息成本线的使用方法

（1）上行与下行。

全息成本线可以单独使用，主要用途有三种，一是看趋势，二是看撑压，三是看顶底。趋势有三种方向，一是上行，二是下行，三是平行。平行也叫“无方向”“无趋势”。所以，一般而言，趋势只分为上行与下行两种。当全息成本线向上倾斜时，就可以叫作“上行”，也就是向上趋势，如图157所示。这是主力机构积极投入资金运作的结果。由于主力机构持续地、不间断地投入大资金积极推高股价，出现了非常明显的赚钱效应，社会大众的投资热情高涨，不断地追高买进，因此股价飞升，大大地远离全息成本线。如果全息成本线向下倾斜，就叫作“下行”，也就是向下趋势，如图158所示。这是主力机构不断地打压、反复出货造成的结果。由于主力机构不断地、持续地向下打压，甩卖筹码，股价不断地远离全息成本线而下行，距离越远。于是出现了一江春水向东流的态势。

图157　全息成本线上行

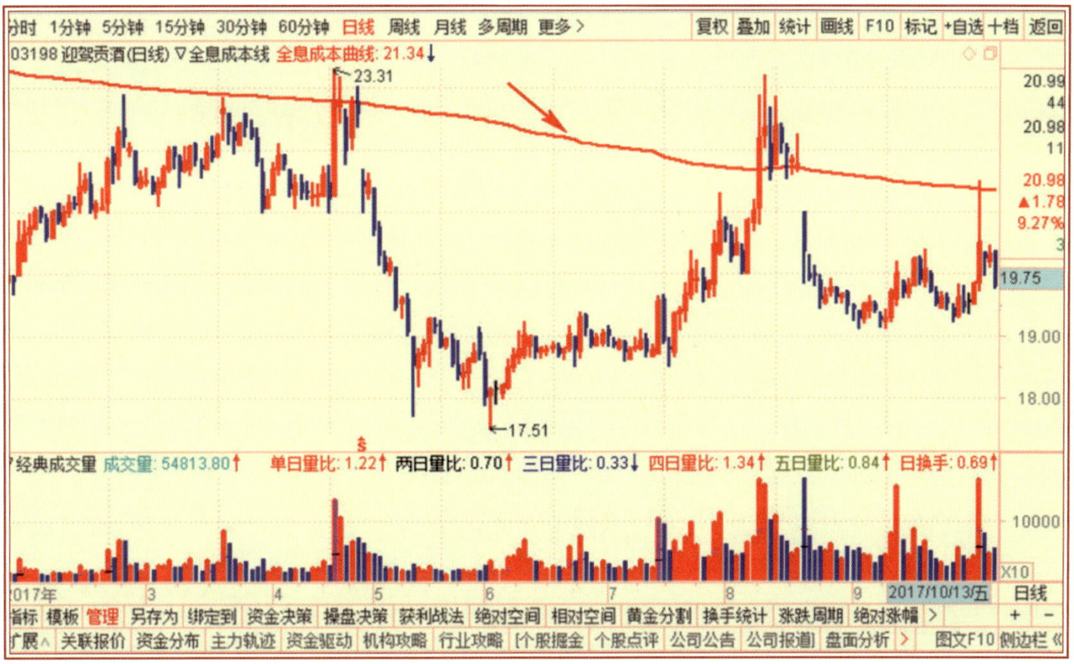

图158　全息成本线下行

（2）压力与支撑。全息成本线上行时，整个趋势是上行的，顺势操作是唯一正确的选择。因此，这时候可以把全息成本线看作最大的支撑线。每一次回调，都是买进机会。每一次长阴杀跌，都是主力机构创造机会给你低吸。全息成本线下行时，整个趋势是下行的，顺势高抛就是唯一正确的选择。因此，这时候可以把全息成本线看作最大的压力线。每一次反弹，都是卖出的机会。每一次长阳拉升，都是主力机构创造机会给你高抛。如图159、图160所示。

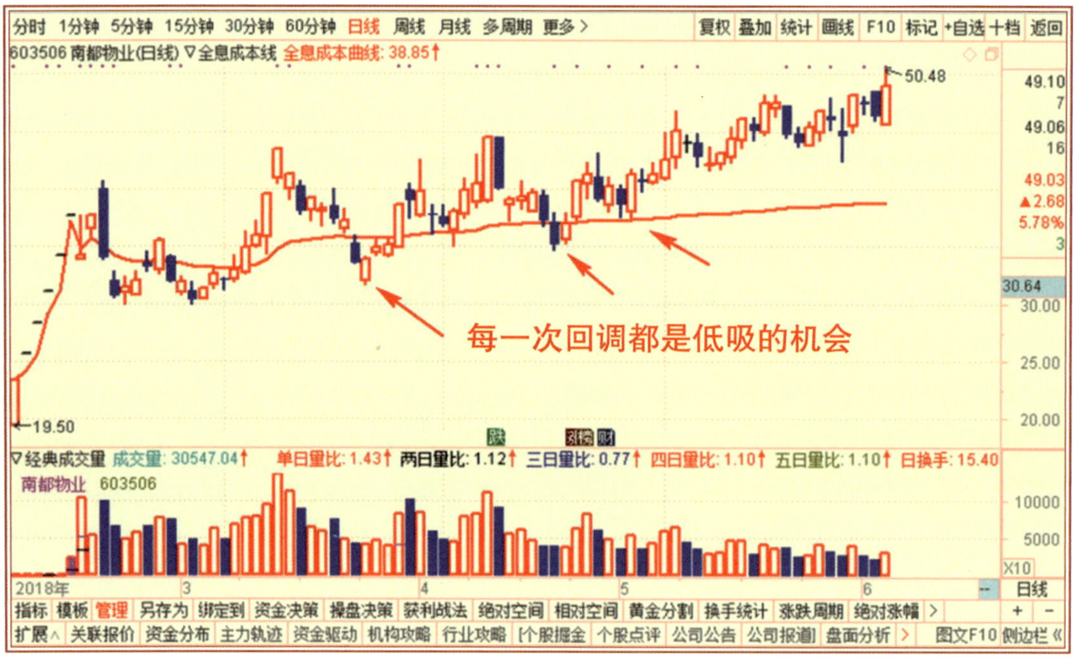

图159　回调低吸

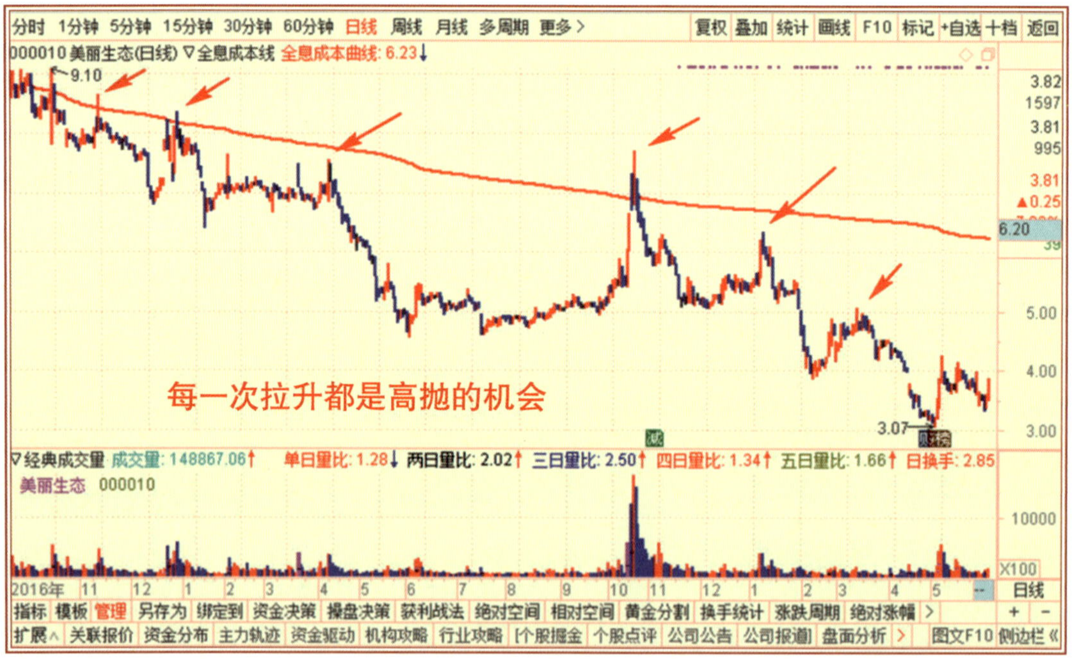

图160　拉升高抛

（3）筑底与造顶。全息成本线反映的是全市场的持筹成本，走势比较平缓，不会反复缠绕。所以，反复构筑小型顶底的现象很少会出现。但是，对于构筑大型的顶底和阶段性反弹造成的局部顶底，却清晰可见。如图161、图162所示。

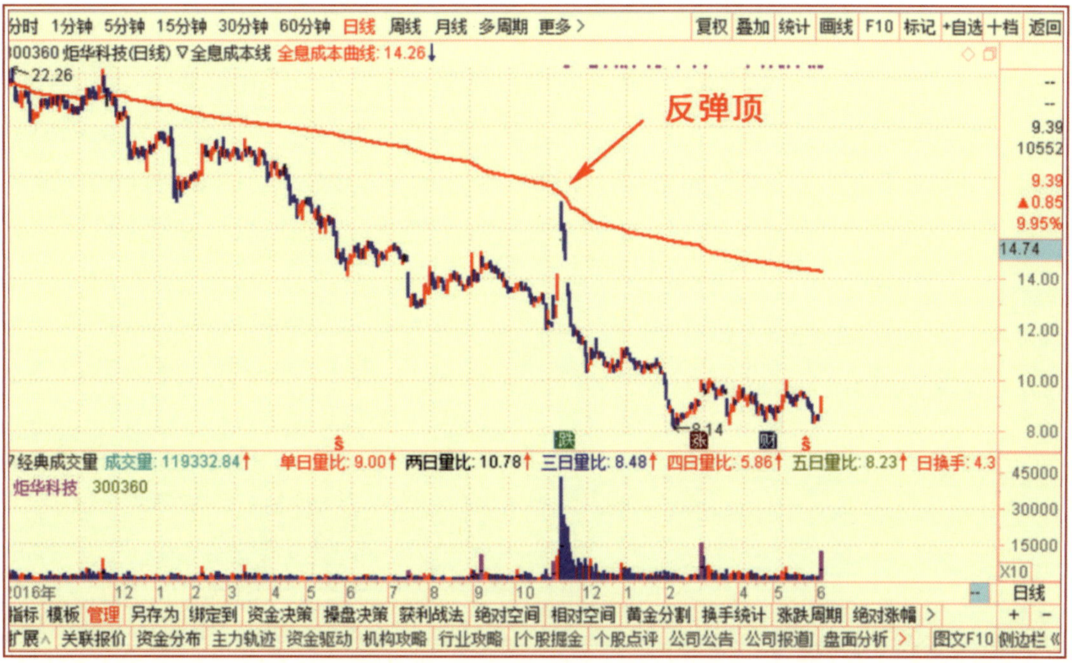

图161　利用全息成本线观察反弹顶

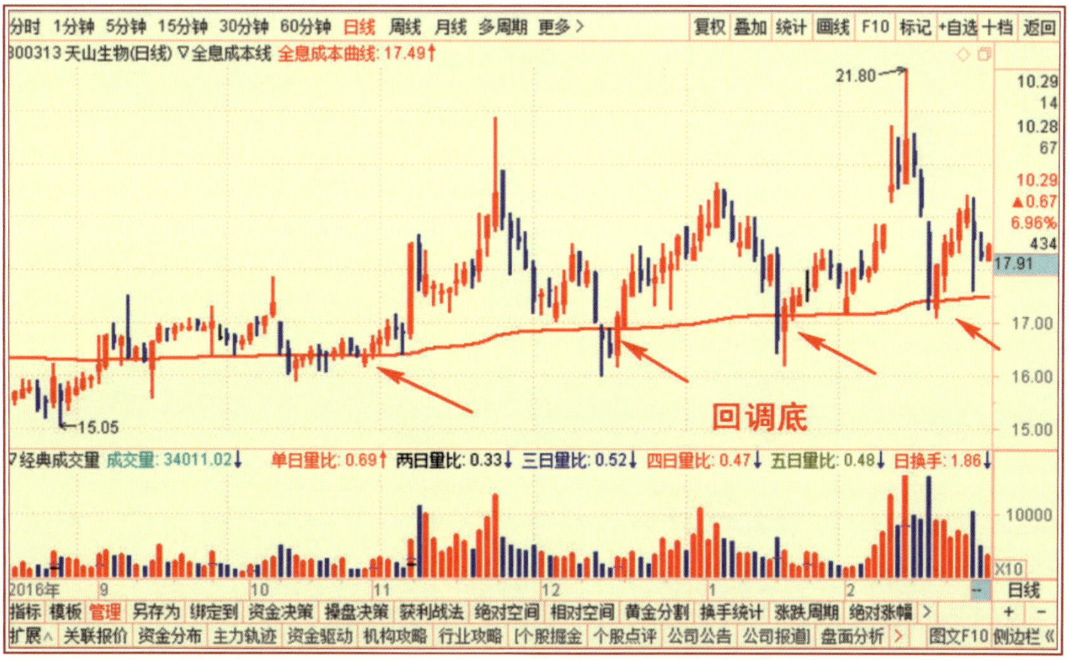

图162　利用全息成本线观察回调底

二、市场成本线的使用方法

（1）上行与下行。市场成本线可以单独使用，主要用途有三种，一是看趋势，二是看撑压，三是看顶底。看趋势的方法很简单，就是看市场成本线处于上行状态还是下行状态。由于市场成本线反映的是市场活跃筹码交易状况，变化频繁，上下的频率比较大，因此用它来看趋势的时候，只适合级别比较小的趋势。比如看日线级别的小趋势就不错。如果要看大级别的趋势，需要调整相应的K线级别，比如周K线、月K线等。通常情况下，市场成本线只用于看日线级别的趋势，适合操盘手日常做盘使用。如图163、图164所示。

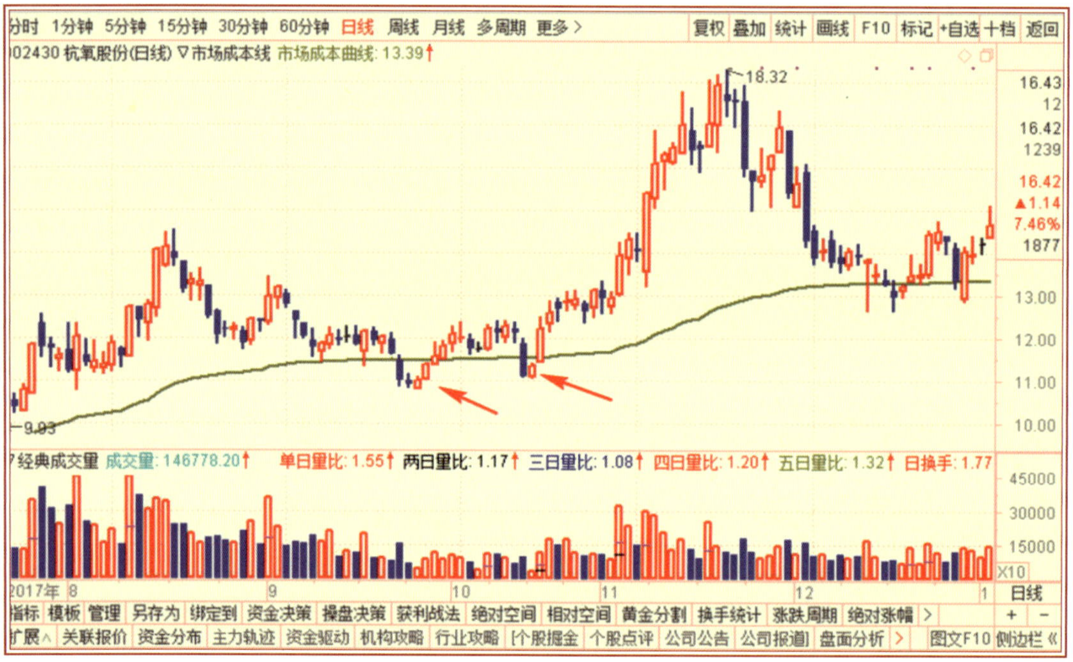

图163　日线级别的趋势

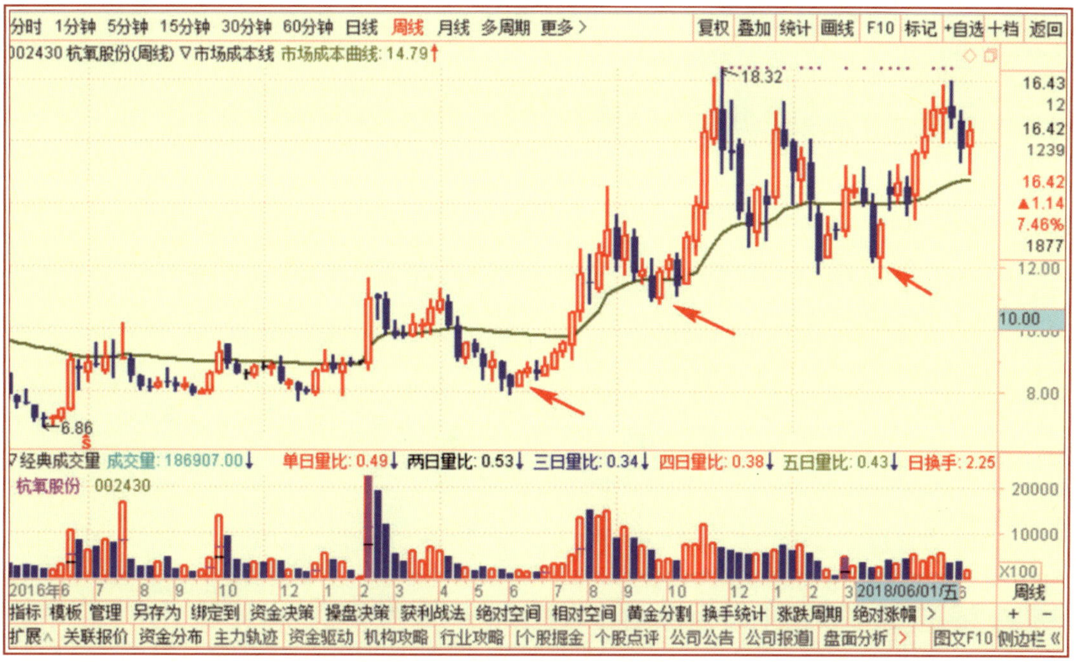

图164　周线级别的趋势

（2）压力与支撑。市场成本线既可以是支撑线，也可以是压力线。当股价运行在市场成本线上方的时候，它就构成支撑；反之，就构成压力。由于市场成本线的变化频率大，所以，撑压的变化也相对频繁。如图165、图166所示。

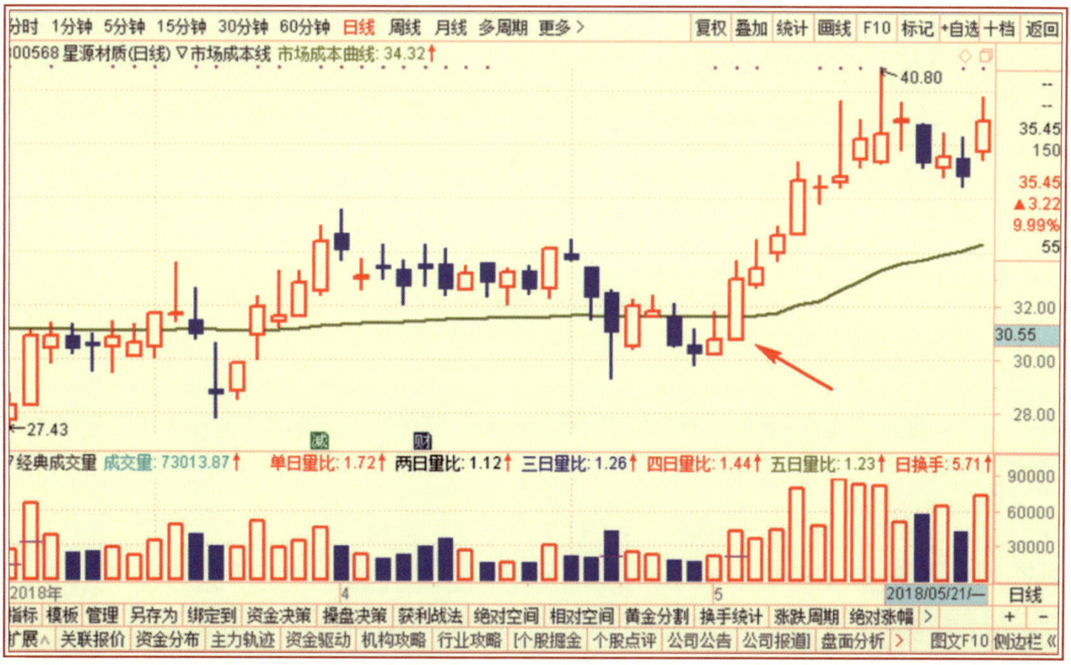

图165　市场成本线支撑

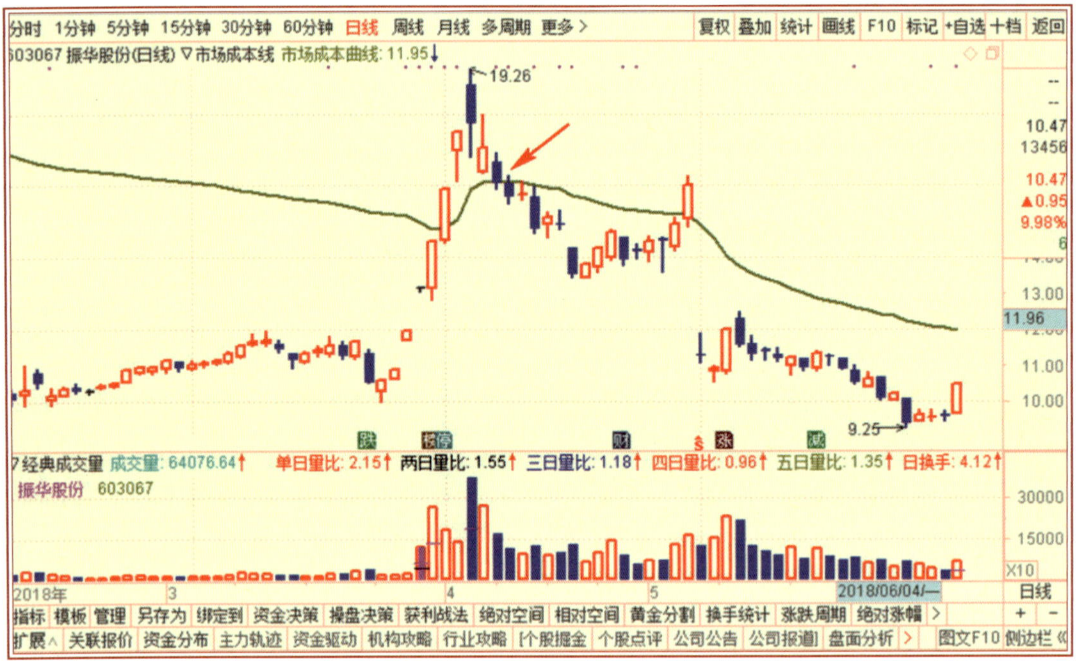

图166　市场成本线压力

（3）筑底与造顶。市场成本线对筑底和造顶的提示作用并不明显，但对于反弹顶和回调底的提示却是相当明显的。尤其是一些活跃的品种，由于变化频率大，对短线交易比较适用。如图167、图168所示。

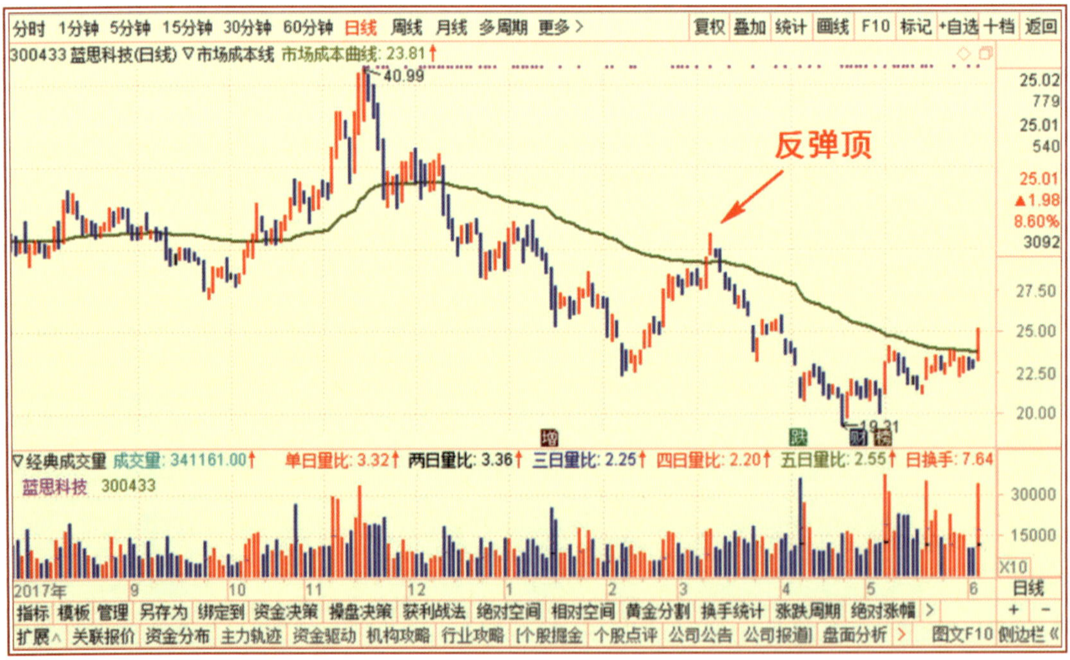

图167　反弹顶

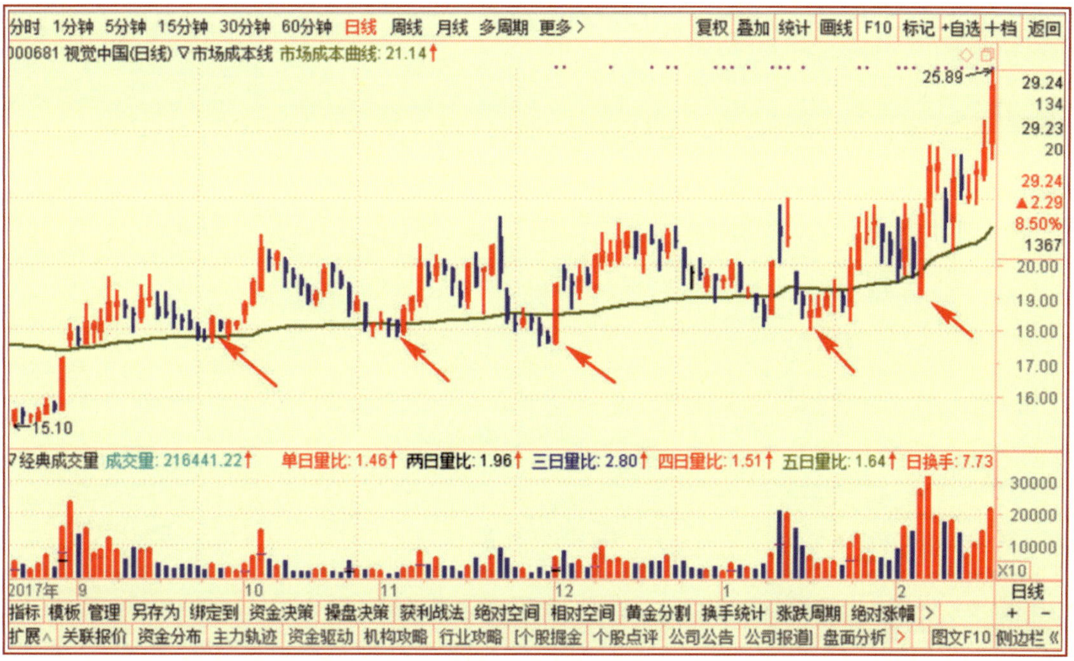

图168　回调底

三、机构成本线的使用方法

（1）上行与下行。机构成本线也叫“市场盈亏平衡线”，可以单独使用，主要用途有三种，一是看趋势，二是看撑压，三是看顶底。如果机构成本线不断上移，向上运动，说明市场的盈亏平衡点不断抬高，也就是股价运行的趋势朝上；如果机构成本线向下运行，说明市场的盈亏平衡点不断下移，主力机构持续地、不间断地向下打压。因此，机构成本线很直接地揭示了市场资金运行的方向。如图169、图170所示。

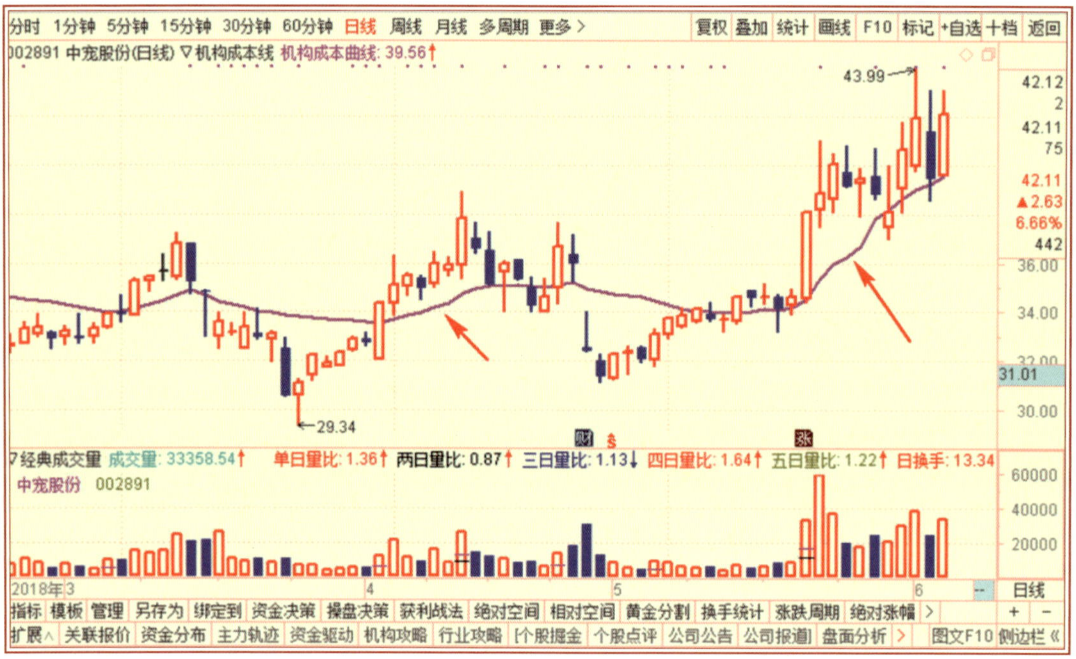

图169 机构成本线上行

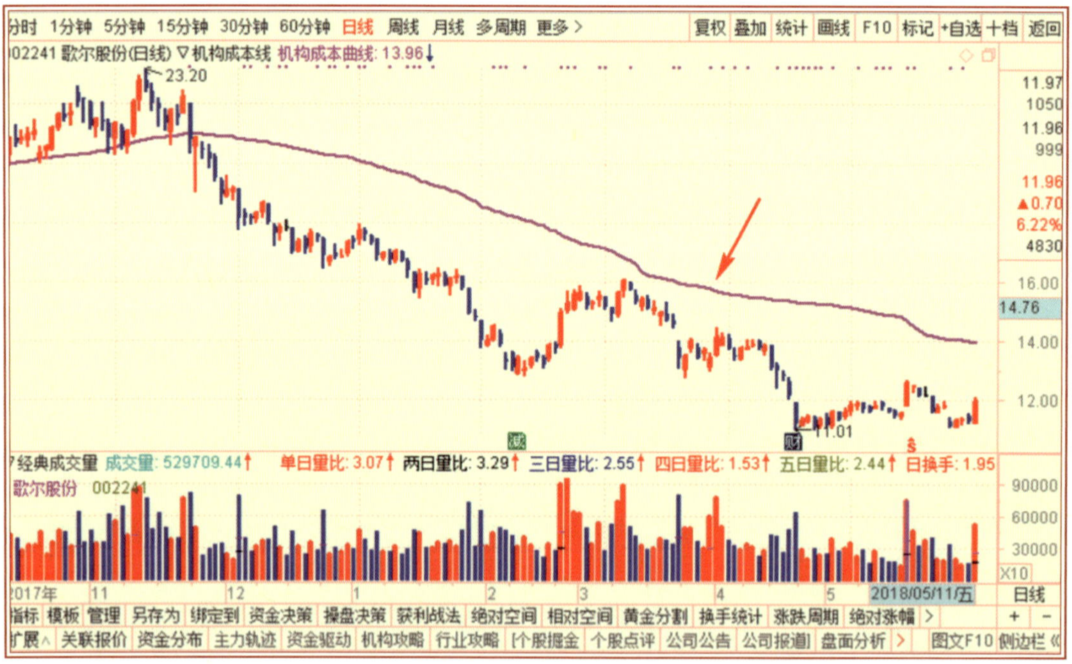

图170 机构成本线下行

（2）压力与支撑。机构成本线上行的时候，整个盈亏平衡点是上行的，顺势操作是唯一正确的选择。因此，这时候可以把机构成本线看作最大的支撑线。每一次回调，都是买进机会。每一次长阴杀跌，都是主力机构创造机会给你低吸。机构成本线下行的时候，整个盈亏平衡点是下行的，顺势高抛就是唯一正确的选择。因此，这时候可以把机构成本线看作最大的压力线。每一次反弹，都是卖出机会。每一次长阳拉升，都是主力机构创造机会给你高抛。如图171、图172所示。

图171 回调买进

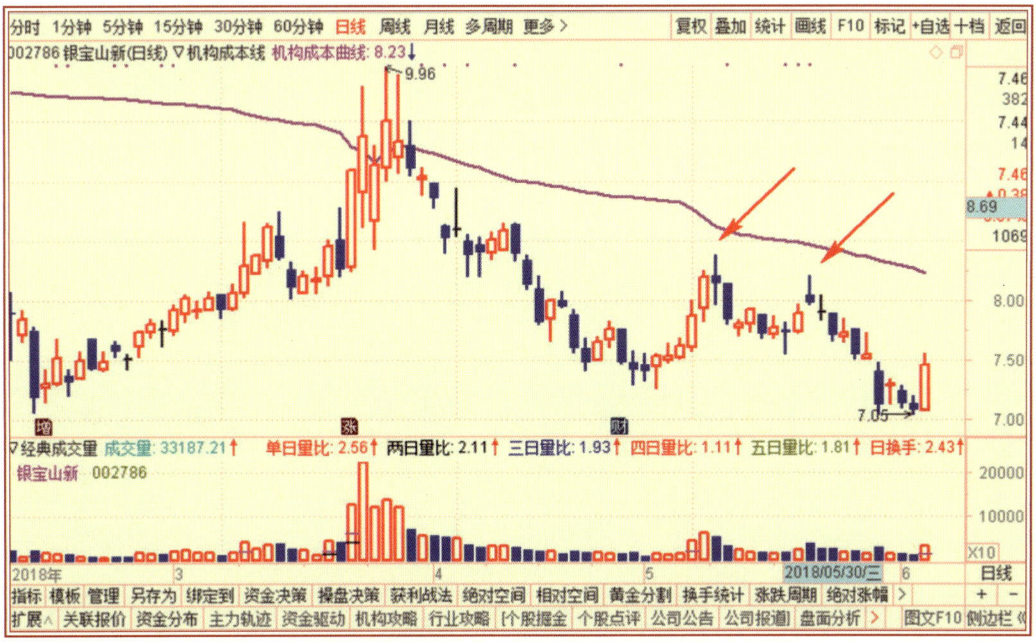

图172 反弹卖出

（3）筑底与造顶。机构成本线对筑底和造顶的提示作用并不明显，但对于反弹顶和回调底的提示却是相当明显的。尤其是一些活跃的品种，由于变化频率大，对短线交易比较适用。如图173、图174所示。

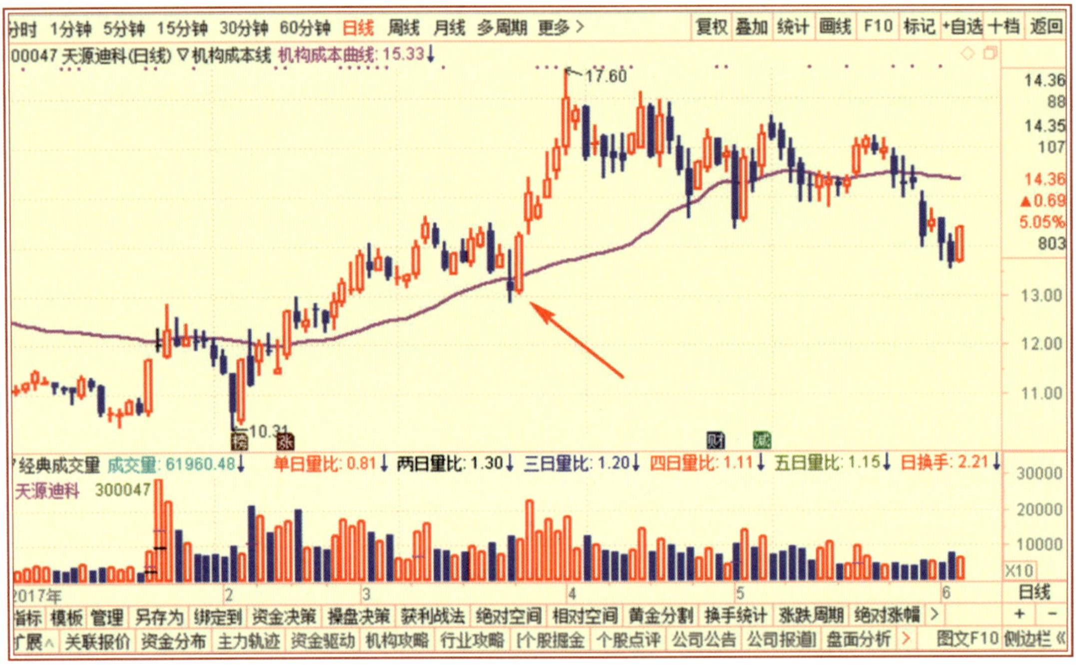

图173　利用机构成本线观察回调底

图174　利用机构成本线观察反弹顶

四、成本决策体系的使用方法

成本决策体系是一套完整的交易系统，它包含了三个子系统：用来查看市场运行大趋势的全息成本系统；用来查看活跃筹码变动总态势的市场成本系统；用来查看盈亏平衡倾斜度的机构成本系统。这三个子系统叠加在一起，结合K线交易系统，就构成了整个成本决策体系。这套体系的内容十分庞大，条款众多，规则、细则无数。限于篇幅，无法逐一展开，归结起来，可以用下面三句话来表达：

（1）用全息成本线看市场运行大趋势。

（2）用市场成本线看活跃筹码变动总态势。

（3）用机构成本线看盈亏平衡倾斜度。

操盘笔记

第三节

SECTION 3

成本决策体系的买入法则

一、上跳空买入法则

上跳空买入法则有很多类别，归纳起来可以分为两大类，一类是主升型的上跳空，另一类是反弹型的上跳空。无论是哪一类，都是多头发起攻击的重要做盘手段。

（1）上行趋势中的上跳空。如图175所示这是典型的主升型上跳空，是多头发起攻击最经典的做盘定式，也是成本决策体系中最重要的买入法则，是排在首位的买入条款。作为职业操盘手，务必在每个交易日里关注所有出现跳空的品种，积极跟踪，择机参与。这是动态把握临盘机会的重要考核指标，也是考核操盘手临盘应变能力的重要指标。

第一类适合买入的技术图形，技术特征如下：

①全息成本线位于最下方，呈现走平或者向上运行的态势。

②市场成本线位于全息成本线上方，呈现拐头向上运行的态势。

③机构成本线位于全息成本线上方，呈现拐头向上运行的态势。

④三条成本线原则上处于由小到大排列状态，甚至接近黏合状态。

⑤上跳空之前已经出现一阳穿三线，多头向上攻击态势已经形成。

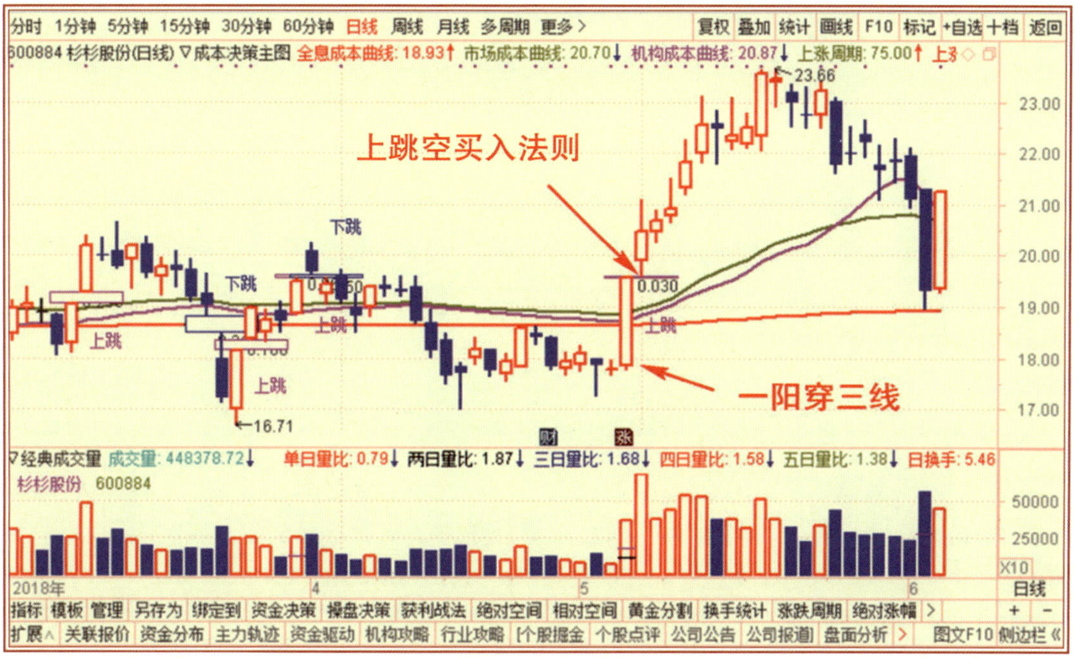

图175 上行趋势中的上跳空

小规模资金买入法则：集合竞价买入第一仓，仓位占30%左右，确保已经上车，以避免开盘后直接涨停而错失机会。开盘后向下的时候，盘中选择低点加码买入。尾盘时涨势确立，可以在临近收盘的时候再加码买入，全天仓位控制在50%以内。下同，不再一一叙述。

第二类适合买入的技术图形，技术特征如下：

①全息成本线位于最下方，呈现经典的向上运行的态势。

②市场成本线位于全息成本线上方，呈现向上运行的态势。

③机构成本线位于市场成本线上方，呈现向上运行的态势。

④三条成本线处于由小到大排列状态，并呈现向上发散状态。

如图176所示。

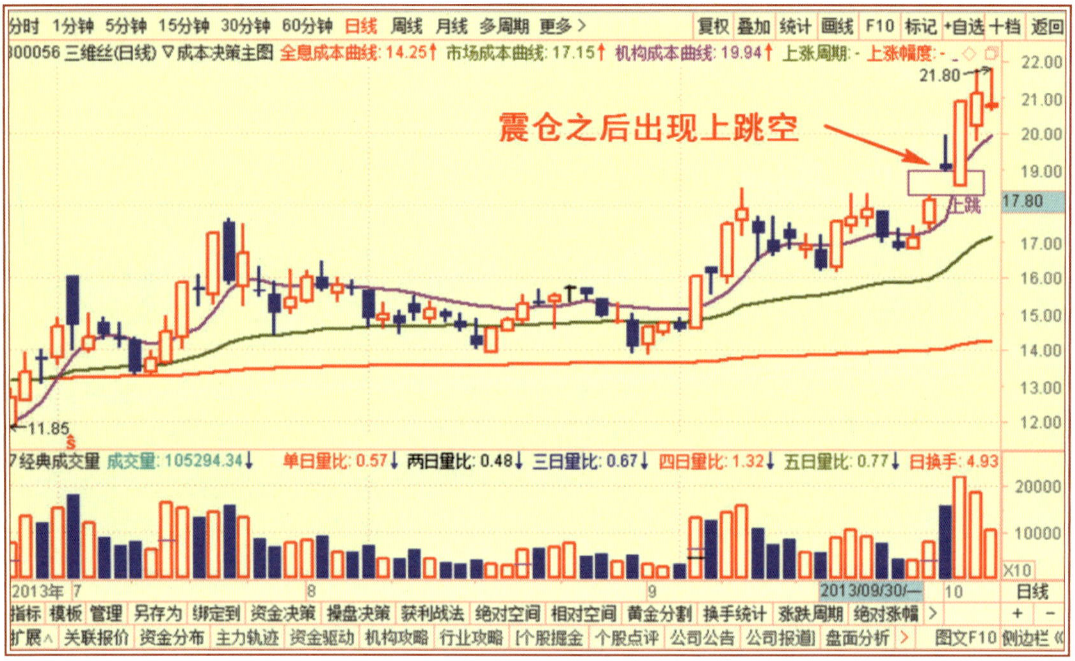

图176　上行趋势中的加速上跳空

（2）下行趋势中的上跳空。这里所谓的下行趋势，是指全息成本线还处于向下运行的态势之中，但另外两条成本线已经表现出向上运行的明显特征，即市场成本线、机构成本线和全息成本线表现出明显的背离走势，这样的走势说明大级别的趋势虽然还没有逆转向上，但是中小级别的趋势已经呈现明显的多头运行特征。在这样的背景下出现的上跳空，就具有相当可信的买入特质。具体而言，有以下几种类别。

第一类适合买入的技术图形，技术特征如下：

①全息成本线位于最上方，呈现向下运行的态势。

②市场成本线位于全息成本线下方，但呈现向上运行的态势。

③机构成本线位于市场成本线下方，但呈现向上运行的态势。

④在出现上跳空之前，已经出现了阳包阴的反包转势做盘定式。

如图177所示。

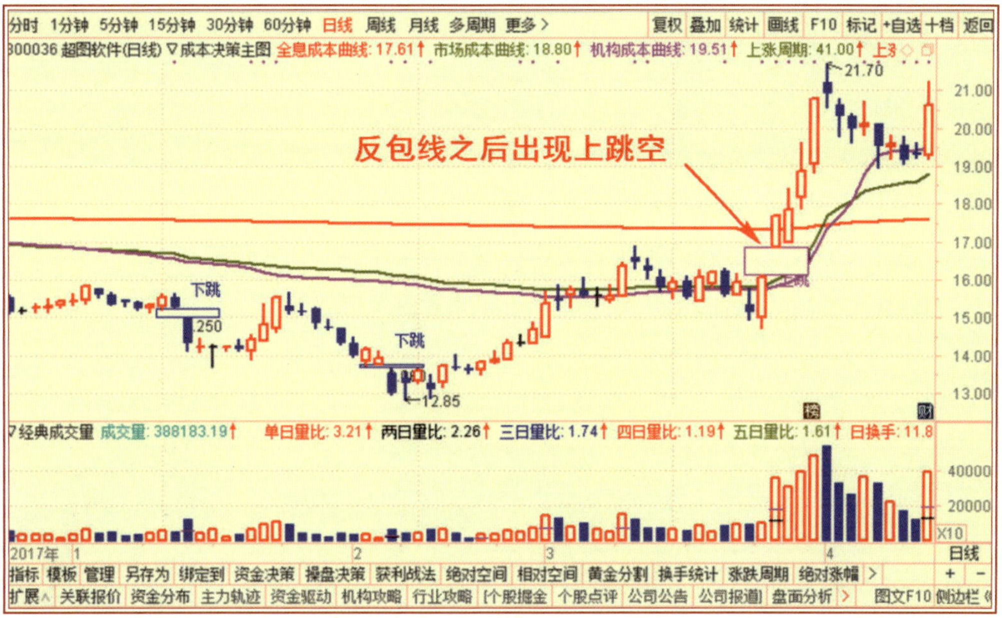

图177 下行趋势中的上跳空

第二类适合买入的技术图形，技术特征如下：

①全息成本线位于最上方，呈现向下运行的态势。

②市场成本线位于全息成本线下方，但呈现向上运行的态势。

③机构成本线位于市场成本线下方，但呈现向上运行的态势。

④三条成本线处于由大到小排列状态，但出现向上拐头的迹象。

如图178所示。

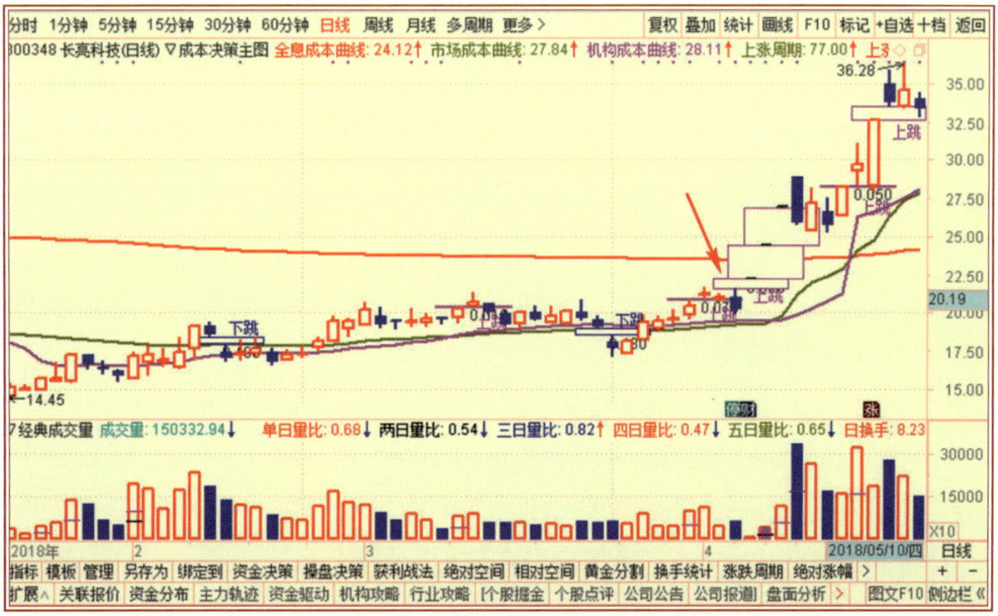

图178 下行趋势中的连续上跳空

第三类适合买入的技术图形，技术特征如下：

①全息成本线位于最上方，呈现向下运行的态势。

②市场成本线位于全息成本线下方，呈现向下运行的态势。

③机构成本线位于市场成本线下方，呈现向下运行的态势。

④三条成本线处于由大到小排列状态，未出现向上拐头的迹象。

⑤低位K线呈现连续小阳向上推进特征，并有加速的迹象。

如图179所示。

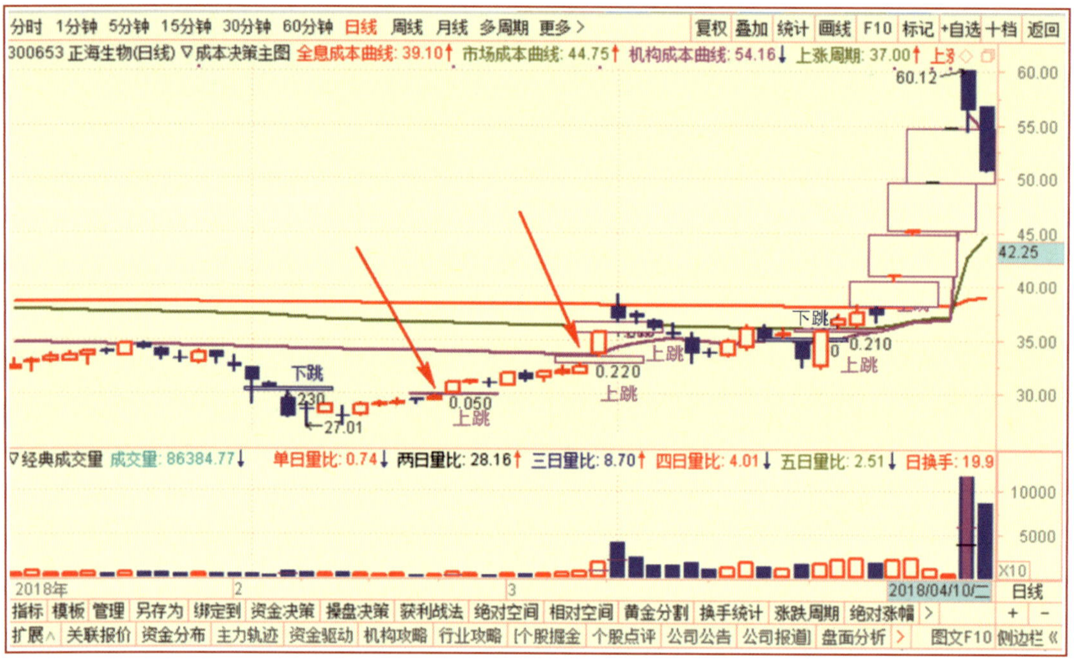

图179　下行趋势中的小连阳上跳空

二、上拉线买入法则

上拉线买入法则是仅次于上跳空的重要做盘定式，也是职业操盘手必须深刻领会，并积极运用的经典做盘定式。上拉线是多头积极进攻的具体表现，是主力机构积极投入大资金运作的结果。上拉线买入法则可以分为两大类，一类是主升型的上拉线，一类是反弹型的上拉线。不管是哪一类，都是大资金积极操作的结果。

（1）上行趋势中的上拉线。这是主升型的上拉线买入法则。

第一类适合买入的技术图形，技术特征如下：

①全息成本线位于最下方，呈现典型的向上运行的态势。

②市场成本线位于全息成本线上方，呈现向上运行的态势。

③机构成本线位于市场成本线上方，呈现向上运行的态势。

④三条成本线原则上处于由小到大排列状态，或者黏合状态。

⑤出现上拉线之前已经形成明显的连阳攻击型态势，多头行情明显。

如图180所示。

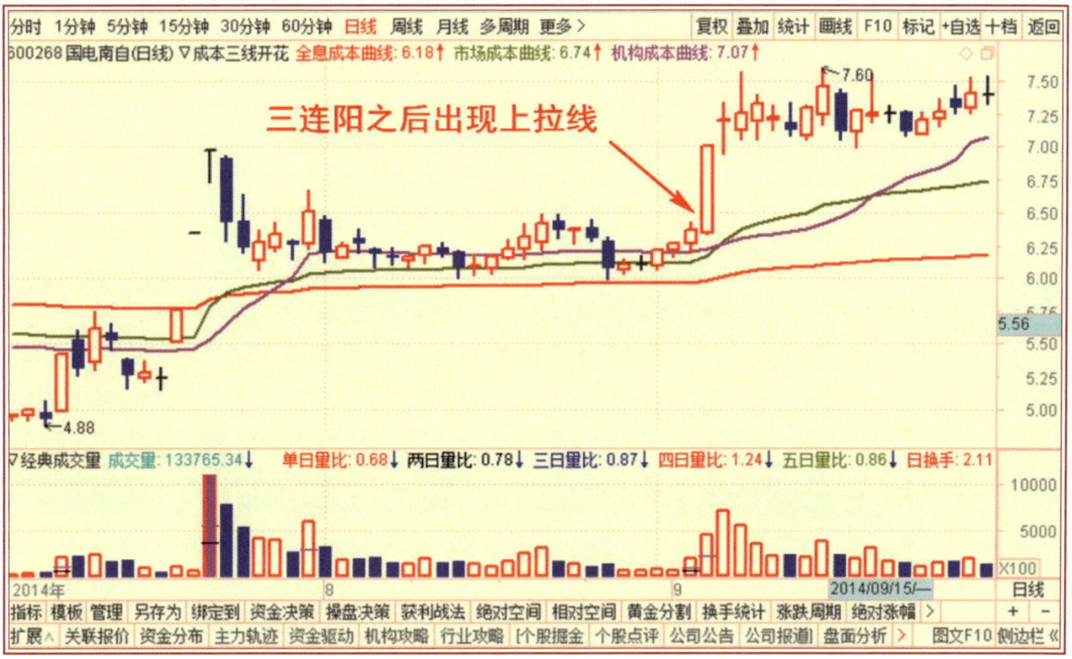

图180 主升型的上拉线

第二类适合买入的技术图形，技术特征如下：

①全息成本线位于最下方，呈现向上运行的态势。

②市场成本线位于全息成本线上方，呈现向上运行的态势。

③机构成本线和市场成本线接近黏合，呈现向上运行的态势。

④三条成本线处于由小到大排列状态，并呈现向上发散的态势。

如图181所示。

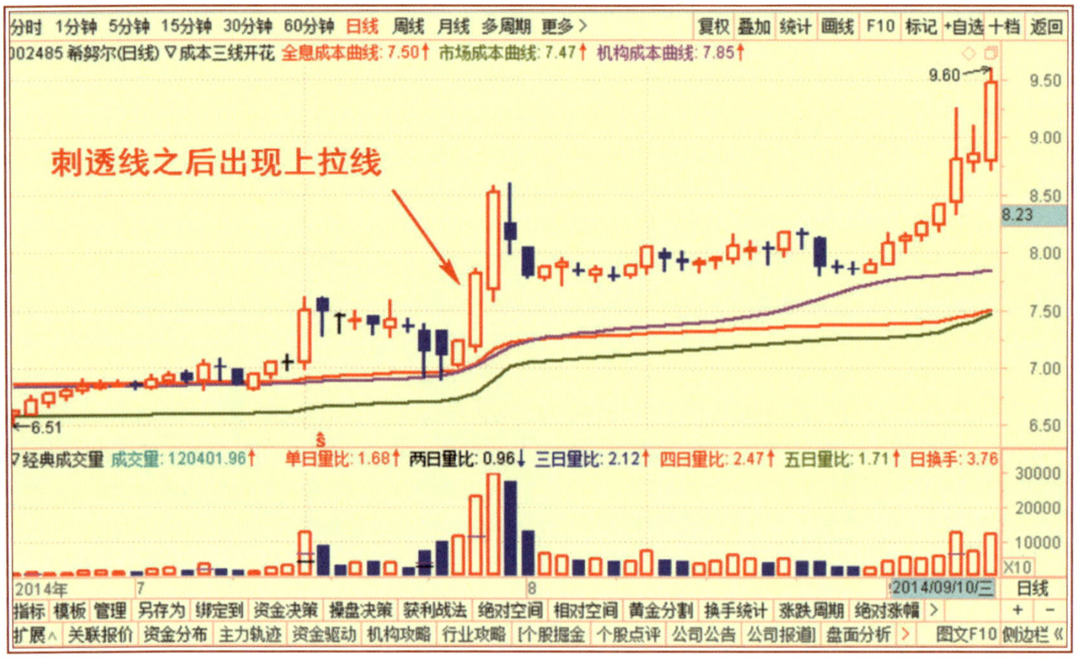

图181　刺透线之后出现上拉线

（2）下行趋势中的上拉线。这里所谓的下行趋势，是指全息成本线还处于向下运行的态势之中，但另外两条成本线已经表现出向上运行的明显特征，即市场成本线、机构成本线和全息成本线表现出明显的背离走势，多头向上攻击的意图已经十分明显。这样的走势说明大级别的趋势虽然还没有逆转向上，但是中小级别的趋势已经呈现出明显的多头运行特征。在这样的背景下出现的上拉线，就具有相当可信的买入特质。具体而言，有以下几种类别。

第一类适合买入的技术图形，技术特征如下：

①全息成本线位于最上方，暂时还呈现向下运行的态势。

②市场成本线位于全息成本线下方，但呈现拐头向上运行的态势。

③机构成本线位于市场成本线下方，但呈现拐头向上运行的态势。

如图182所示。

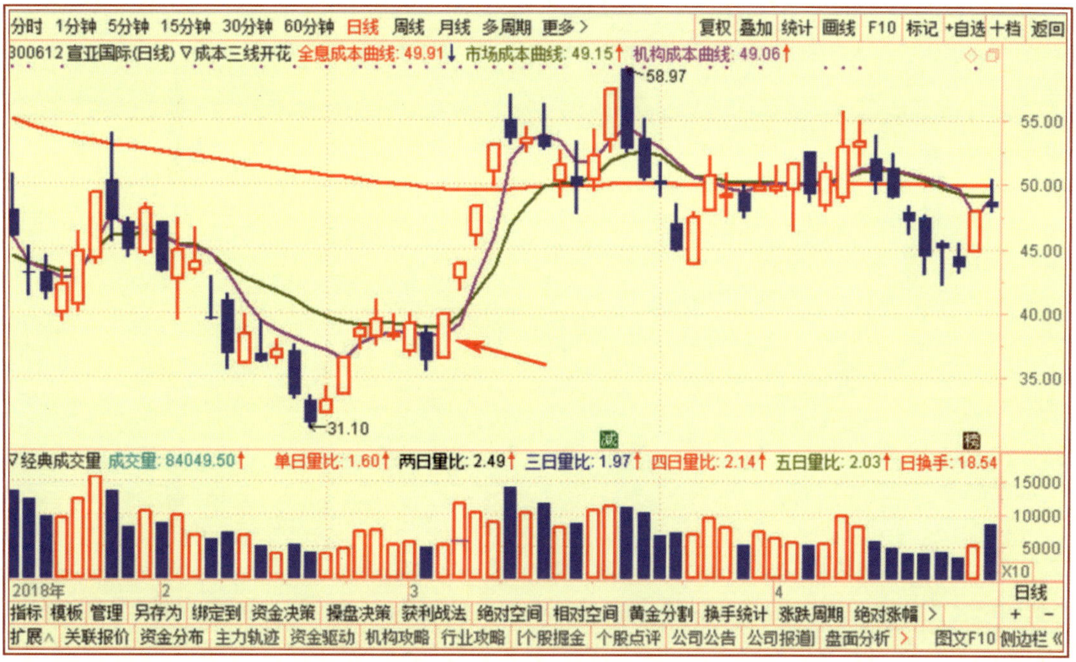

图182　全息成本线下行趋势中的上拉线

第二类适合买入的技术图形，技术特征如下：

①全息成本线位于最上方，暂时还呈现向下运行的态势。

②市场成本线位于全息成本线下方，但呈现向上运行的态势。

③机构成本线位于市场成本线下方，但呈现向上运行的态势。

④市场成本线和机构成本线已经拐头向上，出现向上攻击迹象。

⑤盘口已经出现典型的攻击性做多技术特征，已经出现阳包阴。

⑥量能结构呈现出阶梯式放大特征，多头孕育了向上攻击的能量。

如图183所示。

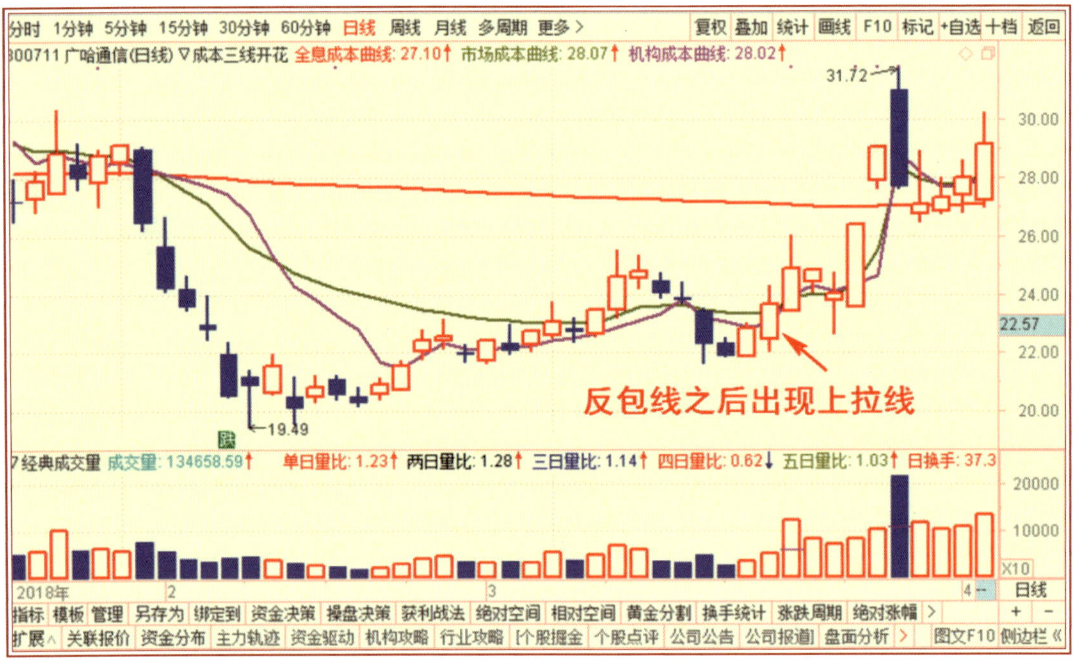

图183　反包线之后出现上拉线

三、反包线买入法则

（1）上行趋势中的反包线。反包线买入法则是仅次于上拉线的重要做盘定式，也是职业操盘手必须深刻领会，并积极运用的经典做盘定式。它是临盘实战中经常使用的搏杀定式。反包线是多头积极进攻的具体表现，是主力机构积极投入大资金运作的结果。反包线买入法则有阳包阳和阳包阴两种，其中阳包阴的博弈成分更为浓烈，是多头活生生将空头吞没的具体表现。按趋势划分，可以分为两大类，一类是主升型的反包线，一类是反弹型的反包线。不管是哪一类，都是大资金积极操作的结果。

第一类适合买入的技术图形，技术特征如下：

①全息成本线位于最下方，呈现向上运行的多头态势。

②市场成本线位于全息成本线上方，呈现向上运行的态势。

③机构成本线位于市场成本线上方，呈现向上运行的态势。

④三条成本线原则上处于由小到大排列状态，或者黏合状态。

⑤之前出现了典型的缩量整理特征，整理时间长，调整到位。

⑥反包线出现之前已经出现长下影线反攻态势，多头反攻中。

如图184所示。

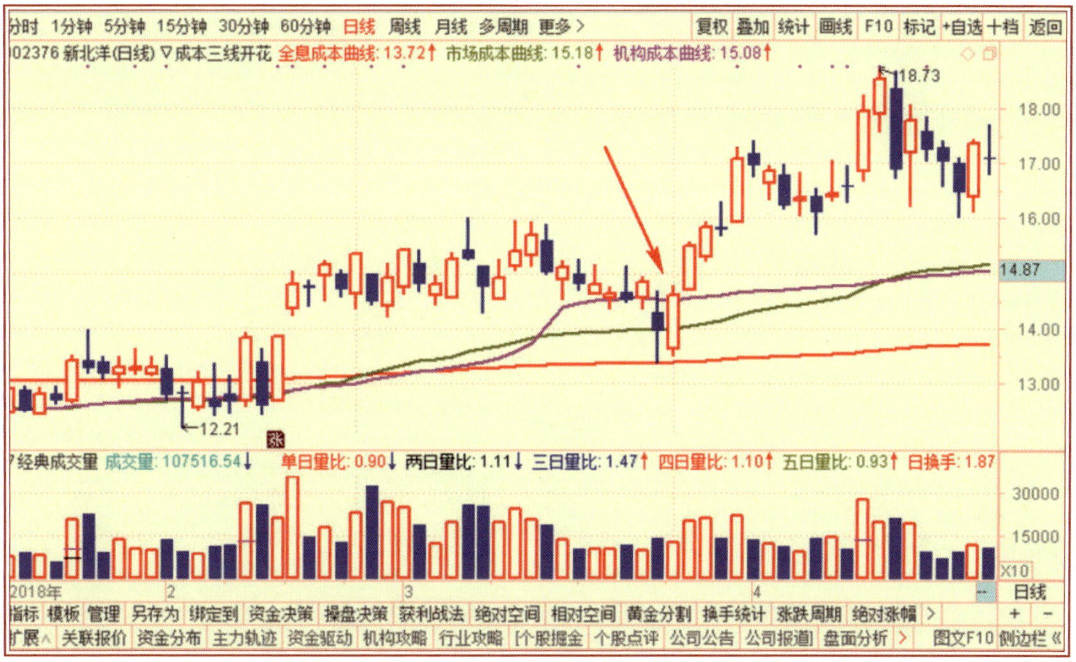

图184　上升趋势中的反包线

第二类适合买入的技术图形，技术特征如下：

①全息成本线位于最下方，呈现出明显的向上运行的态势。

②市场成本线位于全息成本线上方，呈现向上运行的态势。

③机构成本线位于市场成本线上方，呈现向上运行的态势。

④出现三条成本线处于由小到大排列状态，并呈现为向上发散的态势。

⑤波段性拉升，阴阳交错，此时出现反包线是典型的强势特征。

如图185所示。

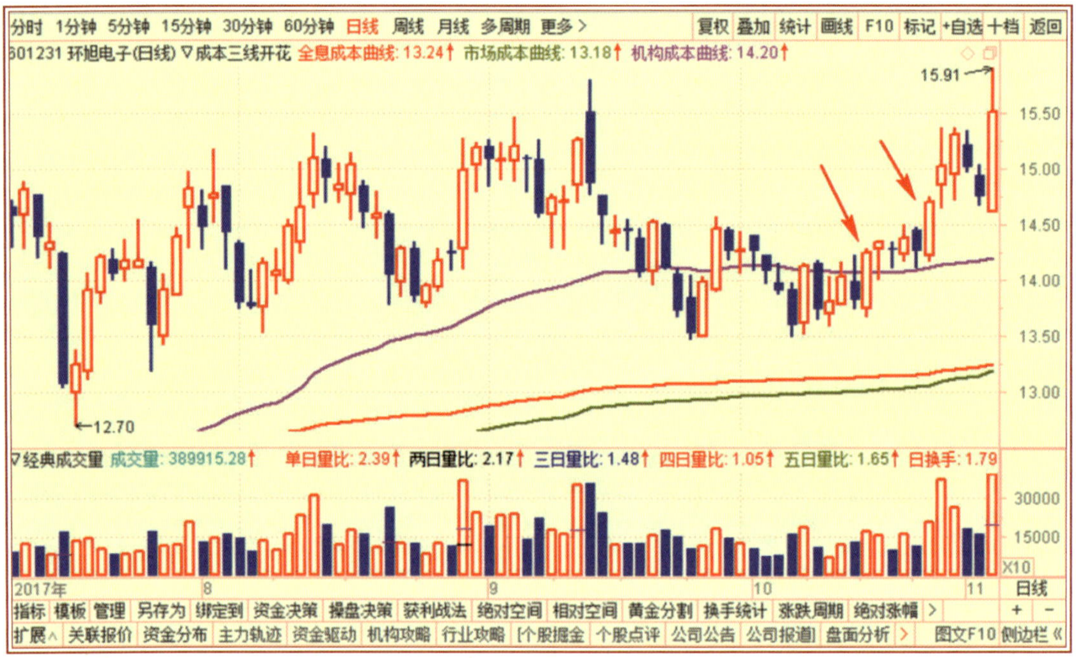

图185 明显上升趋势中的反包线

（2）下行趋势中的反包线。这里所谓的下行趋势，是指全息成本线还处于向下运行的态势之中，但另外两条成本线已经表现出拐头向上运行的明显特征，即市场成本线、机构成本线和全息成本线表现出明显的背离走势，这样的走势说明大级别的趋势虽然还没有逆转向上，但是中小级别的趋势已经呈现出明显的多头运行特征。日线级别的波段反弹行情就在眼前。这是短线套利的好机会，在这样的背景下出现的反包线，就具有相当可信的买入特质。具体而言，有以下几种类别。

第一类适合买入的技术图形，技术特征如下：

①全息成本线位于最上方，暂时还呈现向下运行的态势。

②市场成本线位于全息成本线下方，但呈现拐头向上运行的态势。

③机构成本线位于市场成本线下方，但呈现拐头向上运行的态势。

④当天出现典型的攻击性放量，巨型量柱为最近几周以来最大的。

⑤绝对空间位置还处于低位区域，处于拉升阶段的初期或中期。

如图186所示。

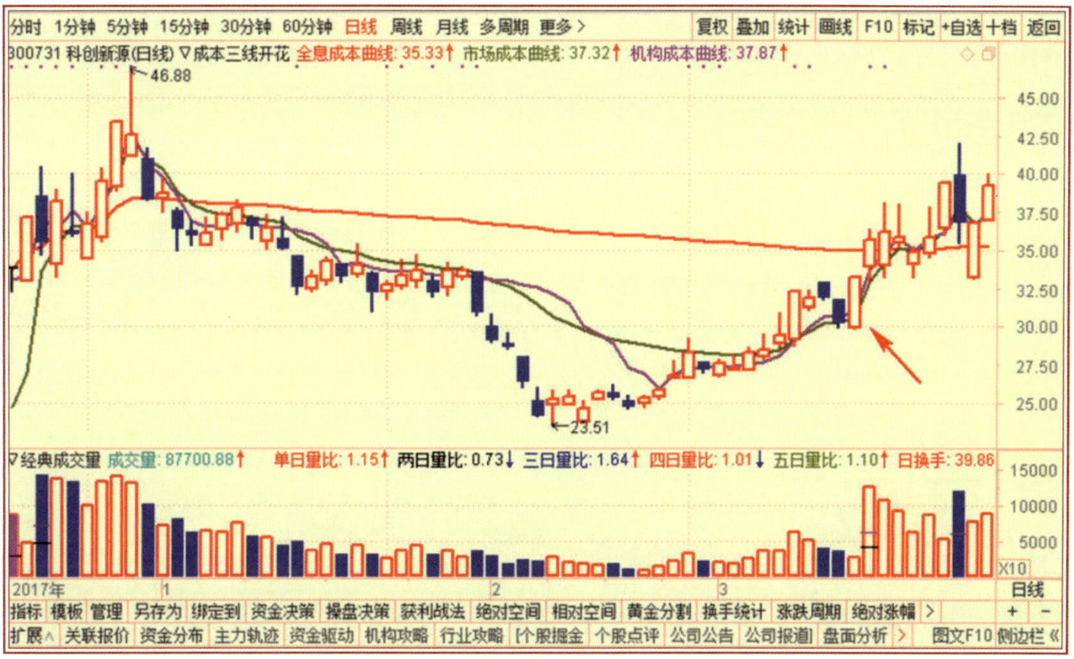

图186 下行趋势中的放大量反包线

第二类适合买入的技术图形，技术特征如下：

①全息成本线位于最上方，暂时还呈现向下运行的态势，距离较远。

②市场成本线位于全息成本线下方，但已有拐头向上运行的迹象。

③机构成本线位于市场成本线下方，暂时呈现向下运行的态势。

④机构成本线处于即将走平状态之中，开始出现向上拐头迹象。

⑤连续阴线下跌出现杀跌赶底迹象，做空动能得到了充分释放。

如图187所示。

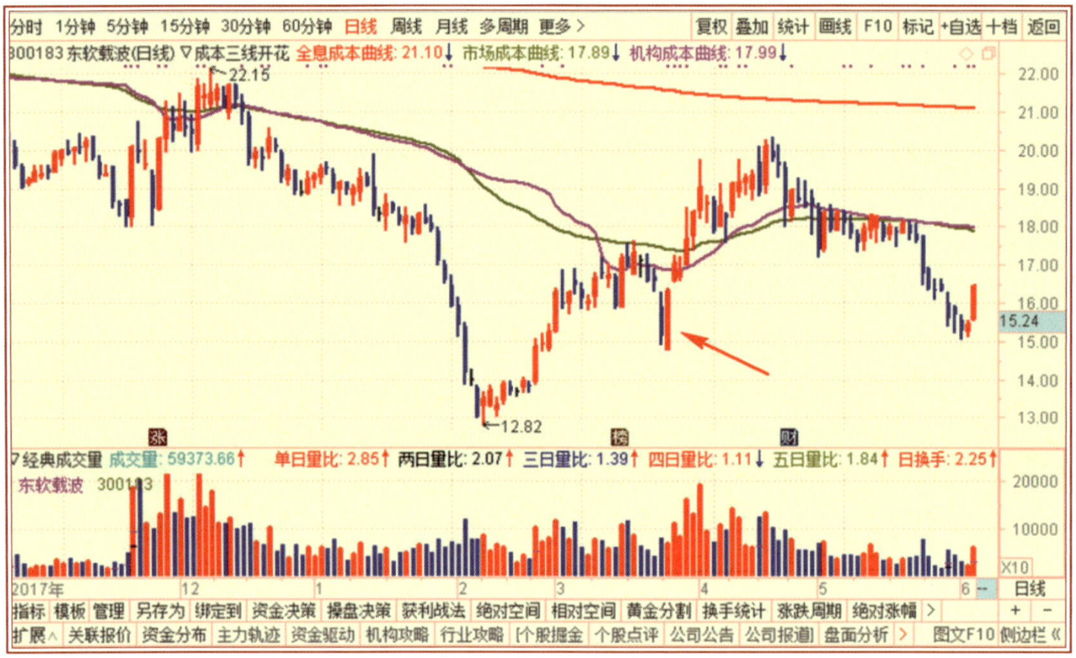

图187　连阴之后出现的反包线

四、刺透线买入法则

（1）上行趋势中的刺透线。一般而言，刺透线买入法则是次于上拉线的重要做盘定式，但从做盘的力度来说，两者的艰难程度大致相当。刺透线做盘定式是职业操盘手必须深刻领会，并积极运用的经典做盘定式。刺透线是多头积极反攻的具体表现，是主力机构积极投入大资金运作的结果。刺透线出现的时候，需要注意区分它的强弱，如果不带上影线，说明多头力量凶悍，后市行情的高度比较可观。此时可以积极介入做多。如果刺透线带有比较长的上影线，则需要谨慎对待。刺透线买入法则可以分为两大类，一类是主升型的刺透线，一类是反弹型的刺透线。不管是哪一类，都是大资金积极操作的结果。

第一类适合买入的技术图形，技术特征如下：

①全息成本线位于最下方，呈现走平或者向上运行的态势。

②市场成本线位于全息成本线上方，呈现向上运行的态势。

③机构成本线位于市场成本线上方，呈现向上运行的态势。

④三条成本线原则上处于由小到大排列状态，接近于黏合状态。

⑤成交量均衡分布，显示出筹码稳定性良好，无明显出货迹象。

如图188所示。

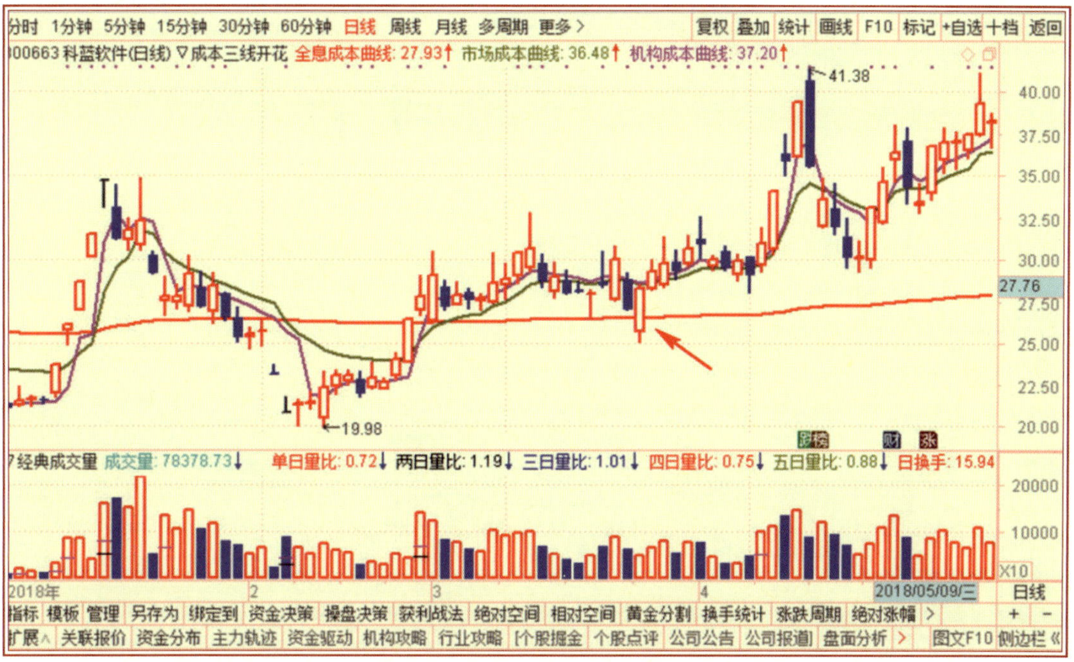

图188 上行趋势中的刺透线

第二类适合买入的技术图形，技术特征如下：

①全息成本线位于最下方，呈现典型的向上运行的态势。

②市场成本线位于全息成本线上方，呈现向上运行的态势。

③机构成本线位于市场成本线上方，呈现向上运行的态势。

④机构成本线和市场成本线处于波段式推进的进程之中。

⑤阶段性调整已经到位，主力机构开始在相对低位回补。

如图189所示。

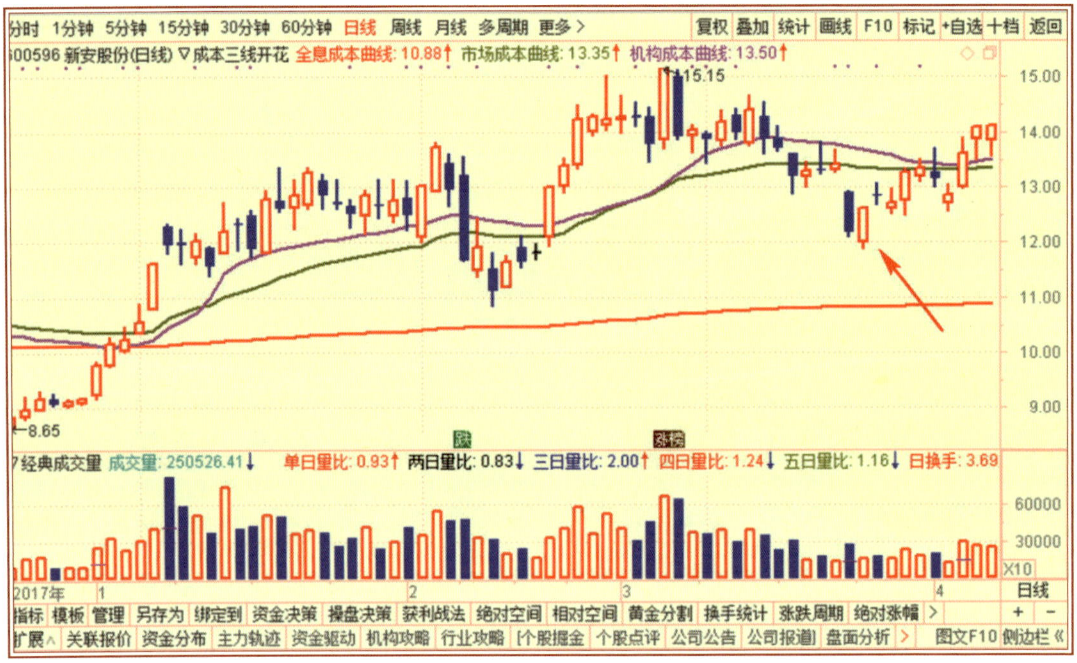

图189　调整结束后出现刺透线

（2）下行趋势中的刺透线。所谓的下行趋势，是指全息成本线总体上还处于向下运行的态势之中，但另外两条成本线已经表现出反复缠绕的技术特征，甚至出现拐头向上运行的明显特征，即市场成本线、机构成本线和全息成本线表现出明显的背离走势，这样的走势说明大级别的趋势虽然还没有逆转向上，但是中小级别的趋势已经呈现出明显的多头运行特征。之后，再次探底，放量杀跌，出现明显的赶底特征。在这样的背景下出现刺透线技术图形，表明多头开始反攻，短期底部已经出现，具有相当可信的买入特质。具体而言，有以下几种类别。

第一类适合买入的技术图形，技术特征如下：

①全息成本线位于最上方，呈现向下运行的态势。

②市场成本线位于全息成本线下方，呈现向下运行态势。

③机构成本线位于市场成本线下方，呈现向下运行态势。

④连续杀跌，最后出现向下跳空、杀跌、赶底，短期底部出现。

如图190所示。

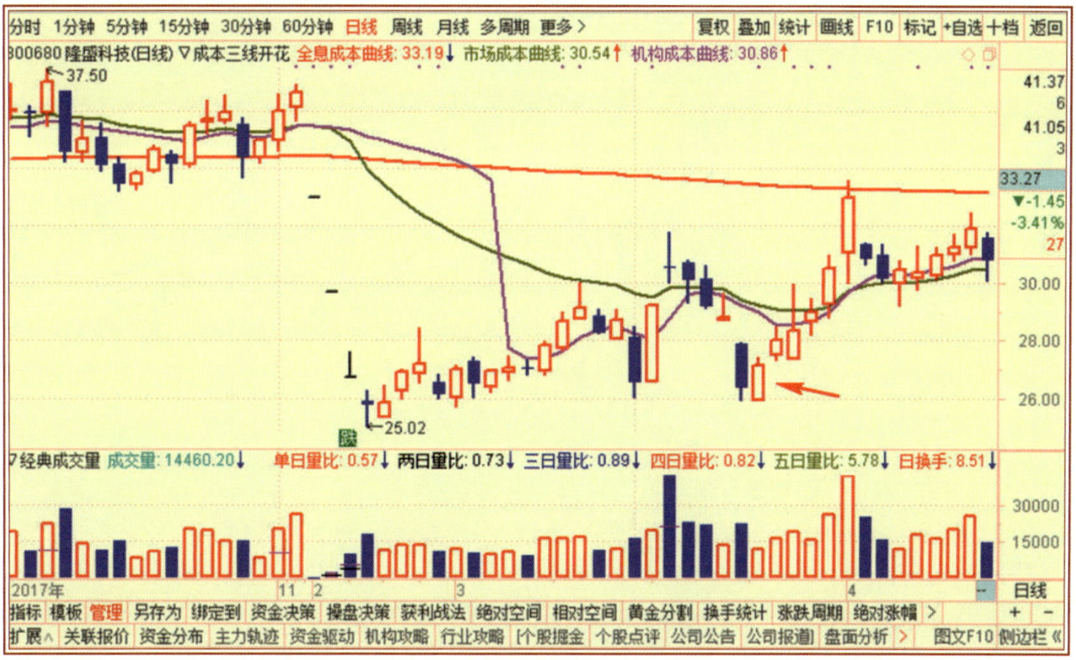

图190　下行趋势中赶底的刺透线

第二类适合买入的技术图形，技术特征如下：

①全息成本线位于最上方，呈现非常典型的向下运行的态势。

②市场成本线位于全息成本线下方，但呈现拐头向上运行的态势。

③机构成本线位于市场成本线下方，但呈现拐头向上运行的态势。

④市场成本线处于拒绝下跌的态势中，屡次出现向上拐头的迹象。

⑤机构成本线屡屡向上放量，反弹的意愿已经难以遮掩。

如图191所示。

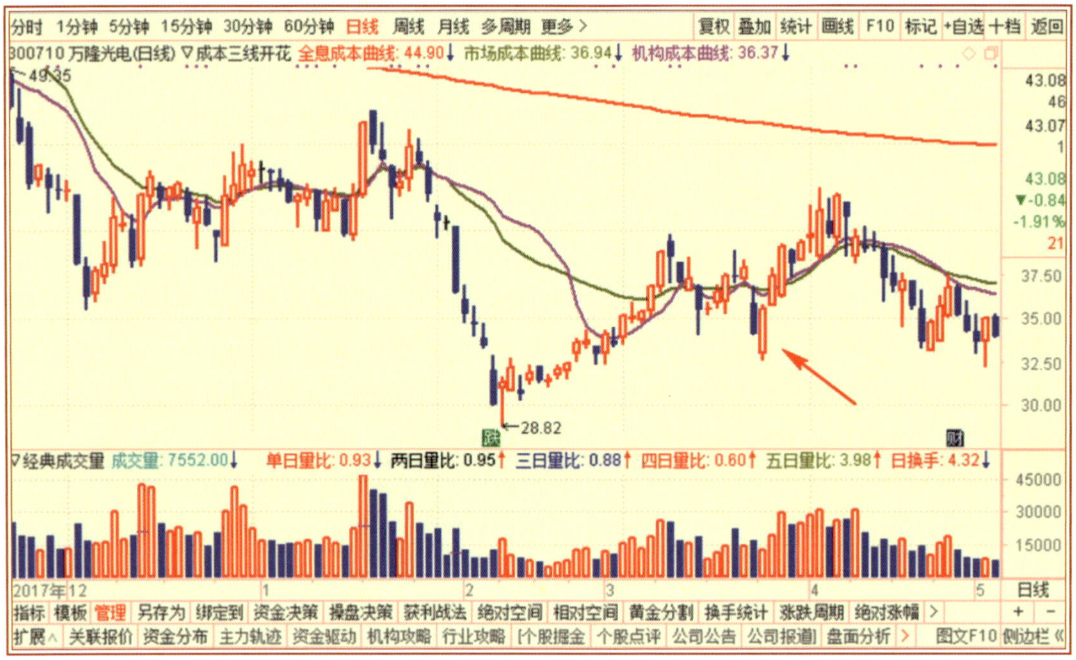

图191 下行趋势中反弹类的刺透线

五、插入线买入法则

（1）上行趋势中的插入线。插入线买入法则是次于刺透线的多头反攻重要做盘定式，主要出现于上升过程中的回踩，用来表示调整结束。在盘头阶段出现类似的图形，不属于插入线买入法则的范畴。插入线买入法则是职业操盘手必须深刻领会，并积极运用的经典做盘定式。插入线是多头积极反攻的具体表现，是主力机构积极投入大资金运作的结果。插入线买入法则可以分为两大类，一类是主升型的插入线，一类是反弹型的插入线。不管是哪一类，都是大资金积极操作的结果。插入线的下影线可以有，甚至可以很长，但上影线要尽量没有，最好是以最高价报收。如果上影线比较长，这样的插入线需要小心对待，观望为宜。

第一类适合买入的技术图形，技术特征如下：

①全息成本线位于最下方，呈现典型的走平或者向上运行的态势。

②市场成本线位于全息成本线上方，呈现走平或者向上运行的态势。

③机构成本线位于市场成本线上方，呈现明显的向上运行的态势。

④三条成本线原则上处于由小到大排列状态，甚至接近黏合状态。

⑤成交量表现出均衡特征，量价结构健康，没有明显的异常特征。

如图192所示。

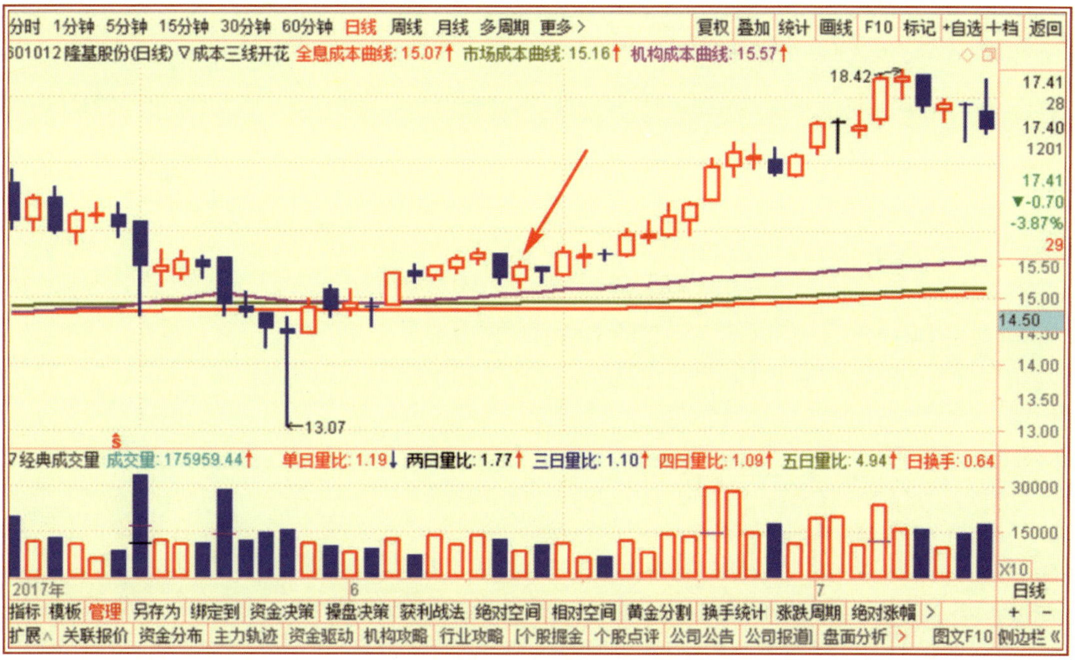

图192　上行趋势中的插入线

第二类适合买入的技术图形，技术特征如下：

①全息成本线位于最下方，呈现典型的向上运行的态势。

②市场成本线位于全息成本线上方，呈现向上运行的态势。

③机构成本线位于市场成本线上方，呈现向上运行的态势。

④三条成本线处于由小到大排列状态，并呈现向上发散的态势。

如图193所示。

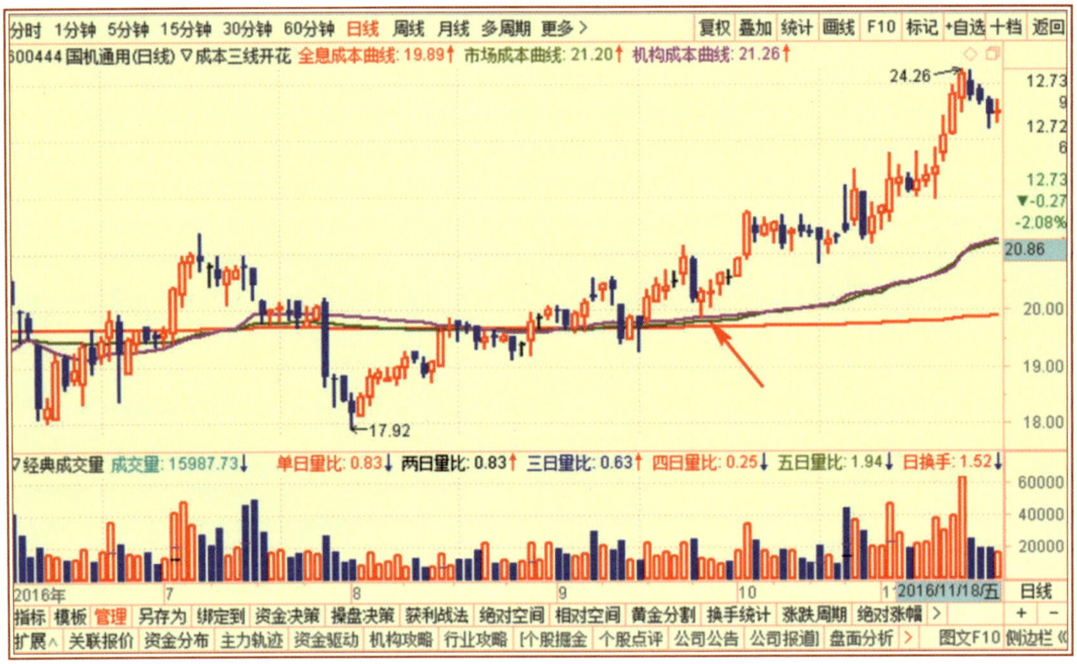

图193 上升趋势中波段推进时出现插入线买入特征

（2）下行趋势中的插入线。所谓的下行趋势，是指全息成本线还处于向下运行的态势之中，但另外两条成本线已经出现向上运行的迹象，尝试着往上走，即市场成本线、机构成本线和全息成本线表现出将要背离的走势，这样的走势说明大级别的趋势虽然还没有逆转向上，但是中小级别的趋势已经呈现出多头跃跃欲试的运行特征。在这样的背景下出现的插入线，就具有相当可信的买入特质。具体而言，有以下几种类别。

第一类适合买入的技术图形，技术特征如下：

①全息成本线位于最上方，还未呈现比较典型的向下运行的态势。

②市场成本线位于全息成本线下方，但开始呈现缓慢走平的态势。

③机构成本线位于市场成本线下方，但出现多头跃跃欲试的迹象。

④成交量开始悄悄放大，当天跳空下跌之后，多头开始奋起反击。

如图194所示。

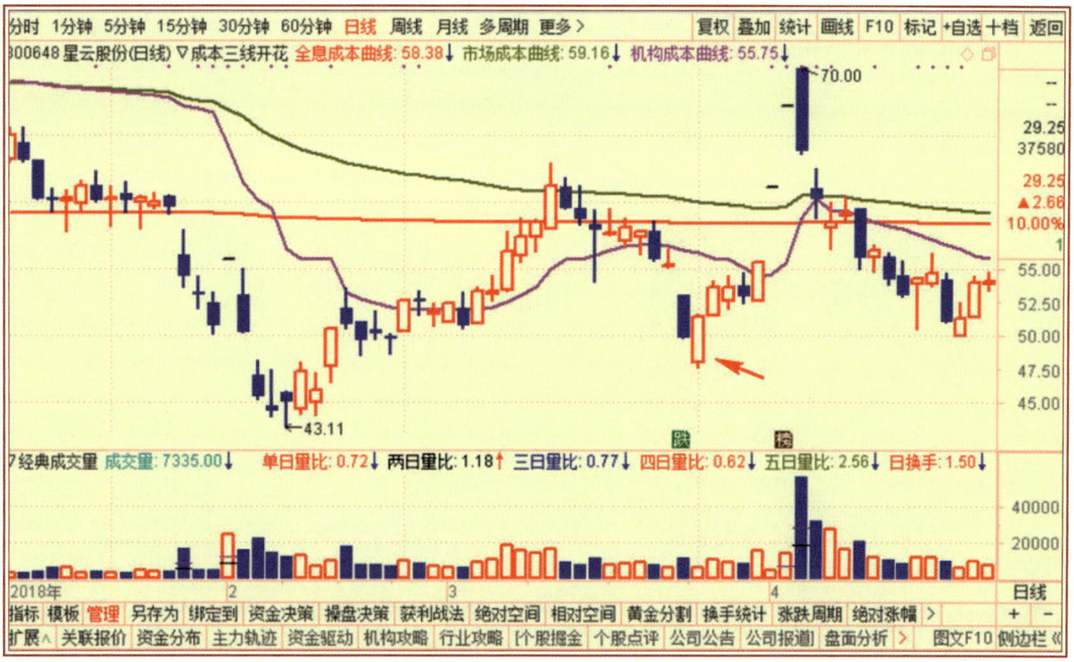

图194　下行趋势中跳空下跌之后多头反攻

第二类适合买入的技术图形，技术特征如下：

①全息成本线位于最上方，还继续向下运行，尚未出现走平的迹象。

②市场成本线位于全息成本线下方，但呈现拐头向上运行的态势。

③机构成本线位于市场成本线上方，但呈现拐头向上运行的态势。

④成交量开始阶梯式温和放大，在分时系统中已经明显看到反攻的迹象。

如图195所示。

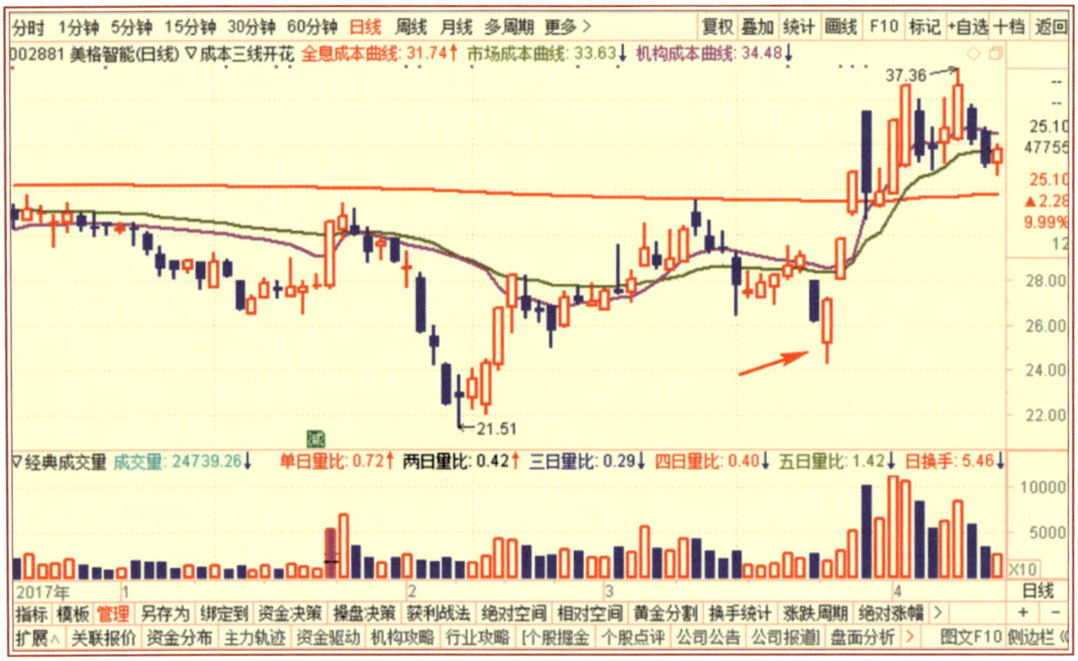

图195　第二个下跳空被多头阻击，反攻得手

六、切入线买入法则

（1）上行趋势中的切入线。切入线买入法则是次于插入线的多头反攻重要做盘定式，也是职业操盘手必须深刻领会，并积极运用的经典做盘定式。上行趋势的切入线出现在阶段性调整的末端，说明调整已经结束，新一轮波段性拉升正式启动。因此，此时出现切入线是多头积极进攻的具体表现，是主力机构积极投入大资金运作的结果。切入线买入法则可以分为两大类，一类是主升型的切入线，一类是反弹型的切入线。不管是哪一类，都是大资金积极操作的结果。

第一类适合买进的技术图形，技术特征如下：

①全息成本线和机构成本线高度黏合，呈现向上运行的态势。

②市场成本线位于全息成本线下方，呈现向上运行态势。

③机构成本线与全息成本线合而为一，呈现向上运行态势。

④这种特殊的走势表明这是中长线资金高度介入，控盘力度大。

⑤成交量温和，无特殊量柱、无巨型量柱，说明主力志在长远。

如图196所示。

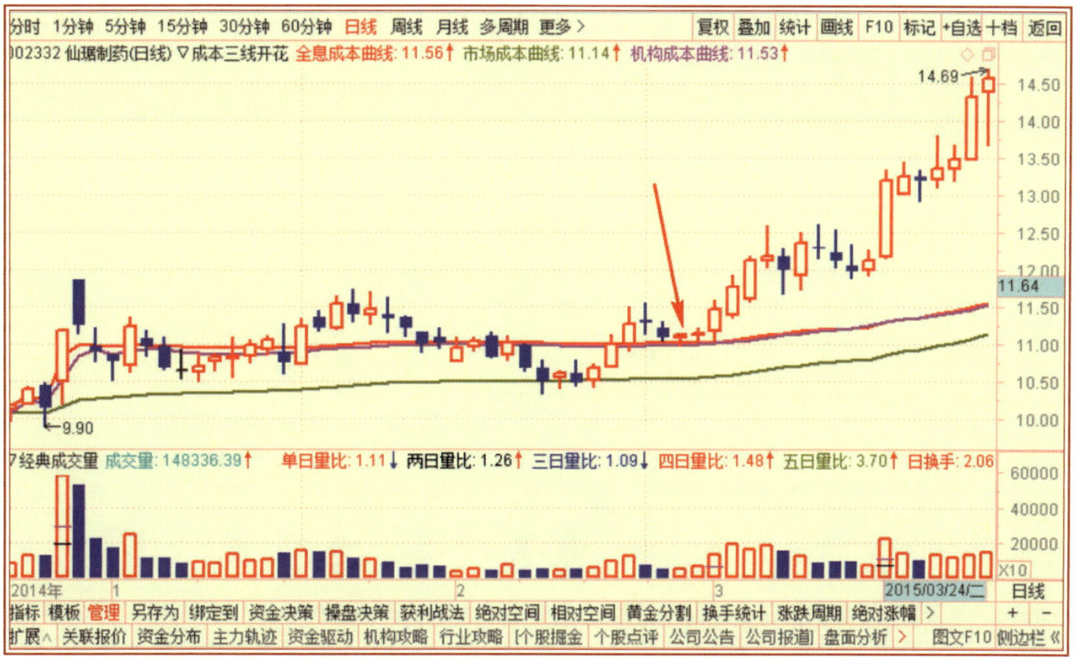

图196 全息成本线上方出现切入型小阳线

第二类适合买入的技术图形，技术特征如下：

①全息成本线位于最下方，呈现走平并开始向上运行的态势。

②市场成本线位于全息成本线上方，呈现拐头向上运行的态势。

③机构成本线位于市场成本线上方，下行速率变小，有止跌的迹象。

④缩量中阴线下拉下滑，跌破全息成本线，出现下影线止跌的迹象。

如图197所示。

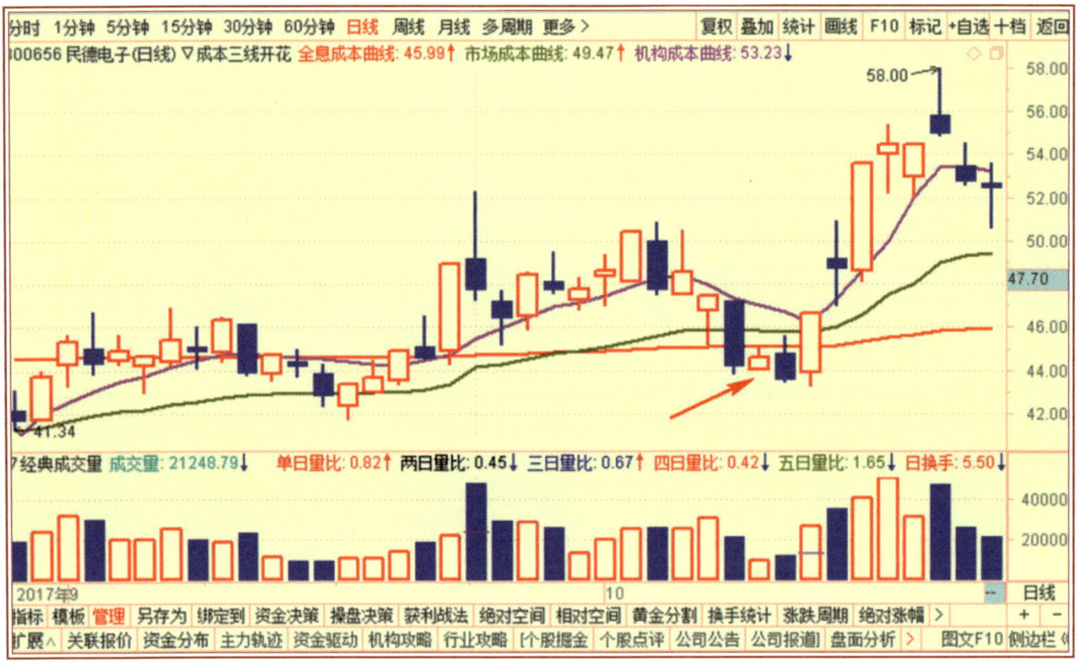

图197　全息成本线下方的切入线

（2）下行趋势中的切入线。所谓的下行趋势，是指全息成本线还处于向下运行的态势之中，另外两条成本线也表现出向下运行的明显特征，即市场成本线、机构成本线和全息成本线表现出明显的同步走势。这样的走势说明大级别的趋势还没有逆转向上，中小级别的趋势也呈现出明显的空头运行特征。但是波段运行的阶段性跌幅已经满足，连阴杀跌之后，到达了前一个低点附近，并出现了下影线抵抗特征。在这样的背景下出现的切入线，就具有相当可信的买入特质。具体而言，有以下几种类别。

第一类适合买入的技术图形，技术特征如下：

①全息成本线位于最上方，呈现向下运行的态势。

②市场成本线位于全息成本线下方，呈现向下运行的态势。

③机构成本线位于市场成本线下方，呈现向下运行的态势。

④向下打压之后出现两连阴走势，前一个低点附近出现止跌的迹象。

如图198所示。

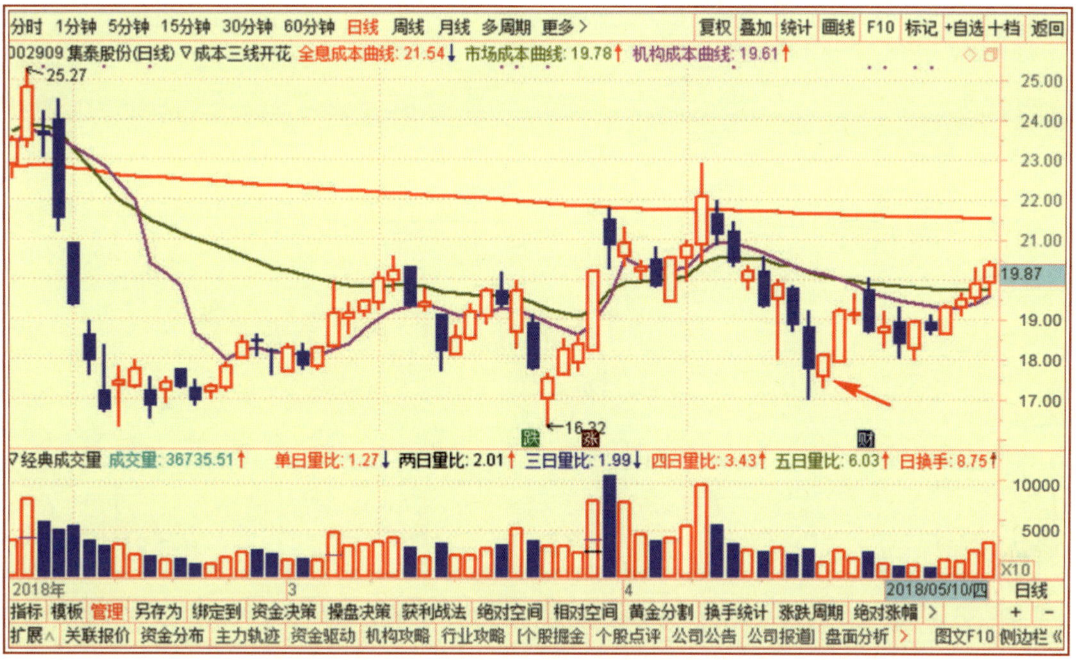

图198　前一个低点附近出现切入线止跌

第二类适合买入的技术图形，技术特征如下：

①全息成本线位于最上方，呈现向下运行的态势，距离比较远。

②市场成本线位于全息成本线下方，但呈现向上运行的态势。

③机构成本线位于市场成本线下方，但呈现向上运行的态势。

④放量突破机构成本线反弹之后缩量回调，在前一个低点附近止跌。

⑤当天向下跳空低开，出现萎缩型量峰，随后上攻，多头开始反击。

如图199所示。

图199　两连阴回调之后出现切入线

七、待入线买入法则

（1）上行趋势中的待入线。待入线买入法则是次于切入线的多头预备反攻重要做盘定式，也是波段性拉升时调整即将结束的重要标志。职业操盘手对此都有很深刻的体会，其他投资者必须深刻领会这种做盘定式。这是操盘手滚动拉升并积极投入资金运用波段性操纵股价的经典做盘定式。待入线是阶段性止跌的迹象，是多头积极进攻再次拉升的具体表现，是主力机构积极投入大资金运作的结果。待入线买入法则可以分为两大类，一类是主升型的待入线，一类是反弹型的待入线。不管是哪一类，都是大资金积极操作的结果。

第一类适合买入的技术图形，技术特征如下：

①全息成本线位于最下方，呈现向上运行的态势。

②市场成本线位于全息成本线上方，呈现向上运行的态势。

③机构成本线位于市场成本线上方，呈现向下运行的态势。

④需要特别注意这里的机构成本线与市场成本线的背离特征。

⑤经过反复杀跌之后，在全息成本线附近出现破底翻特征。

⑥跌破全息成本线之后，多头疯狂反击，连续拉出阳线。

如图200所示。

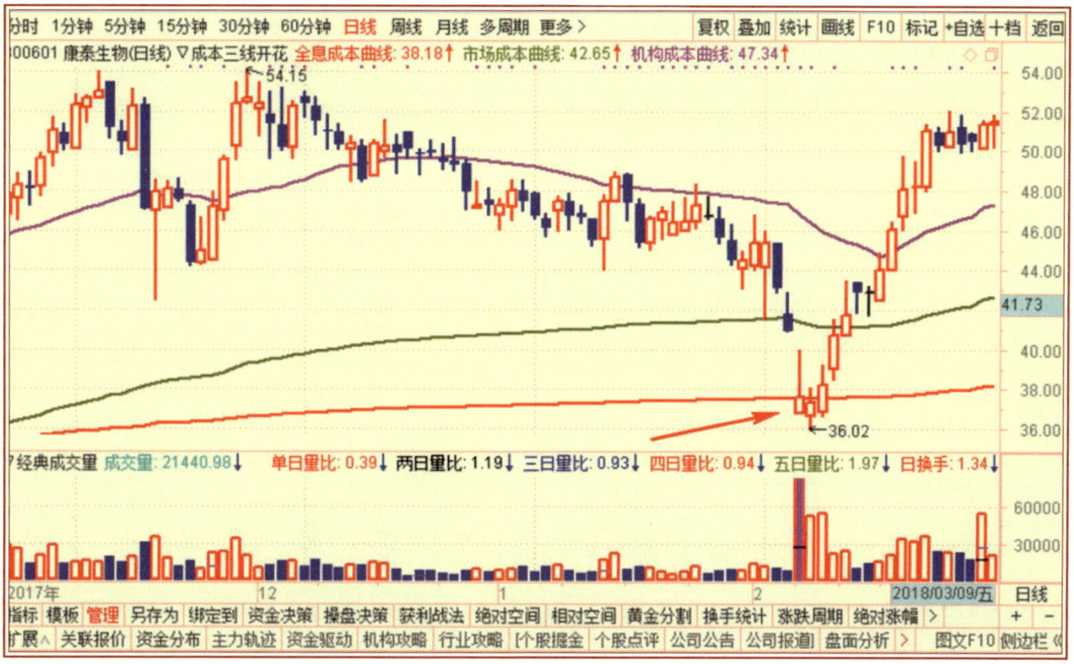

图200　全息成本线附近出现破底翻

第二类适合买入的技术图形，技术特征如下：

①全息成本线位于最下方，呈现向上运行的态势。

②市场成本线位于全息成本线上方，呈现向上运行的态势。

③机构成本线位于市场成本线下方，呈现向上运行的态势。

④三条成本线处于由小到大排列状态。

⑤股价呈现出小波段反复推升的特征，连阳连阴交错出现。

如图201所示。

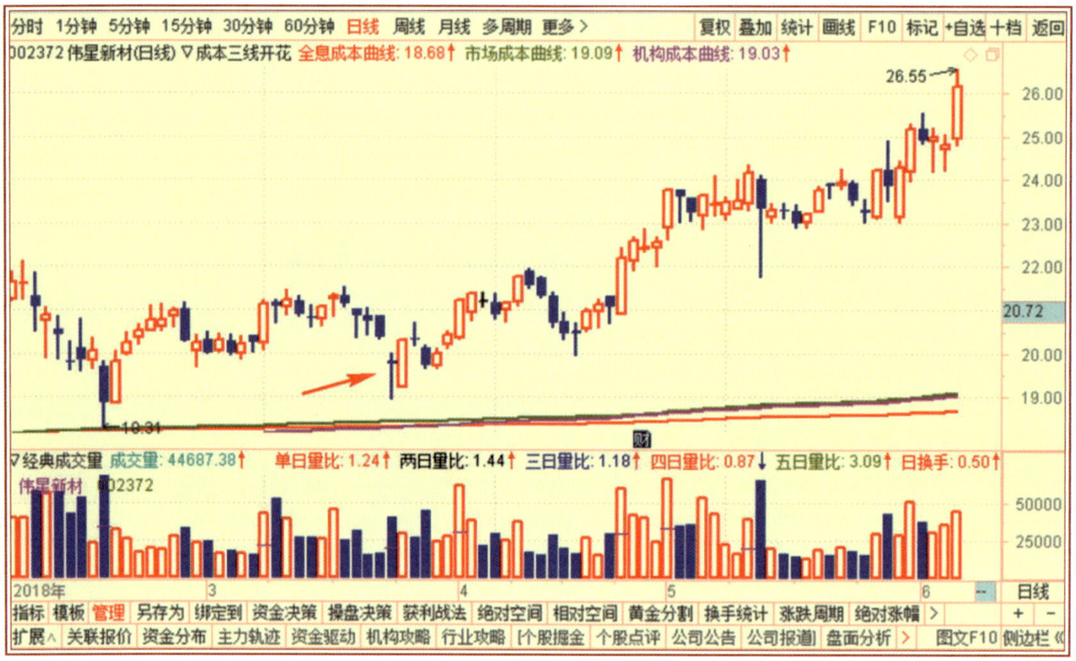

图201　连阴之后快速杀跌，出现待入线

（2）下行趋势中的待入线。所谓的下行趋势，是指全息成本线还处于向下运行的态势之中，但另外两条成本线已经表现出波段性运行的明显特征，即市场成本线、机构成本线和全息成本线表现出明显的波段性背离走势。这样的走势说明大级别的趋势虽然还没有逆转向上，但是中小级别的趋势已经呈现出明显的多空轮动运行特征。在这样的背景下出现待入线，就说明这是空头行情阶段性结束、多头行情阶段性开启的技术特征。因此这时出现待入线，是新一轮小波段拉升的启动信号，可信程度比较高。具体而言，有以下几种类别。

第一类适合买入的技术图形，技术特征如下：

①全息成本线位于最上方，呈现向下运行缓慢走平的态势。

②市场成本线位于全息成本线下方，但呈现上下波动的态势。

③机构成本线位于市场成本线下方，但呈现上下波动的态势。

④机构成本线与市场成本线接近黏合，小波段反复推进。

⑤成交量间歇性放大，收放自如，说明有大资金积极运作。

如图202所示。

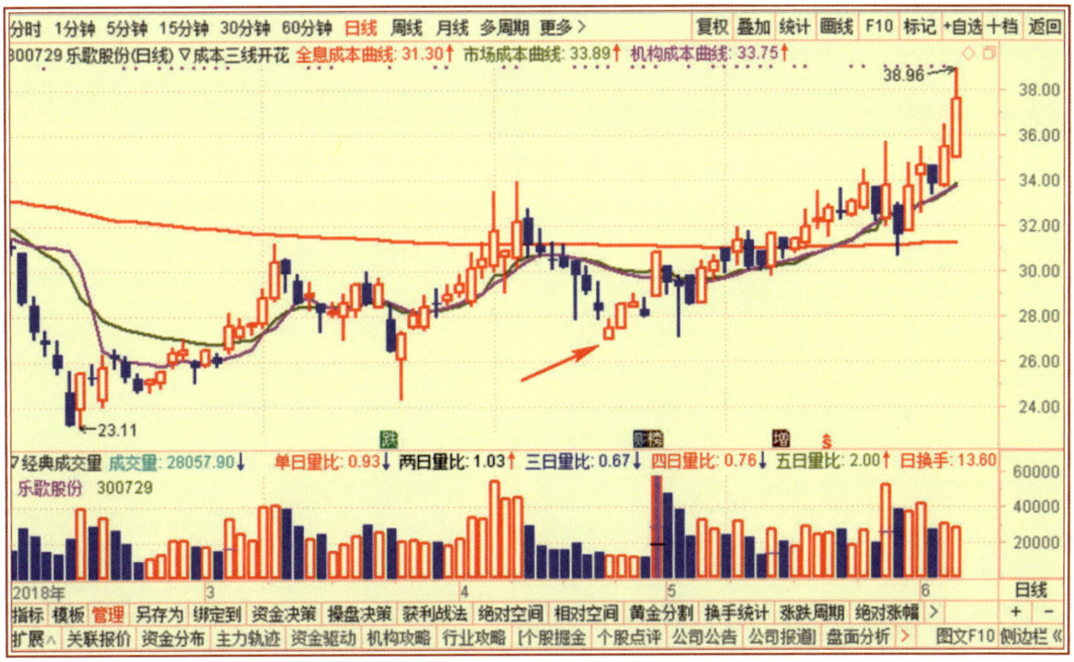

图202 待入线成为新一轮波段行情的起点

第二类适合买入的技术图形，技术特征如下：

①全息成本线位于最上方，呈现向下运行的态势，距离很远。

②市场成本线位于全息成本线下方，呈现上下反复波段运行的态势。

③机构成本线位于市场成本线下方，呈现上下反复波段运行的态势。

④整体K线结构阳线多阴线少，之后反复下跌，并创出近期的新低。

⑤快速杀跌之后，多头积极反攻，以长下影线小锤子报收。

如图203所示。

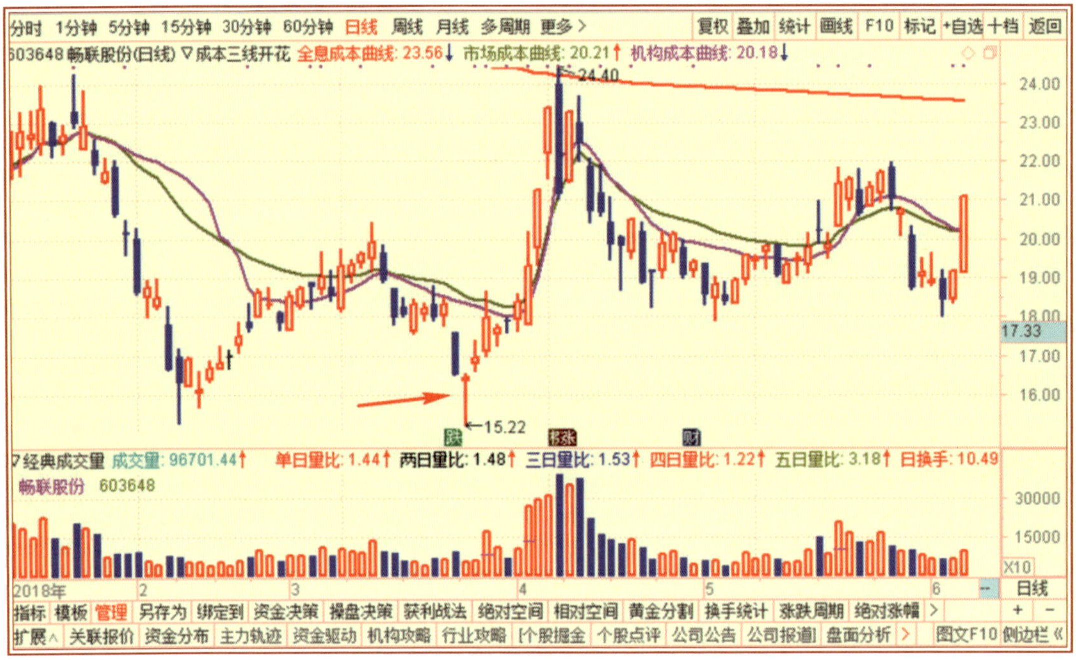

图203 下行趋势中的长下影线待入线

八、锤头线买入法则

（1）上行趋势中的锤头线。锤头线买入法则是多头反攻的重要做盘定式，也是职业操盘手必须深刻领会，并积极运用的经典做盘定式。锤头线是多空博弈的经典技术图形，如果是收阳线的锤头线，说明开盘的时候空头首先发力，收盘的时候多头战而胜之。如果是收阴线的锤头线，说明开盘的时候多头首先发力，收盘的时候空头稍占上风。无论是哪一种技术图形，都表明多空分歧明显，这是多头积极进攻的具体表现，是主力机构积极投入大资金运作的结果。锤头线买入法则可以分为两大类，一类是主升型的锤头线，一类是反弹型的锤头线。不管是哪一类，都是大资金积极操作的结果。

第一类适合买入的技术图形，技术特征如下：

①全息成本线位于最下方，呈现走平并向上运行的态势。

②市场成本线位于全息成本线上方，呈现向上运行的态势。

③机构成本线位于市场成本线上方，呈现向上运行的态势。

④三条成本线原则上处于由小到大排列状态，接近黏合状态。

⑤K线整体结构小连阳之后小调整，反复出现，建仓迹象明显。

⑥以锤头线、小锤头线宣告向下打压结束，上升行情重新开始。

如图204所示。

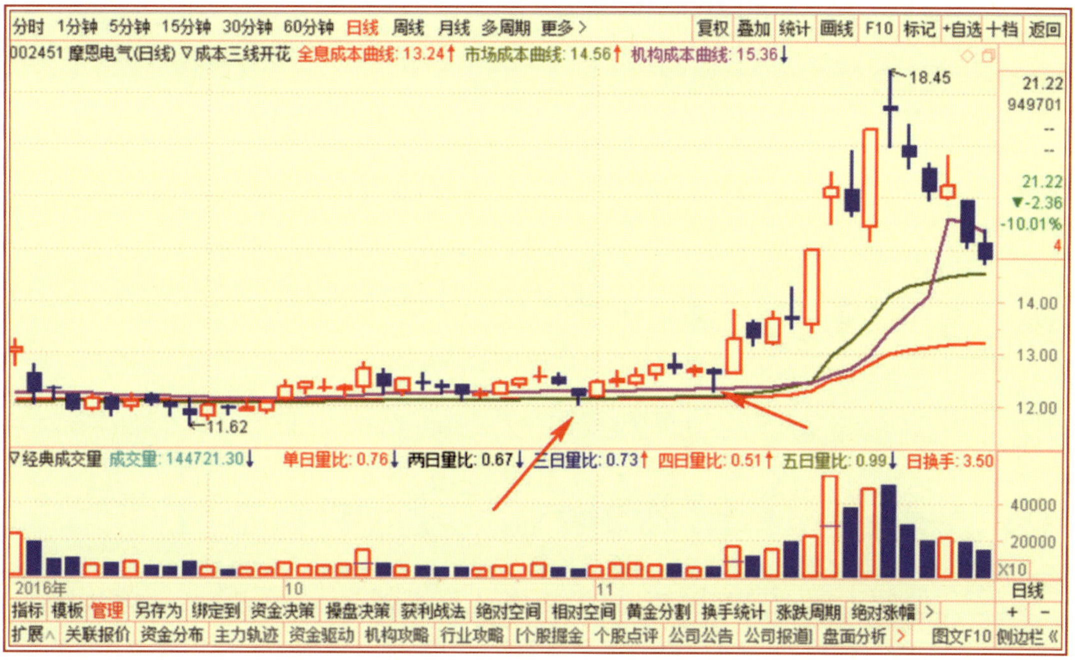

图204　上行趋势中的小锤头线

第二类适合买入的技术图形，技术特征如下：

①全息成本线位于最下方，呈现走平并向上运行的态势。

②市场成本线位于全息成本线上方，呈现向上运行的态势。

③机构成本线位于市场成本线附近，呈现黏合运行的态势。

④三条成本线处于由小到大排列状态，并高度黏合。

如图205所示。

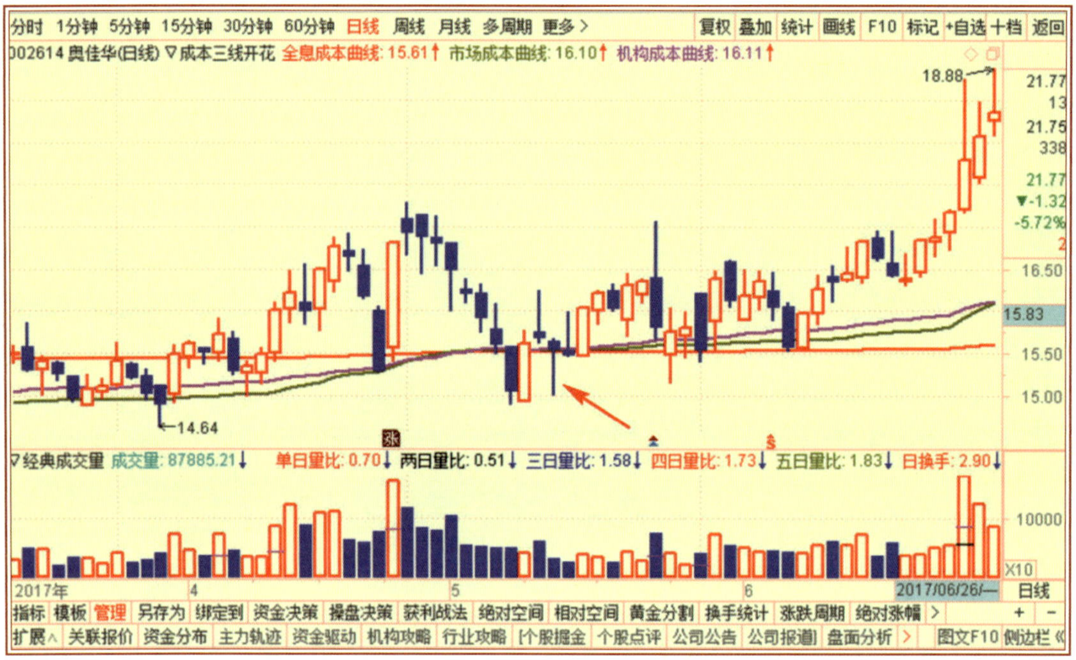

图205　三线黏合锤头线买入法

（2）下行趋势中的锤头线。所谓的下行趋势，是指全息成本线还处于向下运行的态势之中，但另外两条成本线已经表现出走平开始拐头向上运行的明显特征，即市场成本线、机构成本线和全息成本线表现出明显的异步走势。这样的走势说明大级别的趋势虽然还没有逆转向上，但是中小级别的趋势已经呈现出明显的多头运行特征。在这种背景下出现的锤头线，就具有相当可信的买入特质。具体而言，有以下几种类别。

第一类适合买入的技术图形，技术特征如下：

①全息成本线位于最上方，暂时还呈现向下运行的态势。

②市场成本线位于全息成本线下方，但呈现向上运行的态势。

③机构成本线位于市场成本线下方，但呈现向上运行的态势。

如图206所示。

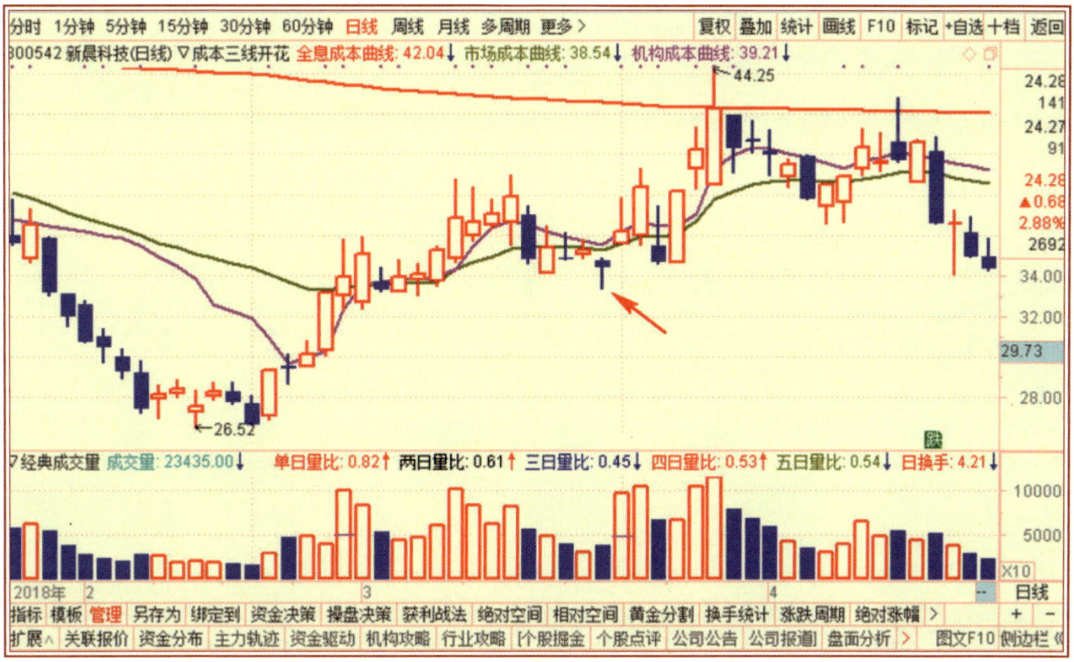

图206 下行趋势中的小锤头线

第二类适合买入的技术图形，技术特征如下：

①全息成本线位于最上方，呈现向下运行的态势。

②市场成本线位于全息成本线下方，也呈现向下运行的态势。

③机构成本线位于市场成本线下方，也呈现向下运行的态势。

④三连阴缩量下跌，在前面最近的低点附近出现止跌迹象。

如图207所示。

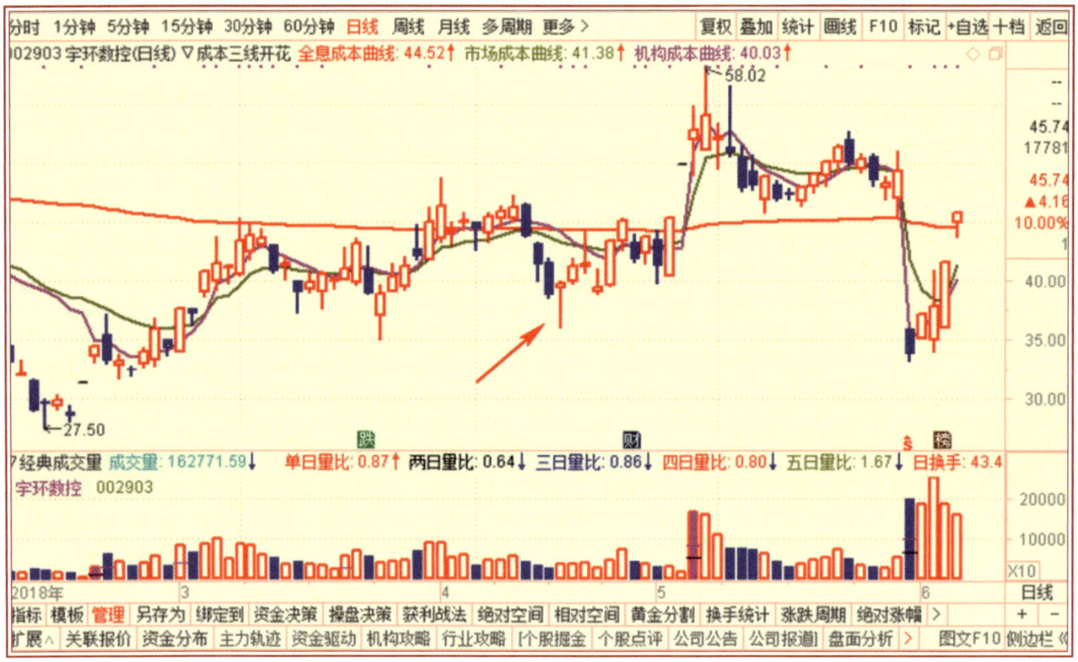

图207　三连阴之后的小锤头线

九、十字线买入法则

（1）上行趋势中的十字线。十字线买入法则是很常见的、非常重要的做盘定式，也是职业操盘手必须深刻领会，并积极运用的经典做盘定式。十字线是多头积极进攻的具体表现，也是空头积极反扑的具体表现，是主力机构积极投入大资金运作、投入大批量筹码打压的结果。十字线出现在不同的空间位置，技术意义各不相同。出现在空间位置低位的时候，是买入信号。出现在空间位置高位的时候，则是卖出信号。十字线买入法则可以分为两大类，一类是主升型的十字线，一类是反弹型的十字线。不管是哪一类，都是主力机构积极操作的结果。

第一类适合买入的技术图形，技术特征如下：

①全息成本线位于最下方，呈现走平并将要向上运行的态势。

②市场成本线位于全息成本线上方，呈现向上运行的态势。

③机构成本线位于市场成本线上方，呈现向上运行的态势。

④三条成本线处于由小到大排列状态，其中有两条线黏合在一起。

⑤K线整体走势处于整理阶段，说明波段性拉升之后开始调整。

这时候出现整理性质的十字线，在操作上可以根据滚动操盘的原则，上影线卖出，下影线买入。为什么要这样操作呢？因为主力机构这时候也是这样的做盘思路，急拉之后急跌，急跌之后再次拉起，反复多次。这样做盘，既可以起到清洗浮筹的作用，又可以从中滚动操作，增加收益。这正是十字线做盘定式的奇妙之处。看似无涨跌，实际上主力已经在其中大赚特赚了。如图208所示。

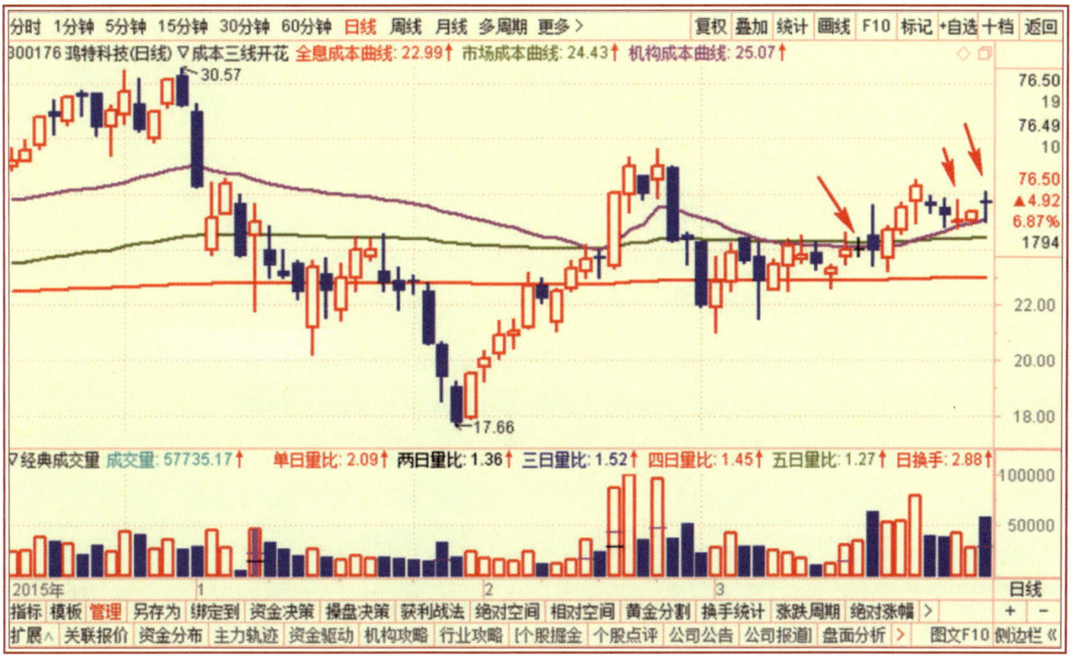

图208　神奇的十字线

第二类适合买入的技术图形，技术特征如下：

①全息成本线位于最下方，呈现走平并逐渐向上运行的态势。

②市场成本线位于全息成本线上方，呈现向上运行的态势。

③机构成本线位于市场成本线上方，呈现向上运行的态势。

④三条成本线处于由小到大排列状态，并高度黏合。

如图209所示。

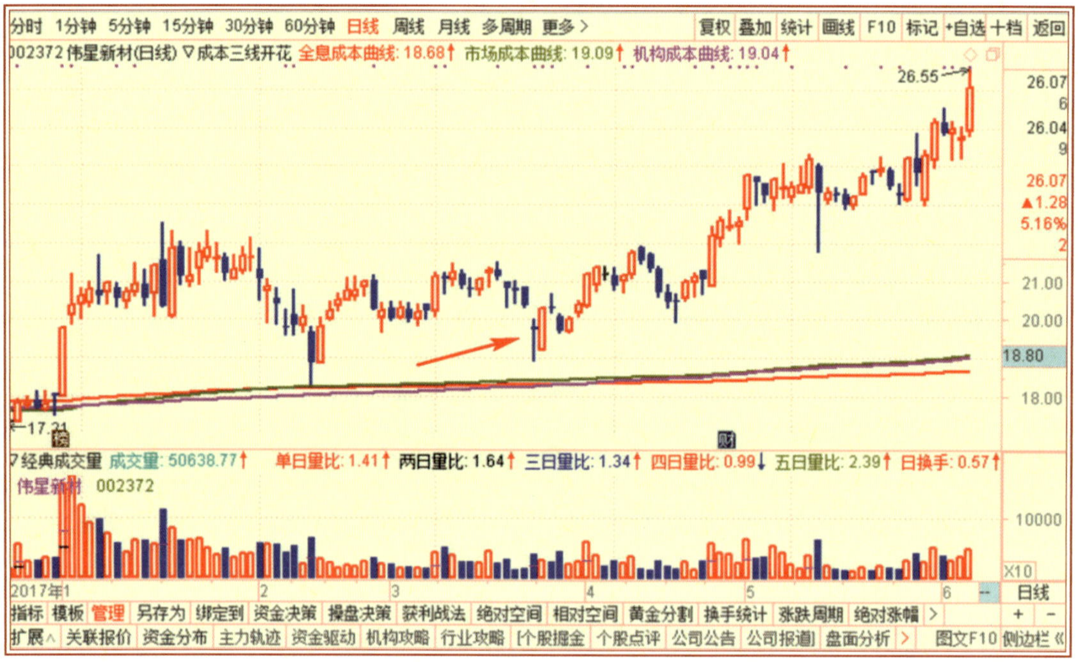

图209　下跳空的十字线

（2）下行趋势中的十字线。所谓的下行趋势，是指全息成本线还处于向下运行的态势之中，但另外两条成本线已经表现出波段式向上运行的明显特征，即市场成本线、机构成本线和全息成本线表现出明显的不同走势。这样的走势说明大级别的趋势虽然还没有逆转向上，但是中小级别的趋势已经呈现明显的多头积极运作，波段运行特征明显。这是主力机构滚动操盘的特征，也是主力机构震荡套利的结果。在这种背景下出现的十字线，就具有相当可信的买入特质。具体而言，有以下几种类别。

第一类适合买入的技术图形，技术特征如下：

①全息成本线位于最上方，呈现向下运行的态势。

②市场成本线位于全息成本线下方，但呈现上下波动的态势。

③机构成本线位于市场成本线下方，但呈现上下波动的态势。

④K线结构呈现连阳拉升、震荡打压的区间吸筹做盘手法。

这样的技术图形具有很不错的小波段套利机会，小十字星、十字线、星形线之类的小型K线，就是典型的低吸机会，也是投资者运用伏击技术局部套利的建仓点。

如图210所示。

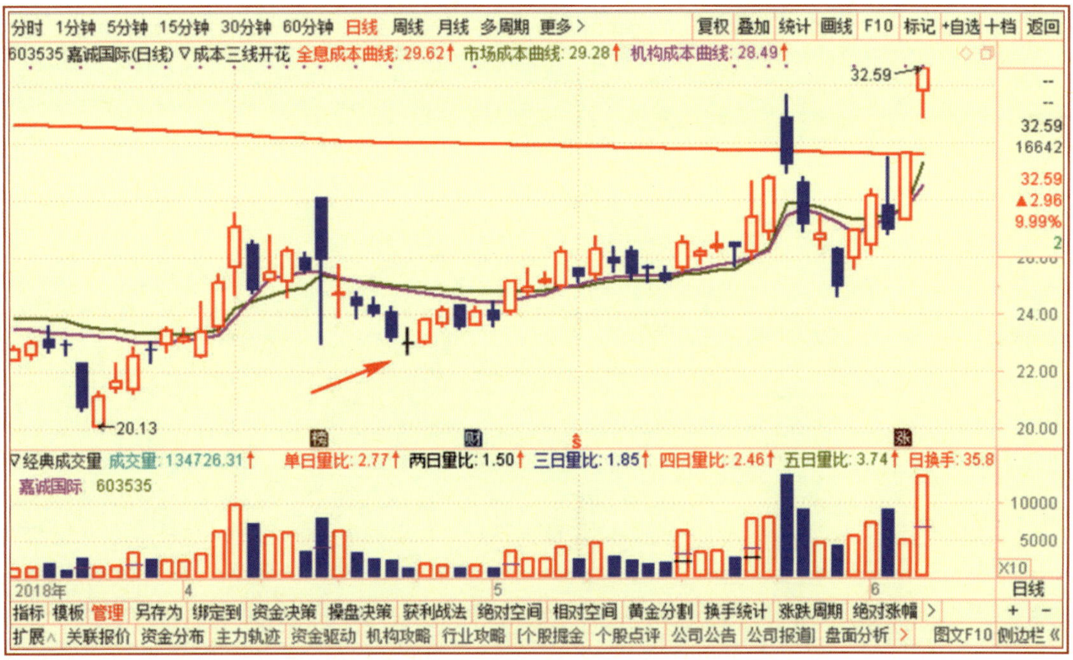

图210 连阴之后出现十字线

第二类适合买入的技术图形，技术特征如下：

①全息成本线位于最上方，呈现向下运行的态势，距离比较远。

②市场成本线位于全息成本线下方，但呈现向下运行的态势。

③机构成本线位于市场成本线下方，但呈现向下运行的态势。

④三条成本线处于由大到小排列状态，属于明显的下降走势。

⑤股价急涨之后出现快速急跌，短期内跌幅巨大，存在反弹要求。

如图211所示。

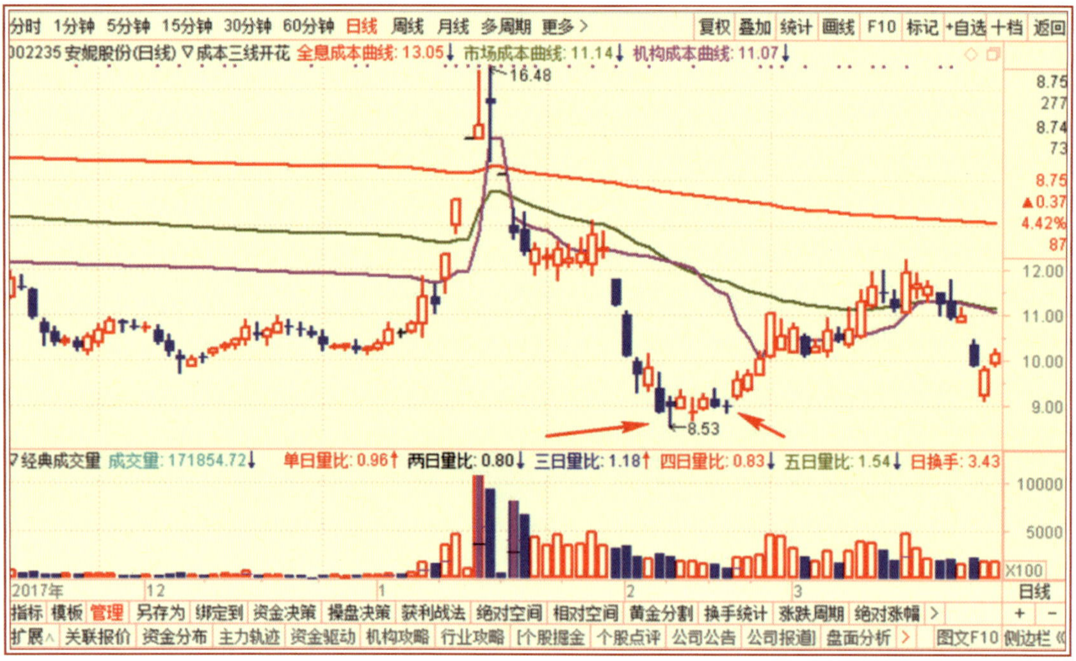

图211　严重超跌之后出现十字线

十、孕育线买入法则

（1）上行趋势中的孕育线。孕育线买入法则是重要的做盘定式，也是职业操盘手必须深刻领会并积极运用的经典做盘定式。孕育线可以出现在不同的价位，不同的空间位置，各自的技术含义不同，所蕴含的做盘意图也各不相同。孕育线有阳孕育线和阴孕育线，都是整理的技术图形。孕育线是多头积极进攻之后的修正和休整，也是调整过热技术指标的具体表现，是主力机构积极投入大资金运作的结果。孕育线买入法则可以分为两大类，一类是主升型的孕育线，一类是反弹型的孕育线。不管是哪一类，都是大资金积极操作的结果。

第一类适合买入的技术图形，技术特征如下：

①全息成本线位于最下方，呈现走平并开始向上运行的态势。

②市场成本线位于全息成本线上方，呈现向上运行的态势。

③机构成本线位于市场成本线上方，呈现向上运行的态势。

④股价快速放量拉升之后，短线获利盘过多，需要及时清洗。

⑤放大量之后，立即缩量洗盘，呈现孕育线的技术特征。

如图212所示。

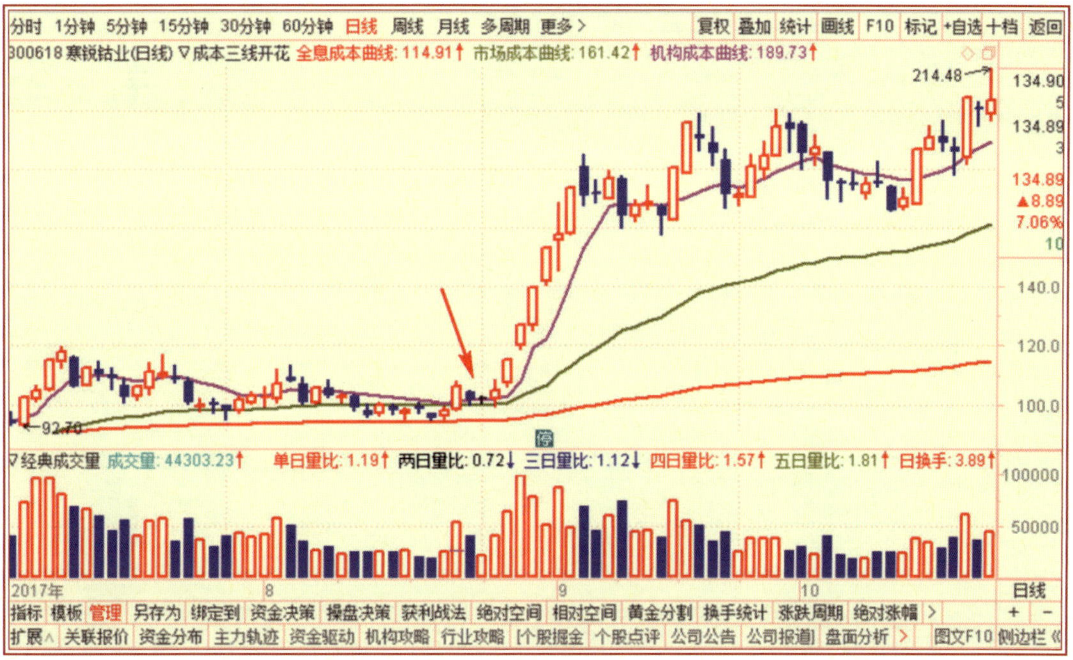

图212 缩量洗盘的孕育线

第二类适合买入的技术图形，技术特征如下：

①全息成本线位于最上方，和机构成本线黏合，呈现向上运行的态势。

②市场成本线位于全息成本线下方，呈现向上运行的态势。

③机构成本线位于市场成本线上方，呈现向上运行的态势。

④三条成本线处于错位排列状态，但呈现向上发散的态势。

如图213所示。

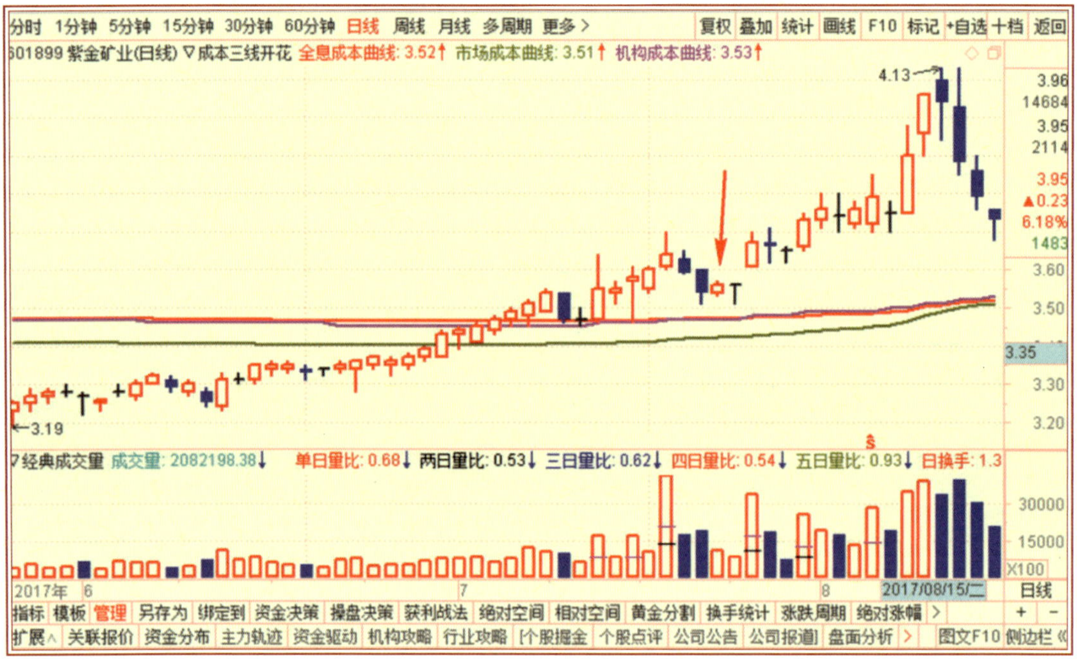

图213　错位运行中出现阴孕阳

（2）下行趋势中的孕育线。所谓的下行趋势，是指全息成本线还处于向下运行的态势之中，但另外两条成本线已经表现出向上运行的明显特征，即市场成本线、机构成本线和全息成本线表现出明显的背离走势。这样的走势说明大级别的趋势虽然还没有逆转向上，但是中小级别的趋势已经呈现为明显的多头运行特征。在这种背景下出现的孕育线，就具有相当可信的买入特质。具体而言，有以下几种类别。

第一类适合买入的技术图形，技术特征如下：

①全息成本线位于最上方，但还呈现向下运行的态势。

②市场成本线位于全息成本线下方，但呈现向上运行的态势。

③机构成本线位于市场成本线下方，但呈现向上运行的态势。

④市场成本线与机构成本线高度黏合，缩量整理，面临变盘。

如图214所示。

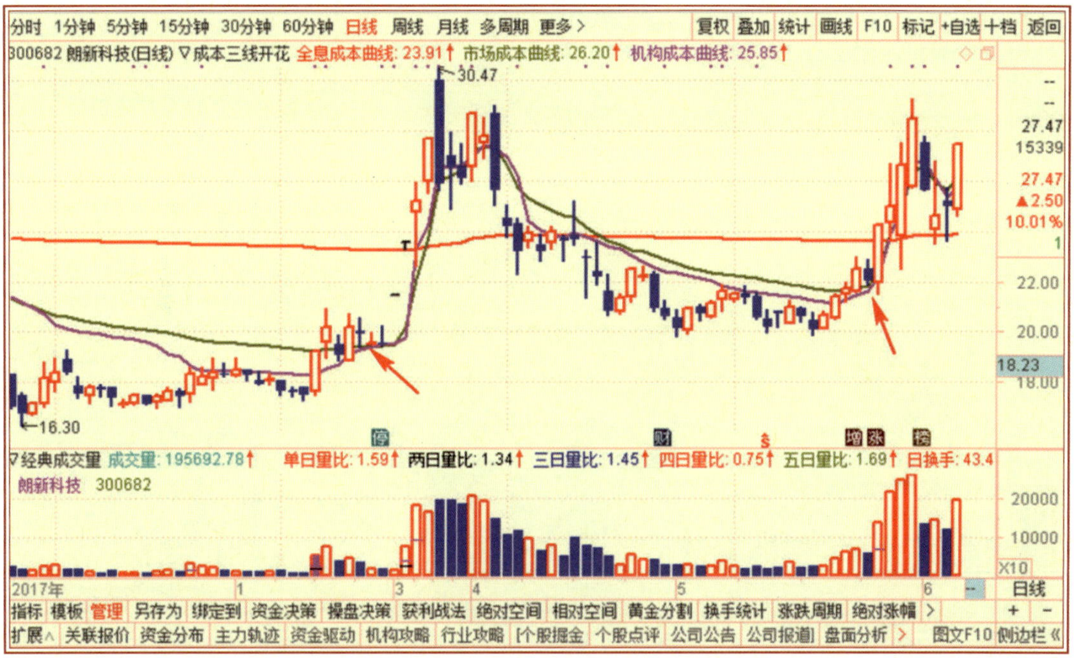

图214　星形孕育线

第二类适合买入的技术图形，技术特征如下：

①全息成本线位于最上方，但还呈现向下运行的态势。

②市场成本线位于全息成本线下方，呈现向下运行的态势。

③机构成本线位于市场成本线下方，呈现向下运行的态势。

④价格短期内快速暴跌，三条成本线处于空头排列状态。

⑤短期内出现四连阴暴跌，跌幅巨大，一定会出现止跌反弹。

如图215所示。

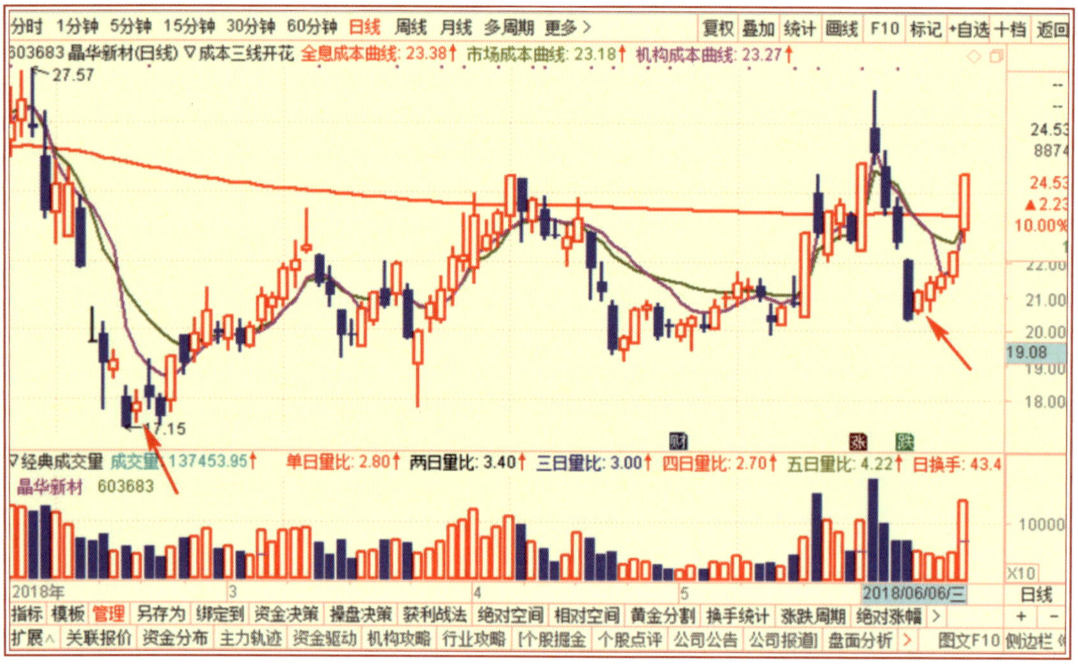

图215　短期内暴跌之后出现阴孕阳

操盘笔记

第四节
SECTION 4
成本决策体系的卖出法则

一、下跳空卖出法则

（1）上行趋势中的下跳空。在上行的趋势中出现下跳空，这是一种逆势而动的做盘行为。出现这种做盘行为，一定是要损失筹码的。我们知道，主力机构的任何打压，都要付出失去筹码的代价。为什么主力机构会情愿丢失筹码呢？只有一种解释是合理的，那就是这些筹码主力机构不再需要了，需要变现了。因此，任何空间为高位的放大量向下跳空，都可以理解为主力机构的出货动作，甚至是不计成本的杀跌出货。向下跳空分为上行趋势的下跳空和下行趋势的下跳空，它们各自的卖出技术特征如下。

第一类应该卖出的技术图形，技术特征如下：

①全息成本线位于最下方，呈现向上运行的态势，距离很大。

②市场成本线位于全息成本线上方，呈现向上运行的态势，距离较大。

③机构成本线位于市场成本线上方，呈现向上运行的态势，距离较大。

④三条成本线呈现多头排列，当前价格的空间位置处于高位，获利盘巨大。

⑤在股价上升过程中还没有出现头部特征，向下跳空出现前，没有明显破位。

但是，主力终究是要兑现盈利的，要变现的。因此，当主力采用向下跳空的方式打压出货的时候，证明出货已经是迫不及待的事情。这时候，投资者立即卖出是唯一正确的选择。

如图216所示。

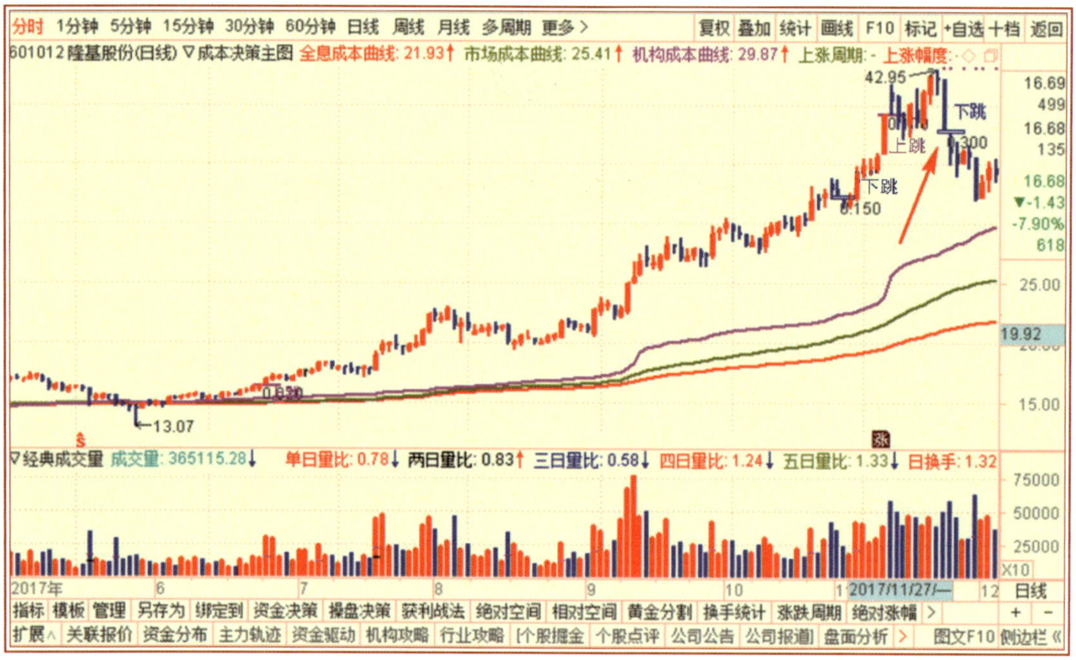

图216　上行趋势中的破位下跳空

第二类应该卖出的技术图形，技术特征如下：

①全息成本线位于最下方，还呈现平行运行的态势，距离很大。

②市场成本线位于全息成本线上方，还呈现向上运行的态势。

③机构成本线位于市场成本线上方，还呈现向上运行的态势。

④从K线整体运行态势来看，疲态已现，下行的迹象已经出现。

如图217所示。

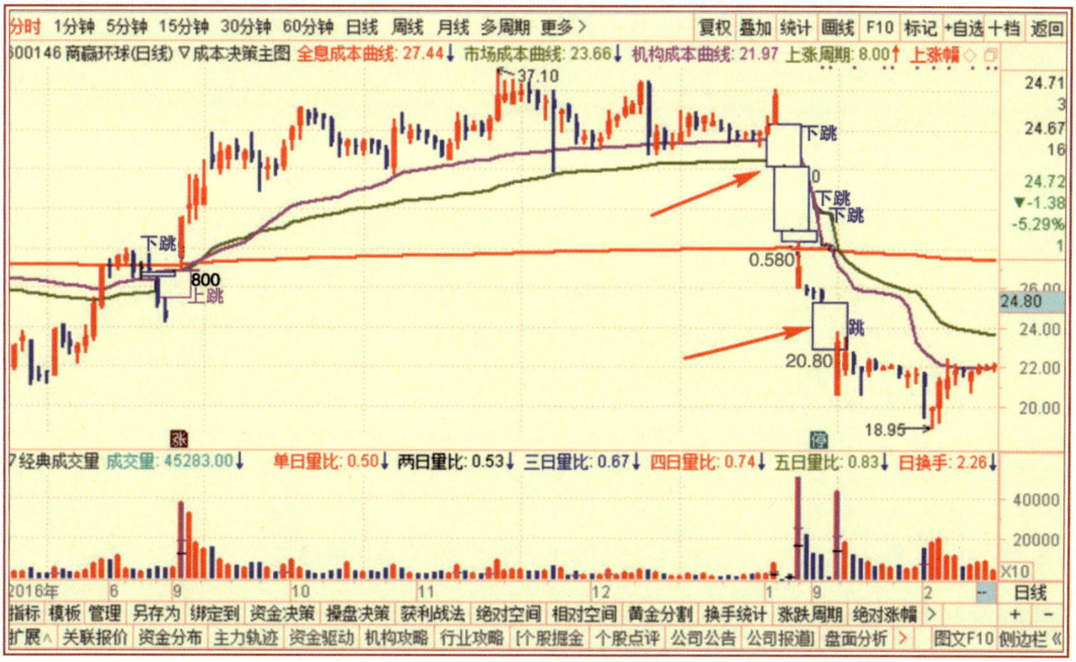

图217　拉升末期的下跳空

（2）下行趋势中的下跳空。下行趋势出现，全息成本线越来越向下倾斜，说明市场整体成交价格不断下移，很显然，这是机构不断出逃导致的结果。因此，在这样的市场背景下，一旦出现下跳空，甚至出现连续的下跳空，就是主力彻底抛售筹码的具体表现。

第一类应该卖出的技术图形，技术特征如下：

①全息成本线位于最上方，呈现典型的向下运行的态势，倾斜度越来越大。

②市场成本线位于全息成本线下方，逐波盘跌，显示出成交重心不断下移。

③机构成本线位于市场成本线下方，反弹无力，杀跌有量，出货迹象明显。

如图218所示。

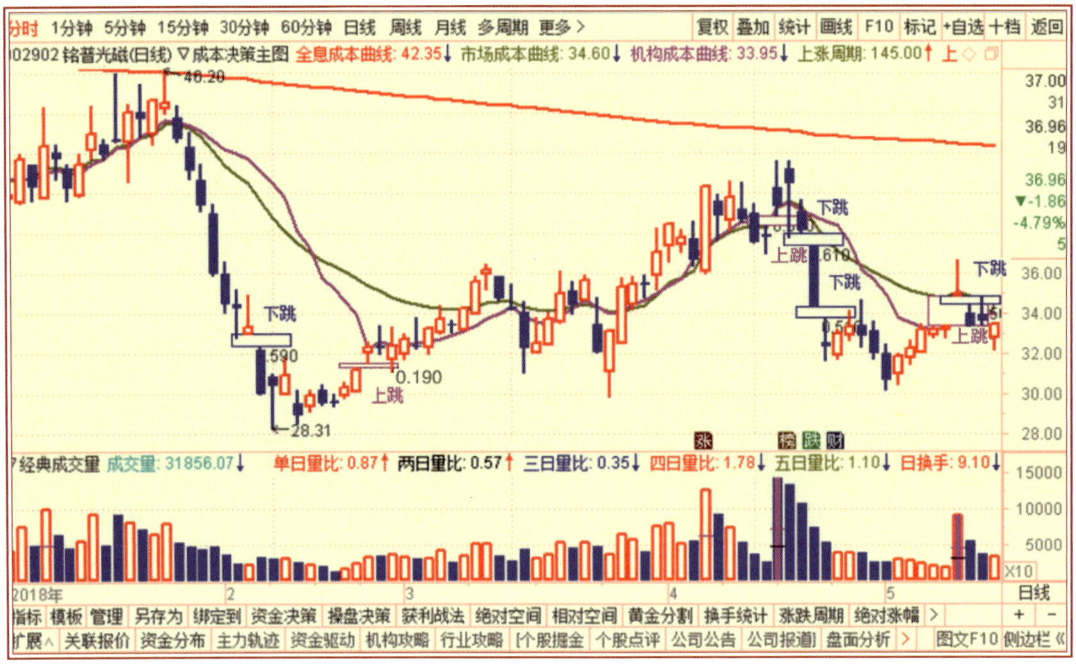

图218　机构杀跌出货，连续向下跳空

第二类应该卖出的技术图形，技术特征如下：

①全息成本线位于最上方，呈现向下运行的态势，向下倾斜。

②市场成本线位于全息成本线下方，呈现向下运行的态势。

③机构成本线位于市场成本线下方，呈现向下运行的态势。

④三条成本线处于由大到小排列状态，呈现向下滑行的迹象。

就整体而言，三条成本线都已经显示出下行的迹象，说明主力机构已经无心做多，虽然表面上价格还在拉升，但暗地里在偷偷出货，所以才导致成本线下行。这直观地告诉我们主力机构在出货了。通过观察成本决策体系均线的运行方向，就可以看出主力做盘的企图。因此，当出现向下跳空的时候，就是主力在不顾一切杀跌出货。

如图219所示。

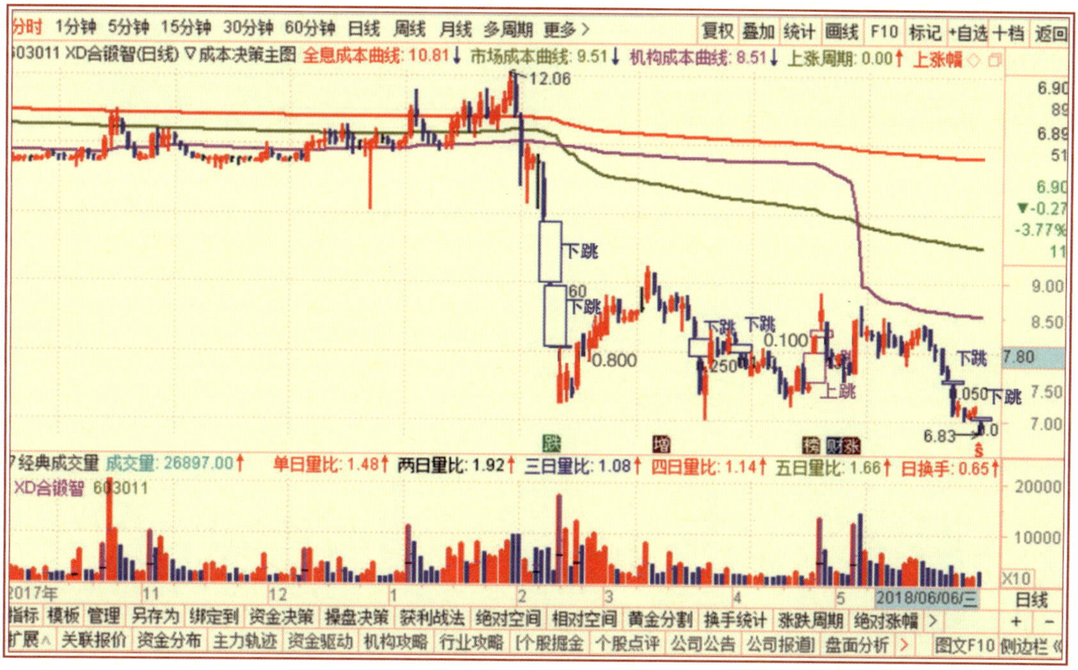

图219　向下跳空杀跌出逃

二、下滑线卖出法则

（1）上行趋势中的下滑线。所谓下滑线，即向下滑行的K线。它是与前一根K线运行方向相反的、具有向下运行特征的做盘行为的具体表现。下滑线是主力机构积极出货的结果。尤其在空间位置高位，主力在拉升之后反手打压，最终目的就是出货。

第一类应该卖出的技术图形，技术特征如下：

①全息成本线位于最下方，呈现向上运行的态势，距离遥远。

②市场成本线位于全息成本线上方，但已经呈现向下运行的态势。

③机构成本线位于市场成本线上方，但已经呈现向下运行的态势。

④全息成本线与机构成本线出现明显的异步走势，这是主力机构不间断地出货造成的。此时出现下滑线，正是主力机构集中力量向下打压出货的直接表现。这时候不要误以为主力是在洗盘，没有这样洗盘的，不要误解了洗盘的意思，这是出货行为。

如图220所示。

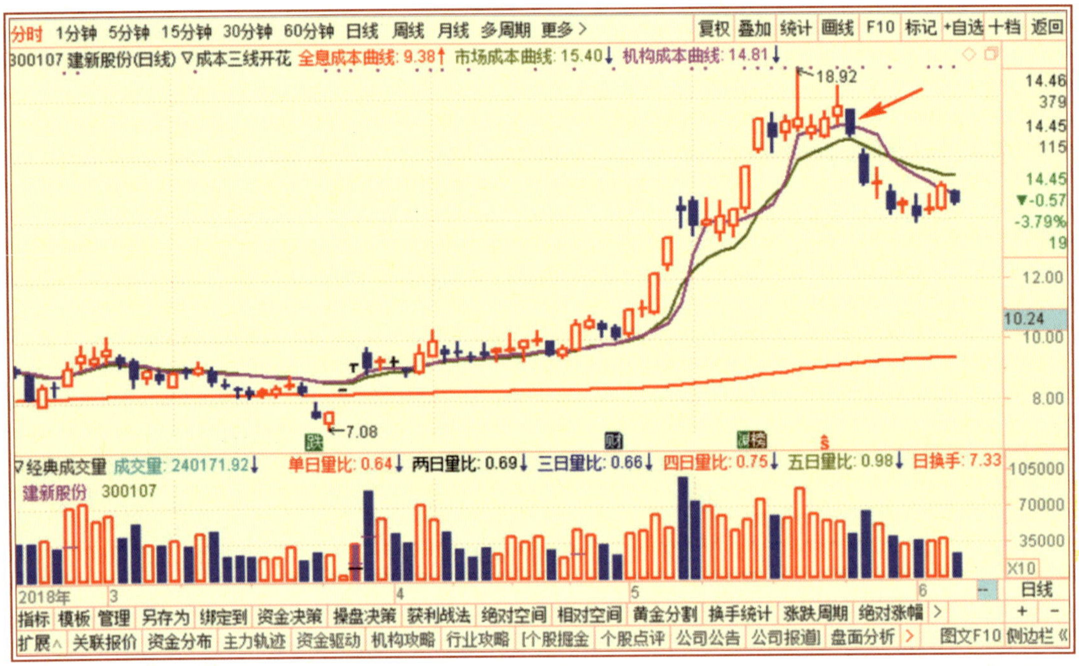

图220 空间位置高位的下滑线

第二类应该卖出的技术图形，技术特征如下：

①全息成本线位于最下方，还呈现向上运行的态势，距离很远。

②市场成本线位于全息成本线上方，呈现向上运行的态势。

③机构成本线位于市场成本线上方，呈现向上运行的态势。

④前一根K线出现螺旋桨特征，多空分歧明显，出货意图暴露无遗。

如图221所示。

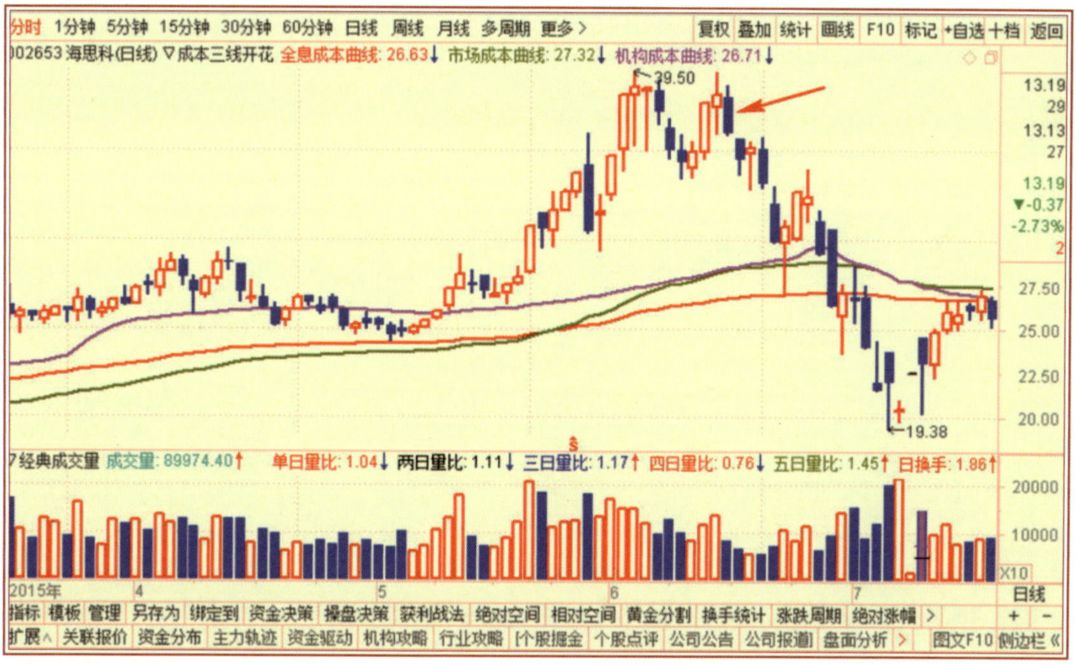

图221　高位螺旋桨图形之后出现下滑线

（2）下行趋势中的下滑线。在下行趋势中，下跌初期、下跌中期和下跌末期都会出现一些不同程度的反弹，反弹之后，继续下跌。这些时候，往往会出现明显的下滑线。

第一类应该卖出的技术图形，技术特征如下：

①全息成本线位于最上方，呈现向下运行的态势，距离比较远。

②市场成本线位于全息成本线下方，但也呈现向下运行的态势。

③机构成本线位于市场成本线下方，但也呈现向下运行的态势。

如图222所示。

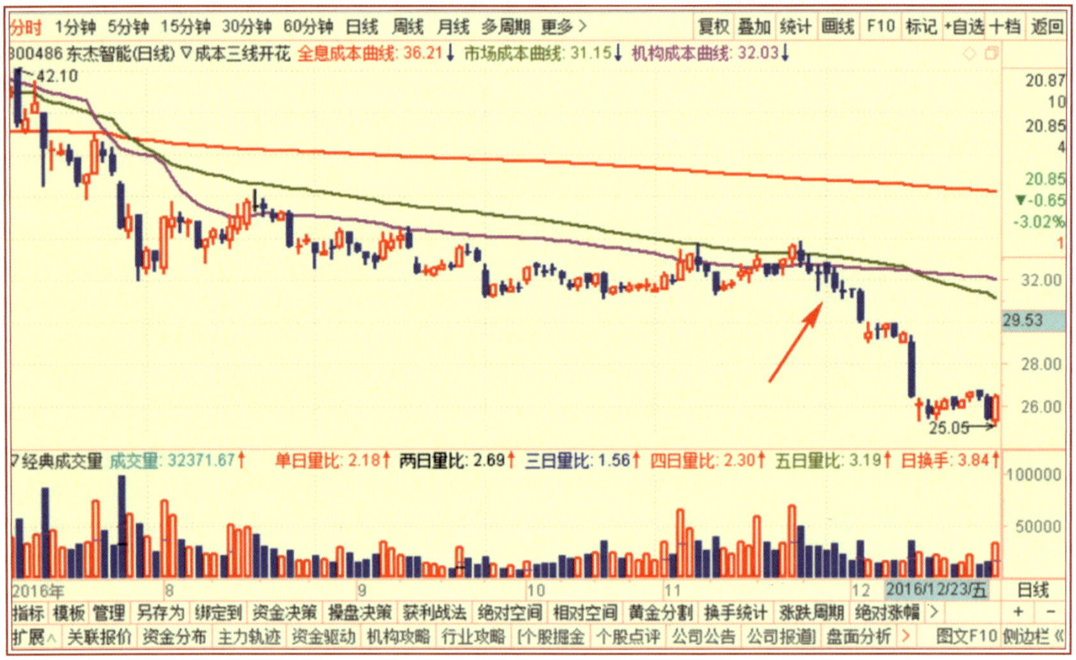

图222　典型下行趋势中的下滑线

第二类应该卖出的技术图形，技术特征如下：

①全息成本线位于最上方，呈现向下运行的态势，K线缠绕其间。

②市场成本线位于全息成本线下方，但呈现向上运行的态势。

③机构成本线位于市场成本线下方，但呈现向上运行的态势。

④三条成本线处于错位运行状态，显示出主力机构做盘逻辑混乱。

这时候出现下滑线，是协同作战出现裂痕的表现。此时可以分批减仓规避风险。如图223所示。

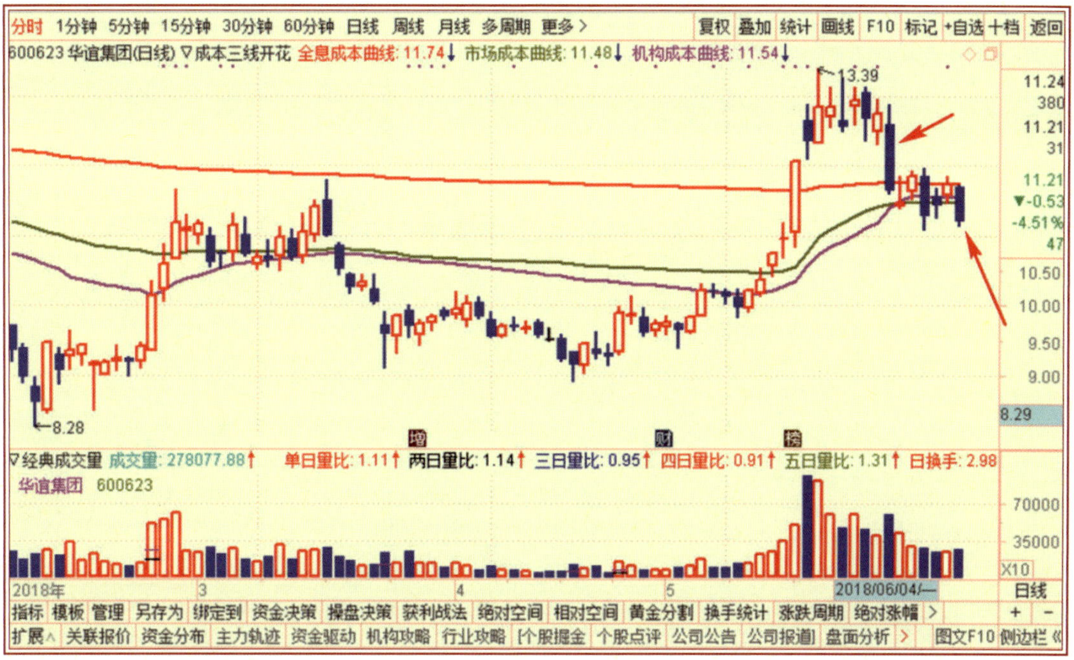

图223　错位走势中的下滑线

三、覆盖线卖出法则

（1）上行趋势中的覆盖线。所谓覆盖线，就是高开低走直接进入前一根阳线实体内的大阴线或者中阴线。从技术图形来看，有一点“劈头盖脸”的意味。覆盖线是主力机构直接打压出货的结果，是主力不间断地集中出货的具体表现。因此，但凡在空间位置的高位出现覆盖线，一定要在第一时间减仓，甚至清仓出局。既然主力都出货了，你还幻想什么呢？

第一类应该卖出的技术图形，技术特征如下：

①全息成本线位于最下方，呈现向上运行的态势，穿越K线。

②市场成本线位于全息成本线上方，呈现向上运行的态势。

③机构成本线位于市场成本线上方，呈现向上运行的态势。

④市场成本线与机构成本线高度重合，呈现出黏合状态。

⑤当天跳空高开，稍微上冲之后，直接下行，一路下跌。

如图224所示。

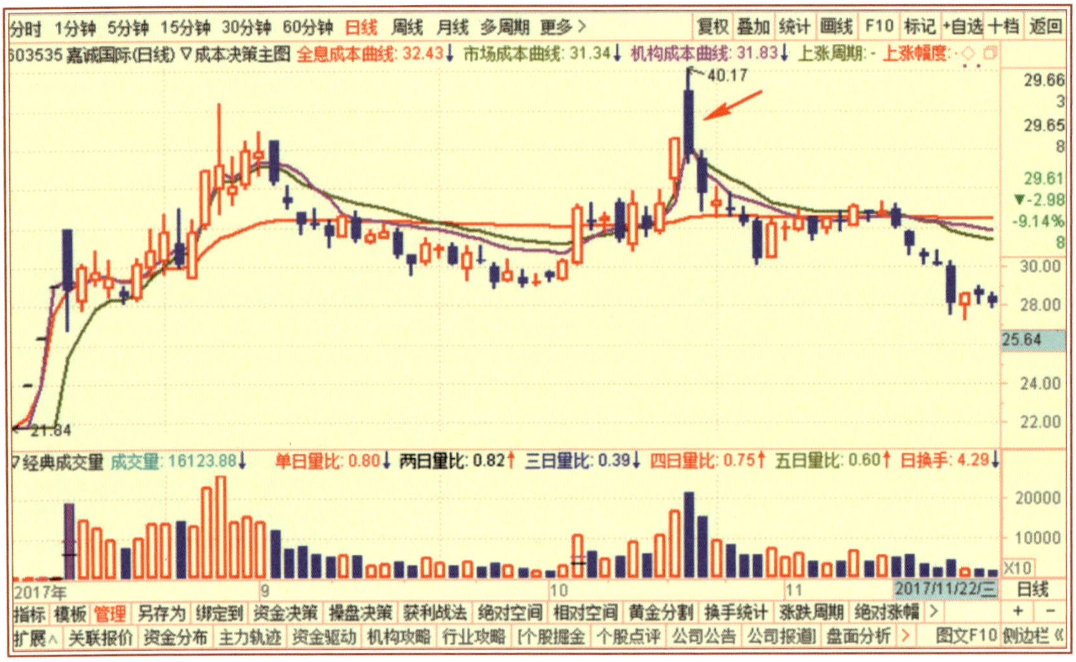

图224　上行趋势中的覆盖线

第二类应该卖出的技术图形，技术特征如下：

①全息成本线位于最下方，呈现向上运行的态势。

②市场成本线位于全息成本线上方，呈现向上运行的态势。

③机构成本线与市场成本线黏合，呈现向上运行的态势。

④三条成本线呈现出向上发散状态，貌似多头很强劲，其实不然。

如图225所示。

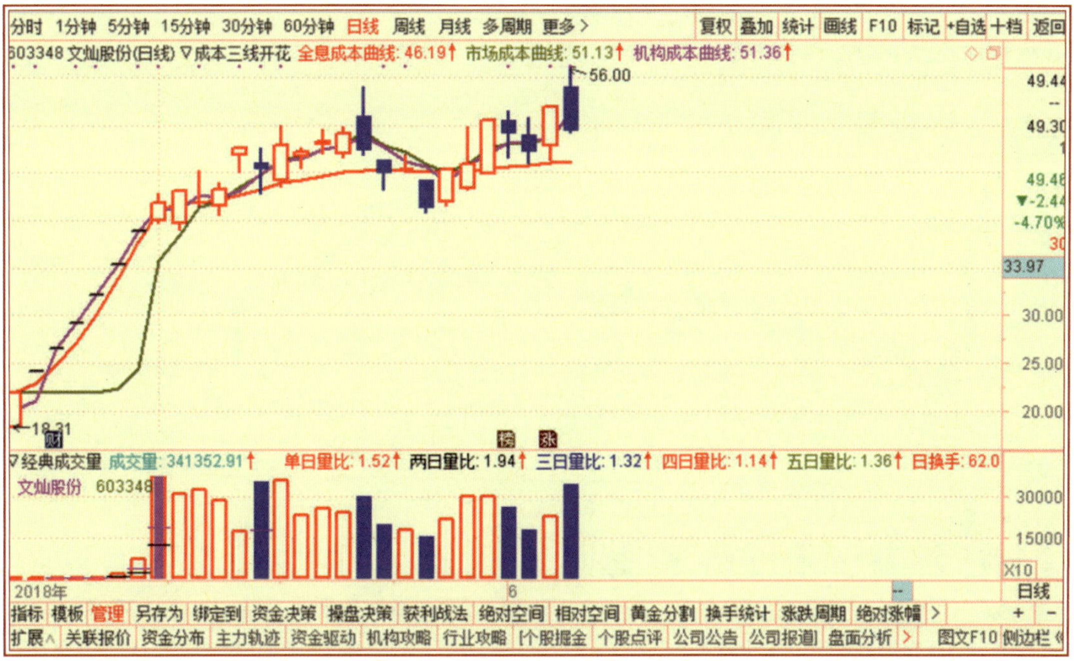

图225 上升趋势的覆盖线

（2）下行趋势中的覆盖线。下行趋势中，经常会出现一些不同高度的反弹。通常反弹之后，继续下跌，如果出现三连阳反弹之后，再出现高开或者跳空幅度比较大的高开，那么这时候形成覆盖线的概率就很大。通常，这是集合竞价开盘就直接卖出的好机会。

第一类应该卖出的技术图形，技术特征如下：

①全息成本线位于最上方，呈现向下运行的态势，距离比较远。

②市场成本线位于全息成本线下方，但呈现向下运行的态势。

③机构成本线位于市场成本线下方，但呈现向下运行的态势。

如图226所示。

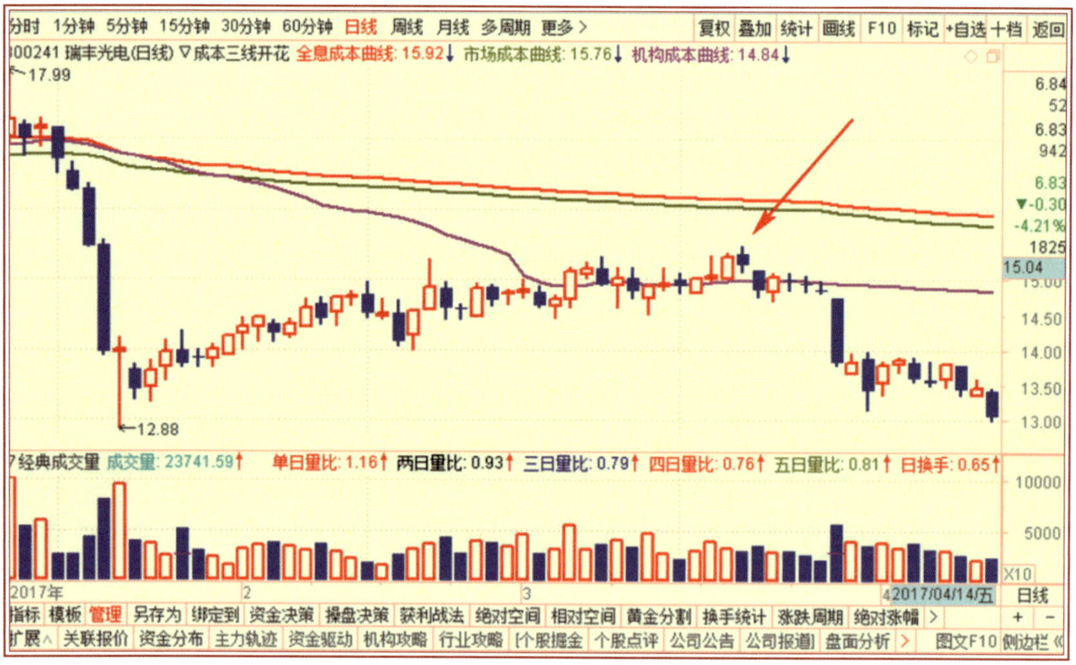

图226　下行趋势中的覆盖线

第二类应该卖出的技术图形，技术特征如下：

①全息成本线位于最上方，呈现出非常典型的向下运行的态势。

②市场成本线位于全息成本线下方，但呈现向下运行的态势。

③机构成本线位于市场成本线下方，但呈现向下运行的态势。

④三条成本线处于由大到小排列状态，出现明显的向下发散迹象。

即使出现比较大的反弹，高度也十分有限，始终无法出现市场成本线向上延展的局面，而是反弹之后，再创新低，继续一路下跌。很显然，主力机构在持续地出货。

如图227所示。

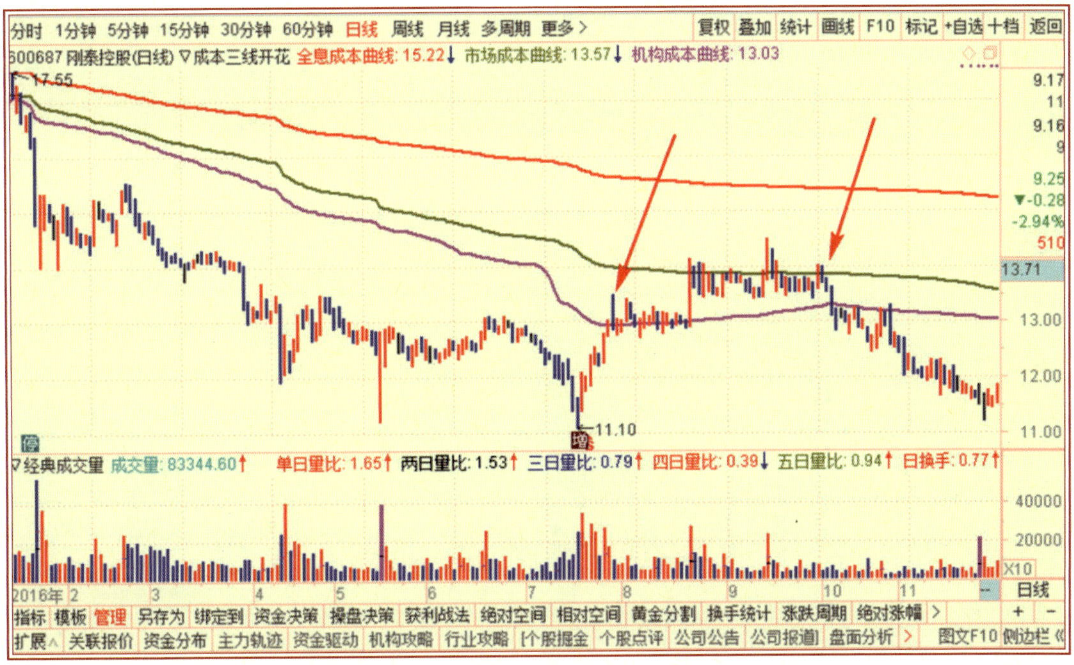

图227　经典下行趋势中的覆盖线

四、吞没线卖出法则

（1）上行趋势中的吞没线。所谓吞没线，是指在空间位置的高位出现的大阴线，将前一根K线从头到脚“吞进自己的肚子里”，也就是一种典型的反包图形。这是主力机构制造跳空高开之后一路疯狂打压出货造成的结果。因此，高位吞没线属于非常具有杀伤力的出货手段，是最经典的出货做盘定式。遇到这样的技术图形，应该立即全部清空。

第一类应该卖出的技术图形，技术特征如下：

①全息成本线位于最下方，但还是呈现向上运行的态势。

②市场成本线位于全息成本线上方，呈现向上运行的态势。

③机构成本线位于市场成本线上方，呈现向上运行的态势。

④三条成本线还处于由小到大排列状态，多头运行特征明显。

⑤从成交量来看就可以发现主力的破绽，量价结构已经出现背离。

如图228所示。

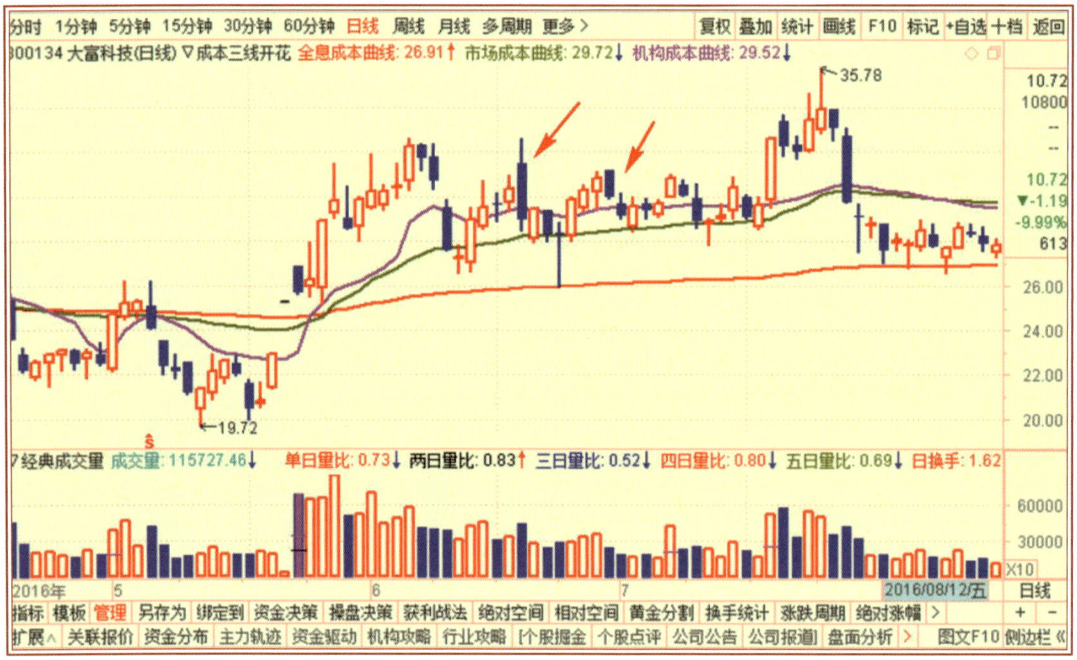

图228 多头趋势下的吞没线

第二类应该卖出的技术图形，技术特征如下：

①全息成本线位于最下方，已经开始呈现向下运行的态势。

②市场成本线位于全息成本线上方，开始呈现向下运行的态势。

③机构成本线位于市场成本线上方，开始呈现向下运行的态势。

④三条成本线处于由小到大排列状态，但疲态已经出现，随时向下。

如图229所示。

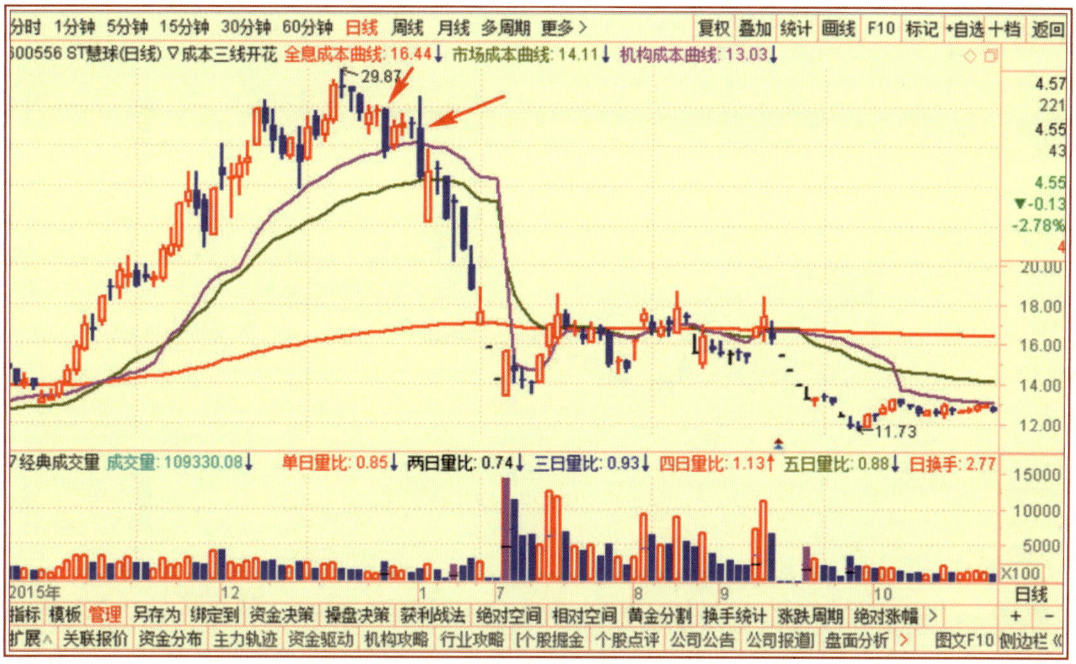

图229 拉升末期的吞没线

（2）下行趋势中的吞没线。下行趋势出现吞没线具有极大的杀伤力。尤其在起跌阶段，直接造成了人气涣散，从此一蹶不振也是必然的结果。

第一类应该卖出的技术图形，技术特征如下：

①全息成本线位于最上方，但呈现向下运行且不断地向下倾斜的态势。

②市场成本线位于全息成本线下方，但呈现向上运行的态势。

③机构成本线位于市场成本线下方，但呈现向上运行的态势。

这是一种错位走势，很容易给人一种错觉，似乎多头很强悍。实际上，由于全息成本线一直向下倾斜，看似强悍的多头力量会出现瞬间崩塌的情形。

如图230所示。

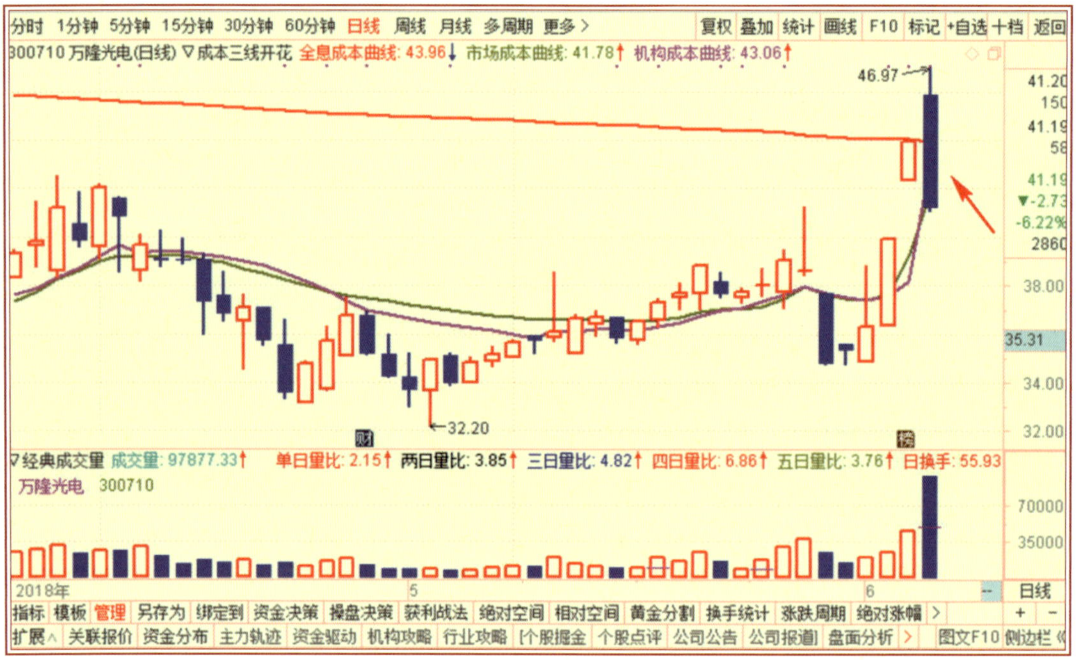

图230 貌似强悍的多头瞬间崩塌

第二类应该卖出的技术图形，技术特征如下：

①全息成本线位于最上方，呈现缓慢向下运行的态势。

②市场成本线位于全息成本线下方，但呈现向上运行的态势。

③机构成本线位于市场成本线下方，呈现向上运行的态势。

④三条成本线处于错位排列状态，说明多空分歧明显，空头占优势。

这种错位走势会造成连阳数日被一根大阴线吞掉的结果。

如图231所示。

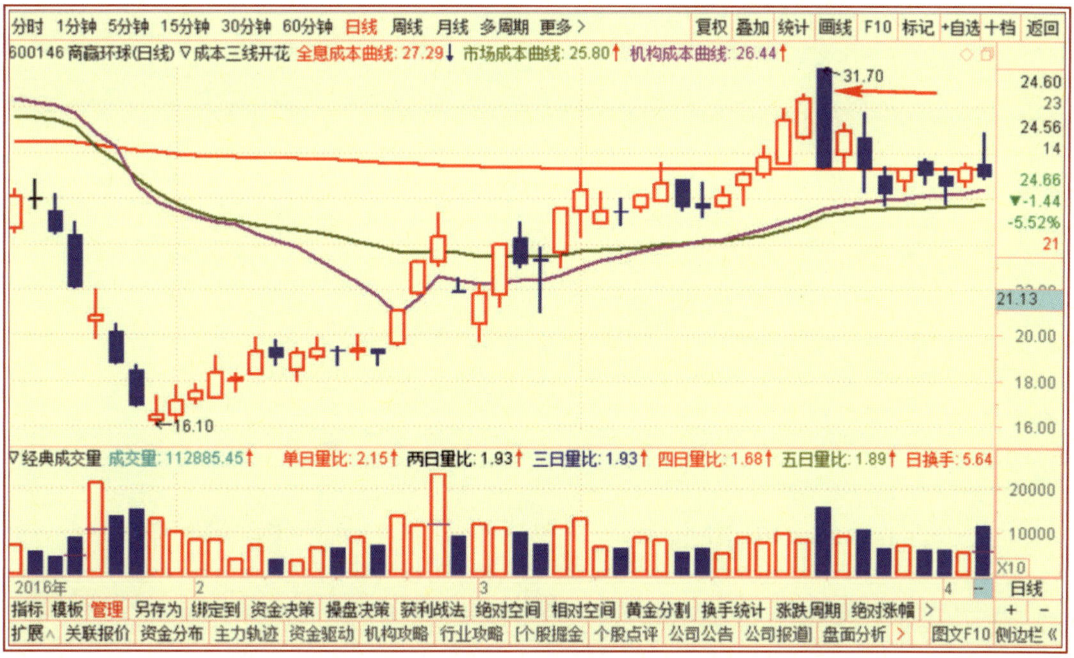

图231 高位看跌吞没形态

五、射击线卖出法则

（1）上行趋势中的射击线。射击线也叫“射击靶线”，或者叫“靶星线”。通常出现在空间位置的高位，是一种很常见的卖出信号。一旦出现这样的图形，要立即减仓。

第一类应该卖出的技术图形，技术特征如下：

①全息成本线位于最下方，呈现向上运行的态势，距离比较远。

②市场成本线位于全息成本线上方，暂时呈现向上运行的态势。

③机构成本线位于市场成本线上方，暂时呈现向上运行的态势。

这时候，股价所处的空间位置已经很高，距离全息成本线很远，获利盘已经很多。

如图232所示。

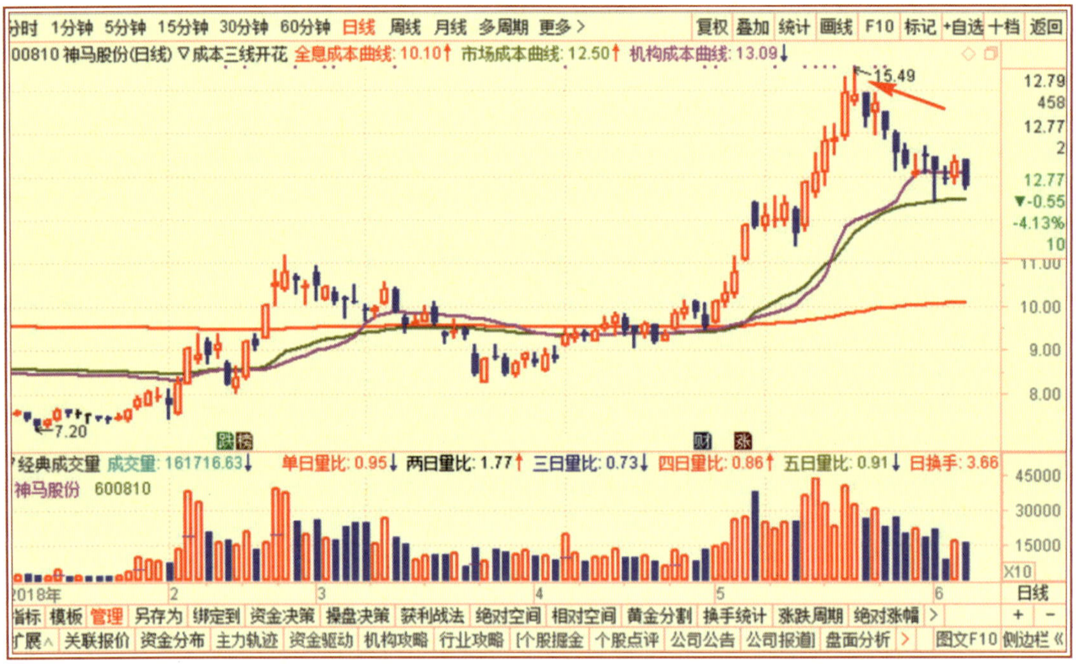

图232　空间位置高位的射击线

第二类应该卖出的技术图形，技术特征如下：

①全息成本线位于最下方，暂时还呈现向上运行的态势。

②市场成本线位于全息成本线上方，呈现向上运行的态势。

③机构成本线位于市场成本线下方，呈现向上运行的态势。

这是一种错位运行状态，说明主力机构已经在暗中积极派发。

如图233所示。

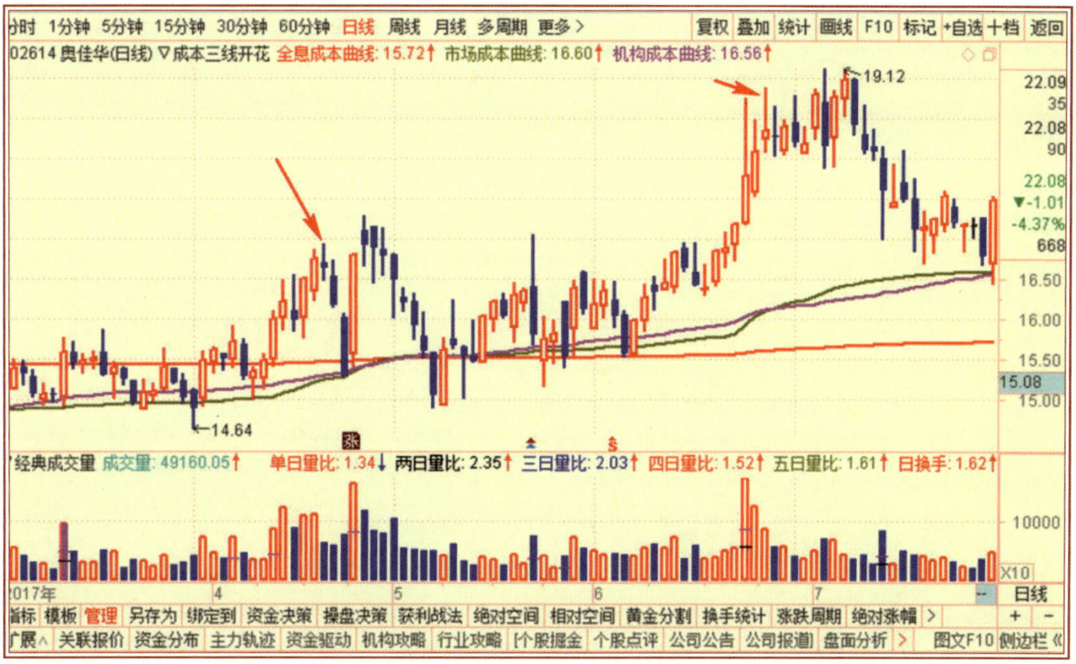

图233 错位的走势表明主力在暗中派发

（2）下行趋势中的射击线。这是下跌途中出现的不同程度的反弹走势，之后主力借机出货的经典图形。每一次反弹之后，主力会借助高开高走的凶悍走势，营造出放大量向上突破的假象，引诱投资者跟风接盘，而自己却暗中派发筹码。此时应该坚决卖出。

第一类应该卖出的技术图形，技术特征如下：

①全息成本线位于最上方，呈现向下运行的态势。

②市场成本线位于全息成本线下方，呈现向下运行的态势。

③机构成本线位于市场成本线下方，呈现向下运行的态势。

但是，机构成本线开始的时候还处于市场成本线上方，是什么意思呢？这是因为股价一开始的时候快速跌停，主力机构无法及时脱身，套牢的筹码也不少，所以在技术图形上出现了常见的错位走势。这种图形表明连续下跌之后会出现强力的反抽。

如图234所示。

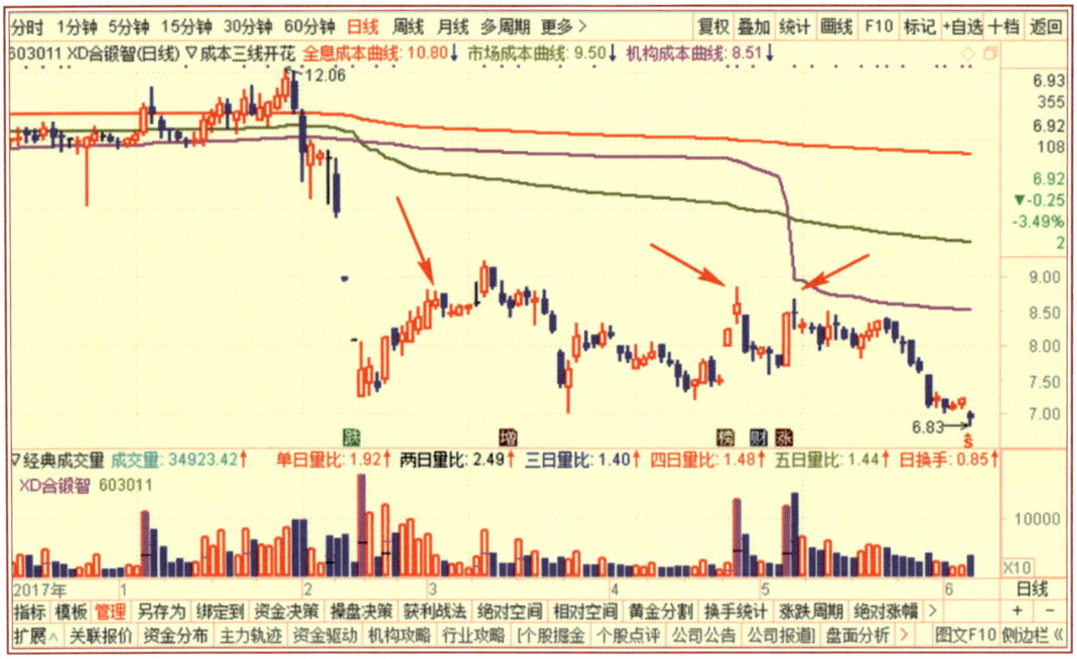

图234　错位下跌走势中的射击线

第二类应该卖出的技术图形，技术特征如下：

①全息成本线位于最上方，呈现出典型的向下运行的态势。

②市场成本线位于全息成本线下方，呈现向下运行的态势。

③机构成本线位于市场成本线下方，呈现向下运行的态势。

④市场成本线与机构成本线高度黏合，说明一时难以出货。

如图235所示。

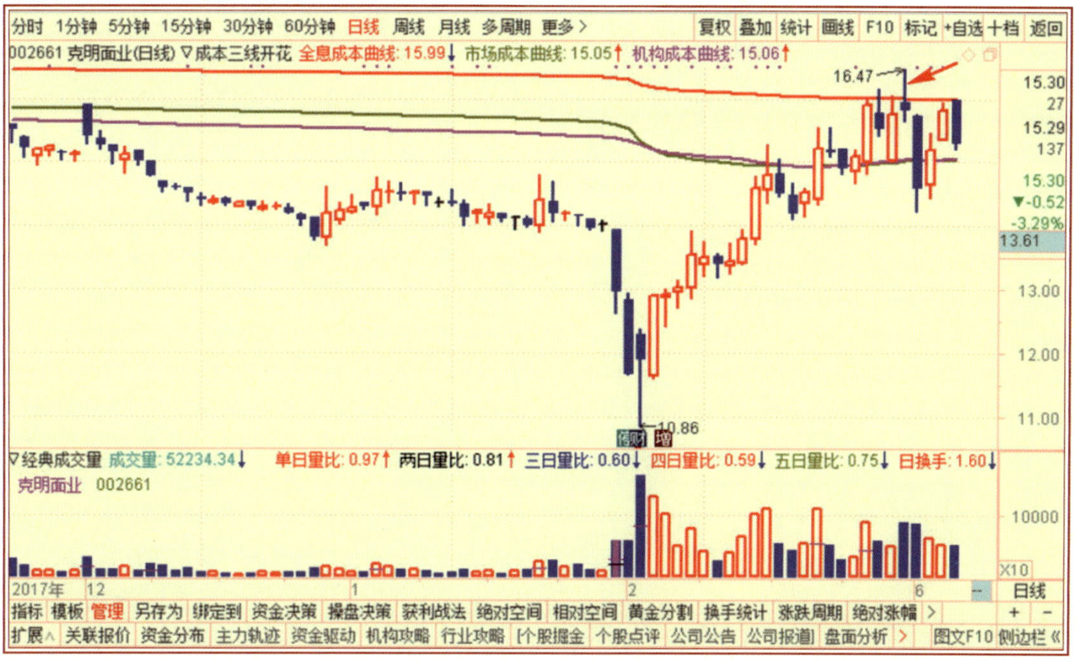

图235 下跌初期一时难以出货

六、纺锤线卖出法则

（1）上行趋势中的纺锤线。所谓纺锤线，是指酷似纺锤图形的K线，一般是指带有比较长的上下影线的中阳线或者中阴线。上影线和下影线大致相等，实体部分不是很大，也不是很小。如果实体部分很小，就不属于纺锤线的范畴。纺锤线可以出现在不同的空间位置，它的技术意义和市场意义有所区别。在空间位置的高位出现，属于卖出信号。

第一类应该卖出的技术图形，技术特征如下：

①全息成本线位于最下方，暂时还呈现向上运行的态势。

②市场成本线位于全息成本线上方，呈现向上运行的态势。

③机构成本线位于市场成本线上方，呈现向上运行的态势。

④市场成本线与机构成本线相互缠绕，忽上忽下，飘忽不定。

这样的技术图形揭示了主力机构很不安分的做盘心态，既没有长远打算，也很难推动股价在短期内快速飙升，因此只能是上下小波段套利。这种技术图形反映出主力机构的综合实力有限。这样运作的品种，短期内很难有较大的套利机会。

如图236所示。

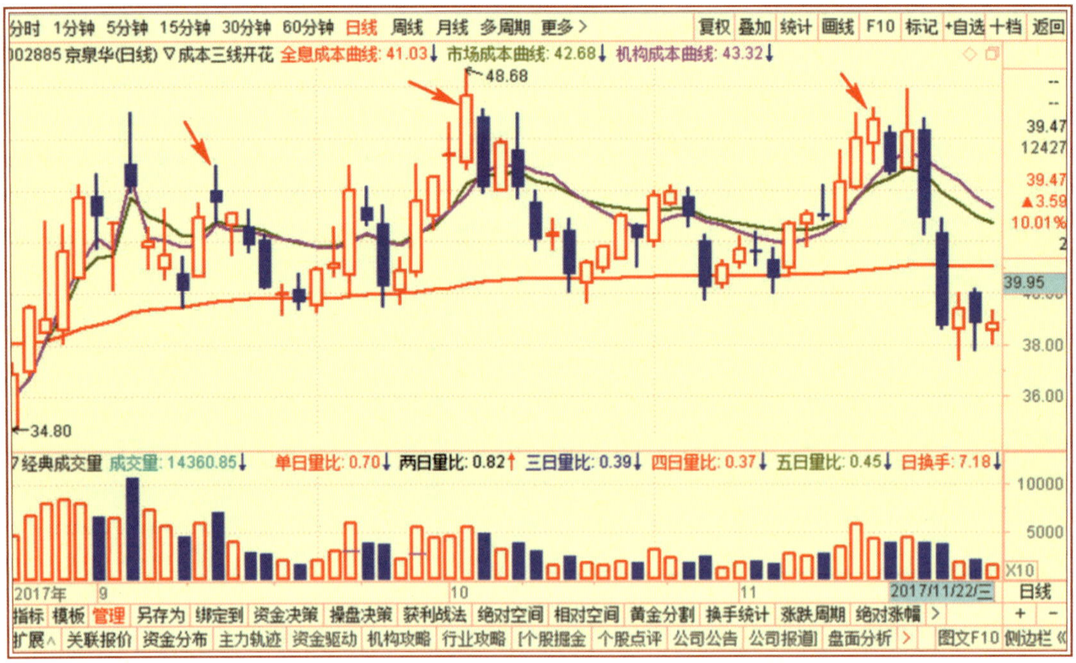

图236 上行趋势中的纺锤线

第二类应该卖出的技术图形，技术特征如下：

①全息成本线位于最下方，暂时还呈现向上运行的态势。

②市场成本线位于全息成本线上方，呈现向上运行的态势。

③机构成本线位于市场成本线上方，呈现向上运行的态势。

④市场成本线与机构成本线黏合在一起，一副难舍难分的样子。

如图237所示。

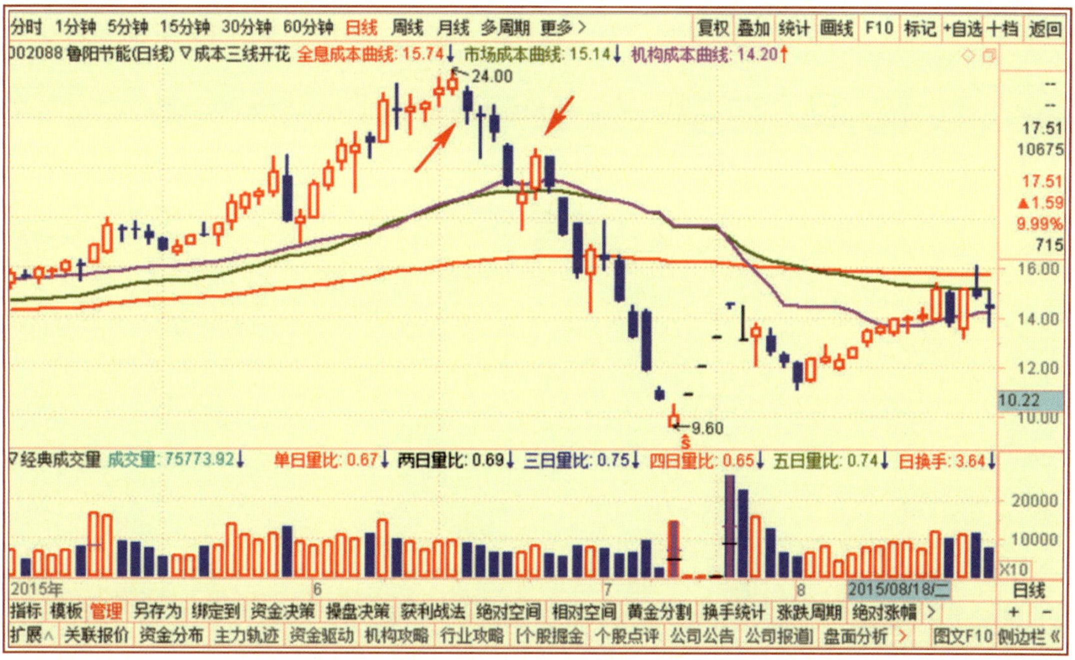

图237 拉升末期的纺锤线

（2）下行趋势中的纺锤线。在下跌趋势已成的技术图形中，出现纺锤线是即将加速下跌的典型特征，是技术性反弹失败的直接体现，但凡见到这类图形，要立即清空。

第一类应该卖出的技术图形，技术特征如下：

①全息成本线位于最上方，呈现出典型的向下运行的态势。

②市场成本线位于全息成本线下方，也是呈现向下运行的态势。

③机构成本线位于市场成本线下方，也是呈现向下运行的态势。

如图238所示。

图238　加速下跌的纺锤线

第二类应该卖出的技术图形，技术特征如下：

①全息成本线位于最上方，已经开始呈现向下运行的态势。

②市场成本线位于全息成本线下方，但呈现向上运行的态势。

③机构成本线位于市场成本线下方，但呈现向上运行的态势。

④三条成本线呈现出错位运行迹象，说明协同作战没有达成。

当这种技术图形出现时，表明主力机构内部出现了分歧，没有就做盘目标达成一致，因而出现扯皮现象。后面的走势会反复多变，由于没有达成一致，高度有限。

如图239所示。

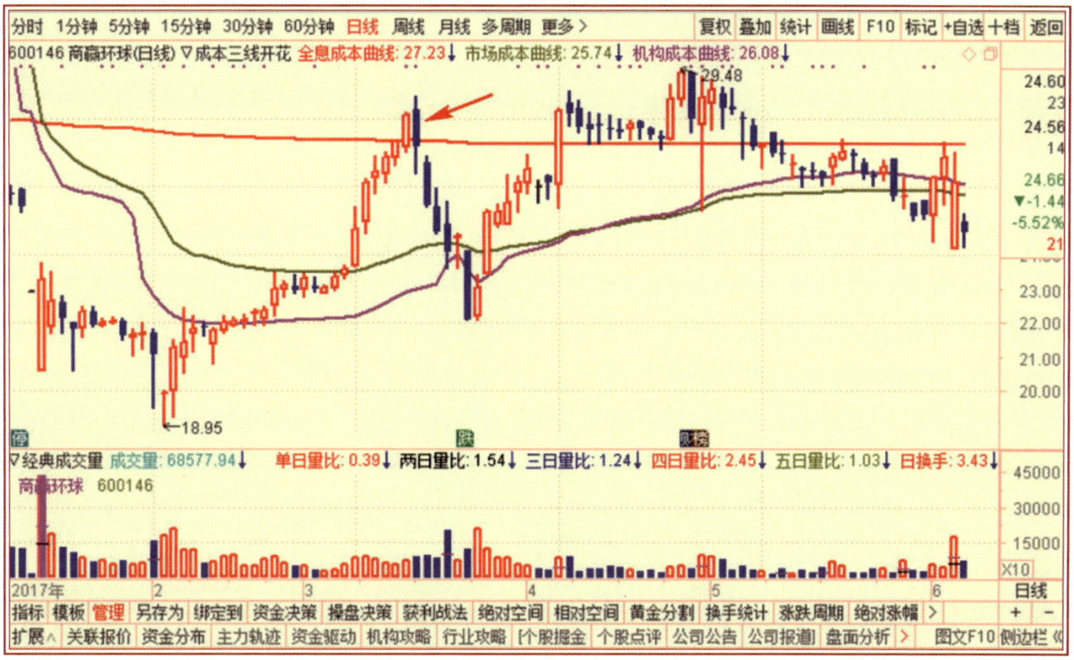

图239　意见分歧背景下的纺锤线

七、十字线卖出法则

（1）上行趋势中的十字线。十字线属于典型的多空动态平衡信号，它可以出现在不同的空间位置、不同的价格区间。对于操盘手来说，十字线是很明显的变盘信号。在低位出现十字线，意味着要向上变盘；在高位出现十字线，意味着要向下变盘。

第一类应该卖出的技术图形，技术特征如下：

①全息成本线位于最下方，呈现向上运行的态势，但距离很远。

②市场成本线位于全息成本线上方，呈现向上运行的态势。

③机构成本线位于市场成本线附近，呈现向上运行的态势。

④机构成本线围绕着市场成本线反复缠绕，忽上忽下，飘忽不定。

如图240所示。

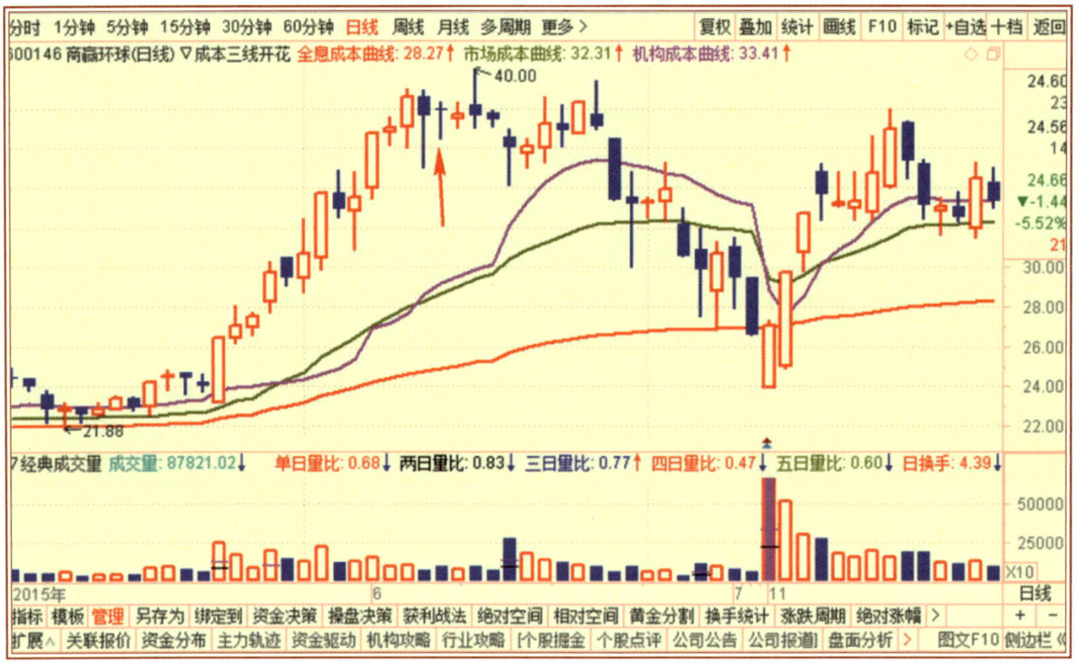

图240　高位十字线卖出信号

第二类应该卖出的技术图形，技术特征如下：

①全息成本线位于最下方，开始呈现向下运行的态势。

②市场成本线位于全息成本线上方，也呈现向下运行的态势。

③机构成本线位于市场成本线上方，也呈现向下运行的态势。

④三条成本线处于由小到大排列状态，并呈现为向下发散状态。

这是主力机构不断地暗中出货的经典图形，如图241所示。

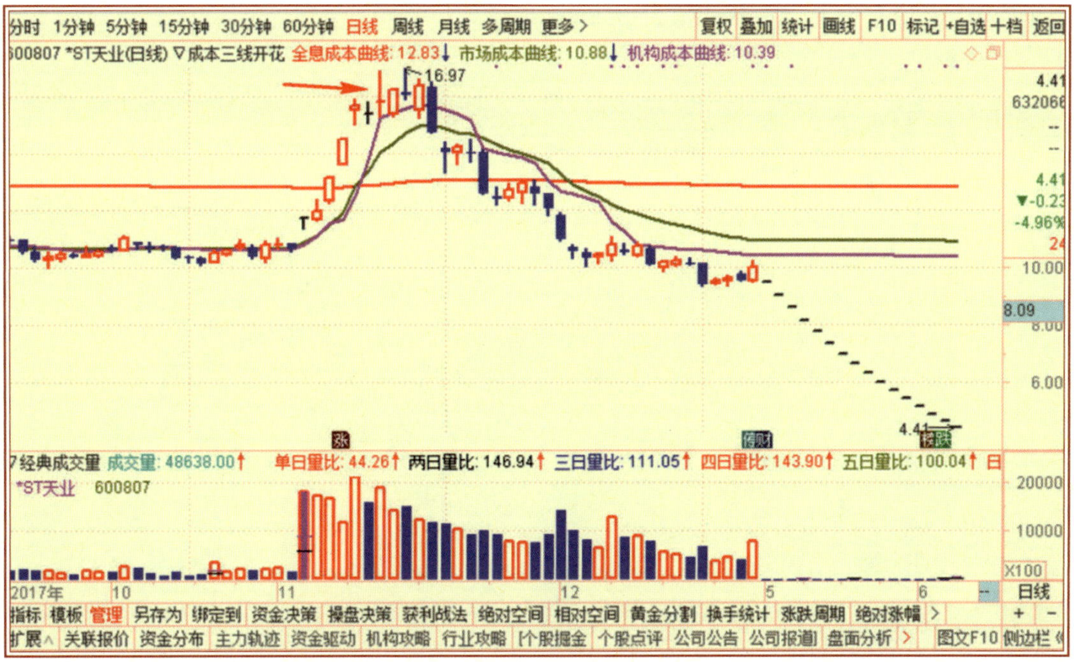

图241　高位十字线出货信号

（2）下行趋势中的十字线。股价在跌穿全息成本线之后，反复下行，震荡下跌。在下跌的过程中，出现一些小反弹，但高度有限。反弹之后，再次下跌。反弹的时候出现十字线，这是不错的“逃命”信号，如果持有仓位，此时应该坚决卖出。

第一类应该卖出的技术图形，技术特征如下：

①全息成本线位于最上方，呈现向下运行的态势，K线纠缠之后下跌。

②市场成本线位于全息成本线下方，但也呈现向下运行的态势。

③机构成本线位于市场成本线下方，但也呈现向下运行的态势。

如图242所示。

图242 下跌途中的十字线（1）

第二类应该卖出的技术图形，技术特征如下：

①全息成本线位于最上方，呈现向下运行的态势，距离很近。

②市场成本线位于全息成本线下方，但呈现向下运行的态势。

③机构成本线位于市场成本线下方，但呈现向下运行的态势。

④三条成本线处于由大到小排列状态，组成明显的向下发散状态。

如图243所示。

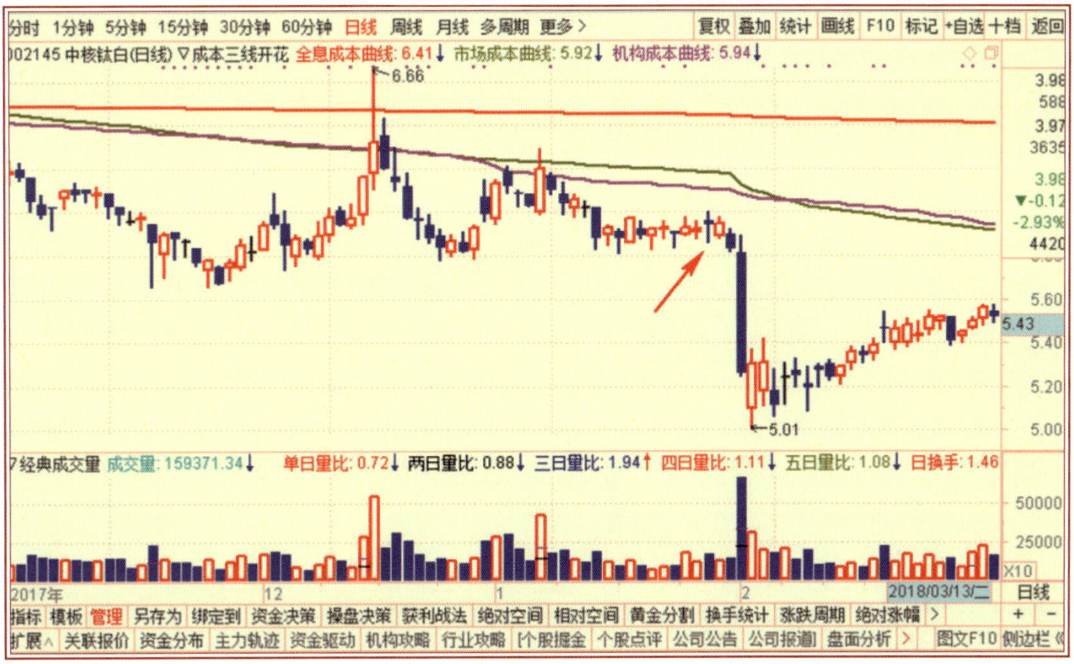

图243　下跌途中的十字线（2）

八、上吊线卖出法则

（1）上行趋势中的上吊线。上吊线也叫吊颈线，是典型的头部特征技术图形。可以是阳线，也可以是阴线。出现在空间位置的高位，属于典型的见顶信号。在上行趋势中，拉升的初期、中期、末期及盘头阶段、下跌初期都经常看到上吊线。

第一类应该卖出的技术图形，技术特征如下：

①全息成本线位于最下方，呈现向上运行的态势，距离可近可远。

②市场成本线位于全息成本线上方，但呈现向下运行的态势。

③机构成本线位于市场成本线上方，但呈现向下运行的态势。

④三条成本线处于由小到大排列状态，整体结构呈现下行特征。

⑤放量反弹之后出现冲高回落，再次反弹出现上吊线。

如图244所示。

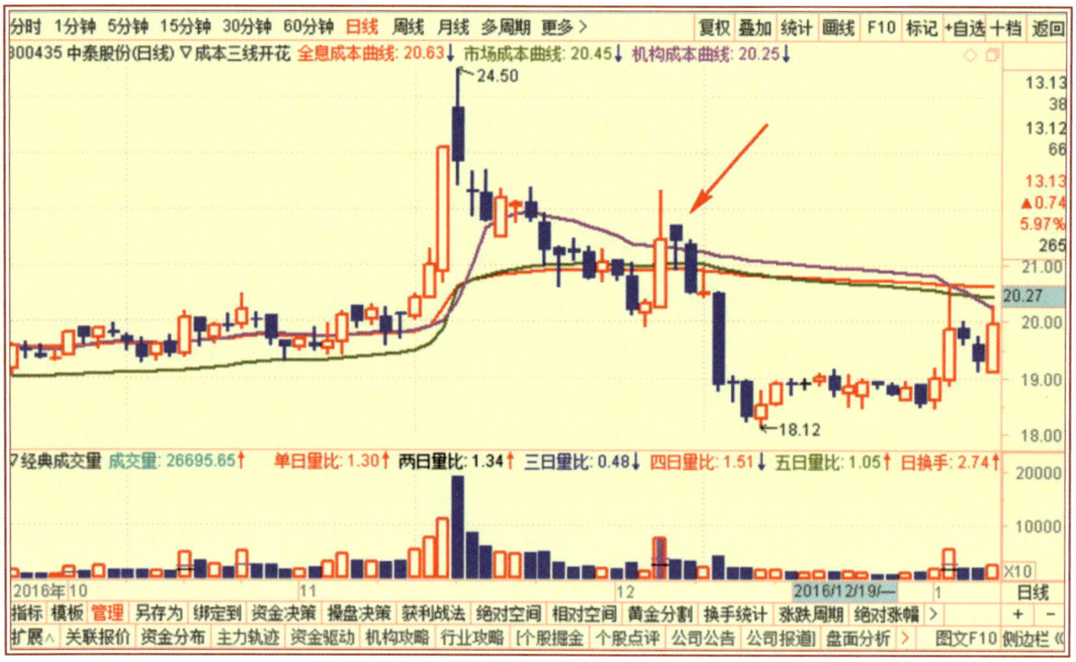

图244　上行趋势中的上吊线

第二类应该卖出的技术图形，技术特征如下：

①全息成本线位于最下方，呈现向上运行的态势，距离不远。

②市场成本线位于全息成本线上方，呈现向上运行的态势。

③机构成本线位于市场成本线上方，呈现向上运行的态势。

④三条成本线处于由小到大排列状态，并呈现为向上发散状态。

如图245所示。

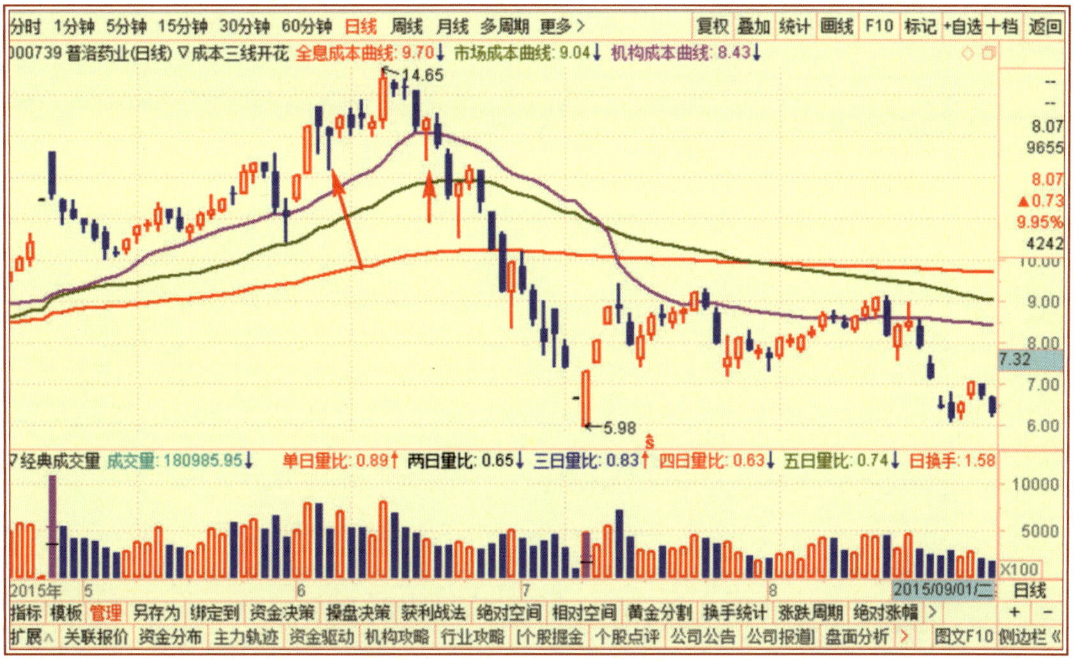

图245　明显上升趋势中的上吊线

（2）下行趋势中的上吊线。下行趋势中，股价通常是跌一段之后出现一次反弹，反弹之后再次下跌。之后又出现反弹，反弹之后又再次下跌。如此循环很多次，才可能达到量度跌幅。在这个过程中，就会出现下行趋势的上吊线。这是典型的卖出信号。

第一类应该卖出的技术图形，技术特征如下：

①全息成本线位于最上方，呈现向下运行的态势，距离很近。

②市场成本线位于全息成本线下方，但也呈现向下运行的态势。

③机构成本线位于市场成本线下方，但也呈现向下运行的态势。

出现这样的图形说明主力机构盘口拉升行为存在很多猫腻，存在假升波，诱惑广大投资者接盘，主力却在暗中派发筹码。因此，当我们看到股价在拉升，成本线却在下行的时候，就知道主力在玩花招了。这时候应该坚决卖出。

如图246所示。

图246　下行趋势中出现上吊线（1）

第二类应该卖出的技术图形，技术特征如下：

①全息成本线位于最上方，呈现向下运行的态势，纠缠于K线中。

②市场成本线位于全息成本线下方，但也即将呈现向下运行的态势。

③机构成本线位于市场成本线下方，但也即将呈现向下运行的态势。

④三条成本线处于由大到小排列状态，向下发散，空头占据上风。

从整体走势来看，下跌之势已经成立，短期内反复下跌已经不可避免。如图247所示。

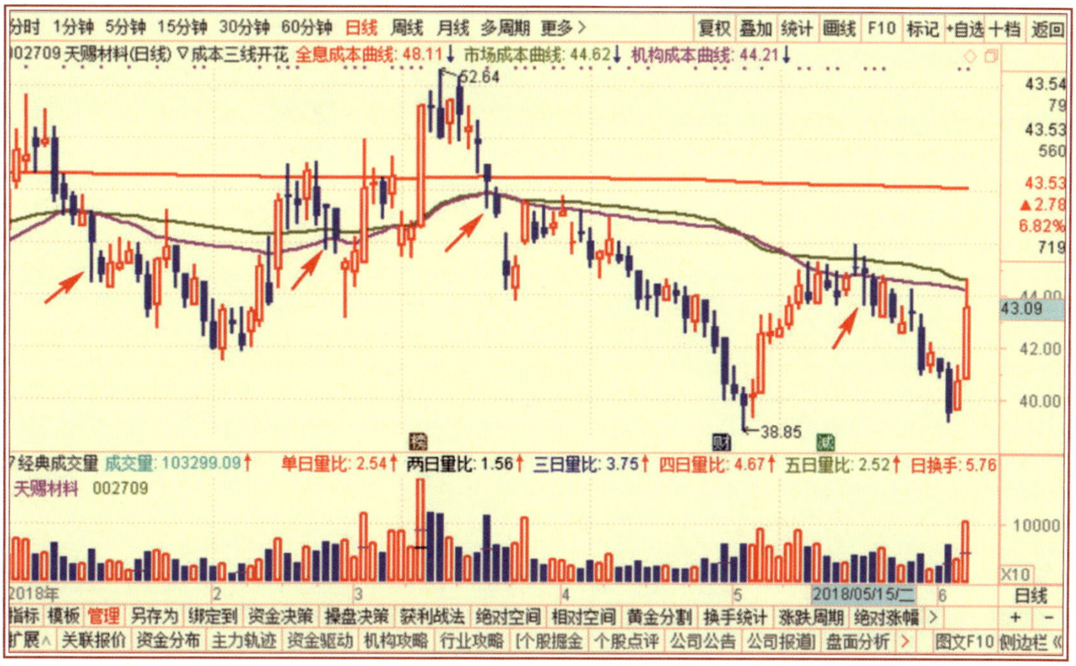

图247　下行趋势中的上吊线（2）

九、星形线卖出法则

（1）上行趋势中的星形线。星形线也叫微型K线，是一些实体部分很小的K线，比如小阳线、小阴线、小十字线、小锤子线、T字线、倒T线等。这些小K线虽然并不显眼，但是在做盘技术中却有着非常重要的作用。在空间位置的低位出现时，可能是见底信号；在空间位置的高位出现时，可能是见顶信号。

第一类应该卖出的技术图形，技术特征如下：

①全息成本线位于最下方，呈现向上运行的态势，距离很远。

②市场成本线位于全息成本线上方，呈现向上运行的态势。

③机构成本线位于市场成本线上方，呈现向上运行的态势。

④三条成本线处于由小到大排列状态，呈现喇叭口发散状态。

⑤股价已经处于空间位置的高位，并且出现了典型的小双顶特征。

如图248所示。

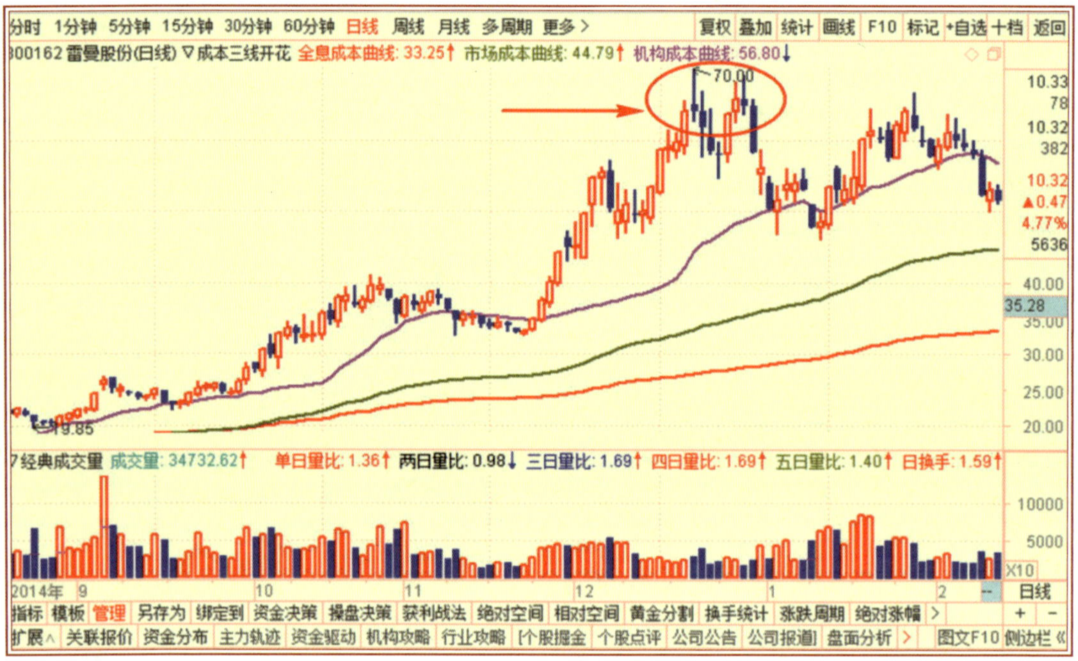

图248　星形小双顶卖出信号

第二类应该卖出的技术图形，技术特征如下：

①全息成本线位于最下方，呈现向上运行的态势，距离很远。

②市场成本线位于全息成本线上方，呈现向上运行的态势。

③机构成本线位于市场成本线上方，呈现向上运行的态势。

④三条成本线处于由小到大排列状态，并呈现向上发散状态。

⑤整体结构已经出现典型的头部特征，向下跳水不可避免。

如图249所示。

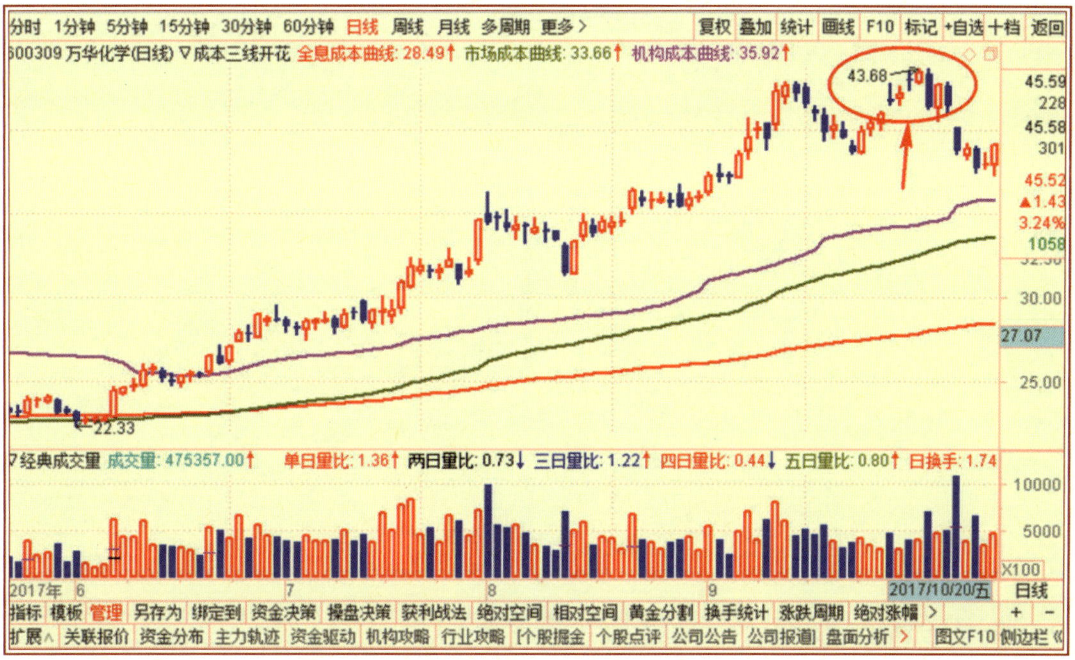

图249 典型的星形线见顶特征

（2）下行趋势中的星形线。整个趋势已经处于下行通道中，每一次反弹都是出逃的机会。在技术图形上，出现了反弹至全息成本线就遭遇大量抛盘的现象。

第一类应该卖出的技术图形，技术特征如下：

①全息成本线位于最上方，呈现向下运行的态势，越盘越低。

②市场成本线位于全息成本线下方，也呈现向下运行的态势。

③机构成本线位于市场成本线下方，以向下运行为主态势。

如图250所示。

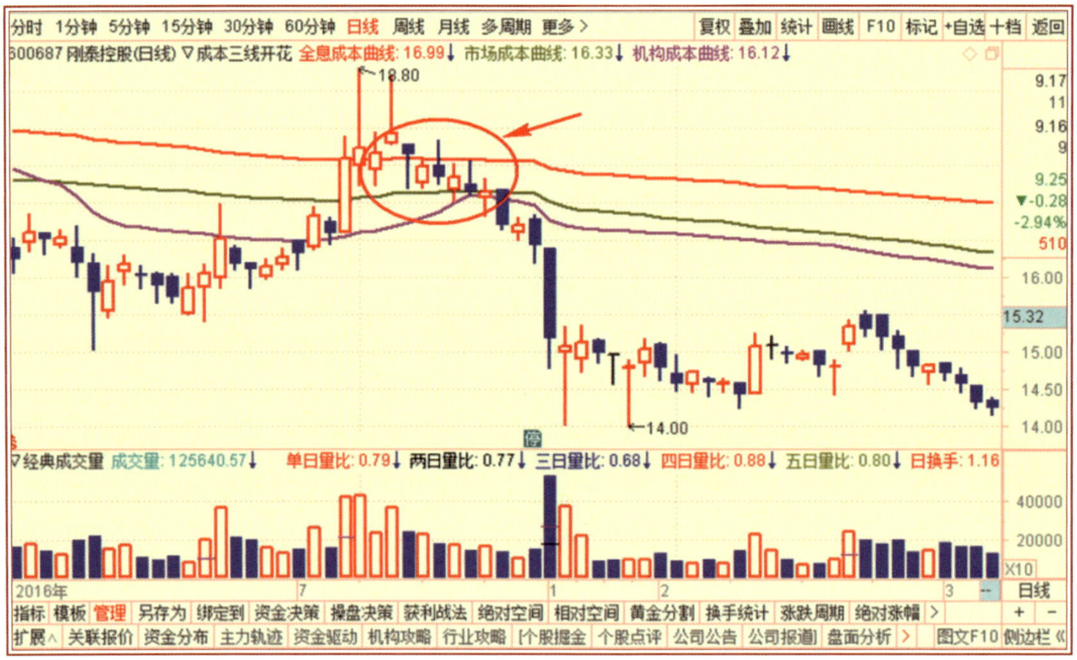

图250　反弹型星形线

第二类应该卖出的技术图形，技术特征如下：

①全息成本线位于最上方，呈现向下运行的态势，距离很近。

②市场成本线位于全息成本线下方，但呈现向下运行的态势。

③机构成本线位于市场成本线下方，但呈现向下运行的态势。

④三条成本线处于由大到小排列状态，整体性下行迹象明显。

如图251所示。

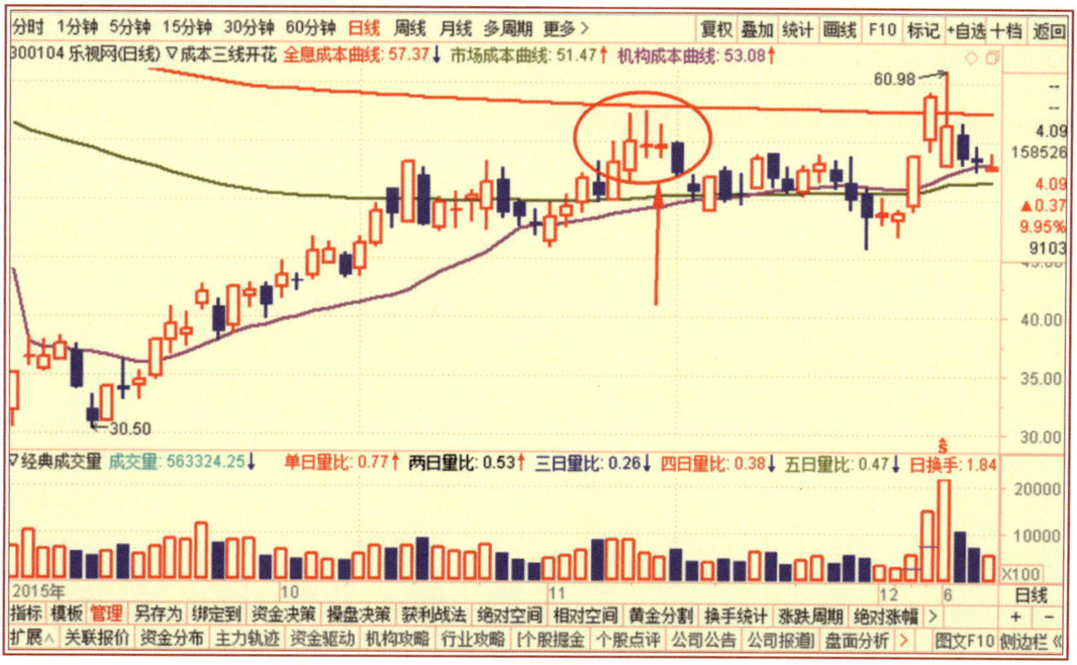

图251 反弹至全息成本线遇阻回落

十、弓形线卖出法则

（1）上行趋势中的弓形线。所谓弓形线，是指上影线很长的中小阳线或者中小阴线。上影线的长度超过了K线实体部分，说明上边做盘的操盘手积极打压、积极出货、积极抛出筹码，下档的承接难以承担，就出现了很长的上影线。如果是阳线，说明多头虽然有心做多，却无力对付空头的抛压；如果是阴线，说明多头盘中发力遭遇失败。因此，高位弓形线是比较典型的卖出图形。原则上至少也要减仓，规避风险。

第一类应该卖出的技术图形，技术特征如下：

①全息成本线呈现向上运行的态势。

②市场成本线位于全息成本线下方，说明市场活跃筹码已经开始撤退。

③机构成本线位于全息成本线上方，暂时呈现向上运行的态势。

④三条成本线排列状态错位，说明主力内部出现分歧，有人跑了。

如图252所示。

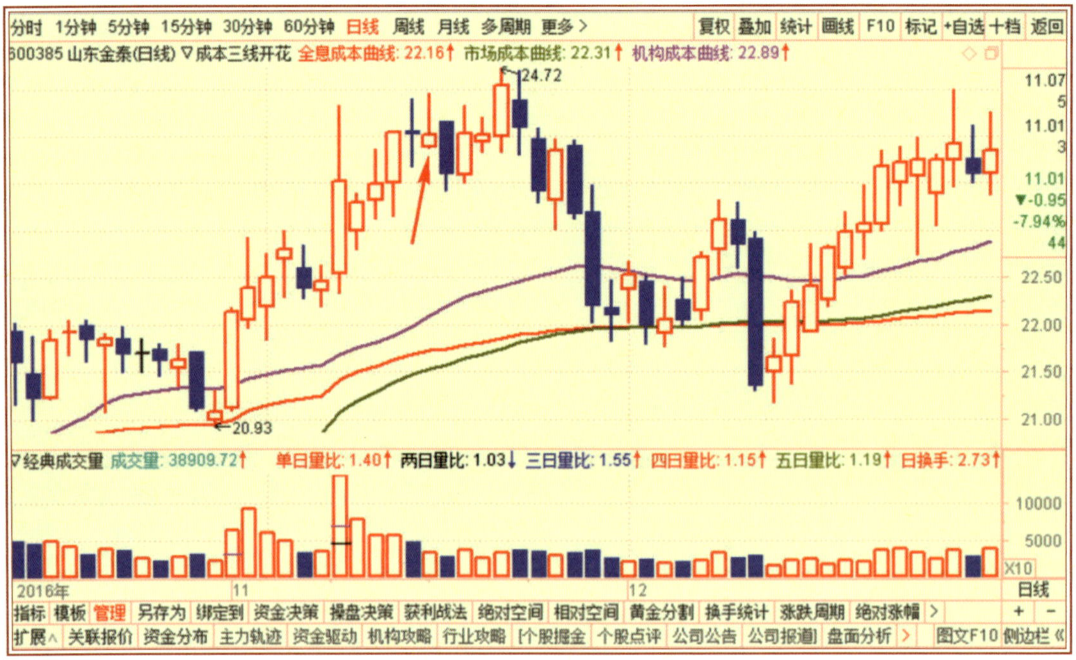

图252　高位弓形线

第二类应该卖出的技术图形，技术特征如下：

①全息成本线位于最下方，暂时呈现向上运行的态势。

②市场成本线位于全息成本线上方，呈现向上运行的态势。

③机构成本线位于市场成本线上方，呈现向上运行的态势。

④空间位置处于高位，K线结构呈现典型的双头特征。

如图253所示。

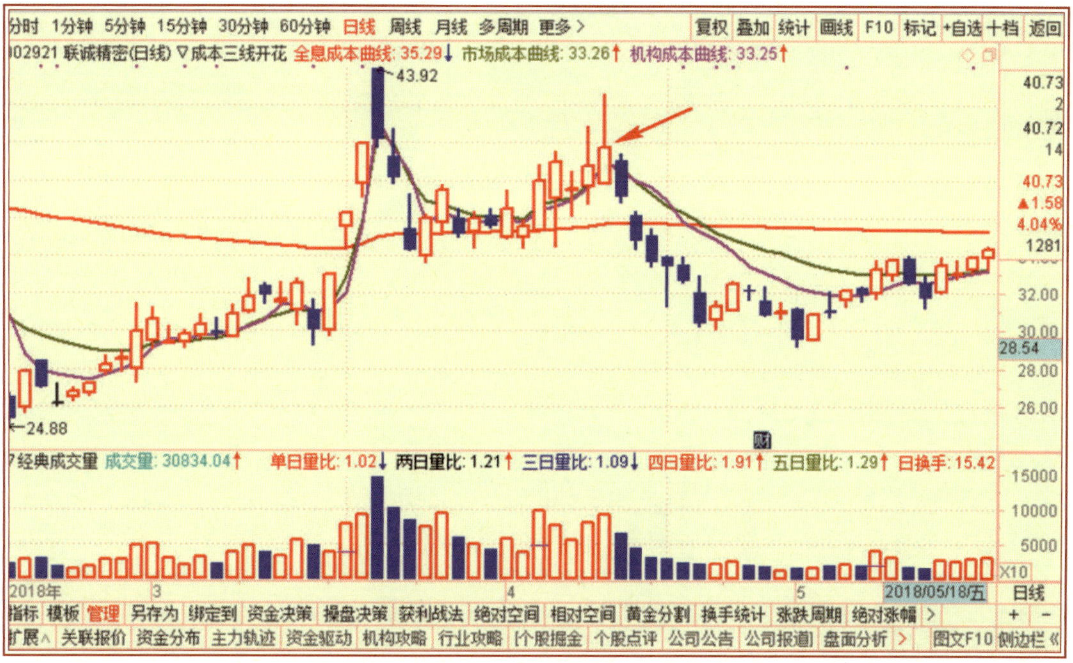

图253　高位双头特征下的弓形线

（2）下行趋势中的弓形线。

第一类应该卖出的技术图形，技术特征如下：

①全息成本线位于中间，呈现向下运行的态势。

②市场成本线位于全息成本线下方，呈现向下运行的态势。

③机构成本线位于最上方，呈现向下运行的态势。

如图254所示。

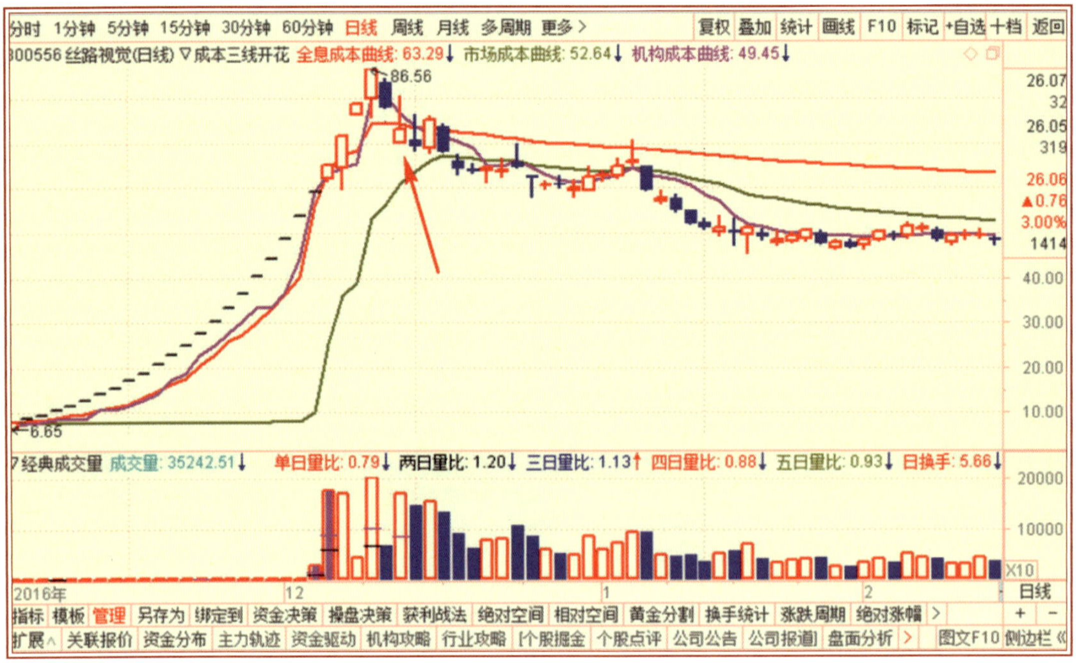

图254 跳空低开的弓形线

第二类应该卖出的技术图形，技术特征如下：

①全息成本线位于最上方，但已经明显呈现向下运行的态势。

②市场成本线位于全息成本线下方，但即将呈现向下运行的态势。

③机构成本线位于市场成本线下方，但即将呈现向下运行的态势。

④三条成本线处于由大到小排列状态，但即将呈现向下拐头的迹象。

从图形上来看，成本线全部出现向下拐头的迹象，这是不祥之兆，说明主力机构已经无心做多，在盘中不断地、持续地出货，导致成交重心不断下移。因此，此时正确的投资对策就是只出不进，逢高点减仓。

如图255所示。

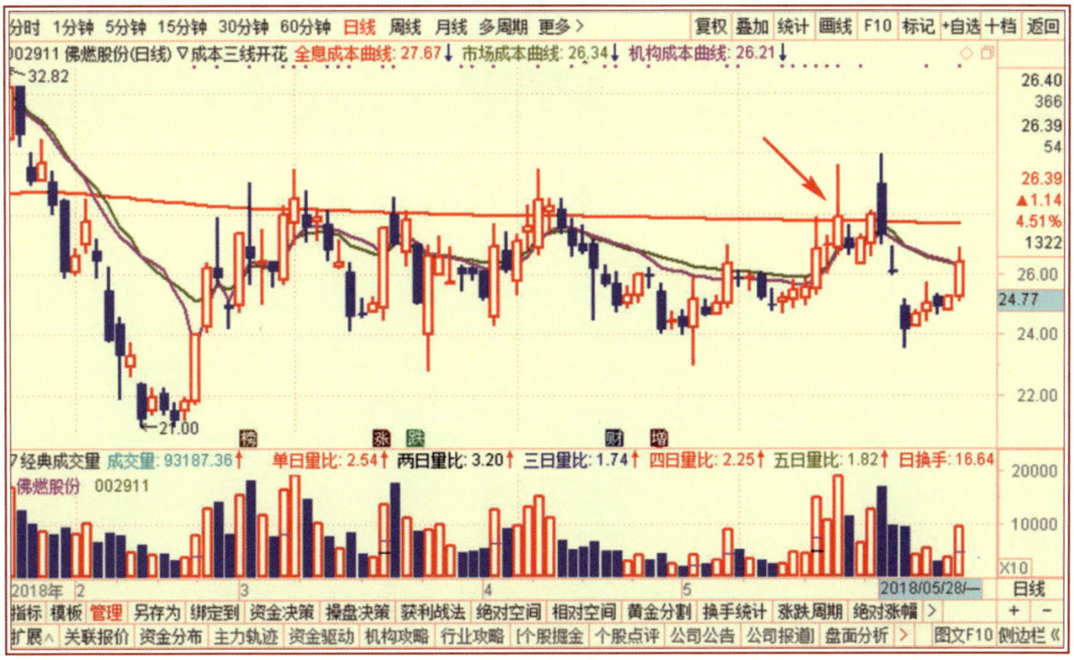

图255 重心下移，逢高减仓

操盘笔记

第五节
SECTION 5

成本决策体系的实战策略

（说明：本节存目，详细内容请到《操盘学：项目运作方略（下册）》第六章查找）

一、成本决策体系中的转折点战法

二、成本决策体系中的起涨点战法

三、成本决策体系中的腾飞点战法

四、成本决策体系中的伏击圈战法

五、成本决策体系中的尖刀底战法

操盘笔记

第六节

SECTION 6

成本决策体系的涨停战法

一、涨停战法的涨停时间因素分析

（1）涨停时间的基本含义。涨停时间是指股价在当天不同时间段的涨停价格表现与量能结构状态。不同时间段的价格表现和放量都有重要的盘口特征。通常情况下，全天交易时间可细分为八个阶段，参见前边的叙述。时间模式是主力操盘过程中最重要的计划方案与因素之一，八个时间段的涨停模式具有不同的做盘意义。

在常规模式下，关于涨停，业内最通常的说法是：股价在涨停时通常采用开盘涨停、一波涨停、二波涨停、三波涨停、多波涨停和尾盘涨停等操盘手法，以及根据时间段划分有早盘涨停、中盘涨停、午盘涨停和尾盘涨停四种特征。笔者将涨停的时间要素细化为八个时间段，正是基于时间要素是主力操盘最重要的计划之一。因此，读者在研究和面对各个时间段的涨停“黑马”时，根据时间段来分析，有利于即时做出正确的操盘决策。

股价在涨停时，气势最重要。代表涨停气势的主要特征就是成交量和股价的配合程度，价升量增，横扫千军，气势不可阻挡。随着成交量的不断放大股价一路猛进，最终封住涨停板。

股价在建仓阶段、拉升阶段的初期和中期均会有明确的时间量概念，而到了拉升阶段末期、盘头阶段和下跌阶段，因出货的需要而变得急迫，涨停的时间段、价格表现和成交量均会呈现无秩序、凌乱的现象。我们分析涨停板时需要特别留意盘口的细节。

（2）各个时间段涨停的强弱分析。根据股价在各个阶段的位置总结涨停时间的强弱特征如下。

第一时间段放量涨停，表现为极限强势，如果涨停，则为超级强势特征。

第二时间段放量涨停，表现为中级强势，如果涨停，则为极强势特征。

第三时间段放量涨停，表现为中级强势，如果涨停，则为较强势特征。

第四时间段放量涨停，表现为一般强势，如果涨停，则为较强势特征。

第五时间段放量涨停，表现为次级强势，如果涨停，则为较强势特征。

第六时间段放量涨停，表现为普通强势，如果涨停，则为极强烈异动特征。

第七时间段放量涨停，表现为普通强势，如果涨停，则为极一般异动特征。

第八时间段放量涨停，表现为普通强势，如果涨停，则为极普通异动特征。

上述涨停时间特征在建仓阶段、股价拉升阶段的初期和中期均被视为短中线介入的极佳机会。而在拉升阶段末期和盘头阶段初期和中期，则只有短线操作价值，中线风险较大。在盘头阶段末期和下跌阶段，则以观望为宜，短中线均不宜介入。

如图256~图263所示，分别从各个时间点的涨停来举例分析。

第一时间段：指正式开盘之后的交易时间。从集合竞价9:25的第一笔交易开始直至10:00这一时间长度，称为涨停交易第一时间段。凡是在这个时间段内出现的涨停板，都可以称为第一时间段成功涨停。这一时间段涨停的方式通常是直接涨停、一波涨停、二波涨停比较多，偶尔也有三波涨停，但极少有多波涨停。这个时间段的涨停也叫作早盘涨停。如图256所示为早盘一波涨停。

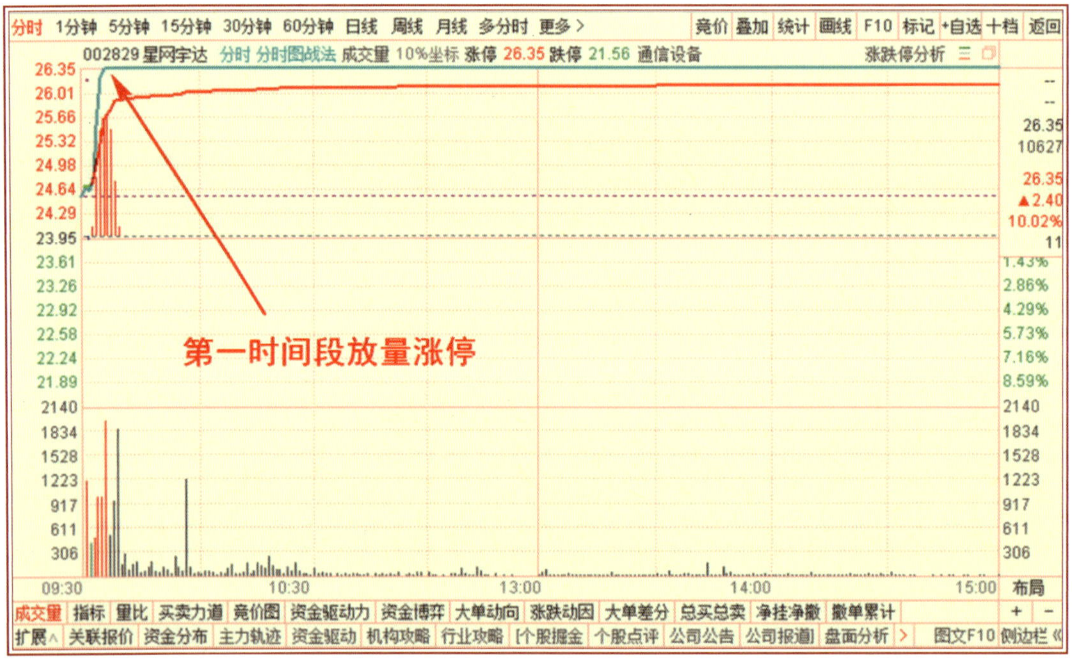

图256　第一时间段放量涨停

第二时间段：交易时间在10:01—10:30这一时间长度，称为涨停交易第二时间段。凡是在这个时间段内出现的涨停板，都可以称为第二时间段成功涨停。这一时间段涨停的方式通常是一波涨停、二波涨停、三波涨停比较多，偶尔也有多波涨停。这个时间段的涨停叫作盘中涨停。如图257所示为盘中四小波涨停。

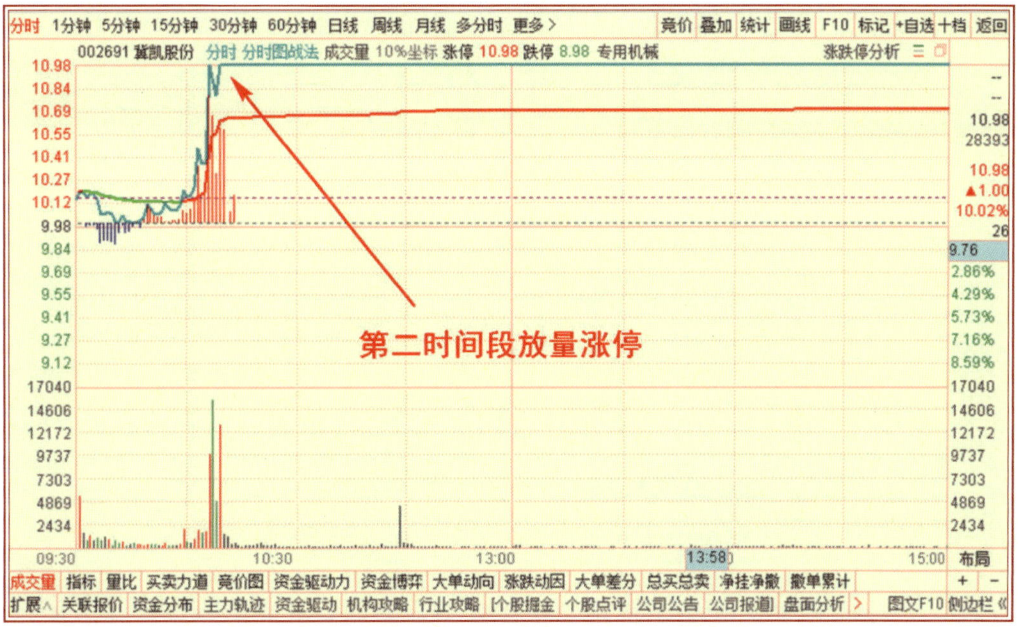

图257 第二时间段放量涨停

第三时间段：交易时间在10:31—11:00这一时间长度，称为涨停交易第三时间段。凡是在这个时间段内出现的涨停板，都可以称为第三时间段成功涨停。这一时间段涨停的方式通常是一波涨停、二波涨停、三波涨停比较多，偶尔也有多波涨停。这个时间段的涨停叫作盘中涨停。如图258所示为盘中一波涨停。

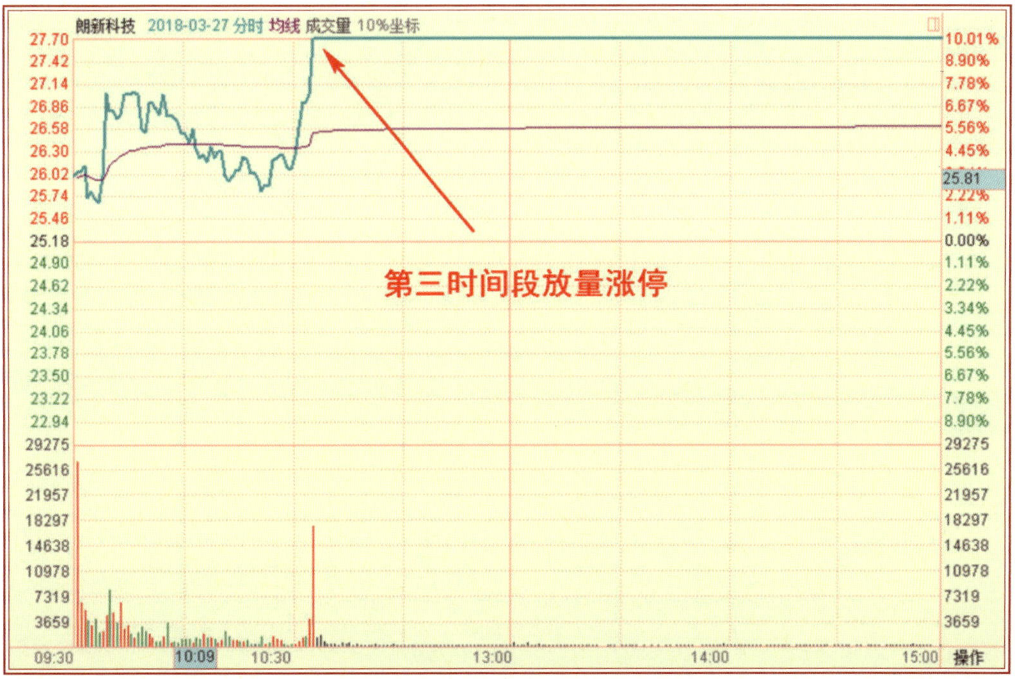

图258 第三时间段放量涨停

第四时间段：交易时间在11:01—11:30这一时间长度，称为涨停交易第四时间段。凡是在这个时间段内出现的涨停板，都可以称为第四时间段成功涨停。这一时间段涨停的方式通常是一波涨停、二波涨停、三波涨停比较多，偶尔也有多波涨停。这个时间段的涨停叫作盘中涨停。如图259所示为盘中一波涨停。

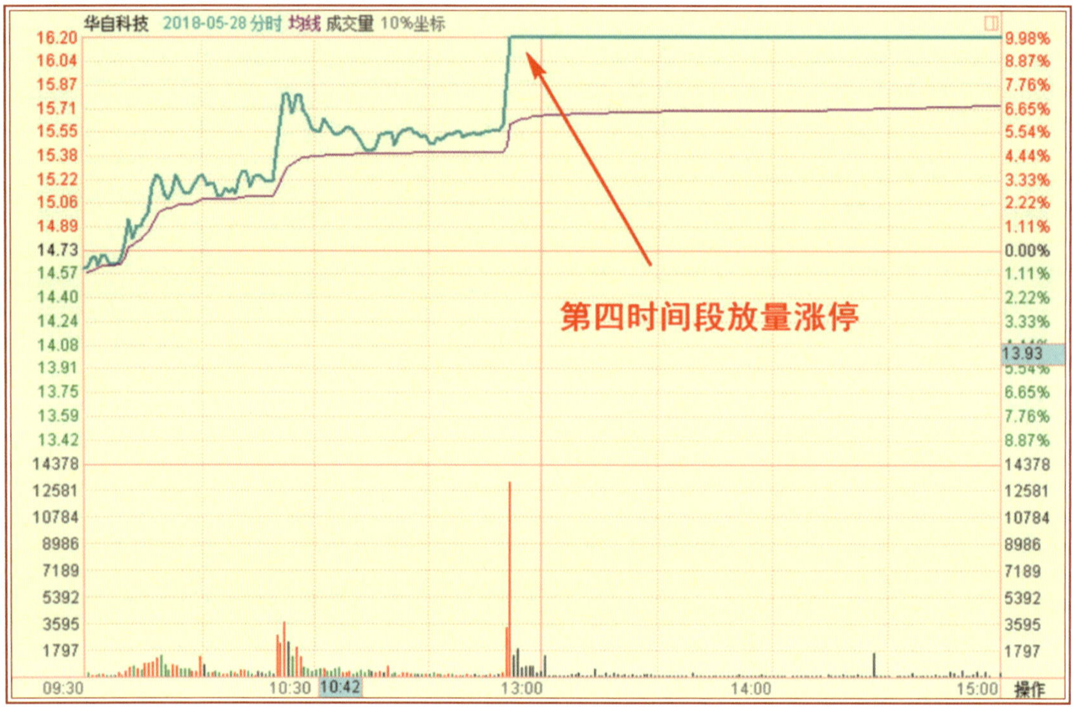

图259　第四时间段放量涨停

第五时间段：交易时间在13:01—13:30这一时间长度，称为涨停交易第五时间段。凡是在这个时间段内出现的涨停板，都可以称为第五时间段成功涨停。这一时段涨停的方式通常是一波涨停、二波涨停、三波涨停比较多，偶尔也有多波涨停。这个时间段的涨停叫作盘中涨停。如图260所示为盘中三小波涨停。

图260 第五时间段放量涨停

第六时间段：交易时间在13:31—14:00这一时间长度，称为涨停交易第六时间段。凡是在这个时间段内出现的涨停板，都可以称为第六时间段成功涨停。这一时间段涨停的方式通常是一波涨停、二波涨停、三波涨停比较多，偶尔也有多波涨停。这个时间段的涨停叫作盘中涨停。如图261所示为盘中三小波涨停。

图261 第六时间段放量涨停

第七时间段：交易时间在14:01—14:30这一时间长度，称为涨停交易第七时间段。凡是在这个时间段内出现的涨停板，都可以称为第七时间段成功涨停。这一时间段涨停的方式通常是一波涨停、二波涨停、三波涨停比较多，偶尔也有多波涨停。这个时间段的涨停叫作盘中涨停。如图262所示为盘中二波涨停。

图262 第七时间段放量涨停

第八时间段：交易时间在14:31—14:57这一时间长度，称为涨停交易第八时间段。凡是在这个时间段内出现的涨停板，都可以称为第八时间段成功涨停。这一时间段涨停的方式通常是一波涨停、二波涨停、三波涨停比较多，偶尔也有多波涨停。这个时间段的涨停叫作尾盘涨停。如图263所示为尾盘二小波涨停。

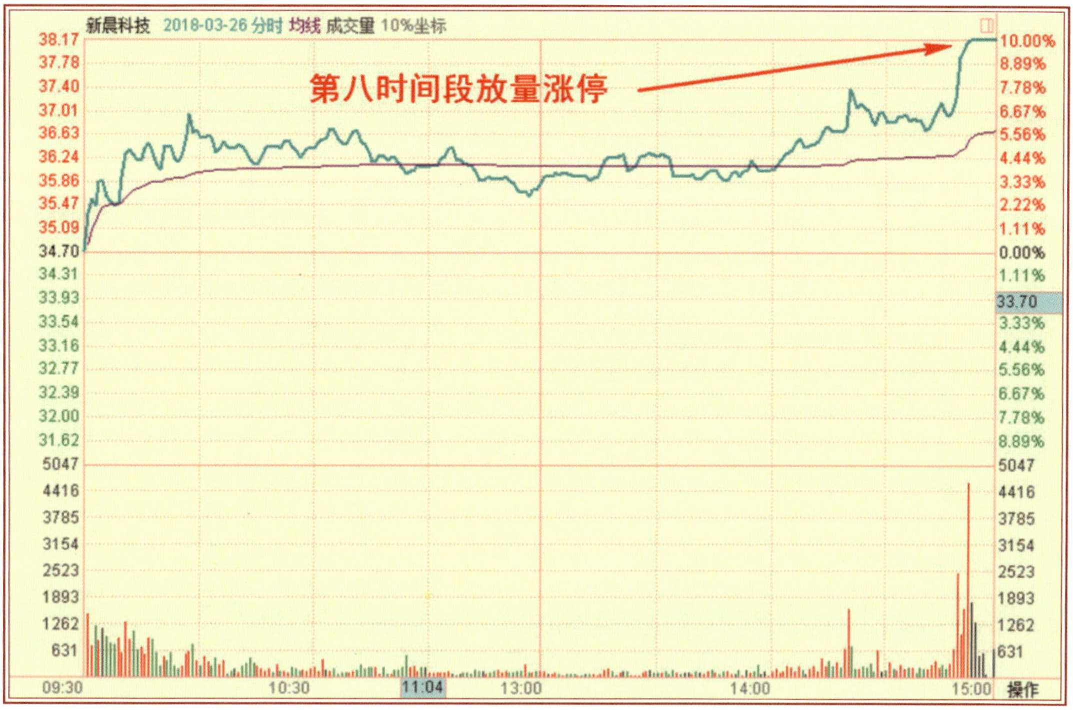

图263 第八时间段放量涨停

二、涨停战法最强悍的方式是开盘涨停

（1）开盘涨停狙击的核心秘诀。

第一，股价高开10%直接一字板涨停。如果股价处于空间位置低位，成本决策体系三条线处于低位，前期有明显的建仓迹象，并伴随着重大利好刺激，第一次放量涨停或者直接开盘涨停，量比10倍以上。在集合竞价时，发现股价涨停开盘，可以现价大仓位买进，如图264所示。这是典型的大牛起步，应积极排队买进。

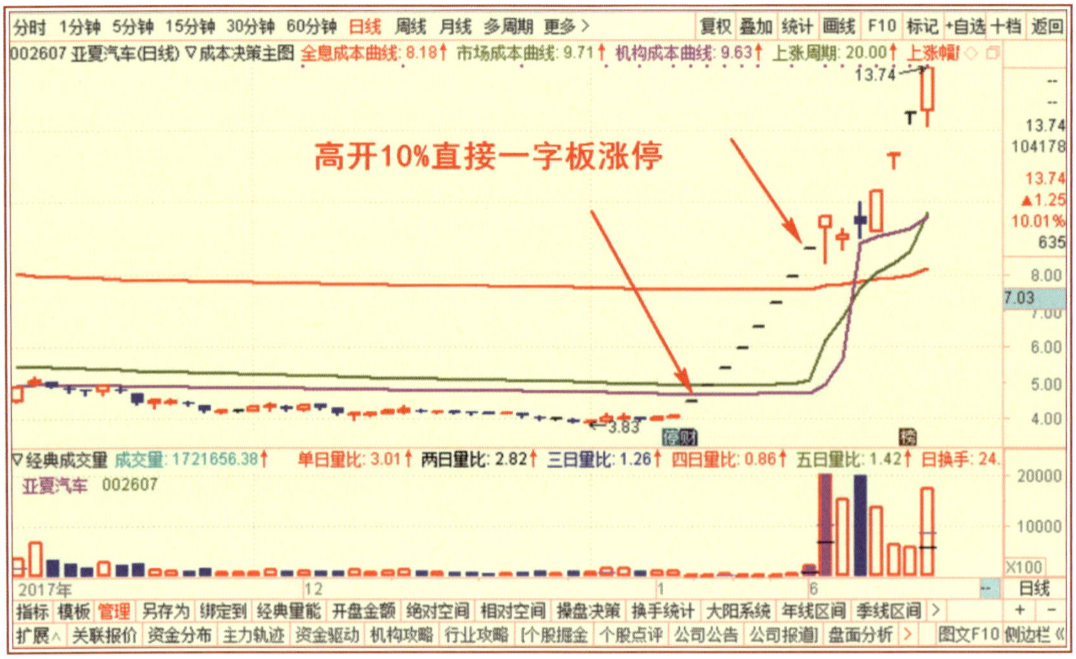

图264 高开一字板涨停

第二，股价集合竞价高开10%直接涨停。如果股价处于空间位置低位，第一次放量穿越机构成本线，量比10倍以上。在早盘突然被抛盘打开，发现股价打开涨停时，可以现价大仓位买进。如果是第一次涨停，可重仓买进。如图265所示。

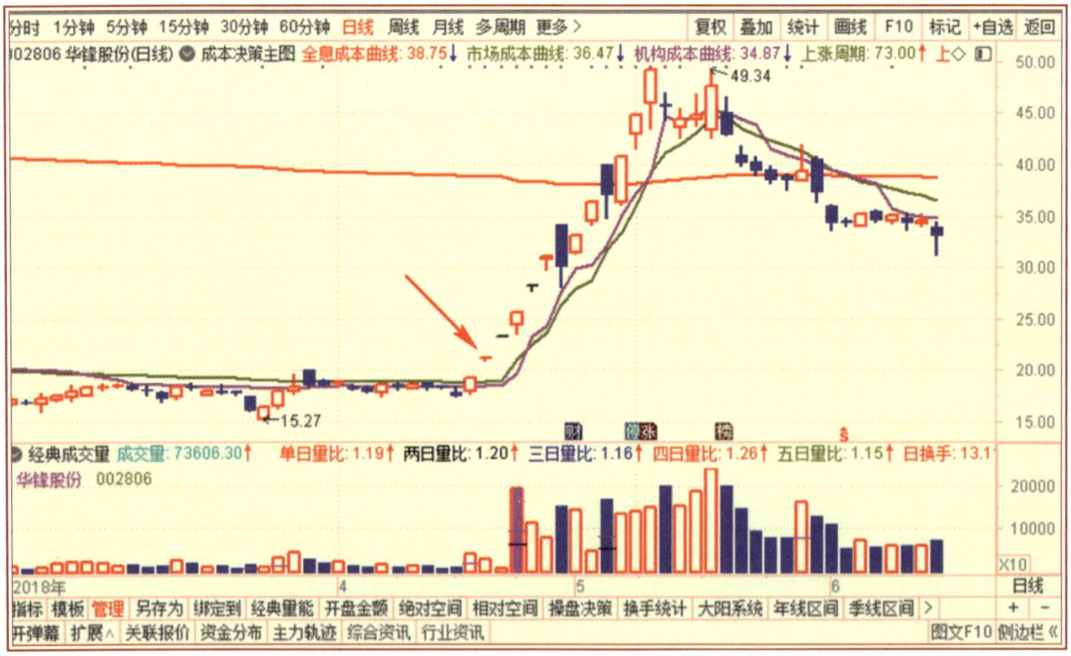

图265 低位涨停穿越机构成本线

第三，股价高开10%直接涨停。如果股价处于空间位置低位，第一次放量穿越市场成本线，或者第一次放量穿越全息成本线，在早盘突然被抛盘打开，然后回调至5%~7%区间并展开震荡，股价不破均价线。第一次放量，量比10倍以上，可以现价大仓位买进。当股价直接攻击涨停，最后一笔大卖单即将被吃掉时，可以现价加码买进。如果股价处于空间位置高位，则多观望，少买或者不买。如图266所示。

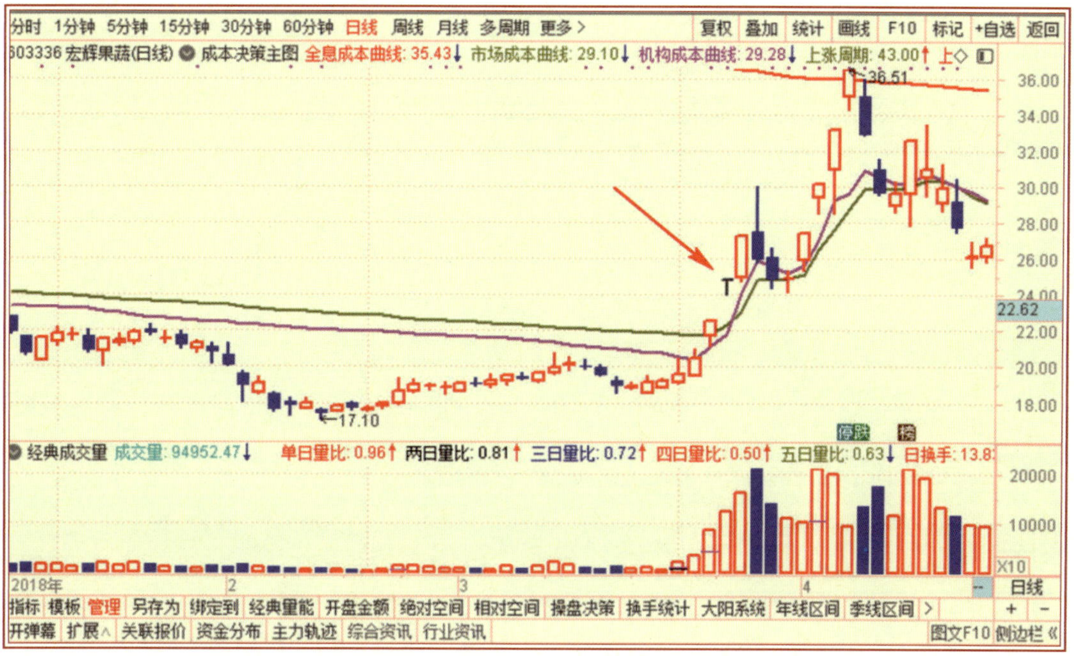

图266 低位一字涨停打开

（2）操盘策略临盘应变法则。

股价日K线图是否在上升阶段初期，如是，则重仓。

股价日K线图是否在上升阶段末期，如是，则轻仓。

股价日K线图是否于昨日放量收阳，如是，则重仓。

股价日K线图是否于昨日放量涨停，如是，则中仓。

股价日K线图是否在盘头阶段初期，如是，则轻仓。

股价日K线图是否在下跌阶段初期，如是，则观望。

股价日K线图是否在下跌阶段中期，如是，则观望。

股价日K线图是否在下跌阶段末期，如是，则轻仓。

（3）狙击涨停的做盘逻辑。

开盘阶段敢于涨停的股票，如果昨日也放量收阳K线，则说明主力已经在昨日就开始行动，今天的上涨是有计划性的操盘行为。如果昨日缩量收阴K线，则说明股价下跌动能衰竭，今天的上涨是主力主动出击的操盘行为。如果昨日放量收阴K线，则说明昨日的下跌是典型的诱空动作，今天的涨停是主力有计划性的操盘行为。

（4）开盘涨停与机构成本线的位置对应关系。

机构成本线是最重要的市场盈亏平衡线，一旦出现以开盘涨停的方式穿越它，就意味着主力机构以最强悍的方式发起了攻击性拉升。因此，此时需要在第一时间排队买进。如图267所示。

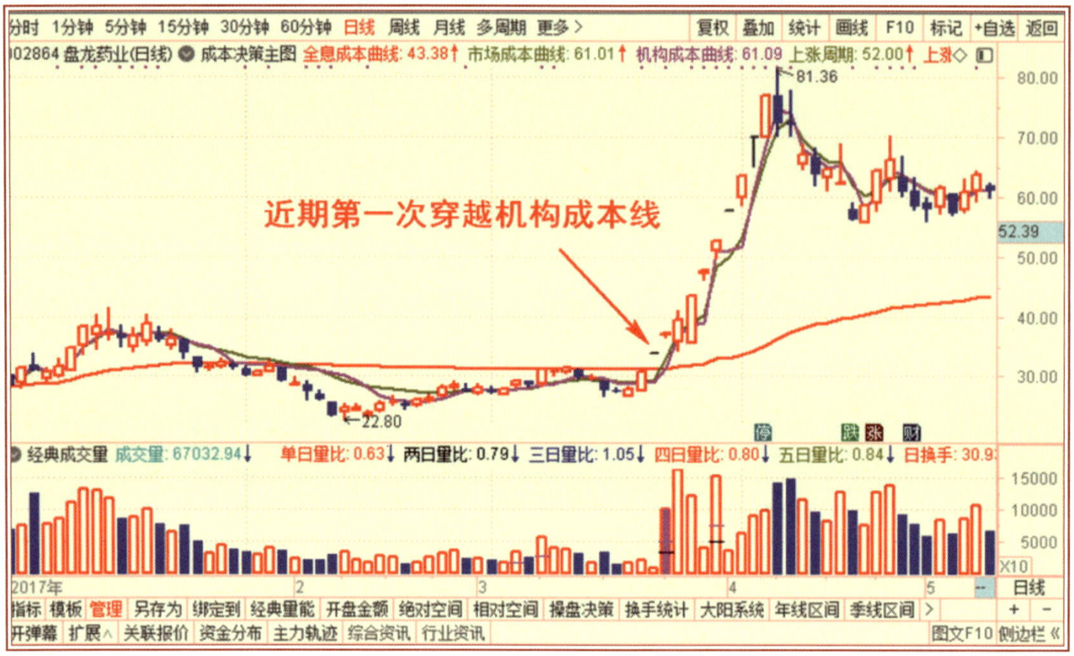

图267　开盘涨停穿越机构成本线

三、涨停战法最强劲的方式是一波涨停

（1）一波涨停狙击的核心秘诀。

第一，股价高开8%以上。如果股价处于空间位置低位或者相对低位，第一次放大量穿越全息成本线，量比5倍以上，一波拉升直接攻击涨停。股价盘中开板或回调时，即时大仓位买进。当最后一笔大卖单即将被吃掉时，可以现价加码买进。这种方法的特点仅适合于在大盘坚挺时使用。如图268所示。

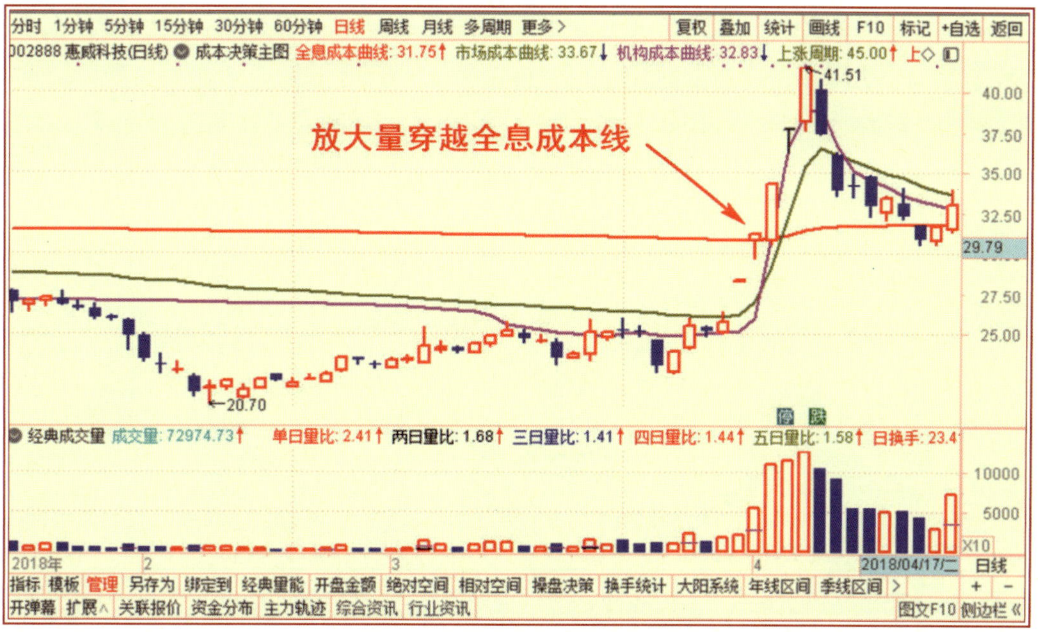

图268　放大量穿越全息成本线

第二，股价高开5%以上。如果股价处于空间位置低位，放大量，量比5倍以上，机构成本线与市场成本线拐头朝上，多头排列，股价回调不破昨日收盘价，一波拉升直接攻击涨停。股价回调时，即时大仓位买进。当最后一笔大卖单即将被吃掉时，可以现价加码买进。如图269所示。

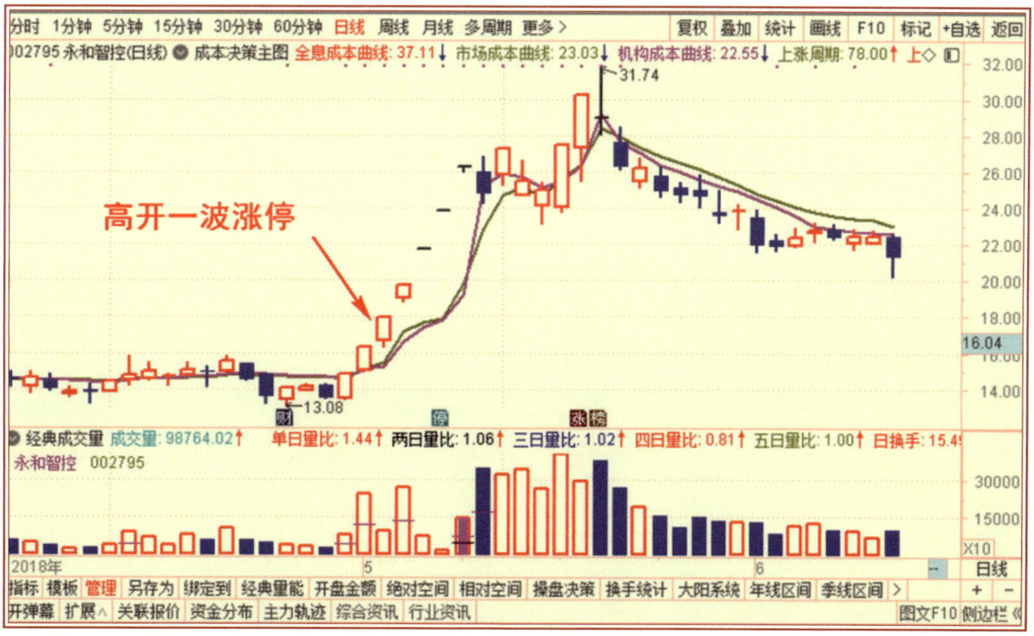

图269　高开一波涨停

第三，股价高开3%以上。如果股价处于空间位置低位，放量穿越市场成本线，量比2倍以上，股价回调至均价线附近不破均价线，一波拉升直接攻击涨停，股价回调时即时买进。当最后一笔大卖单即将被吃掉时，可以现价加码买进。如图270所示。

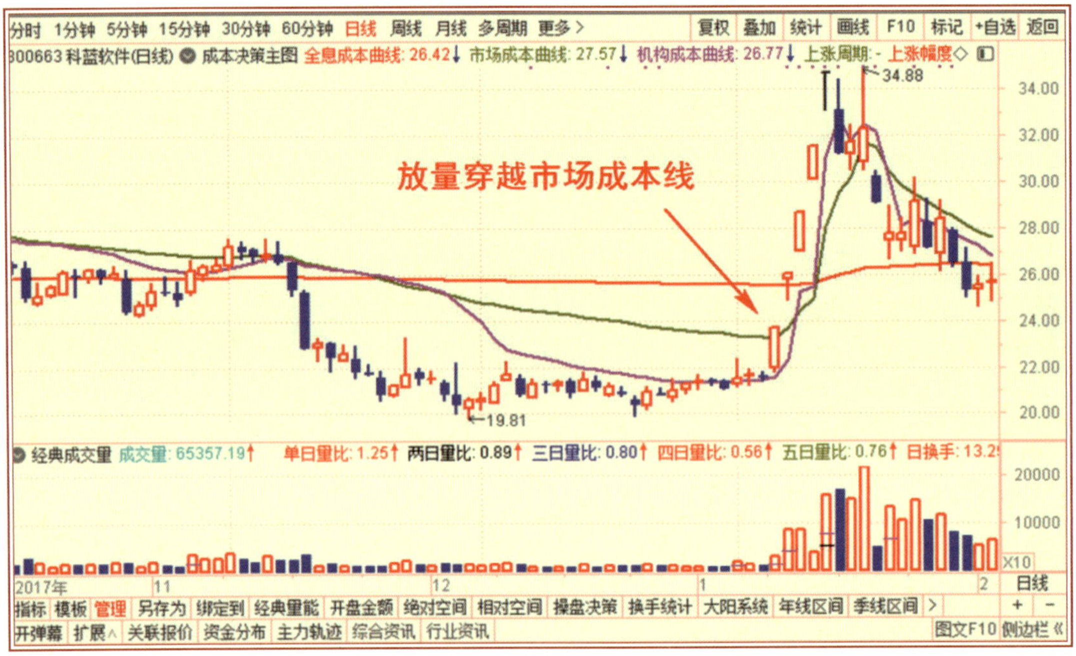

图270　放量穿越市场成本线

第四，股价平开或小幅度高开，一波拉升直接攻击涨停。突然被抛盘打开，然后回调并展开震荡。如果股价处于空间位置低位，第一次放量穿越机构成本线，量比2倍以上，股价回调时即时买进。当最后一笔大卖单即将被吃掉时，可以现价加码买进。如图271所示。

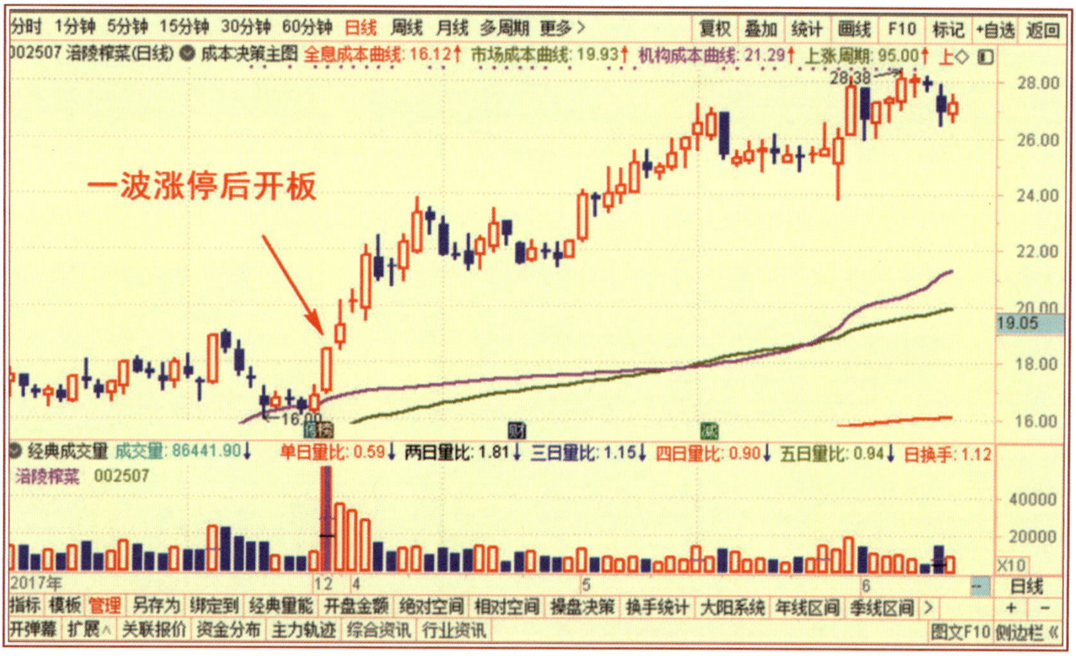

图271 一波涨停后开板

（2）操盘策略临盘应变法则。

股价日K线图是否在上升阶段初期，如是，则重仓。

股价日K线图是否在上升阶段末期，如是，则轻仓。

股价日K线图是否于昨日放量收阳，如是，则重仓。

股价日K线图是否于昨日放量涨停，如是，则中仓。

股价日K线图是否在下跌阶段初期，如是，则观望。

股价日K线图是否在下跌阶段中期，如是，则观望。

股价日K线图是否在下跌阶段末期，如是，则观望。

（3）涨停操盘行为的内在逻辑。

敢于一波涨停的股票，如果昨日也放量收阳K线，说明主力已经在昨日就开始行动，今天的上涨是有计划性的操盘行为。如果昨日缩量收阴K线，说明股价下跌动能衰竭，今天的上涨是主力主动出击的操盘行为。如果昨日放量收阴K线，则说明昨日的下跌是典型的诱空动作，今天的涨停是主力有计划性的操盘行为。

（4）一波涨停与机构成本线的位置对应关系。

如果一波涨停出现在机构成本线附近，且第一次放量穿越机构成本线，放量即是机会，应坚决买进。如图272所示。

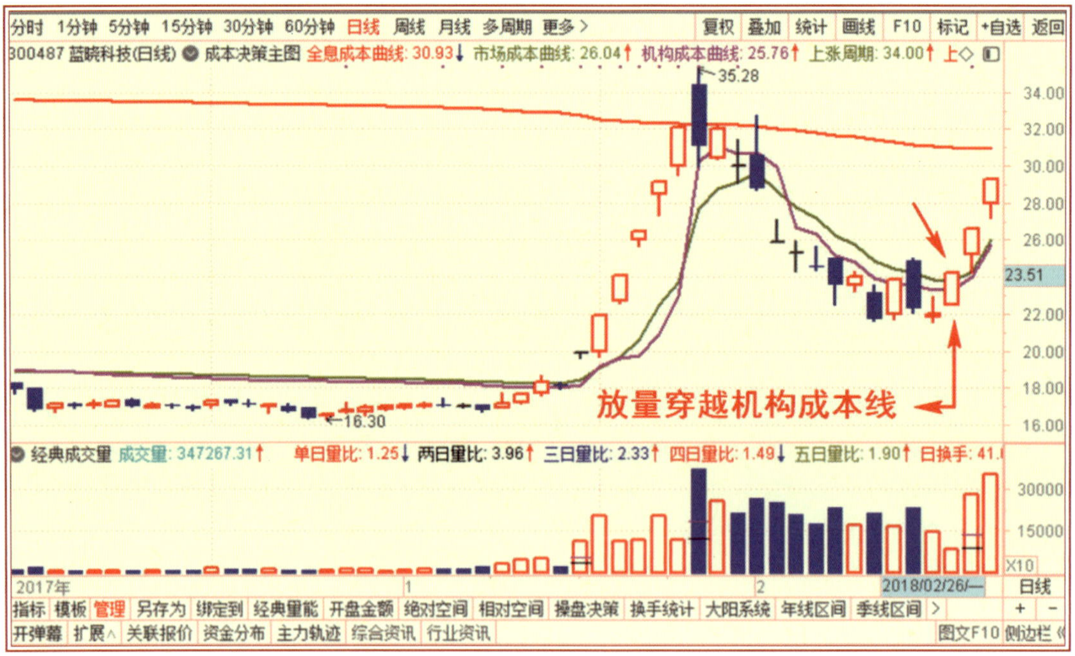

图272 放量穿越机构成本线

四、涨停战法较猛烈的方式是二波涨停

（1）二波涨停狙击的核心秘诀。

第一，股价高开6%以上。如果股价处于空间位置低位，放量穿越机构成本线，量比3倍以上，二波拉升直接攻击涨停，股价回调不破昨日收盘价和均价线，回调时，现价即时大仓位买进。当涨停最后一笔大卖单即将被吃掉时，可以加码买进。如图273所示。

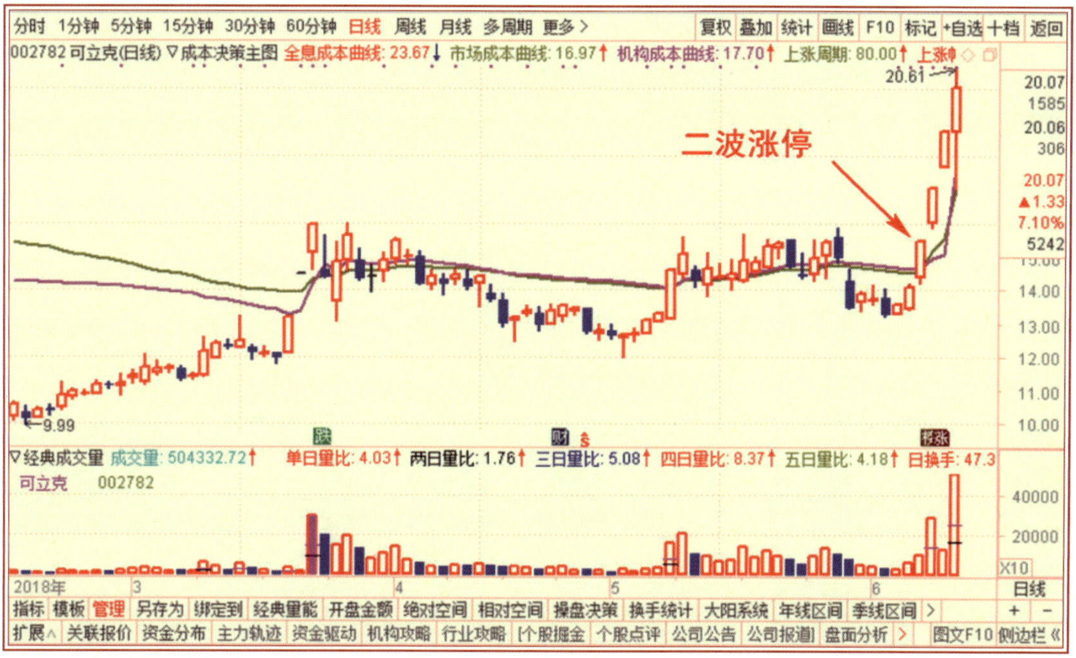

图273　二波涨停穿越机构成本线

第二，股价高开3%以上。如果股价处于空间位置低位，放量市场成本线，量比2倍以上，二波拉升直接攻击涨停，股价回调不破均价线，回调时，现价即时大仓位买进。当涨停最后一笔大卖单即将被吃掉时，可以加码买进。如图274所示。

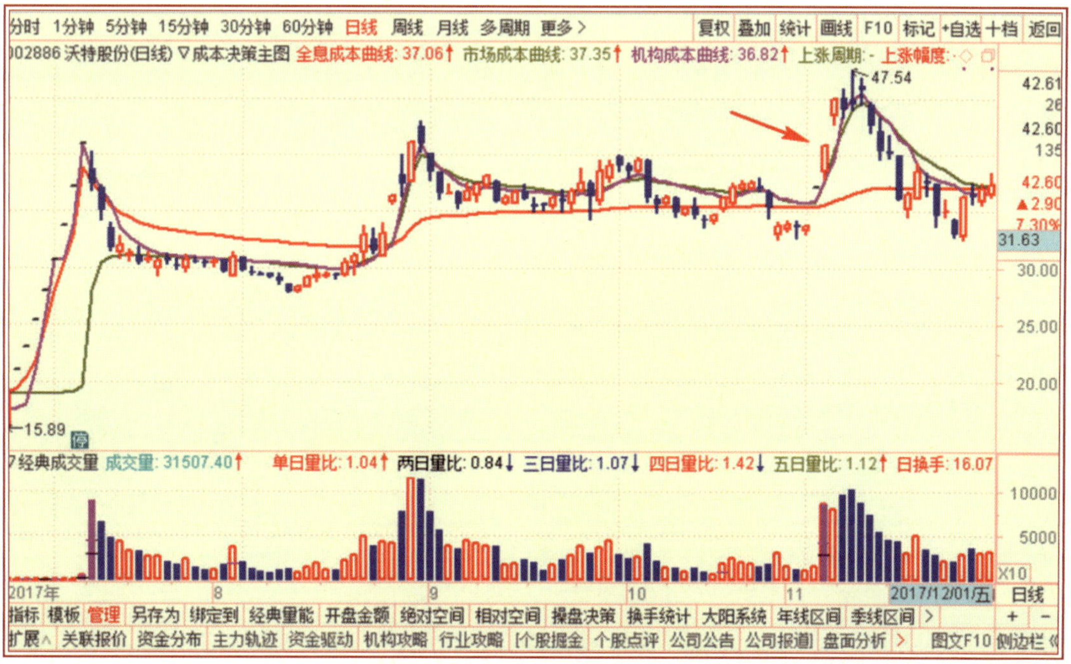

图274　高开二波涨停

（2）二波涨停与机构成本线的位置对应关系。

凡是在空间位置低位，第一次放量穿越机构成本线，即是机会，应坚决买进。

五、涨停战法较常规的方式是三波涨停或者多波涨停

（1）三波涨停或多波涨停狙击的核心秘诀。

第一，股价高开3%以上。如果股价处于空间位置低位，放量穿越机构成本线，量比5倍以上，三波拉升直接攻击涨停，股价盘中回调不破均价线，回调时，现价买进。当最后一笔大卖单即将被吃掉时，可以加码买进。

第二，股价高开1%以上。如果股价处于空间位置低位，放量穿越市场成本线，量比2倍以上，股价回调突破昨日收盘价后实现快速震仓动作，三波拉升带巨量直接攻击涨停，股价盘中回调不破均价线，回调时，现价买进。当最后一笔大卖单即将被吃掉时，可以加码买进，不必犹豫。

（2）三波涨停与机构成本线的位置对应关系。

凡是低位第一次放量穿越机构成本线，不管是三波涨停还是多波涨停，都可以及时逢低买进。如果是成本决策体系多条线向上延伸，在机构成本线上出现低开涨停，也可以买进。如图275所示。

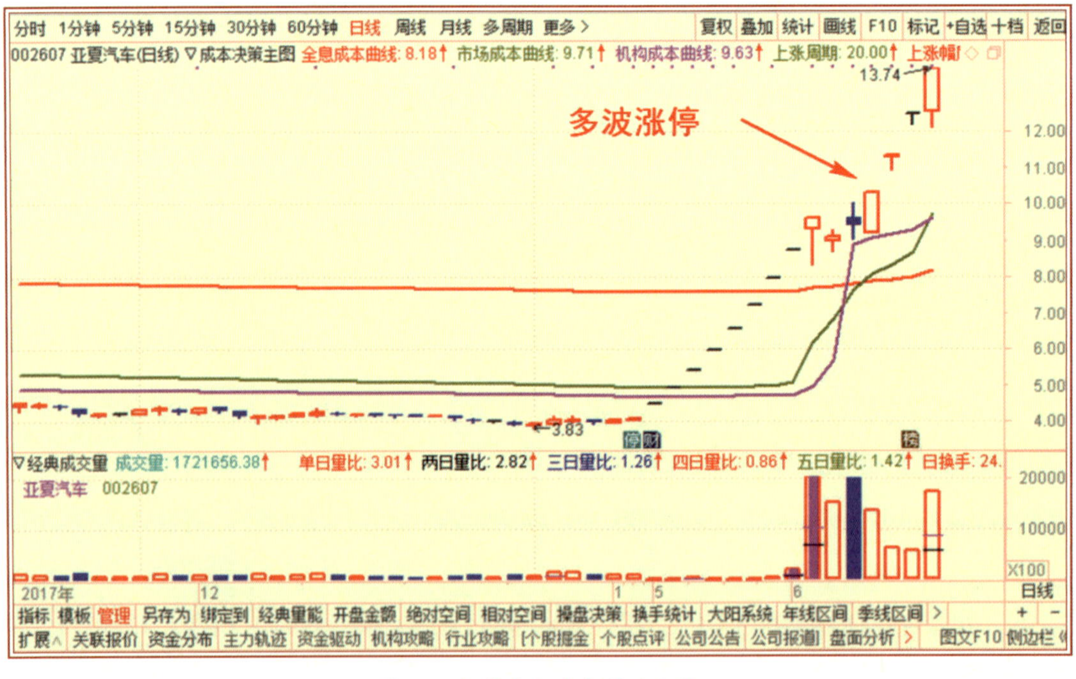

图275　机构成本线上低开涨停

六、涨停战法最差劲的方式是尾盘涨停

（1）尾盘涨停临盘应变法则。

股价日K线图是否在上升阶段初期，如是，则中仓。

股价日K线图是否在上升阶段中期，如是，则轻仓。

股价日K线图是否于昨日放量收阳，如是，则中仓。

股价日K线图是否于昨日放量涨停，如是，则轻仓。

股价日K线图是否在下跌阶段初期，如是，则观望。

股价日K线图是否在下跌阶段中期，如是，则观望。

股价日K线图是否在下跌阶段末期，如是，则观望。

（2）尾盘涨停与机构成本线的位置对应关系。

如果是在空间位置的低位，近期第一次放量穿越机构成本线，则考虑买进。如图276所示。

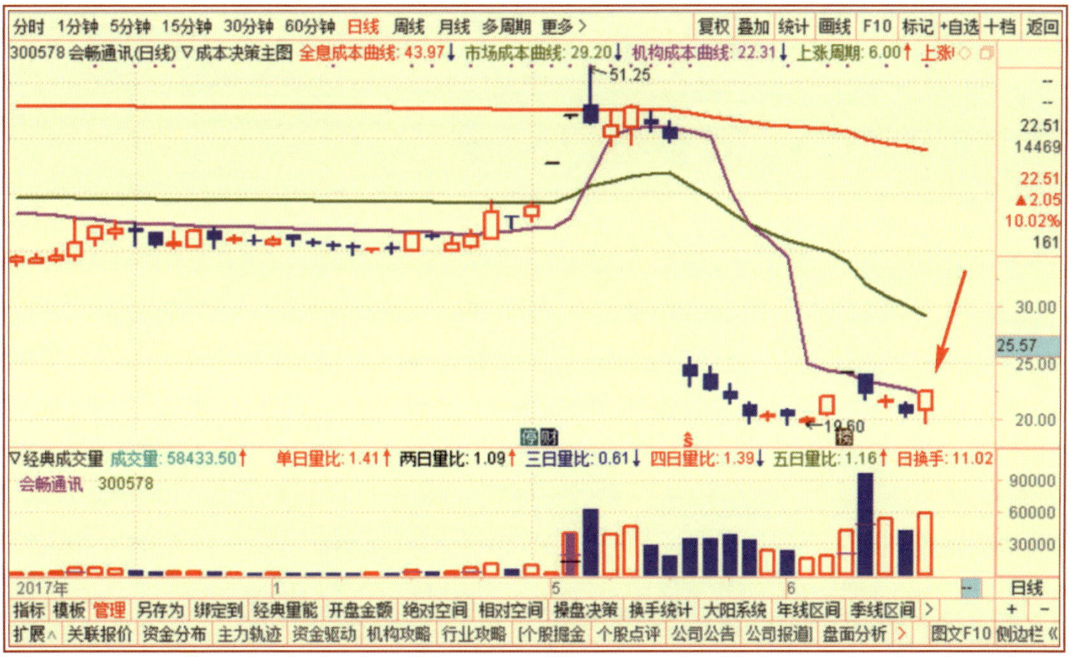

图276　除权之后第一次穿越机构成本线

附　录

本章学习重点内容

附录一

APPENDICE 1

中和应泰财务顾问有限公司

中和应泰财务顾问有限公司（以下简称“中和应泰”），前身为中和信达顾问公司，成立22年以来一路发展壮大，立足于并购重组以及破产重整领域，经过公司同仁的共同努力和客户的口口相传，公司在债务重组和资产重组领域建立了一流商誉。

为了满足个人投资者的投资理财需求，公司于2017年3月1日在上海注册成立分公司，开展面向个人投资者的证券投资教育和财富管理咨询业务。目前公司的投教品牌“好人好股”在投资者教育行业内已经拥有一定的知名度。

随着我国金融改革的不断深入，金融创新业务及创新产品的专业性、复杂性及风险性不断提升，用户投资的选择难度不断加大，而传统的教育在投资教育方面极度薄弱。传统的投教方式已越来越难以满足投资者对专业知识日益增长的需求，市场上做投资者教育的企业不少，但多数还是延续传统投资顾问行业“推票”为主的模式，真正做到“合规经营、客户至上、平台化运作”的却寥寥无几。

公司立志帮助亿万投资者树立正确的投资理念，逃离投资失败的痛苦，实现财富的稳定增长。中国证券市场投资理念步入机构化时代，中和应泰立志于推动投资教育市场逐渐回归理性。

发展机遇

投资者教育是一个巨大的增量市场。随着资本市场的发展，亿万中国家庭的财产开始了资本化、证券化的过程，截至2017年底，中国股民数量已经达到1.3亿，每10个人里面就有一位股民。每一个家庭都有资产投资增值的需求，他们的投资需求各不相同，投资经验和知识掌握程度也参差不齐，因此需要个性化的投资建议和服务。而投资者教育在国内才刚刚兴起。

大多数的券商和传统的投资顾问类公司以建立平台为目标整合教育资源，其核心还是在建立平台上，教育的产品更多的还是成为平台上的一个工具，投顾咨询的占比依然很大，无法满足投资教育的需求。

我们的投资者教育一开始就是以用户教育为目的整合资源建立平台，所有业务产品最终都是围绕用户的投资学习和财富管理需求来构建，为用户提供从入门到最终使用的各类产品，更追求对用户需求的极致满足。让客户真正提高财商，除了知道是什么，还知道为什么，真正实现财富的可持续增长。

业务优势

立足上海，面向全国，服务更多个人投资者，打造领先、知名的全方位投资者教育品牌。

“好人好股”业务在经历了智能投顾业务、小额投顾业务等多次业务尝试和转型后，于2018年初开始明确公司的业务发展聚焦于投资者教育业务。通过搭建平台，整合资源，吸引更多名师入驻，通过不到一年的高速发展，已经完成了投资者教育网络平台和教学体系的基础搭建，线上产品内容不断丰富优化，线下组织了近百场课程活动，获得了用户的广泛好评。

优秀的导师是教育的基础，我们通过设计系统化的课程，利用头部的优秀老师为客户提供经过精选的投教内容，让用户听得懂，学得会，有兴趣。通过线上和线下的结合，以参与体验互动式的教育形式，真正做到有温度、有深度的教育。

江　海

江氏操盘创始人，中国投资者教育联盟发起人，中国投教第一人，中国职业操盘手培训导师，中和应泰联合创始人，中国管理科学院特约研究员。多家阳光私募的投资总顾问，曾担任复旦大学证券研究所投资者教育基地副主任、复旦大学证券研究所高级研究员，具有丰富的职业操盘手培训经验，数年来为国内私募输送了大批顶级的操盘手。

2014年和2015年，率领培养的投资团队在一拖股份、山鹰纸业、达安基因、万马股份等牛股的投资过程中取得了巨大的收益。

2016年和2017年，率领培养的投资团队在上海凤凰、燕塘乳业、中兴通讯、鲁西化工等牛股的投资过程中取得了显著的收益。

著有“江氏操盘实战金典”系列丛书：《买在起涨：K线组合利器》《趋势为王：波段操作利器》《涨停聚金：短线操作利器》《庄散博弈：盘口识庄利器》《黑马在线：均线实战利器》《价值爆点：牛股挖掘利器》《解密操盘：职业操盘手的交易逻辑和实战策略》，和人民日报出版社出版的珍藏版财经书籍《股市立论与财富革命》。

凯恩斯

中央电视台CCTV2《交易时间》嘉宾，北京电视台《投资者说》特邀嘉宾，微博粉丝190万，新浪博客总浏览量超过10亿次，著有发行量超过10万册的《凯恩斯看盘：双线制胜操作法》《大投资家：牛股基因》等书籍。

边风炜

国泰君安研究总监，最受中国股民欢迎的分析师，著名财经媒体“第一财经”的长期特约嘉宾，参与《凤凰财经》《大话熊牛》《公司时间》《今日股市》《晓露在线》等多个广播电视节目。

徐文明

2008年新浪财经十大财经博主，2017年腾讯财经大V十强之一。CCTV证券资讯《操盘大讲堂》《投资我主张》特邀嘉宾，其新浪博客点击量高达2.8亿次。销量超50万册的《短线点金》系列丛书作者。

魏宁海

中金在线2013年、2014年全国评比十大博客点击量排名第一。“天地人操作系统”的发明者和创建者，国内多家广播电台股市评论员，位居2012年和2014年中国财经风云榜之投资好导师Top10。

公司使命

帮助投资者树立正确的投资理念，逃离投资亏损的痛苦，实现财富的稳定增长，帮助客户成长，成就同仁梦想，为提升全中国人的财商而努力奋斗。

公司愿景

提高中国人的财商，为每一个中国家庭培养一名合格的财富管理经理。

公司宗旨

为客户提供实战、实效、实用的投资教育培训。

核心理念

为客户创造价值是我们永远的追求。

附录二

APPENDICE 2

江氏操盘课程体系

江氏精品课

1. 趋势天机　3天2晚
2. 短线操盘真经　3天1夜
3. 牛股起涨十大模型　3天1夜
4. 牛股操盘八大秘笈　3天1夜
5. 股市立论与财富革命　3天2晚
6. 操盘学　3天
7. 短庄套利模型　3天2晚
8. 黄金大阳线　2天1晚
9. 黄金分割　2天
10. 涨停套利模型　3天
11. MACD趋势之道　1天
12. 趋势天机精品班　3天2晚

江氏弟子班

1. 黄金K线　3天2晚
2. 形态天机　3天
3. 波浪理论　3天2晚
4. 黄金解套　3天
5. 波段量能天机　3天2晚
6. 盘口定乾坤　3天
7. 波段结构天机　3天

8. 五维六法　3天
9. 交易心理与禅修　7天

嫡传弟子班（包含所有江氏弟子班课程，和6次密训交流会）

1. 道氏理论　10天6晚
2. 高级均线与操盘训练　5天
3. 作量法则　3天
4. 高级盘口　3天
5. 操盘智慧　3天
6. 基本面分析与调研　5天

课程合照（一）

课程合照（二）

附录三

APPENDICE 3

江氏操盘——弟子班

江氏操盘　海纳百川　携手江氏　势不可挡

江氏操盘是江海老师历经18年、数位江氏团队核心成员历经数年打磨而成的一套A股完整的、成熟的、具有实盘交易价值的操盘体系。如今，江氏人遍布全球各地，有数以万计的学员，逾200名弟子。然而，我们坚信，这只是开始！

对于技术，江氏操盘是海纳百川的，它以趋势理论为立足点，诠释了股价运行的核心逻辑，融合了国内经典的投资工具。对于A股，更是专注于它的特征——政策市和主力市，形成了独特的主力资金的跟随系统，足以应对牛熊的轮回。

对于人，江氏操盘是宽大为怀的，它博大精深的内涵不仅能够解决任何一位交易者在操作上的问题，还能帮我们找回被藏在心底的正知、正念、正行。它的焦点在于投资方法，它的胸襟可以包容众人。它愿意接受每一位臣服于体系、愿意从无知走向卓越的投资人和交易者。好的教育不仅是给予知识，而是使人为人！

江氏弟子班是江氏操盘体系的中坚力量。每一位江氏人都是体系的构筑人，是大家的齐心协力让体系日益完善，是大家的坚定不移才让更多的投资者在证券市场中披荆斩棘。每一位江氏人都是体系的捍卫者，我们把系统作为我们的信仰，把系统的发扬和传承作为我们使命。

虽然我们每个人都是一个微不足道的个体，但是我们愿意将我们所有的能量汇聚在江氏操盘这套系统上：一群人、一套系统、一个信念、一辈子。